清金壇段氏本古文尚書撰異

第一册

清 段玉裁撰

中國國家圖書館藏清嘉慶間金壇段氏七葉衍祥堂刻本

山東人民出版社·濟南

圖書在版編目（CIP）數據

清金壇段氏本古文尚書撰異 /（清）段玉裁撰 .— 濟南：山東人民出版社，2024.3

（儒典）

ISBN 978-7-209-14288-5

Ⅰ .①清… Ⅱ .①段… Ⅲ .①《尚書》- 注釋 Ⅳ .① K221.04

中國國家版本館 CIP 數據核字（2024）第 035840 號

項目統籌：胡長青

責任編輯：趙　菲

裝幀設計：武　斌

項目完成：文化藝術編輯室

清金壇段氏本古文尚書撰異

〔清〕段玉裁撰

主管單位　山東出版傳媒股份有限公司

出版發行　山東人民出版社

出 版 人　胡長青

社　　址　濟南市市中區舜耕路517號

郵　　編　250003

電　　話　總編室（0531）82098914

　　　　　市場部（0531）82098027

網　　址　http://www.sd-book.com.cn

印　　裝　山東華立印務有限公司

經　　銷　新華書店

規　　格　16開（160mm×240mm）

印　　張　78.75

字　　數　630千字

版　　次　2024年3月第1版

印　　次　2024年3月第1次

ISBN　978-7-209-14288-5

定　　價　188.00圓（全四册）

　　　　　如有印裝質量問題，請與出版社總編室聯繫調换。

《儒典》選刊工作團隊

前言

中國是一個文明古國、文化大國，中華文化源遠流長，博大精深。在中國歷史上影響較大的是孔子創立的儒家思想，因此整理儒家經典、注解儒家經典，爲儒家經典的現代化闡釋提供权威、典范、精粹的典籍文本，是推進中華優秀傳統文化創造性轉化、創新性發展的奠基性工作和重要任務。

中國經學史是中國學術史的核心，歷史上創造的文本方面和經解方面的輝煌成果，大量失傳了。西漢是經學的第一個興盛期，除了當時非主流的《詩經》毛傳以外，其他經師的注釋後來全部失傳了。東漢的經解祇有鄭玄、何休等少數人的著作留存下來，其餘也大都失傳了。南北朝至隋朝興盛的義疏之學，其成果僅有皇侃《論語疏》幸存於日本。五代時期精心校刻的《九經》、北宋時期國子監重刻的《九經》以及校刻的單疏本，也全部失傳。南宋國子監刻的單疏本，我國僅存《周易正義》、《爾雅疏》、《春秋公羊疏》（三十卷殘存七卷）、《春秋穀梁疏》（十二卷殘存七卷），日本保存了《尚書正義》、《毛詩正義》、《禮記正義》（七十卷殘存八卷）、《周禮疏》（日本傳抄本）、《春秋公羊疏》（日本傳抄本）、《春秋正義》（日本傳抄本）。南宋兩浙東路茶鹽司刻八行本，我國保存下來的有《周禮疏》、《禮記正義》、《春秋左傳正義》（紹興府刻）、《論語注疏解經》（二十卷殘存十卷）、《孟子注疏解經》（存臺北『故宮』），日本保存有《周易注疏》《尚書正義》（凡兩部，其中一部被清楊守敬購歸）。南宋福建刻十行本，我國僅存《春秋穀梁注疏》、《春秋左傳注疏》（六十卷，一半在大陸，一半在臺灣），日本保存有《毛詩注疏》《春秋左傳注疏》。從這些情況可以看出，經書代表性的早期注釋和早期版本國内失傳嚴重，有的僅保存在東鄰日本。

鑒於這樣的現實，一百多年來我國學術界、出版界努力搜集影印了多種珍貴版本，但是在系統性、全面性和準確性方面都還存在一定的差距。例如唐代開成石經共十二部經典，石碑在明代嘉靖年間地震中受到損害，明代萬曆初年西安府學等學校師生曾把損失的文字補刻在另外的小石上，立於唐碑之旁。近年影印出版唐石經拓本多次，都是以唐代石刻與明代補刻割裂配補的裱本爲底本。由於明代補刻采用的是唐碑的字形，這種配補本難以區分唐刻與明代補刻，不便使用，亟需單獨影印唐碑拓本。

爲把幸存於世的、具有代表性的早期經解成果以及早期經典文本收集起來，系統地影印出版，我們規劃了《儒典》編纂出版項目。

《儒典》出版後受到文化學術界廣泛關注和好評，爲了滿足廣大讀者的需求，現陸續出版平裝單行本。共收録一百十一種元典，共計三百九十七册，收録底本大體可分爲八個系列：經注本（以開成石經、宋刊本爲主。開成石經僅有經文，無注，但它是用經注本删去注文形成的）、經注附釋文本、纂圖互注本、單疏本、八行本、十行本、宋元人經注系列、明清人經注系列。

《儒典》是王志民、杜澤遜先生主編的。本次出版單行本，特請杜澤遜、李振聚、徐泳先生幫助酌定選目。特此説明。

二〇二四年二月二十八日

目録

第一册

第二册

第三册

第四册

古文尚書撰異

七葉衍祥堂藏版

古文尚書撰異序

乾隆四十七年玉裁自巫山引疾歸養親課子之暇爲說文解字讀五百四十卷又爲古文尚書撰異三十二卷始箸雝涒灘迄重光大淵獻臯月乃成序曰經惟尚書㝡尊尚書之離戹㝡甚秦之火一也漢博士之抑古文二也馬鄭不注古文逸篇三也魏晉之有僞古文四也唐正義不用馬鄭用僞孔五也天寶之改字六也宋開寶之改釋文七也七者備而古文幾亾矣僞古文自有宋朱子剏議於前迄我

朝閻氏百詩（有尚書古文疏證）惠氏定宇（有古文尚書考）辭而闢之其說大備舉鄭君逸篇之目正二十五篇之非眞析三十一篇

爲三十三篇之非是鑄鼎象物物無遁情海內學者家喻戶曉經術之極盛超出於漢博士之抑古文唐正義之不用馬鄭不可以道里計顧作僞者既服其罪矣而古文三十一篇字因天寶開寶之舊是以唐之今文尚書亂之也其不可一也好尚新奇之輩自唐至今有集古篆繕寫之尚書號壁中本二十五篇皆在焉是作僞於僞古文既出之後也其不可二也經典釋文敘錄曰今宋齊舊本及徐李等音所有古字蓋亦無幾穿鑿之徒務欲立異依傍字部改變經文疑惑後生不可承用按此則自唐以前久有此僞書蓋集說文字林魏石經及一切離奇之字爲之傳至郭忠恕作古文尚書釋文此非陸德明釋文也徐楚金賈昌朝夏竦丁度宋次道王仲至晁公武宋公序朱元晦蔡仲默王伯厚皆見之公武刻石於蜀薛季宣取爲書古文訓此書僞中之僞不足深辨故偶一辨之而已今或以爲此即僞孔序所謂隸古者亦非也歐陽夏矦尚書佚見於尚書

大傳漢石經史記兩漢書三國志注三都賦注尙書緯尙書正義者或盡舉以改竄經文是以漢之今文尙書亂之也其不可三也說文解字所偁尙書多不與經同由孔安國以今字讀易其字而許君存其舊如周禮經杜子春二鄭讀易其字傳寫者旣從所讀而注中存其故書之舊周禮不得盡改從故書則尙書不得盡改從說文也必改從說文則非漢人之舊且或取經傳諸子所偁尙書以改尙書是尙書身無完膚矣其不可四也嘗謂五十六篇之書以二十五篇僞者雜廁諸三十一篇眞者之閒如魚目混於隨珠武夫混於和璧幸人喜珠璧可寶則倂魚目武夫寶之未有疵纇其隨珠刓缺其和璧以雜廁之魚目武夫之閒致兩用不讎者當作僞時杜林之桼書古文尙書衞宏之古文尙書訓旨賈逵之古文尙書訓馬融之古文尙書傳鄭君之古文尙書注解皆存天下皆曉然知此等爲孔安國遞傳之本作

僞者安肎點竄涂改三十一篇字句變其面目令與衞賈
馬鄭不類以啓天下之疑而動天下之兵也是以雖析一
爲二而愼徽之上終未箸一字後有愚者
乃爲之學者得此說而求之思過半矣蓋僞孔傳本與
馬鄭本之不同梗槩已見於釋文正義不當於釋文正義
外斷其妄竄至若兩漢博士治歐陽夏侯尚書載在令甲
漢人詔冊章奏皆用博士所習者至後漢衞賈馬鄭迭興
古文之學始盛約而論之漢諸帝伏生歐陽氏夏侯氏司
馬遷董仲舒王褒劉向谷永孔光王舜李尋楊雄班固梁
統楊賜蔡邕趙岐何休王充劉珍皆治歐陽夏侯尚書者
孔安國劉歆杜林衞宏賈逵徐巡馬融鄭康成許愼應劭
徐榦韋昭王粲虞翻皆治古文尚書者皆可參伍鈞考而
得之馬班之書全用歐陽夏侯字句馬氏偶有古文說而

巳漢書儒林傳曰司馬遷亦從安國問故遷書載堯典禹貢洪範微子金縢諸篇多古文說按此謂諸篇有古文說耳非謂其文字多用古文也五經異義毎云古某說今某說皆謂其義非謂其文字如說內于大麓云堯使舜入山林川澤不云大錄萬機之政說禹貢云天子之國千里以外甸矦綏要荒毎服五百里方六千里不云甸服千里加矦綏要荒毎服五百里方五千里說洪範云思曰睿不云思心曰容說微子云大師若曰今誠得治國死不恨不得治不如去不云微子若曰我舊云孩子王子不出說金縢雖用今文說而亦云或譖周公周公奔楚成王發府見周公禱書乃泣反周公此皆古文說之異於今文家約畧可言者也至其文字則多同歐陽夏矦葢司馬雖從安國問班雖讀蘭臺書而不暇致詳也玉裁此書詳於字而畧於說字之異同筦遮覈實願就正通邑大都賢人君子焉

賈逵分別古今劉陶是正文字其書皆不存今廣蒐補闕因篇爲卷略於義說文字是詳正晉唐之妄改存周漢之駁文取賈逵傳語名曰古文尚書撰異知難語於識大亦庶幾乎不賢

大誓　周書

大誓　周書

大誓三篇唐後乃亾故存其目　周書

牧誓第十二　周書

洪範第十三　周書左氏說文皆曰商書

金縢第十四　周書

大誥第十五　周書

康誥第十六　周書

酒誥第十七　周書

梓材第十八　周書

召誥第十九　周書

泰誓第三十一　周書

書序第三十二

古文尚書撰異序終

古文尚書撰異卷一

段玉裁學

堯典第一　虞夏書 說文謂之唐書

曰若稽古

文選東都賦憲章稽古李善注尚書曰粤若稽古帝堯又魯靈光殿賦粤若稽古帝漢祖宗善曰書曰粤若稽古帝堯玉裁按此李善所據本作粤也唐時各本不同故李善引作粤李賢注班固傳引作曰與正義本同周書武穆解曰若稽古字亦作曰　蔡氏沈云曰粤越通古文作粤云古文者謂宋時宋次道王仲至家古文尚書晁公武刻石蜀中薛季宣據之爲書古文訓者也宋

人多誤認此爲壁中眞本。　曰若稽古四字爲句。不獨皋陶暮也。蓋堯典亦然。下文帝堯曰放勳五字爲句。逸周書武穆解曰若稽古曰昭天之道熙帝之載撰民之任、夷德之用、此可證也、漢策文亦多云惟稽古。

帝堯曰放勳

釋文、徐云、鄭王如字、玉裁按晉家多循其義以爲音。蓋鄭王放訓大、放縱之放有大義、故云如字也、說文十三篇力部曰、勳、古文作勛、从員、按周禮夏官司勳注曰、故書勳作勛、鄭司農曰、勛讀爲勳、勳、功也、以說文殂字下引勛乃殂證之、則壁中故書作放勛。孔安國庸生乃易爲勳、許君存壁中之舊、故殂字下引書作勛。

又按注中凡言讀爲者皆易其本字若勲勛一字特異其諧聲鄭司農當云勛古文勲不當言讀爲也而言讀爲者古文旣絶漢初不識周禮初出時以意定勲爲勛字而不敢斷爲一字異體至許君乃敢斷之曰古文勲耳䄏讀爲祀同

欽明文思安安

按欽明文思安安古文尙書也欽明文塞晏晏今文尙書也後漢書馮衍傳注引尙書考靈燿曰放勛欽明文塞今版本作思淺人所改晏晏第五倫傳注引尙書考靈燿曰堯文塞晏晏陳寵傳注引尙書考靈燿曰堯聰疑當作欽明文塞晏晏郅壽傳曰塞晏之化隸釋魏受禪表曰欽明文

塞思與塞同部雙聲故古思今塞凡古文尚書與今文尚書乖異不盡關乎音韻此則關乎音韵者凡緯書皆出於漢書緯則皆襲今文尚書凡漢人之於尚書惟博士所習者是業終漢之世惟歐陽夏侯得置博士是以上自帝王下及庶人其所傳引尚書未有外於是者而漢季先鄭馬季長鄭康成注經乃一用古文尚書此考古之大較也此書以撰異名詳古文今文字句之同異而其說之同異不暇詳雖不暇詳而時論及之郅壽傳注引鄭考靈耀注云道德純備謂之塞道德純備充實之意也故以訓塞此今文尚書說也鄭注古文尚書云慮深通敏謂之思此古文尚書說也各如其字釋之若

馬季長注古文尚書曰道德純備謂之思此用今文尚書之說注古文尚書讀思爲塞易其字也凡馬鄭王雖薄歐陽夏侯而不盡廢其說如馬此條是

按塞字從土近或改從心作𡫳傳合說文解字攷詩燕燕定之方中常武字皆作塞而魏碑欽明文塞刻畫可稽凡古書字蹟卽審定譌繆改竄尚當慎安可偏據許氏一書因許書所無則盡改古籍所有以爲尊許因許書字各有本義則盡改假借之字勒歸本字如用𡫳改塞其意改假借歸本字也不思塞實非故訓乎六書假借可廢乎詩書可盡改古籍面目可盡失乎舉此爲言小學者破惑

後漢書祭祀志注東觀書曰有司奏言孝順皇帝寬裕晏晏第五倫傳體晏晏之姿（俗刻作晏然誤）以寬宏羣下陳寵傳數詔羣僚弘崇晏晏馮衍傳顯志賦思唐虞之晏晏崔瑗司隸校尉箴昔唐虞晏晏庶績以熙蔡邕司空袁逢碑曰其惠和也晏晏然此皆用今文尚書也爾雅晏晏温和也古安晏通用如左傳安孺子漢書古今人表作晏孺子是也

又按漢人多偁引歐陽夏侯尚書而歐陽夏侯尚書永嘉後飢亾則不能指其所出如文塞晏晏唐人第以爲出考靈耀不知作書緯者亦用今文尚書也

允恭

尙書後案曰恭古作共玉裁按此誤也尙書凡恭肅字皆從心。供奉供給字則作共。分用畫然。漢石經無逸篇嚴恭寅畏。與徽柔懿共惟正之共各體。可證懿共非恭肅字也。說詳後各篇　又按詩恭敬字皆作恭惟詩韓奕虔共爾位鄭云古之恭字或作共與毛說異然云或作則知偶一有之非其常也

克讓

漢書藝文志曰合於堯之克攘師古曰攘古讓字玉裁按鄭君注曲禮曰攘卻也或者攘古讓字說文解字曰攘推也讓相責讓也許君以从手者爲謙讓字矣

光被四表

古文尚書作光今文尚書作横鄭君周頌箋引光被四表格于上下此用古文尚書也漢書王莽傳莽奏曰昔唐堯横被四表王褒傳聖主得賢臣頌曰化溢四表横被無窮後漢書馮異傳永初六年詔曰横被四表昭格上下崔駰傳崔篆慰志賦曰聖德滂以横被兮黎庶愷以鼓舞班固傳西都賦曰横被六合三成帝畿張衡東京賦曰惠風横被今文選雖改爲廣而魏都賦注所引固不誤後漢書孝章帝紀威靈廣被葢同漢書宣帝紀蕭望之傳皆云充塞天地光被四表此葢本作横淺人用古文改之此皆用今文尚書也戴先生與王鳳喈内翰書曰孔傳光充也陸德明釋文無音切孔沖遠正義曰光充釋言文據郭本爾雅桄熲充也注曰皆充盛也釋文曰桄孫作光古黃

反用是言之光之爲充爾雅具其義漢唐諸儒凡於字義出爾雅者則信守之篤雖孔傳出魏晉閒人手此字據依爾雅又密合古人屬辭之法非魏晉閒人所能必襲取師師相傳舊解見其奇古有據遂不敢易爾爾雅桄字六經不見說文桄充也孫愐唐韻古曠反樂記號以立橫橫以立武鄭康成注曰橫充也謂氣作充滿也釋文曰橫古曠反孔子閒居篇必達於禮樂之原以致五至而行三無以橫於天下鄭注曰橫充也堯典古本必有作橫被四表者橫被廣被也正如記所云橫於天下橫乎四海是也橫四表格上下對舉溥徧所及曰橫貫通所至曰格四表言被以德加民物言也上下言于

以德及天地言也橫轉寫爲桄脫誤爲光追原古初當讀古曠反庶合充霩廣遠之義而釋文堯典無音切於爾雅乃古黃反殊少精覈述古之難如此類者遽數之不能終其物玉裁按先生此書但云古本必有作橫被者而未知漢人言橫被者甚多又未知伏生作橫璧中作光皆卽桄字爾雅說文桄充也桄橫通用與今文尚書合孫叔然爾雅作光充也與古文尚書合古文尚書光字卽桄之假借鄭君釋以光耀見周頌正義此就本義釋之僞孔云光充也此就假借釋之用今文注古文也古今文字異而音義同僞孔訓爲長桄之訓充者凡物將充滿之必外爲之郭而後可充孟子曰擴而充之擴卽

橫字之異體四面爲之橫而充之也漢人訓詁之法當云桄猶充也爾雅舉其大致而已

淮南王原道訓橫四維而含陰陽紘宇宙而章三光高注橫讀桄車之桄洪氏蕊登榜曰漢人橫桄通用甚明玉裁按木之橫者曰桄桄車謂車之有桄者也李登聲類作軏車下橫木也見眾經音義釋玄應眾經音義曰桄音光古文橫廣二形聲類作軏今車牀及梯轝下橫木皆是也然則桄是本字橫是假借字橫之古音讀如黃亦讀如杭用爲桄之假借則讀如光而恢郭之義則漢後橫桄皆切古曠今俗謂器物之橫木亦古曠切此古今語有輕重也墜形訓說崑崙虛旁有九井玉橫維其西

高注横猶光也此光字乃桄字之誤山海經面有九井以玉爲檻玉横即玉檻甚明說文且字下曰从几足有二横魯頌鄭箋曰大房玉飾俎也其制足閒有横明堂位俎夏后氏以嶡鄭注嶡之言蹷也謂中足爲横距之象横皆即桄横被四表横四維謂以四表四維爲圻堮而郭之古無廓字郭廓同字爲之郭而郭之爲之横而横之正是一理横郭也與韓詩觥古音光廓也亦是一理孟子擴而充之擴乃横之俗字孟子原書當是横而充之趙注擴廓也當是横郭也今人讀擴爲廓而已集韵四十二宕古曠一切有桄横櫎撗擴五字實是一字可以證古音古義

古經字多假借非兼考各家難得其說如毛詩如鳥斯革故訓傳曰革翼也韓詩作靭翅也韓用本字毛用假借字而其說正同正如古文作光今文作横而其義正同鄭君以光耀釋之未協其箋詩牽引尚書希革字亦令學者淆惑

漢書文帝紀酺五日文穎曰漢律三人以上無故羣飲酒罰金四兩今詔横賜得令會聚飲食五日也按此漢人用横字之一端也

格于上下

許叔重說文解字八篇人部曰假非眞也从人叚聲一曰至也虞書曰假于上下一曰至也四字蓋非許書之舊許君引經文與其字義不

合者甚多皆六書之假借也如無有作𢼸何關人姓布重負席何關火不明我夃酌彼金罍何關市買多得好箴姑其本字𢼸負夃其假借字也二篇彳部曰假至也與方言合然則假其本字假其假借字淺人見引虞書與非眞之義不屬則妄增一曰至也四字以聯屬之方言假至也郭音駕證以集韵四十禡則其字本從彳

按許書自序云其偁易孟氏書孔氏詩毛氏禮周官春秋左氏論語孝經皆古文也然則凡許所偁尚書皆孔安國壁中本凡壁中本有安國以今文讀之改定其字者如堋改作朋詔定作斷𢧵定作蠢之類是也叔重存其故書本字往往與今本乖異職此之由凡安國讀定之本遞傳至衛賈馬鄭王及僞孔唐天寶三載命一不學無識之衛包盡改其古字如共改作供女作汝鄉作嚮御作迓奴作孥庸作鏞熒作榮淺作餞鳥作島道作

導尼作昵旄作毛雺作蒙圛作驛粊作費馮作憑幾作箋斁作塗闢作開之類是也。許所見壁中是假字，而今本堯典格字五見。考毛詩楚茨、抑作格，毛云：「來也，至也。」雲漢作假，毛云：「至也。」是古時格、假通用，尚書作格其來已久。

王逸注招魂曰：「假，至也。書曰：假于上下。」叔師多用今文尚書，此今文尚書與古文尚書同也。後漢書孝順帝紀：「丕顯之德，假于上下。」史記：「假人元龜。」「假于皇天。」「假于上帝。」漢書：「惟先假王正厥事。」尚書大傳：「祖考來假。」此今文尚書有假無格之證。

易「王假之」、「王假有廟」，虞翻皆云：「假，至也。」詩「來假祁祁」，鄭

云假至也毛鄭於假字或云大也或云升也或云至也其音皆讀如賈或讀如嫁陸氏釋文於升至二義皆云更白反非也

凡史記漢書所引今文尚書淺人少見多怪輒以所習古文尚書改之如史記五是來備見於章懷之後漢書注而今本宋世家乃作曰時五者來備便程南爲見於司馬貞張守節之注而今本五帝本紀作南譌漢書舜讓于德不台見於李善文選注而今本王莽傳作不嗣循是求之兩漢書或作光作格者皆此類也

克明俊德

禮記大學篇帝典曰克明峻德此與古文尚書合特山

旁人旁爲異耳今文尚書作克明訓德訓順也史記五帝本紀能明馴德徐廣曰馴古訓字索隱曰史記馴字徐廣皆讀曰訓玉裁按今文尚書五品不訓史記作不馴然則馴訓古通用今有平去之別古以川聲同音周禮土馴鄭司農讀馴爲訓而釋以告道引爾雅訓道也以明之今本周禮作土訓注云訓讀爲馴者淺人妄改余别有說一篇周易馴致其道徐仙民音訓劉昌宗周禮馴音訓堯典若釋爲順者本紀作馴馴予工馴予上下草木鳥獸是也或徑作順順此事是也洪範于帝其訓世家訓作順知馴訓順三字通用堯典在歐陽夏侯當作克明訓德與五品不訓用字正同徐中散在晉末雖今文尚書已佚而祖飢謚哉

之類尚存一二又採集舊聞知馴卽訓字故云古訓字
也凡司馬氏史記班氏漢書全用今文尚書
凡史記録尚書有苦其難讀以故訓字易之者如克明
作能明協和作合和是也有所用今文尚書與古文本
不同者如俊德作訓德萬邦作萬國是也辨乎斯二者
而後能讀史記而後能讀尚書

以親九族

白虎通宗族篇兩言尚書曰以親九族

九族既睦平章百姓

詩采菽正義堯典平章百姓書傳作辨章按書傳者謂
尚書大傳也今尚書大傳無辨章百姓之語散佚非完

書也史記索隱云便章古文尚書作平今文作辯是小司馬所見尚書大傳亦有之後漢書劉愷傳曰職狂辨章百姓宣美風俗班固典引曰惇睦辨章之化荅賓戲曰劉向司籍辨章舊聞東觀漢紀曰臣下百僚力誦聖德紀述明詔不能辨章見太平御覽此皆用今文尚書也而李賢注後漢書兩引辯章百姓鄭注云辯別也章明也蓋鄭注尚書讀平爲辨從今文尚書也毛詩傳曰平平辯治也鄭注論語曰便便辯也古便平辨辯四字通用尚書平辨皆訓使鄭注周禮馮相氏辨秩東作辨秩南僞辨秩西成辨狂朔易正義云尚書皆作平今皆云辨據書傳而言然則亦從今文尚書易平爲辨也

惠氏定宇九經古義曰說文釆辨別也讀若辨古文作乎與平相似孔氏誤乎爲平耳玉裁按平辨雖一在古音十一部一在古音十二部而同入冣近是以周易清眞通用洪範偏平合韵尚書平辨皆訓使召誥平來一作辨來酒誥勿辨乃司民湎于酒書序王俾榮伯作賄肅愼之命俾一作辨此平章卽辨章之理也不必如惠所說

百姓昭明協和萬邦

五帝本紀作合和萬國漢書地理志曰書云協和萬國漢書宣帝紀地節元年詔曰蓋聞堯親九族已和萬國論衡藝增篇尚書協和萬國玉裁按古文尚書邦字今文尚書皆作國漢書引毋敎佚欲有國史記二百里任

國白虎通侯甸任衛作國伯此等國字非爲本朝諱自
是今文尚書本作國漢人詩書不諱不改經字蔡邕所
書今文般庚試以爾遷安定厥國此可以相證宋史禮
志紹興二年禮部太常寺言漢法邦之字曰國盈之字
曰滿止是讀曰國讀曰滿本字見於經傳者未嘗改易
司馬遷作史記曰先王之制邦內畿服邦外侯服又曰
盈而不持則傾於邦字盈字亦不改易此說蓋非無見
蓋引經傳皆仍其舊若常雨若常暘若則以訓故字代
之
小司徒乃分地域注故書域爲邦杜子春云當爲域玉
裁按域即或字或即國字此古國與邦通用之證也或

云邦雖韵語國則不韵予曰此不必韵老子脩之國其德乃豐未嘗非古合韵也

黎民於變時雍

於陸無音正義釋以於是或疑本作于衛包改之玉裁按葢相傳舊本如是如毛詩俟我於城隅於我乎夏屋皆作於也兩夔曰於予陸氏亦不音烏

漢書成帝紀陽朔二年詔曰書云黎民於蕃時雍玉裁按此今文尚書也應劭注云言眾民於是變化用是大和葢應用古文尚書讀蕃爲變正如五行志思心曰容應劭亦用古文尚書讀容爲睿韋注蕃訓多則如今文說不改字師古所引音義葢删去古文作變之語

漢孔宙碑於亓時雍亓卽今之卞字弁之變體弁葢蕃之假借古音弁讀如盤

乃命羲和欽若昊天厤象日月星辰

字本從止衞包改從日

漢書藝文志說陰陽家云敬順昊天厤象日月星辰敬授民時　漢書李尋傳尋說王根曰書曰厤象日月星辰　中論厤數篇書曰乃命羲和欽若昊天厤象日月星辰敬授民時

敬授民時

民時衞包改作人時玉裁按民時自來尚書無作人時者卽以注疏本證之洪範孔傳皐陶謨正義皆云敬授

民時唐初本不誤也自唐孝明天寶三載始命衛包改古文尚書包以民時字在卷首非他民字可比乃竟改爲人時而古人引用如鄭注尚書大傳徐氏偉長中論厤數篇韋氏注鄭語皆引敬授民時皆治古文尚書者也史記五帝本紀漢書律厤志食貨志藝文志李尋傳王莽傳漢孫叔敖碑亦皆引敬授民時皆治今文尚書者也

分命羲仲宅嵎夷

宅今文尚書作度周禮注引度西曰柳穀此鄭引今文尚書也然則宅嵎夷宅南交宅朔方今文皆本作度矣楊雄方言曰度尻今之居字也東濟海岱之閒或曰度與今

文尙書合攷三危既宅夏本紀作既度是降丘宅土風俗通義作度土五流有宅五宅三居五帝本紀作有度五度然則凡古文尙書皆作宅凡今文尙書皆作度五帝本紀居郁夷居南交居西土居北方皆作居者此以訓詁之字代之也戴先生曰當從朱子說作度而訓爲度日景與周禮測日南日北日東日西合爲一義　尙書正義卷二引夏侯歐陽等書宅嵎鐵字作宅者蓋誤依古文尙書

嵎夷古文尙書作堣夷今文尙書作禺銕說文十三篇土部曰堣夷在冀州陽谷立春日日值之而出从土禺聲尙書曰宅堣夷玉裁按此許用古文尙書也惟從土

與從山異蓋古文尚書字本從土轉寫誤從山說文土部堣夷山部封嵎二字盡然玉篇土部曰堣夷日所出虞書分命羲仲宅堣夷本亦作嵎蓋有堣嵎二本後人舍是從非耳說文九篇山部嵎字下曰嵎銕（大徐作銕小徐作鐵）崵谷也玉裁按此用今文尚書也嵎當本是禺或增山旁耳史記夏本紀索隱曰嵎夷今文尚書及帝命驗竝作禺鐵尚書堯典釋文曰尚書考靈曜及史記作禺銕尚書正義卷二曰夏矦等書宅嵎夷爲宅嵎鐵玉裁按嵎鐵卽禺銕銕者古文鐵字鐵者鐵之譌體也廣韵上平六脂峓字下云嵎峓山名書作嵎夷以脂切集韵上平六脂銕字下云嵎銕東表之地延脂（作知誤）切廣韵集

韵十二齊皆有銕字引字林云鐵名然則夷銕峓三字通用集韵無峓字疑廣韵峓乃銕之誤凡緯書皆出於漢人之手故考靈曜帝命驗皆用今文尚書釋文引史記作禺銕今史記作郁夷乃禺銕之别本郁在尤矦入聲自之咍轉入禺在矦部平聲釋文之史記二字疑說文二字之誤謂山部嵎字下所云也或陸氏所據史記與張守節司馬貞本不同

禮記月令注曰今尚書曰分命羲仲宅嵎夷正義云今尚書者今文尚書也玉裁按疑今字下有脫文鄭之注經引今文尚書絕少惟周禮有度西曰桺穀一條耳且古文堣夷今文作禺銕皆有左證不當以宅嵎夷系之

夏侯歐陽書也或云今尚書者猶言今月令蓋本作度禹銕而後人用所習古文改之余以爲周禮注引栁穀者爲攢讀栁之證此引書爲命田舍東郊之證不必援禹銕字也非有脫文則今爲衍字

又按尚書正義曰庸生賈馬之等惟傳孔學經文三十三篇故鄭與三家同以爲古文而鄭承其後所注皆同賈逵馬融之學題曰古文尚書篇與夏侯等同而經字多異夏侯等書句絕宅嵎夷此謂古文爲宅嵎禺之誤鐵此謂夏侯等書昧谷古文曰栁谷夏侯等心腹腎腸古文曰憂優之誤腎賢之誤陽揚之誤夏侯等劓刵劅剠古文云臏宮劓割頭庶剠夏侯等是鄭注不同也此四條皆上句古文下句今文本自明白不意

善讀古書如閻百詩氏尚誤會而互易之尚書古文疏證第二十三近注尚書者皆襲其誤甚矣句度之難也四條皆有左證各見當篇

又按尚書正義宅嵎夷爲宅嵎鐵宋版鐵作峓　尚書釋文嵎字下考靈耀及史記作禺銕毛居正正誤云史記作郁夷說文作嵎峓銕古鐵字葢峓誤爲銕也　玉裁按大小徐說文皆無峓字毛氏說文二字葢廣韵二字之誤筆玉篇集韵皆無峓字廣韵嵎峓殊不可憑宋本尚書乃或改鐵爲峓凡宋版之不可盡信如此

又按徐氏楚金說文繫傳云古文尚書夷作鐵此所云古文尚書者葢郎後來郭忠恕所定遞傳至宋次道王

仲至呂微仲晁公武薛季宣者也從各書抄撮而成此條誤認今文爲古文不足深辯

曰暘谷

按古文尚書作暘今文尚書作崵說文七篇日部曰暘日出也從日昜聲虞書曰曰暘谷小徐本作虞書曰至于暘谷七字大徐本作商書曰暘谷五字按當作虞書曰曰暘谷六字二徐本脫贅皆因曰字曡出致譌亂如口部商書曰曰圛今本譌謬正同此與土部宅堣夷相屬偁古文尚書也九篇山部崵字下曰一曰嵎銕崵谷也崵谷上當有曰字轉寫失之此偁今文尚書也以嵎銕今文則知相屬之崵谷今文無疑也許君曰其偁易孟氏書孔氏詩毛氏禮周官春秋左氏論語孝經皆古文也然則許君所引尚書必皆孔氏古

文今按許君敘述言其挭槩其所引禺銕暘谷戔戔豈
梓橐毛旁述孱功則不廢今文正如偁詩毛氏而江之
承矣偁毛江之羕矣則偁韓偁春秋左氏而引公羊非
一也

寅賓出日

說文寅辰名夤敬惕也尚書古本多作夤字故唐人引
書多作夤李仲璇孔子廟碑作夤賓集韻引夤淺納日
凡堯典咨繇謨寅字似皆當作夤攷爾雅釋故寅敬也
古字多假借文選永明九年策秀才文夤奉天命李善
注引爾雅夤敬也鄭展注漢書亦曰夤敬也則爾雅古
本亦作夤

釋文曰賓如字徐音殯玉裁按仙民讀爲上擯承擯紹擯之擯說文八篇人部曰儐導也或從手作擯仙民音得孔意如字非也　按賓讀平聲儐讀去聲此自後人分別古無是也故假賓爲儐史記廉頗藺相如列傳設九賓於廷周末禮廢儐至於九侈靡之故也

僞孔傳云賓導也此葢依今文家說五帝本紀敬道日出此賓訓導之證也道導古今字

平秩東作

說文豊部及僞孔本作平鄭作辨馬作苹此鈞是古文尚書而因音近不同也鄭作辨者周禮馮相氏注辨秩東作辨秩南僞辨秩西成辨秩朔易字皆作辨又上文

平章鄭亦作辨章可證也鄭注辨章曰辨別也度此訓亦當同也馬作苹者釋文曰平如字馬作苹普庚反云使也下皆放此玉裁按古者平辨皆訓使如雒誥伻來以圖羣經音辨作平來以圖漢書劉向傳亦作平來以圖雒誥伻來來示予漢人所引亦作辨來來示予酒誥勿辨乃司民湎于酒書序王俾榮伯俾馬本作辨詩桑柔傳云荓使也爾雅釋詁云拼抨使也集韵十三耕曰拼抨伻迸疑當作荓平苹六字同玉裁謂平與辨清眞之合平與俾清支之合也詩書作從艸之荓苹皆字之假借也

尙書大傳辯秩辯在字皆作辯史記五帝本紀字皆作

便此皆今文尚書辨辯便古通用不得云今文與古文異也

方言青齊之間壻謂之倩郭注言可借倩也今俗呼女壻爲平使是也按平使乃古語可爲尚書平來之證今本方言作卒便者乃譌字耳匡謬正俗云俗語謂聽之使去爲不使卽俾使也疾言之音訛若云不使爾今按亦卽平使之音訛平補耕反與俾不皆雙聲

說文五篇豐部曰豑爵之次弟也從豐弟虞書曰平豑東作此蓋壁中古文也尚書大傳曰辯秩東作見索隱今本佚辯秩南僞辯秩西成周禮馮相氏注辨秩東作辨秩南僞辨秩西成辨在朔易正義云皆據書傳而言按辨與辯通用今本大傳佚辯秩東作辯秩南僞二條此伏生今文也今本

古文尚書皆作秩蓋由孔子國以今文字讀之讀豑爲秩也壁中古文初出時尟通其讀者孔子國以隸書定其音讀通其假借如豑易爲秩紩易爲朱卲易爲斷緜易爲肆截易爲蠢此定其音讀也如敀易爲好狟易爲桓敀易爲伯堋易爲朋炪易爲拙負易爲幾緢易爲貊此通其假借也

史記儒林傳曰孔氏有古文尚書而安國以今文讀之因以起其家逸書得十餘篇蓋尚書滋多於是矣按今文二字蒙上古文二字而言壁中書皆古文故謂之古文尚書今文者漢所習隸書也以今文讀之者猶言以今字讀之也秦製隸書以趣約易而古文遂絕壁中古

文彭能識者安國獨能以今字寫定古文凡古云讀者其義不一諷誦其文曰讀定其難識之字曰讀得其假借之字曰讀抽續其義而推演之曰讀子國於壁中書兼此四者故如古文作截隸作蠢古文作郘隸作斷朋之假借爲堋好之假借爲玫桓皃之假借爲狟緢皆子國朔爲之竝口說各篇大義遞傳至都尉朝庸生胡常徐敖王璜塗惲桑欽者以故尚書有古孔說今歐陽夏侯說而其奇文異畫往往見於說文解字而馬鄭王僞孔尚書中無之竊謂此正如周禮一書出於山巖屋壁經劉歆杜子春鄭衆賈逵之讀而後行鄭君康成注中凡言某故書作某杜子春鄭司農讀爲某者今周禮多

已改從杜鄭所讀爲之字而不從山巖屋壁故書之字康成所云二三君子其所變易灼然如晦之見明是也由此言之說文解字所載尚書其壁中故書存其舊蹟歟馬鄭王僞孔之本其子國以今字讀定者歟馬鄭王之注必有如周禮故書作某儀禮古文作某今文作某之云而盡散失難考僞孔之傳則目不睹眞壁中物缺而不道今之言尚書者必欲用說文解字改馬鄭王僞孔相傳之本是鴝鵒已翔乎寥郭之宇而羅者猶視乎藪澤也倘史記謂上文伏生尚書爲今文則漢魏人祗有歐陽夏侯尚書古文尚書二目絕無謂歐陽夏侯爲今文尚書者漢魏人注漢書多以古文別於歐陽夏侯

如云容古文作睿台古文作嗣祖古文言阻隔古文作擊是也晉以後古文尚書盛行始有言今文尚書以別之者如晉末徐廣史記音義今文尚書作不怡今文曰惟刑之謐哉今文尚書作祖飢裴松之注三國志今文尚書曰優賢揚歷此今文尚書四字之始見唐人作經典釋文曰伏生所誦是曰今文作五經正義於尚書則曰伏生所傳三十四篇者謂之今文於禮記月令則曰鼂錯所受伏生二十九篇夏侯歐陽所傳者謂之今文尚書不知自漢以來謂之歐陽尚書而已夏侯尚書而已不得因徐廣裴松作注別於古文尚書立此名目而曲爲之說佀古有此名者然也且惟今文尚書四字

古人所無有通人所不道故天寶三載詔集賢學士衛
包改易尚書名之曰今文尚書且史記云以今文讀之
漢書則云以今文字讀之今文字者謂今之文字也讀
之者兼前四者而言故曰因以起其家謂於伏生歐陽
尚書外別立古文家也後人讀史記漢書不察乃謂以
伏生歐陽尚書校古文尚書信如是則誰不能之而獨
讓子國起其家歟且伏生歐陽尚書非可用以讀古文
尚書也如優賢揚厤臏宮劓割頭庶剠曰禺銕彊人有
王開賢厥率化民文塞晏晏無淫于酒無勑于游田其
字既不同其句之長短字之多少復大異非謂同字而
一用隸書一用古文若合符節也且其下文云逸書得

十餘篇蓋尚書茲多於是矣謂伏生歐陽所無而安國亦以今字讀之寫定可誦豈徒取伏生歐陽所有者讎挍云爾哉作僞孔序者不解史漢所云乃云科斗書廢已久時人無能知者以所聞伏生之書攷論文義是其意謂史漢之今文二字卽伏生書也夫伏生之書互勘斷不能廢而專倚伏生之書則文字不能盡通其讀詎遂能考論其義哉又云定其可知者爲隸古句絕定句更以竹簡寫之增多伏生二十五篇不識此二十五篇何所藉以攷論文義也且漢書藝文志云魯共王壞孔子宅欲以廣其宮而得古文尚書及禮記論語孝經凡數十篇皆古字也孔安國悉得其書以考二十九篇此謂以古

文攷伏書非謂以伏書讀古文也得多十六篇劉歆移書讓大常博士云魯恭王壞孔子宅欲以爲宫而得古文於壞壁之中逸禮三十有九書十六篇合之兩儒林傳曰以今文讀之逸書得十餘篇然則壁中所出尙書孔國旣盡以今字讀之盡得其讀更無餘篇矣劉向别録桓譚新論所謂五十八篇是也烏拄定其可知者而其餘尙有錯亂摩滅弗可復知者哉說文曰平豑東作馬鄭僞孔本皆作秩鄭本作秩見周禮注馬本作秩秩於釋文不言馬作某知之也凡馬鄭本有異釋文多出之此必安國讀豑爲秩易其字也豑字不見於他經倉頡等篇有其字與否未可知許君以會意說之曰爵之次弟也爵與豐同爲禮器故其字從豐弟會意秩字經典多用

許君以形聲說之曰積也从禾失聲引詩穦之秩秩是則用爲次序之義二字皆屬假借近人云豑其本字秩其假借字漫改秩爲豑好古而不通其源也

王肅私定家語云子國乃考論古今文字撰衆師之義爲尚書傳五十八篇又引子國孫衍上書曰安國爲之今文讀而訓傳其義此可以證史漢今文二字之解

或謂古文尚書字多難識今文尚書字多易知余曰此未可槩論也亦有今難而古易者如咎繇謩拮隔鳴球擊易而隔難堯典舜讓于德不台嗣易而台難曰禺銕夷易而銕難牧誓如豺如離羆易而離難般庚若顛木之有甹枿由易而甹難以此類推之

又按漢人五經異義但云今尚書不言今文尚書者史記儒林傳曰伏生爲秦博士秦時焚書伏生壁藏之其後兵大起流亾漢定伏生求其書亾數十篇獨得二十九篇卽以教于齊魯之閒按伏生藏而復得者亦古文也尚書出於周室所斅孔子所書用倉頡所造古文始皇初兼天下始專用秦文許君叔重說隸書之興在燒滅經書之際然則經書無不古文者可知伏生得二十九篇教於齊魯授朝錯張生歐陽生葢亦以隸書寫之如僞孔所云爲隸古者是則壁中亦有今文伏生亦有古文也以其字句多乖異故先出者旣偁尚書矣旣偁歐陽尚書夏矦尚書矣則後出者指魯王壁中事別之

曰古文尚書猶今人分別言某本某本耳非孔氏者皆古字無今字伏生者則皆今字無古字得偁今文尚書也

尚書大傳作辯秩史記多襲今文尚書乃作便程索隱曰此訓秩爲程也玉裁按程讀如字不得如劉伯莊逕音秩也然楚詞懷沙程與匹韵說文臷⿺辶臷字皆讀若詩秩秩大猷是程亦讀如秩、

風俗通義祀典篇青史子書說雞者東方之牲也歲終更始辨秩東作萬物觸戶而出故以雞祀祭也玉裁按青史子言辨秩東作與尚書大傳合

孟子萬章篇趙注曰東野人東作田野之人書曰平秩

東作謂治農事也玉裁按趙氏所引皆今文尚書而作
平或今文尚書亦作平或後人改之皆未可定
日中星鳥以殷仲春
爾雅釋言殷中也郭注書曰以殷仲春
仲五帝本紀作中古字多以中爲仲葢古文尚書本亦
然後人改之
厥民析
厥其也爾雅釋言文若汗簡等之古文尚書作氒則與
爾雅不相應矣
呂氏春秋仲春紀耕者少舍高注云皆耕在野少有在
都邑者也尚書曰厥民析析散布在野

鳥獸孳尾

孳尾五帝本紀作字微按孳字古通用尾微古通用如微生亦作尾生是也說文廣雅皆云尾微也以微釋尾未知今文尚書本作微字抑作尾而司馬以訓故之微代之裴駰集解曰尚書微作尾說云尾交接也此仍用孔傳耳說云轉寫作說文云大誤

申命羲叔宅南交

尚書大傳中祀大交鄭注中仲也古春爲元夏爲仲五月南巡守仲祭大交氣于霍山也南交稱大交書曰宅南交也玉裁按疑今文尚書作大交鄭以古文尚書釋之凡鄭注尚書大傳言書曰經曰者皆謂古文尚書也

正義鄭云夏不言曰明都三字摩滅也玉裁按此以冬有曰幽都三字知之王肅則云夏無明都避敬致然卽幽足見明非闕文也

平秩南僞

僞衞包作訛今依鄭本周禮馮相氏鄭注辨秩南僞釋文僞五禾反今俗本改注作南譌又妄改釋文之僞作譌而宋本釋文固不誤葉林宗影鈔宋本在蘇州朱奐文游處通志堂本作譌非也羣經音辨卷三人部曰僞化也音訛引書平秩南僞此據周禮音義集韵類篇亦本之曰僞同吪吾禾切古僞與爲通用荀卿書分別性與僞人爲曰僞也古文尙書作南僞亦或作南爲

五帝本紀便程南爲今本爲作譌者妄依衞包尚書索隱曰爲依字讀春言東作夏言南爲皆是耕作營爲勸農之事孔安國強讀爲訛字雖則訓化解釋亦甚紆回也玉裁按依小司馬強讀爲訛之云則知孔本經作平秩南爲傳云爲化也古音爲化字同在第十七部老子列傳曰李耳無爲自化淸靜自正爲化一韵靜正一韵凡爲之者所以化之也鄭君注東作曰作生也然則南爲鄭必訓化由生而化而成是禾之節次淮南天文訓曰禾不爲菽麥不爲是也小司馬直云作爲同義則爲混於東作高誘注淮南曰爲成也則爲混於西成作傳者未嘗不合古音古義而淺人謂爲不得訓化必是孔讀作訛衞包因

徑改作訛字則言音義者誤之也小司馬開元時人其
所據尚是南爲
漢書王莽傳中莽曰予之東巡勸東作南巡勸南僞西
巡勸西成北巡勸蓋藏師古曰僞讀曰訛訛化也玉裁
按莽所用多今文尚書此今文尚書與古文尚書同作
僞之證師古注云云卽用孔安國語而增讀曰訛數字
僞孔注尚書大致倣毛公詁訓傳無讀爲讀曰之例
敬致日永星火以正仲夏厥民因鳥獸希革
小雅斯干詩箋云如鳥夏暑希革
分命和仲宅西曰昧谷
宅今文尚書作度

壁中古文本作卯谷鄭讀作昧谷今文尚書作桺穀吳
志虞翻傳注虞翻別傳曰翻奏鄭注尚書違失四事一
曰古大篆丣字讀當爲桺古桺丣同字而以爲昧甚違
不知蓋闕之義又云古篆丣字反以爲昧按如虞言則
鄭君尚書本作丣鄭云丣讀當爲昧虞意今文尚書作
桺近是故非之也裴松之云翻謂大篆丣字讀當言桺
竊謂翻言爲然與日辰卯字字同音異據裴語證經
文作丣鄭讀作昧矣虞說鄭君之失丣卽桺而誤易爲
昧與冃似同而從誤作同北似八而從誤作八洮濯音
近而更洮爲濯四事一例僞孔本作昧用鄭說也僞孔
意謂壁中丣字孔安國已易爲昧在鄭之前非鄭刱見

也今文尚書本作桺何以證之尚書大傳言大交桺穀幽都卽古文尚書之南交昧谷幽都也鄭注八月西巡守祭桺穀之氣于華山桺聚也齊人語尚書正義卷二曰夏矦等書句絕昧谷謂鄭爲桺谷謂夏矦等是與鄭注不同也五帝本紀昧谷徐廣曰一作桺谷玉裁按司馬用今文尚書作史記作桺者是司馬眞本作昧者淺人以所習古文尚書改之也或疑班氏說史記堯典諸篇多用古文說余謂至鄭君而後讀丣爲昧見駁於虞翻司馬安能逆知之而從之乎又周禮縫人衣翣桺之材注桺之言聚諸飾之所聚與大傳注正合書曰分命和仲度西曰桺穀故書桺作櫝鄭司農讀爲桺正義云書曰者是濟南伏

生尙書二字俗本誤作書桺文玉裁按疏說是也鄭詩禮注多用古文尙書惟此條以桺訓相合用今文尙書據大傳史記周禮及尙書正義則今文尙書作桺穀無疑虞仲翔謂壁中丣字卽伏生桺字其云讀當爲桺者據伏生書而云然玉裁竊謂仲翔之說爲疏考究之未精也伏書作桺者葢其壁藏本作桺或壁藏本作丣而伏讀爲桺皆未可定丣者古文酉字桺從丣聲古字多同聲假借虞見鄭注丣讀當爲昧之云疑其何不讀爲桺有依據以愚審之丣卯二字易溷壁中必是丣字鄭於雙聲求之讀當爲昧正與詩箋茅蒐韎聲茅韎雙聲一例若壁中是丣字則鄭豈不能比合今文桺穀爲說伏生作桺

孔壁作丣形與聲皆略相似丣丣古音同在第三部九幽內虞不細考

謂壁中與伏生合而妄譏鄭君裴松之亦云丣與卯字

同音異二字豈得云同哉鄭注周禮引伏書桺穀爲髮

桺之證其注古文尚書則不欲牽合伏書近時注尚書

者乃據周禮注謂鄭未嘗作昧謂仲翔誣鄭不思仲翔

作奏時鄭注尚書家習戶曉豈能鑿空相誣譬如因禮

記注先君之思以畜寡人爲定姜之詩便謂鄭無莊姜

送歸妾之說其可乎否也由不知今文尚書古文尚書

分別條理秩然耳

又按周禮故書作橮橮從木從貿聲貿從貝從卯聲而

先鄭讀橮爲桺此於疊韵求之也後鄭注尚書讀卯爲

昧此於雙聲求之也

又按今文尚書作栁穀史記五帝本紀及正義引夏矦等書穀皆作谷此就今文中又不同必有本作某讀爲某之說皆不可攷矣

寅淺內日

釋文作餞云餞賤衍反馬云滅也滅猶沒也玉裁按集韵二十八獮云淺在演切滅也書寅淺納日馬融讀通作餞尚書釋文自開寶中更定乃有舊本新本之不同葢尚書本作寅淺僞孔云淺送也是讀淺爲餞故陸氏云賤衍反淺本此演反讀爲餞乃賤衍反也馬季長意則不讀爲餞直就淺字訓爲薄迫之義故云滅也滅猶

没也集韵所據乃德明舊本其云通作餞者正謂釋文作淺衛包所改尚書作餞故云然又未能憭馬與僞孔訓不同也今更正尚書正文作淺　尚書後案引集韵餞馬作淺後案槩栝集韵語殊誤僞孔與馬本皆作淺王伯厚埶文志攷說文字異者七百有餘引夤淺納日此據集韵而誤天寶之尚書作餞古文尚書作淺也　賈昌朝羣經音辨曰淺送也滅也音餞書寅淺納日賈與丁度等目驗陸德明釋文未改本而云也

又按馬讀淺爲踐說文踐履也尚書大傳說踐奄曰踐之者藉之也（俗作籍誤）此馬意也

尚書大傳寅餞入日辯秩西成蓋今文尚書作餞訓送

故僞孔用今文說訓淺爲送餞字用字太巧不若作淺
爲善也
又按尚書大傳寅餞字恐後人用今本尚書改之非本
如是也五帝本紀曰敬道日入與上文寅賓同訓倘經
文作餞不得釋爲道也說文曰踐履也蹈踐也道與蹈
音同春之敬道道與導同秋之敬道道與蹈同謂蹈履
日入之路也葢今文尚書作踐故馬從之讀古文尚書
之淺爲踐釋之曰滅也僞孔讀淺爲餞說雖巧而非渾
渾無涯之象矣
內讀入聲今本作納者淺人所改其誤巳久矣凡古文
尚書出內字今文尚書多作入如寅餞入日辯秩西成

見於尚書大傳而夙夜出內朕命惟允史記五帝本紀作夙夜出入朕命惟信內于百揆作徧入百官內于大麓作入于大麓出納五言作出入五言九江內錫大龜夏本紀作入賜大龜此皆今文尚書本文非子長所易字如允作信則子長以訓詁之字易之也

平秩西成宵中星虛

周禮司寤氏注書曰宵中星虛

以殷仲秋厥民夷鳥獸毛毨

夷五帝本紀作夷易臧氏琳曰當是以易代夷轉寫誤兩存之易平也以豉切

說文八篇毛部曰毨仲秋鳥獸毛盛可選取以爲器用

也從毛先聲讀若選
周禮司裘注中秋鳥獸毴毨釋文毴音毛集韵毛或作
毴惠氏定字曰毴當爲髦字之誤也鄭氏尙書云中秋
鳥獸髦毨中冬鳥獸毴髦涉下而誤耳玉裁按謂涉下
句作毴又誤毴也然鳥獸毴髦惟見於說文惠竟以髦
毨毴髦系之鄭氏尙書則無攷也禮注毴字未可議改
又按周禮注毴毨釋文毴音毛此乃自來相傳舊本舊
音非有誤也下文毴毛字從毛隼聲故唐韵而尹切毴
字從隹毛毛亦聲故相傳音毛集韻曰毛亦作毴此葢
壁中堯典古文鄭君不敢定爲毛字倘是毛字則不當與下文毛異體
故仍其舊如周禮巾車故書有⿰馬毛字亦或爲髦⿰馬毛者鬣

之古文也毴者氈之譌體也釋文曰毴或音毛者或以爲髦字也釋文之毴音毛用今本尚書定之今本古文尚書蓋自孔子國都尉朝膠東庸生久易毴爲毛矣鄭不易爲毛蓋別有見而其說不傳

又按廣韵十七準作毴集韵二腫十七準皆作毴此說文鳥獸毴毛字從隼之證玉篇毛部毴誤作毴

申命和叔宅朔方曰幽都平在朔易

五帝本紀作便在伏物索隱曰使和叔察北方藏伏之物謂人畜積聚等冬皆藏伏尸子亦曰北方者伏方也尚書作平在朔易今案大傳云便在伏物太史公據之而書玉裁按作朔易者古文尚書作伏物者今文尚書

也今本尙書大傳辯在朔易曰短星昴朔始也傳曰天子以冬命三公謹葢藏閉門閭固封竟入山澤田獵以順天道以佐冬固藏也此朔易二字乃淺人所改朔始也三字亦淺人妄增命三公云云所謂辯在伏物絶無始易之意也漢人多用今文尙書王莽傳曰予之東巡以勸東作予之南巡以勸南僞予之西巡以勸西成予之北巡以勸葢藏葢藏卽伏物也此今文尙書說也

又按小司馬所引大傳不誤而周禮馮相氏正義云辯秩東作辨秩南僞辨秩西成辨在朔易皆據書傳而言

按書大傳本云伏物不云朔易鄭自用古文尙書耳

日短星昴以正仲冬

詩小星維參與昴毛傳云昴留也元命包云昴六星昴之言留言物成就繫留惠氏天牧據此謂字从丣古文酉作昴說文誤作昴說文非許氏之舊俗本流傳莫能正也玉裁謂漢人謂昴爲留故天官書言昴律書直言留毛公訓昴爲留者言詩之昴卽今俗所云留也如漢人謂甲爲鎧注家每云甲鎧也之類十月之交丣韵醜小星昴韵裯猶則丣昴古皆讀莫有反讀如母漢人呼留語言之異也音之同部相近者也不得據留字之形聲議改昴字裴松之注虞翻傳謂劉留聊柳同用丣以龤聲不言昴亦龤丣也且禮說言丣從日爲昴丣從日爲昴求諸古籍安所得兩字之用乎言丣象開門丣象閉

門鼎爲白虎不當從𠦒不知此六書形聲內聲與義不相涉者耳且徐仙民音茅（此讀平聲以叶裯猶耳）陸德明音卯相承古音如是與𠦒貿字正同一紐而𠦒畱劉聊桺珋駵鄮茆窌从𠦒之字同一紐則古音雖同部而異紐如是鼎果从𠦒則自古不讀莫飽切矣凡攷古非焯然不惑毋輕議改

惠氏定宇校改雅雨堂尚書大傳昴字爲鼎非也又改注中驪兜爲鵃吺粉米爲黺絲雖有依據而未協其挍改李氏易傳眇能視跛能履能皆爲而突如其來如突爲𠫓皆非（說詳說文解字讀）惠氏爲東南古學之大宗然其疵類不可不知也

厥民奥

今本作隩此字本作奥故孔云室也正義引爾雅室西南隅爲奥經文斷不作隩字考爾雅釋宫音義雖云奥本或作隩然又云尚書幷說文皆云奥室也可以證尚書經傳本作奥衞包見陸氏云於六反謂隩音則然奥音不爾因改爲隩抑知奥何嫌於耗於六二反乎集韵一屋云奥乙六切室中此取諸釋文也馬云煖也此讀奥爲燠奥自可引伸兼煖義不俟加火旁洪範說庶徵字本作奥史記漢書公羊傳注皆爾堯典經文倘作隩則無緣馬訓爲煖矣今作奥以復其舊

又按文選赭白馬賦李注云鄭元尚書注曰奥內也此

鄭注古文尚書作奧之明證也

又按五帝本紀作燠恐亦淺人用馬訓加火旁耳

鳥獸氄毛

說文八篇毛部曰毴毛盛也從毛隼聲虞書曰鳥獸毴髦大徐引唐韵而尹切又人勇切玉裁按說文作毴蓋壁中本如是今本作氄蓋別體隼聲在古音十三部裔聲在古音十五部而裔可讀如述如詩傳遹述是也述可讀如允如仲允膳夫漢書作中術是也故隼聲亦作裔聲也釋文氄如勇反徐又而充反充字葢允之譌玉篇而勇而允二切說文繫傳而尹反集韵乳尹切可證也若是而充則與如充不別又如充反仙民而允一切是此字本音其他如勇而充皆轉音也今文尚書作㲨說文三篇甏部㲨

字下曰虞書曰鳥獸褎毛從朕從衣按此亦⿰齒弁字訓羽獵韋絝而虞書褎毛則訓毛盛六書之假借也此與毛部所引絕異葢今文尚書也朕聲古音在第七部而第六部與第九部古多合韵此褎讀而隴切之理古文尚書毴氄字亦讀而充人勇二切者依褎字讀也

學者讀說文疑事多矣而一事最甚如褎既訓羽獵韋絝而引虞書鳥獸褎毛爲證此何解耶予曰此叔重之言假借也叔重列六書一曰指事二曰象形三曰形聲四曰會意五曰轉注六曰假借前四者字形也轉注者字義也許書每字必舉其本義則假借有其目而無其實若聽人之比合其同音者而得之而不知其所倆本

至備也以尚書言之如朕堲讒說殄行堲者嫉之假借堋淫于家堋者朋之假借予亦炪謀炪者拙之假借尚狟狟狟狟者桓桓之假借無有作玫玫者好之假借惟其斁丹臒斁者度之假借武王惟䁤䁤者冒之假借常敀常任敀者伯之假借勿以譣人譣者憸之假借在后之詷詷者侗之假借布重莧席莧者篾之假借惟緢有稽緢者貌之假借以詩言之如槮差荇菜槮者參之假借我夃酌彼金罍夃者姑之假借深則砅砅者厲之假借國步斯矉矉者頻之假借鞹鞃淺幭幭者幦之假借武王載坺坺者發之假借皆確然不易者嘗謂小學之書有三曰形曰音曰義爾雅而下方言釋名廣雅皆義

書也李登聲類而下至陸法言切韵唐韵廣韵集韵皆音書也說文字林玉篇形書也主其一而可兼二者焉三者兼而六書備焉說文主形其曰從某某聲者形也其曰讀若某者音也其曰訓爲某者義也轉注同義而異形假借異義而同形轉注假借皆具而後完一篆之形斯形書之善也

又按說文毛部作髦髟部作毛似古文尚書作髦今文尚書作毛然古今人表南宮髦毛伯同在顧命而一髦一毛不同既夕記云馬不齊髦鄭注云今文髦爲毛按既夕記說馬鬣則髦是本字毛是假借字也堯典說鳥獸毛羽則毛是本字髦是假借字也

帝曰咨

五帝本紀作嗟訓詁字也咨與嗟雙聲

女羲暨和

女者對己之詈假借之字本如字讀後人分別讀同汝亦非也因改爲汝字則更非也女乃爾雙聲爾古音近禰今俗用伱字見玉篇卽古之爾字也若亦對己之詈古音蓋亦與女乃雙聲其汝若爲雙聲爾亦讀氏爲雙聲者此又一音也經籍中絕不用汝字自天寶開寶兩朝莊陋尙書全用汝字與羣經乖異今正之一還其舊

如此條音義必同他經有女音汝之語因衞包旣改尙書之女爲汝字開寶中陳鄂遂刪之　此等字全主

音假借若曰汝爲正字則汝水名非正字也若曰爾爲正字則麗爾非正字也

曁壁中故書當作臮以許君引臮咎繇知之也蓋亦漢人以今文讀之讀爲曁爾雅釋詁曁與也公羊傳會及曁皆與也曁字久行人所易知臮字罕識故易之

期三百有六旬有六日

說文七篇禾部曰稘復其時也從禾其聲唐書曰大徐本作虞書稘三百有六旬玉裁按作稘者壁中故書作期者孔子國以今字讀之易稘爲期也宋次道家之古文尚書作朞則好事者皮傅期字古文爲之而已矣期今文尚書作歲五帝本紀曰歲三百六十六日漢書律厤志曰

歲三百有六旬有六日是其證也

以閏月定四時成歲

困學紀聞曰晁景迂云古文定作正開元誤作定閻百詩云開元當作天寶玉裁按晁氏所謂古文卽宋次道王仲至家之古文尚書薛氏季宣書古文訓作正是也此竊史記正字耳衞賈馬鄭本自作定言定則正在其中云衞包誤作定者此晁氏肊斷衞包自改僞孔作傳之古文非改宋次道家之古文也白虎通四時篇尚書曰朞三百有六旬有六日以閏月定四時成歲漢書律厤志同春秋隱元年公羊傳注尚書以閏月定四時成歲二家皆用今文尚書者也然則今文尚書亦作定五帝本紀作正

者以其訓故字代之也

允釐百工

五帝本紀作信飭百官徐廣曰飭古勑字廣韻曰敕今相承用勑勑本音賚

庶績咸熙

爾雅釋故熙興也郭注引書庶績咸熙按五帝本紀眾功皆興篇末同葢今文尚書亦作熙也然熙帝之載五帝本紀曰美堯之事漢書律麻志引庶績咸熙作眾功皆美是熙訓興亦訓美矣楊雄劇秦美新曰百工伊凝庶績咸喜疑今文尚書別本作庶績咸熹熹與熙古通用見文選注引李登聲類賈魴作滂熹篇言滂沱大盛見書斷或誤

作滂喜隋書經籍志及庾元威論書匡謬正俗亦言熹誤爲憙字誤
讀喜音然則美新喜字熹之誤也釋文熙許其反與也
玉裁按與也之上有脫文當是開寶中誤刪之陸氏音
義之例舉馬鄭之異孔者附之音後孔訓廣與非孔義
當有馬云鄭云字葢用今文家說與史記合
熙亦訓美者釋詁云熙光也周語毛詩傳皆云熙廣也
鄭虞韋皆曰廣當爲光玉裁按美卽光之意也僞孔泥
周語而不從爾雅此其有心異鄭者古廣光二字通用
如積厚者流光卽流廣是也
律厤志書曰迺命羲和欽若昊天厤象日月星辰敬授
民時歲三百有六旬有六日以閏月定四時成歲允釐

百官衆功皆美

帝曰疇咨若時登庸

說文四篇白部𠷎詞也从白𠷎聲虞書曰（今本脫曰字）帝曰𠷎咨玉裁按此壁中故書也蓋孔子國以今文讀之改爲疇訓爲誰依漢人所習用也尋此經之語當云帝曰咨疇若時登庸帝曰咨疇若予采乃與疇若予工疇若予上下草木鳥獸一例而倒易二字者蓋史臣紀帝語恐失其眞不求明順也五帝本紀云誰可順此事誰可者則明順矣許釋𠷎爲詞也者以其字從白白者自之省自鼻也詞言之气從鼻出與口相助𠷎從自故訓爲詞也此就字形釋之尚書𠷎字則當作疇訓爲誰此就

經文釋之說文二篇口部又有𠷎字訓誰也然則誰之訓當作𠷎𠷎之訓當作𠷎田之訓當作疇即說文暍字而𠷎𠷎字皆不行漢人多假疇訓誰近江氏叔澐尚書集注於疇咨依說文作𠷎云𠷎詞也咨謀也於惠疇疇若作𠷎云𠷎類也𠷎誰也用字既是古非今而疇咨若時疇若予工分別異義似是而非抑思說文引經不能徧舉堯典五疇字壁中古文蓋皆作𠷎許君祇偁其一耳凡字書以形爲主就字形而得其本義凡經傳古文以聲爲主就同聲而得其假借尚書壁中作𠷎者此周時古文之假借也漢人傳經作疇者此漢時用字之假借也凡治經不得以本字易其假借字

又按廣韵十八九曰𠷎說文誰也又作𠷎然則今本說文有脫誤當云𠷎誰也從口𠷎聲又出𠷎字注云𠷎或作𠷎從又攷老部壽字𠷎聲竹部籌字壽聲皆無又謚可信也𠷎與𠷎本是一字從口從鼻一也𠷎字下當云誰詞也說文全書欥詮詞也者別事詞也皆俱詞也魯鈍詞也智識詞也曾詞之舒也尒詞之必然也矣語巳詞也矤況詞也今本亦誤云況也詞也曶出气詞也無單言詞也者然則𠷎誰詞也無疑誰何皆問也

後漢書崔駰傳崔篆作慰志賦思輔弼以媮存兮亦號咷以訓咨按訓咨蓋卽疇咨漢劉寬碑開學稽古訓咨儒林錢氏曉徵曰說文州疇也各疇其土而生之春秋晉侯州滿史記作壽曼古書酬酢字亦作醻醋

放齊曰允子朱啓明

說文十三篇糸部絑字下曰虞書丹朱如此按此謂壁中故書也故書作絑以今文讀之乃易爲朱字許云虞書丹朱如此則知他經丹朱字不作絑也

啟明五帝本紀作開明蓋或今文尚書本作啓而訓爲開或今文尚書本作開與古文尚書作啟異皆未可定非必爲漢諱也金縢開籥乃見書同此禮古文作啓今文啓皆爲開可證

帝曰吁嚚訟可乎

訟馬本作庸蓋假借字古訟通作頌頌通作庸周禮注頌或作庸儀禮注古文頌爲庸是也

嚚訟五帝本紀作頑凶頑嚚皆姦之大者也張守節正

義云凶訟也按爾雅說文皆曰訩訟也疑本作訩誤爲

凶

帝曰疇咨若予采驩兜曰

廣韵廿六桓鴅字下曰驩兜四凶名古文尚書作鴅今本廣韵不爾者後人改也說文口部吺字下徐鍇注曰古文尚書驩兜字作吺集韵廿六桓曰鴅吺四凶之一通作鴅今通作驩玉裁按經傳子史言驩兜者皆無異字或驩作讙爲異耳若云古文尚書作鴅吺此則出於宋次道王仲至家之本陸氏所謂穿鑿之徒務欲立異依傍字部改變經文者汗簡鳥部云鴅驩字也見尚書口部云吺兜字也見尚書正是竊此攷鴅字見管子侈靡篇云鴅然

若謞之靜注鴅然和順皃作僞者謂古驩歡同字鴅亦歡字則假之而鳥曷相似又致譌亂吺字則取諸說文與兜同音其不可信如此辨之以曉好古而惑者

又按海外南經讙（從言）頭國在畢方鳥南其爲人人面鳥喙有翼方捕魚一曰在畢方東或曰讙（從言）朱國（頭朱古音同在第四部）服氏子愼本之注左氏渾敦以爲驩兜人面馬喙渾敦亦爲獸名（馬蓋鳥字之譌古書馬鳥互譌者多矣廣韵鴅字下亦曰人面鳥喙）博物志驩兜國其民盡是仙人帝堯司徒驩兜民（疑當作驩兜氏之後）郭氏景純山海經傳亦曰讙兜堯臣有罪自投南海而死帝憐之使其子居南海而祠之畫亦似仙人也　又按神異經南方有人人面鳥喙而有翼手足扶翼而行

食海中魚有翼不足以飛一名鵃兜書曰放鵃兜于崇山一名驩兜爲人狠惡不畏風雨禽獸犯死乃休耳此等書疑皆是僞作未必東方朔所爲張華所注也而服氏注左氏檮杌饕餮亦引神異經則自漢有之矣學者闕疑可也昔人以驩與渾兜與敦同爲轉語鵃與共爲轉語檮杌於鯀爲反語古音兀可讀如昆如髡字兀聲是也饕與苗同韵故謂左氏渾敦窮奇檮杌饕餮卽尚書之驩兜共工鯀三苗也驩兜字體多異未必壁中本然可勿深論矣

都

史記述尚書咨皆爲嗟俞皆爲然都皆爲於咎繇謨言都者五皆作於玉裁按此卽爾雅釋故之都於也漢初

說尚書者以爾雅故太史公仍之爾雅都於也有兩義都古音同諸司馬相如封禪文揆厥所元終都攸卒張揖曰都於也孟子謨蓋都君趙注都於也此與上下文爰粵于那繇訓皆同于於也見毛詩召南傳繇於也見大雅抑詩鄭箋古由與繇通也那於也見越語韋注於即今人通用之語助此爾雅本義也烏呼之烏亦作於古音同九魚之於周秦漢時無魚與模斂侈之別今文家據爾雅釋都爲於於訓爲嘆此別一義而不可以檃括爰粵于那繇五字者也僞孔傳用其說亦云都於復諡之曰嘆美之辭孔意於訓嘆都訓美合和爲此說不知都美之訓不容相牽也　又按虞書言都者六言於

者三都於錯出疑其訓有異

或問都既訓於嘆之於哀都切則與央居切之於義既殊而音亦絕異何以爾雅類之爲一余曰此易明也此卽台朕賚畀卜陽予也一例台朕陽爲予我之予賚畀卜爲賜予之予今人予我讀平聲賜予讀上聲周漢人無此分別予我讀上聲顏氏籀顧氏寧人皆詳之矣古人以同音爲用故於嘆竝於是同爲一條予我偕賜予不分區域不特轉注明而假借亦明矣張氏稚讓廣雅尚守斯法自學者不求古音而爾雅難言矣

又按以予建首而台朕賚畀卜陽皆從之以閒建首而孔魄哉延虛無之言皆從之此正如說文篆玫字於此

而無有作敔從之篆狟字於此而尙狟狟從之同是此一形中所具同是此一聲中所有故曰轉注明而假借亦明矣

共工方鳩僝功

玉裁按方鳩僝功者古文尙書旁逑孱功者今文尙書也說文八篇人部引虞書方救僝功小徐作方鳩大徐作旁救汲古閣剜改作方鳩今按當是方救此偁古文也鳩作救者此壁中故書也二篇辵部引虞書旁逑孱功此偁今文也凡古文尙書作方凡今文尙書作旁如方鳩僝功五帝本紀作旁方施象刑白虎通作旁方告無辜論衡作旁皆可證士喪禮注曰今文旁爲方竊謂儀禮則今文爲方古文爲旁尙

書則今文爲旁古文爲方廣雅釋詁曰方大也此古文家說也又曰旁大也此今文家說也雒誥旁作穆穆亦改訂詳雒誥鳩壁中故書作救集韵十八尤曰勼聚也古作救通作鳩此語必有所受之周官經大司徒職以救爲求周禮地官司徒大司徒之職以土圭之法測土深正日景以求地中鄭氏注曰故書求爲救杜子春曰爲求是古文以救爲求也○凡說文云以某爲某者皆言假借之法尚書以救爲勼皆六書之假借也孔子國以今文讀之易爲鳩字左氏昭十八年傳郯子謂叔孫昭子曰五鳩鳩民者也又襄十六年傳范宣子曰匃在此敢使魯無鳩乎又襄二十五年傳鳩藪澤杜注鳩聚也亦假借字漢人有用鳩字故以之易救字也今文尚書作逑說文辵部曰逑斂聚

也从乇求聲虞書曰旁逑孱功此下云又曰怨匹曰逑又曰者與他處一曰同別一義也怨匹曰逑者即左氏之怨偶曰仇也閻氏百詩誤謂虞書有怨匹曰逑五帝本紀逑作聚然則逑亦訓聚今文與古文字異音義同也僝者說文人部曰僝具也從人孨聲讀若汝南潺水大徐作潺水許書潺潺俱無虞書曰方救僝小徐作僝功也今尚書監本僝作僝玉篇人部作僝引虞書方鳩僝功馬季長云僝具也與說文合偽孔云見也今文尚書作孱見說文乇部亦字之假借也五帝本紀孱作布今文家說也參稽互證知許君偁古文而不廢今文矣

偽古文以形旁求於天下乃襲楚語楚語用旁字與今文合與古文不合

帝曰吁靖言庸違

衞包改靖爲靜誤謂靖古字靜今字也孔傳凡靖皆訓謀衞意改一以見例而般庚微子無逸等篇皆仍靖不改　靖言今文尚書同五帝本紀作善言以善詁靖也漢書王尊傳靖言庸違翟義傳莽詔義兄宣靜言令色外巧內嫉靜同靖靖言謂善言葢今文家說如是師古一訓治一訓安誤　今文泰誓諓諓靖言與堯典同左氏春秋文十八年少皞氏有不才子靖譖庸回天下之民謂之窮奇玉裁按窮奇謂共工靖譖庸回卽靖言庸違也回邪也古回違通用王尊傳云庸違五帝本紀云其用僻則今文尚書字亦作違義訓邪僻

惠氏定宇九經古義曰楚辭天問曰康回馮怒地何故以東南傾王逸曰康回共工名也案鄭注尚書以爲共工名氏未聞先祖居此官故以官爲氏然則楚辭所謂康回者卽書所云靜言庸違也靜言當作靖言王逸引書云諓諓靖言公羊亦云諓諓善竫言違與回通詩大雅云厥德不回毛傳云回違也春秋傳晏子云君無違德下云若德回亂明違與回同回邪辟也論衡引作回德回邪辟也故史記云共工善言其用僻是訓違爲僻與回同也古庸字或作康故楚辭言康回秦詛楚文云今楚王熊相康回無道董逌釋康爲庸是也或云康讀爲亢龍之亢謂亢極邪辟也中論考僞篇書曰靜言庸違象恭滔天靜乃俗人所改

按正義曰靜謀釋詁文爾雅本作靖此衛包既改經文後又改正義也凡衛包改尚書經文則孔傳及正義不相應乃畫一改之又有淺人改易他經正義之引尚書者不必盡一時之事　凡正義併引爾雅有爾雅字與經不同正義不加剖析者如盤庚之靈即令令善釋詁文是也有其字本同衛包改之不同者如此條是也

象恭滔天

夏本紀似恭漫天宋儒林氏之奇朱子蔡氏沈皆疑滔天二字涉下文而誤玉裁謂據史記則今文尚書同也伏壁所藏與孔壁所出何以若合一契乎是可無疑矣

楊雄司空箴象恭滔天

漢書王尊傳湖三老公乘興等上書訟尊曰今御史大夫奏尊靖言庸違象龔滔天古以龔爲恭或誤爲龔

帝曰咨四岳

白虎通號篇尚書曰帝曰諮四岳

覲禮四享皆束帛加璧鄭注曰四當爲三書作三四或皆積畫此篇又多四字字相似由此誤也疏云古書作三四之字或皆積畫者堯典云帝曰咨三岳皋陶謨云外薄三海是古書作四字積畫也玉裁按尚書自有此一種與今本絕異者如郭氏璞說茂才茂才賈氏公彥說三岳三海釋[元]應說高宗夢㝵說砅砥砮丹陸氏德明說春徽五典孔氏穎達說壁內之書治皆作乿顏氏

師古說湯斷奴𠢷徐氏鍇說才生明說驩㕖皆在宋次道以前也

湯湯洪水方割

詩唐譜正義引堯典湯湯洪水方害割訓害音同故徑引作害

蕩蕩懷山襄陵

廣雅釋訓湯湯浩浩潒潒流也潒說文音蕩潒潒卽蕩蕩也

漢書地理志曰襄山襄陵

浩浩滔天

說文十一篇水部曰浩澆也从水告聲虞書曰洪水浩

浩按此隱栝書語如引詩東方昌矣合二句為一句之類

五帝本紀湯湯洪水滔天浩浩懷山襄陵張守節正義本作湯湯洪水蕩蕩懷山襄陵浩浩滔天

下民其咨有能俾乂

咨五帝本紀作憂

說文九篇辟部曰⿱辟乂治也從辟乂聲虞書曰有能俾⿱辟乂小徐無此七字玉裁按此蓋壁中故書孔子國以今文讀之易為乂以漢時乂訓治⿱辟乂不行也

僉曰於鯀哉帝曰吁咈哉方命圮族

釋文曰馬云方放也徐云鄭王音放正義曰鄭王以方

爲放謂放棄敎命玉裁按古文尚書作方今文尚書作放說文十三篇土部曰虞書曰方命圮族此古文尚書也漢書王商史丹傳喜傳傅大后詔曰同心背畔放命圮族薛宣朱博傳制曰今晏放命圮族應劭曰放棄敎令毁其族類此今文尚書也孟子梁惠王篇引晏子方命虐民與古文尚書合趙注方猶逆也五帝本紀放作負圮作毁以訓詁字代之也馬鄭王皆依今文讀方爲放如黎民阻飢馬用今文祖飢爲說讀阻爲祖也張載注魏都賦云方命放棄王命也書曰咈哉方命此用馬鄭說也

羣經音辨曰匚放也甫妄切書匚命圮族玉裁按賈氏

所引此條及薄韋蕽父及紏字冰字頗信郭忠恕輩所傳之古文尚書集韵四十一漾云放逐也古作匚葢其所據一也古今文一方一放皆常語耳若作匚命似太奇矣且賈丁僅用爲方命之駮文讀去聲近注尙書者凡方字皆作匚何也

漢書敘傳曰諸矦方命此當是本作放命而孟康注引古文尙書曰方命圮族因改正文作方耳

岳曰异哉

說文三篇廾部异舉也从廾㠯聲虞書曰嶽大徐作岳曰异哉玉裁按今說文㠯聲各書皆從巳聲疑今說文誤也

釋文徐云鄭音異孔王音怡巳也鄭音異者葢鄭讀异

哉爲異哉謂四岳賢鯀聞堯短之輒驚愕而歎曰異哉鄭注不傳往往有可於音求其義者此類是也廣韵七志曰异哉歎也退也舉也歎者鄭義退者孔義舉者許義集韵七之亦同許訓异爲舉此就從廾釋之其於虞書不必訓舉也觀圍莫聖等字注可知其說

試可乃已

五帝本紀試不可用而已錢氏曉徵史記攷異曰古人語急以不可爲可也古經簡質得史公而義益明

帝曰往欽哉九載績用弗成

載五帝本紀作歲

帝曰咨四岳朕在位七十載

按馬融曰朕我也此本釋詁朕之爲我於音求之耳朕之本義戴先生注考工記云舟之縫理曰朕玉裁謂凡言朕兆者朕謂舟縫兆謂龜坼皆閒之微者也史記李斯列傳趙高說二世曰天子所以貴者但以聞聲羣臣莫得見其面故號曰朕始皇旣以天子專朕偁高又比傳字義曲說獻諛不知朕之爲我用音不用義也是故嘗敎胡亥書者穿鑿之旣在社稷矣

獨斷堯曰朕在位七十載

女能庸命巽朕位

巽鄭訓入如字釋之也馬訓讓讀爲遜也五帝本紀巽作踐

岳曰否德忝帝位

僞孔傳曰否不也正義曰否不古今字依浦氏聲之十三經正字下文己身不德可證玉裁按五帝本紀作鄙葢今文尚書作鄙也論衡問孔篇引論語予所否者作予所鄙者解爲鄙陋攷公冶長篇古論猶吾大夫崔子魯讀崔爲高而論衡有猶吾大夫高子之文則仲任實治魯論者予所鄙者葢亦魯論魯讀否爲鄙今文尚書葢本亦作否說者讀爲鄙太史公仍之僞孔釋否德爲不德音方久反釋文云又音鄙恐是他家義與今文家同也周易釋文曰否音鄙惡也臧善也

曰明明揚側陋

文選沈休文宋書恩倖傳論明敭幽仄李注引尚書明明敭仄陋李時尚書作敭仄假令同今本作揚側則李作注之例必引書而申之曰敭古揚字仄同側用此知衛包改敭作揚仄作側李昉等又刪釋文敭仄字音釋也師古注漢書云仄古側字此衛包所由改仄爲側也司馬貞五帝本紀贊亦曰明敭仄陋

明明揚側陋此句孔傳云明舉明人在側陋者以舉訓揚在二明字之閒與經文不合攷史記堯曰悉舉貴戚及疏遠隱匿者悉舉訓明揚貴戚訓明疏遠隱匿訓側陋是葢今文尚書作明揚明側陋僞孔用今文說古文而不知古文倒易二字其訓不同凡經傳言明明者皆

謂明之至釋訓曰明明察也

師錫帝曰有鰥在下曰虞舜

尚書大傳書曰有鰥在下曰虞舜

風俗通義皇霸篇經曰有鰥在下曰虞舜

風俗通義山澤篇謹按尚書舜生姚墟玉裁按此今文尚書說也當在曰虞舜下又引尚書紂爲逋逃淵藪此亦今文尚書襲故語爲說與左氏合

帝曰俞予聞如何岳曰瞽子

或謂瞽爲官名攷五帝本紀云盲者子則不必如此說也僞孔傳曰配字曰瞍瞍無目之稱玉裁謂史記直作叟瞽叟言目盲老者也

父頑母嚚象傲

按傲經典多作敖音五報反此恐亦天寶所改

克諧以孝烝烝乂不格姦

格衞包以前當是作假

我其試哉

孔本有帝曰二字正義曰馬鄭王本說此經皆無帝曰當時庸生之徒漏之也玉裁按馬鄭王本皆無帝曰二字故三家說皆不云有帝曰直以我其試哉爲四岳語當時庸生之徒漏之也九字自是作正義者語謂枚頤本有帝曰二字爲壁中眞本馬鄭王本無此二字則庸生之徒漏之安國本固不爾也不知馬鄭王本爲壁中

眞本枚頤本爲僞本枚本用今文尚書增帝曰也五帝本紀論衡正說篇皆有堯曰二字則漢時今文尚書有帝曰可知也

初疑庸生之徒漏之也即馬鄭王說後至鎭江質諸劉氏端臨乃定

鄭注試以爲臣之事正駁今文家我其用之爲天子之說

女于時觀厥刑于二女釐降二女于嬀汭嬪于虞帝曰欽哉

鄭注云不言妻者不告其父不序其正僞孔則云女妻也玉裁按古文每字必有法古凡言妻（今音千計切）者必爲

其正妻如以其子妻之以其兄之子妻之是也凡言女今音尼據切者不必爲其正妻如左氏傳宋雍氏女於鄭莊公驪戎男女晉以驪姬孟子齊景公涕泣而女於吳是也左氏桓公十一年傳曰鄭昭公之敗北戎也齊人將妻之必以其未有嫡妃也又曰宋雍氏女於鄭莊公曰雍姞明非莊公夫人也又僖二十三年傳曰齊桓公妻之此謂正妻一人不得言女之也其上下文云狄人獲二女納諸公子秦伯納女五人此皆不得言妻之也皆一章之中書法分別如是然則尙書鄭注其所見精矣帝使九男二女事舜不曰妻之也不惟不以爲舜榮且不敢言妻舜也其注禮記亦云舜不告而娶不立正妃

舜亦不敢言有妻也
又按女于時觀厥刑于二女當連上我其試哉俱爲四岳語時是也謂舜也刑于與大雅刑于寡妻同解我將使二女事之觀其刑法于二女者何如在堯當時只是一極平常事後人震而驚之爾釐降二女于嬀汭嬪于虞此二句自堯言之上三句記言此二句記事釐整治之意降下也整治下二女于嬀汭易曰自上下下詩序亦言王姬下嫁於諸侯也與大雅自彼殷商來嫁于周曰嬪于京文法正同嬪婦也婦服也老子曰璞雖小天下不敢臣也王侯若能守之萬物將自賓是賓與臣同義嬪即賓也五帝本紀用今文尚書說云於是堯妻之

二女觀其德於二女二句不爲堯言舜飭下二女於嬀汭如婦禮二句爲舜事似非經意

論衡正說篇堯志求禪四岳舉舜堯曰我其試哉說尚書曰試者用也我其用之爲天子也文又曰女于時觀厥刑于二女觀者觀爾此乃示字之誤示訛尔乃又作爾虞舜於天下不謂堯自觀之也玉裁按此今文尚書三家說也仲任覺其非是謂我其試哉試之於職妻以二女觀其夫婦之法其說甚正

又按凡言妻之一人而巳雖有娣姪之媵從必統於所尊也凡言女之則不分尊卑故曰二女曰納女五人曰三妃皆不分尊卑之詈也鄭君曰不告其父不序其正

者言禮不備故但言二女不斥言正妻也當時頑嚚情形告則不得娶帝深知之孟子萬章篇萬章曰舜之不告而娶何也孟子曰告則不得娶如告則廢人之大倫以懟父母是以不告也萬章曰帝之妻舜而不告何也曰帝亦知告焉則不得妻也帝之妻舜而不告者謂帝不預以告舜也帝亦知告焉則不得妻者謂帝知預告舜則舜必告其父母或告而從或不從而帝親告其父母皆不免於挾天子以令其父母予舜以大難有損於大孝且舜重傷父母心則斷然必出於辭不以帝易其父母是不得妻舜卽不得試舜而巽位矣故反覆思之不使舜預知之舜不知而二女已至二女至而舜之父

毋與舜皆有所不能違當時禮不備故曰女于時而不曰妻之曰降二女而不曰歸婦人謂嫁歸其常也春秋言王姬歸于齊詩言摯仲氏任來嫁于周此獨言降者禮不備也然不曰二女降于嬀汭而曰釐降二女于嬀汭者曰二女降則二女爲奔矣曰釐降二女則堯之深心妙用如見而二女無所失也若如本紀及僞孔傳釐降自舜言之聞逆王姬矣聞尙公主矣未聞人臣婚帝女而曰降之者也且如書言降丘宅土降我凶德天降威春秋言有神降於莘詩言降觀于桑誕降嘉種禮言戴勝降于桑降德于衆兆民皆無以下降上之文凡善誦古文者必審其用字之意曰孟子何以言妻舜與書

不同也曰萬章述其梗槩虞書紀其實事孟子時百篇未亾舜不告父母而娶帝不預告舜而妻之以及焚廩浚井云云皆百篇中語也

孟子萬章篇趙注堯典曰釐降二女此今文尚書與古文同也

周禮大宰職注堯典曰釐降二女嬪于虞

周語伶州鳩說武王反及嬴內以無射之上宮布憲施舍於百姓韋注嬴內地名宋庠曰舊音上音嬀下音汭今按本或作嬴非是古文尚書作嬴與嬀同玉裁按凡所云舊音者唐人所爲也云今按者宋說也宋所引古文尚書卽宋次道王仲至所藏晁公武所刻石於蜀者

也嬴姓字漢書地理志作盈則古音同盈可證蓋由國語古本作嬴相傳讀若嫣內讀若汭本不與尚書相涉而僞作古文尚書者遂比附竄改此正陸氏所謂穿鑿之徒務欲立異者也汭作內則古時有之如溝洫志洛汭作雒內是

四岳舉舜首言其鰥帝堯試舜先降二女蓋舜必二女女焉而後五倫備故慎徽五典之文一氣銜接不獨於我其試哉爲條目也

愼徽五典五典克從

愼經典釋文敘録云從眘徽五典以下字正作眘按陸氏云尚書之字本爲隸古既是隸寫古文則不全爲古

字今宋齊舊本及徐李等音所有古字蓋亦無幾昚字蓋宋齊徐李本之古字故陸仍之尙書音義上卷當有注釋自衞包改作愼開寶中又删音義昚字併注矣

攷僞孔書序曰伏生以舜典合於堯典復出此篇此僞孔割分堯典愼徽以下爲舜典也東晉豫章內史枚頤始得孔安國尙書併傳奏之時闕舜典經傳齊建武中吳興姚方興僞稱於大䑨（釋文敘録史通作䑨隨書作桁尚書正義作航）頭得舜典經傳奏上其傳則採馬王注造之其經比馬鄭所注多曰若稽古帝舜曰重華協于帝十二字梁武時爲博士議曰孔序稱伏生誤合五篇皆文相承接所以致誤舜典首有曰若稽古伏生雖昬耄何容合之遂不行

用方興本或十二字下更有濬哲文明溫恭允塞𤣥德升聞乃命以位十六字共二十八字既未施行方興以罪致戮隨開皇初始購得之冠於妄分舜典之首盛行至今

沈約宋書禮志曰明帝卽位有改正朔之義侍中高堂隆議曰書（脫曰字）曰若稽古帝舜曰重華建皇授政改朔

朱氏錫鬯欲依蕭山毛氏大可之說自四海遏密八音以上斷爲堯典月正元日以下斷爲舜典而錫鬯己說於前刪去姚方興二十八字以高堂隆引尚書十五字冠於月正元日之上劃爲二典玉裁按此亦强作解事高堂隆所引書乃書緯之文古人偁引多有以緯書及

經說偁經者此十五字首九字卽姚方興所上十二字之藍本而贅以協于帝三字則緯書擬堯典居然一例而方興不解重華爲舜名致與堯典句法偁背或乃更加以濬哲以下十六字則陸德明尤不之信也

又按錢氏曉徵宋書攷異曰攷太平御覽八十一卷引尙書中候攷河命篇云曰若稽古帝舜曰重華欽翼皇象又李善文選注引尙書中候云建黃授政改朔是此一十五字皆出中候高堂隆所引偶脫中候二字朱錫鬯欲移此文於舜典之首以代姚方興二十八字殆非也建皇文選注作建黃皇甫謐謂以土承火色尙黃也此作皇疑誤

納于百揆百揆時敘

納亦當作內說見前堯本紀作入今文尚書也

敘左傳堯本紀皆作序

賓于四門四門穆穆

鄭注賓讀爲擯舜爲上擯以迎諸侯玉裁按此與寅賓出日同解徐仙民寅賓音殯是也

納于大麓烈風雷雨弗迷

納堯本紀論衡正說篇皆作入此今文尚書也作內者古文尚書也

弗今文尚書作不見王莽傳

尚書大傳唐傳曰堯知丹朱之不肖必將壞其宗廟滅

其社稷而天下同賊之故堯推尊舜而尚之屬諸侯焉
納之大麓之野烈風雷雨不迷致之以昭華之玉鄭注
山足曰麓麓者録也古者天子命大事命諸侯則爲壇
國之外堯聚諸侯命舜陟位居攝致天下之事使大録
之玉裁按魏公卿上尊號奏曰□唐典之明憲遵大鹿
之遺訓遂於繁昌築靈壇皇帝乃受天子之籍冠通天
襲袞龍大赦天下改元正始又魏受禪表曰義莫顯於
禪德美莫盛於受終故書陳納于大鹿傳稱厤數爾躬
是則鄭注納于大麓爲居攝魏碑則以爲卽眞誤矣他
如漢書王莽傳張竦稱莽功德曰比三世爲三公再奉
送大行秉冢宰職塡安國家四方輻奏靡不得所書曰

納于於大麓烈風雷雨不迷公之謂矣又莽曰予前在大麓于定國傳上報定國曰萬方之事大録于君論衡正說篇尚書曰四門穆穆入于大麓烈風雷雨不迷言大麓三公之位也居一公之位大總録二公之事衆多並吉若疾風大雨班孟堅封燕然山銘曰納于大麓惟清緝熙此皆今文尚書說也凡三公丞相皆可云大麓不必居攝也王注古文尚書麓録也取諸此方輿又取之以爲僞傳而堯本紀曰堯使舜入山林川澤暴風雷雨舜行不迷舜本紀曰舜入于大麓烈風雷雨不迷則皆不云大録萬幾之政孟堅言司馬遷多從安國問故遷書載堯典禹貢洪範微子金縢諸篇多古文說此條

說大麓蓋安國說也王充論衡正說篇充自爲說云試之於職妻以二女觀其夫婦之法復令入庶之野而觀其聖烈風疾雨終不迷惑堯乃知其聖吉驗篇云堯使舜入大麓之野虎狼不搏蝮蛇不噬逢烈風疾雨行不迷惑馬鄭注尚書皆云麓山足也雖缺佚不完而釋文以別於王云麓録也則知馬鄭注古文不爲大録之解風俗通義山澤篇謹按尚書堯禪舜納于大麓麓屬於山者也應氏通古文尚書亦不作大録解也玫鄭注書序於舜典云入麓伐木則可知注古文與大傳注迥殊又按風俗通義云堯禪舜納于大麓既有禪舜二字則其說與大傳鄭注及魏碑略同

內于大麓葢古文說爲是鄭云入麓伐木語必在佚舜典中葢此二句亦厤試之一事見其勤勞櫛風沐雨俗儒必欲例上文三事而更上之則訓爲大錄萬機烈風雷雨乃成謎語此正如釋我其試哉爲用之爲天子觀厥刑于二女爲觀示其德于天下也慎徽以下四事自是厤試條目受終乃爲攝位格于文祖乃爲卽眞經文節次可觀玩而得者

鄭注大傳云致天下之事使大錄之則烈風雷雨不迷鄭意必謂處艱鉅而裕如也注大傳全用今文說惠氏定宇搜集尚書鄭注採此大傳注爲尚書注自亂其例矣

春秋文公十八年左氏傳季孫行父曰舜臣堯舉八愷使主后土以揆百事莫不時序地平天成舉八元使布五教于四方父義母慈兄友弟共子孝內平外成流四凶族渾敦窮奇檮杌饕餮投諸四裔以禦螭魅是以堯崩而天下如一同心戴舜以爲天子以其舉十六相去四凶也故虞書數舜之功曰愼徽五典五典克從無違教也曰納于百揆百揆時序無廢事也曰賓于四門四門穆穆無凶人也

帝曰格女舜

格疑當本作假假女與禮假爾大龜假爾大筮同解

詢事考言乃言底可績

顧氏亭林與潘次耕書五經無氐字皆是氐字今說文本氐字下有一畫誤字當從氏玉裁按此說大誤凡氏聲之字在古音第十六支佳部凡氐聲之字在古音第十五脂微皆灰部氐本訓柔石經傳多借訓爲致凡字書韵書皆無作氐少下畫者惟唐開成石刻五經文字广部底誤作底厂部底致也不誤

三載女陟帝位

載堯本紀作年集解引鄭注云三年者賓四門之後三年也按裴氏於此當云鄭本作載云三載者云云乃合依史記改載爲年非也而惠氏定宇集鄭注乃因是改經文之載爲年尤爲大誤如禹貢作十有三載馬鄭本

一作年釋文必識之此處鄭果作年亦必識之也尚書古文疏證卷七據集解證馬本之不同多有類此者當分別觀之

舜讓于德弗嗣

弗文選典引注引作不

五帝本紀作舜于德不懌徐廣曰今文尚書作不怡怡懌也玉裁按證以自序兩言不台及漢書王莽傳班孟堅典引皆作不台則今文尚書作不台台者怡也太史公以故訓之字更之作不懌索隱曰懌一作澤懌字說文無之澤卽今懌字也

史記太史公自序唐堯遜位虞舜不台又曰惠之早霣

諸呂不台此皆用今文堯典徐廣曰怡懌也不爲百姓
所說
禹貢祗台德先鄭注祗台爲敬悅然則台悅古訓也司
馬報任安書曰主上爲之食不甘味聽朝不怡亦是用
今文堯典字
後漢書班固傳典引曰有于德不台淵穆之讓章懷太
子注曰前書曰舜讓于德不台音義曰台讀曰嗣玉裁
按云前書曰舜讓于德不台者王莽傳文也王莽傳張
竦艸奏稱莽功德曰書曰舜讓于德不台竦用今文尙
書也俗本依古文改爲不嗣而師古不辨云音義曰台
讀曰嗣者韋昭說也李善注文選典引云漢書音義曰

昭曰古文台爲嗣謂今文尚書之台古文作嗣也台讀曰嗣四字當在古文台爲嗣五字之上此文字異者七百有餘之一也

食貨志黎民祖飢孟康曰祖始也古文言阻五行志思心曰容應劭曰容古文作睿楊雄傳掊隔鳴球韋昭曰古文隔爲擊王莽傳舜讓于德不台莫昭曰古文台爲嗣說文解字曰若顚木之有甹枿古文言由枿此皆剖析古今文之不同也班書全用今文尚書故漢魏吳注家云某古文作某

按徐廣在晉末宋初其時今文尚書久亾而不台謚哉祖飢猶能數典者或其書僅存或雖亾而佚見於他說

得以攟摭且蔡邕所勒尚書經文固未亾也隋書經籍志曰惠懷之亂京華蕩覆渠閣文籍靡有孑遺又曰永嘉之亂歐陽大小夏矦尚書竝亾徐中散去永嘉百餘年矣嘗謂孔氏古文尚書劉歆極力與之不得置博士至杜賈衞馬鄭諸君表章漢末魏晉時漢令既不行人競治古文歐陽大小夏矦書皆束高閣旋躓而亾永嘉之亂存於渠閣者亾固其所而民閒何以一無存者此正如鄭注周易尚書論語唐初雖存而功令不立旋卽於亾也陳氏三國志所載冐章多偁古文者卽如魏公卿上尊號奏隸釋全載光被四表讓德不嗣不言橫被不合是今文尚書將亾之漸也裴松之引甲子魏王上書亦云猶執謙讓于德不嗣

又隋志云晉世祕府所存有古文尚書經文今無有傳者今按此所謂古文尚書經文者豈壁中之簡至晉猶存歟作志者在唐初云今無有傳者則可知陸氏德明所云穿鑿之徒務欲立異遞傳至郭忠恕徐鍇宋次道晁公武薛季宣者皆非壁中眞本

台聲司聲古音同在弟一之咍部是以公羊治兵作祠兵韓詩嗣音作詒音今文泰誓俾君子易辭籀文作𤔲作俾君子怠與此嗣作台正同此駁異之因乎音韵者也

正月上日受終于文祖

僞大禹謨正月徐仙民音征此古音也漢已上正政字讀平聲淺人肊爲始皇名政因改正月爲平聲之說得

仙民此語可以祛其惑矣仙民尚能識古音甘誓三正亦音征

堯本紀曰文祖者堯大祖也太史公特用訓詁之法爲此語堯大祖葢謂黃帝集解引鄭注釋之相去萬里

古文尚書撰異卷一下

段玉裁學

在璿機玉衡

在察也者在之言司也司伺古今字在與司古音同在第一之咍部在讀如士故假在爲伺也

機唐石經已下皆作璣此因上文璿從玉旁而誤也釋文於璿曰音旋竝無璣音機之文而禹貢璣字則詳釋之可知陸德明本作機人所共識故不爲音也鄭注曰轉運者爲機持正者爲衡馬融曰旋機渾天儀可轉旋僞孔曰機衡王者正天文之器可運轉者諸家皆無璣讀爲機之語則可知作璣者誤字耳又爾雅釋故郭注

書曰在璿璣玉衡釋文璿音旋又作璇玉裁按璣字無
音者葢陸本作機也
文選顏延年宋文皇帝元皇后哀策文曰仰陟天璣李
注曰天璣喻帝位也尚書考靈耀曰璿璣玉衡尚書爲
此璣曹植秋胡行曰歌以永言大魏承天璣然璣與機
同也玉裁按此正當云尚書爲此機以别於考靈耀之
從玉曹植秋胡行亦作機其下總申之曰璣與機同也
玉裁按諸家璿或作琁或作旋機或作璣尚書大傳在
琁機玉衡以齊七政琁機者何也傳曰琁者還也機者
幾也微也其變幾微而所動者大謂之琁機是故琁機
謂之北極後漢書安帝紀永初二年詔曰據琁機玉衡

㠯齊七政魏受禪表上在璿機周公禮殿記旋機離常堯廟碑據旋機之政王弼周易略例故處璇璣以觀大運釋文云璣又作機此其字之不同也其訓釋則或以在璿機爲在帝位或云觀於機衡而陟帝位裴松之文帝紀注魏王上書曰堯禪重華猶下咨四岳上觀璿璣與鄭注視其行度以觀天意說合或專指儀器觀天言之今古家說之異也

以齊七政

史記律書書曰七正玉裁按正卽政也

肆類于上帝

說文九篇㣇部曰𢑚㣇屬也從二㣇𦍩古文𢑚也虞書曰𦍩類于上帝玉裁按此壁中故書字也作肆者葢孔

子國以今文讀之者也肆遂也見夏小正傳故訓也周禮大行人鄭注書曰遂覲東后此蓋肆讀爲遂故鄭引書直作遂如置我鼗鼓讀置爲植則注明堂位徑云植我鼗鼓應田縣鼓田當作朄則注周禮大師徑云應朄縣鼓尚書大傳鄭注引經肆類于上帝則用其本字也史記五帝本紀遂類于上帝遂見東后封禪書遂類于上帝遂覲東后漢書王莽傳遂類于上帝皆作遂未知今文尚書作遂與古文尚書異抑今文尚書本作肆而用故訓字代之也論衡祭意篇引書作肆則今文尚書亦作肆可知

禋于六宗

六宗諸家說各不同詳司馬彪祭祀志注劉氏有取於虞喜地祭之說其言曰堊今本後漢志作禋誤也者埋祭之言也實瘞埋之異稱非同今本作周誤禋之祭也夫置字涉神必以今之示今之示卽古之神所以社禝今本作稷誤諸字莫不以神爲體虞書不同祀名斯隔周禮改煙音形兩異虞書改土正合今本作元誤祭義此焉非疑以爲可了玉裁按曰虞書不同曰虞書改土則梁時尚書其字作堊或從俗作堙不作禋也謂堊卽爾雅之祭地曰瘞薶故曰正合祭義劉氏在梁時所據者不同如此

魏公卿上尊號奏曰烟于六宗徧于羣神洪景伯曰碑以烟爲禋玉裁按以烟爲禋與大宗伯禋祀鄭注合

尙書大傳唐傳曰書湮于六宗鄭注湮祭也字當爲禋玉裁按湮當是本作垔俗人妄加水旁以垔爲禋此伏生尙書所存古字也堯本紀作禋王莽傳兩言禋于六宗葢伏生已後今文家早易其字矣

公羊莊三十一年何注以祭天宗廟六宗五嶽四瀆其餘山川竝稱知其六宗用尙書歐陽夏矦上不及天下不及地旁不及四方在六合之中說

漢書郊祀志莽奏言書曰類于上帝禋于六宗

劉昭祭祀志注李氏家書曰司空李郃奏曰案尙書肆類于上帝禋于六宗

望于山川

王莽傳虞帝受終文祖在璇璣玉衡以齊七政遂類于上帝禋于六宗望秩于山川偏于羣神巡狩五嶽羣后四朝敷奏吕言明試吕功玉裁按古文尚書東巡狩之下作望秩此無秩

徧于羣神

徧堯本紀作辯徐廣曰辯音班玉裁按辯音班者葢古說如是楊雄太常箴曰稱秩元祀班于羣神司馬彪祭祀志光武封泰山刻石文望秩于山川班于羣神葢今文家辯讀班相傳如此惠氏定宇左傳補注云王莽傳辨社諸侯義作班左氏襄廿五年傳云男女以班劉炫說哀元年蔡人男女以辨與此同玉裁謂襄廿五年之男女以班眾男女別

而纍哀元年之男女以辨三事一也班別辨一聲之轉士虞禮明日以其班祔鄭康成說古文班爲辨玉裁以爲今古文葢本皆作辯漢樊毅修西嶽廟記曰乃刊祀典辨于羣神與史記合或讀爲班或讀爲徧儀禮多以辯爲徧古文家所由易爲徧也

論衡祭意篇尚書曰肆類于上帝禋于六宗望于山川徧于羣神

揖五瑞

唐石經巳下作輯當是衞包改也釋文當云揖徐音集今大字作輯當是開寶中改也

正義曰釋言云輯合輯是合聚之義故爲斂也攷今爾雅釋言祇有集會也之文無輯合也之文葢爾雅本乂

作揖合也陸氏德明音義失載正義所引是善本作正義時尚書經文作揖不作輯今正義引爾雅作輯則天寶以後順經傳併改之也王肅尚書注揖合也亦是用釋言文

五帝本紀作揖正義曰揖音集韵會輯字下曰史記楫五瑞韵會誤

漢書郊祀志揖五瑞字從手

魏孔羨碑揖五瑞顧氏藹吉曰證以此碑則從手者爲是

史記秦始皇本紀摶心揖志索隱揖音集

漢書兒寬傳曰躬發聖德統楫羣元張揖曰統察楫聚

也臣瓚曰統猶總擥也楫當作輯師古曰輯楫與集三字竝同虞書曰楫五瑞是也其字從木瓚曰當爲輯不通玉裁按此注字譌不可讀旣云輯楫集三字同矣則瓚曰楫當爲輯何不通之有竊謂古書多用揖字從手虞書揖五瑞是也此傳字從木故瓚正之曰楫當作揖師古以輯楫集三字同而不數從手之揖誤謂虞書作楫五瑞字從木故謂瓚曰當爲揖不通而不知瓚之是也虞書本從手師古本乃誤從木然因其所引從木可證唐初本尚不從車從車者乃衞包改也

郊祀志揖五瑞師古曰揖與輯同合也音集玉裁謂此注亦誤當云與集同不當云與輯同也且又不知何以

兒寬傳注引虞書從木而此則從手

師古於儒林傳曰輯合也輯與集同玉裁按董仲舒治公羊春秋瑕丘江公受穀梁春秋上使江公與董仲舒議不如仲舒而丞相公孫宏本爲公羊學比輯其議卒用董生比輯猶比和也樂其同己也凡揖訓合凡輯訓和似同實別玉篇廣韵皆曰輯和也不言聚也

詩螽斯羽揖揖兮宜爾子孫蟄蟄兮毛傳揖揖會聚也蟄蟄和集也板辭之輯矣毛傳輯和也聚與和分二義可證

白虎通說朝聘尚書曰輯五瑞玉裁按輯當是本作揖淺人改之

漢書劉屈氂傳外戚傳百官表皆云輯濯輯卽楫字濯卽櫂字也小顏殆因此謂輯楫集三字同不知楫櫂可作輯而不作揖集聚可作揖而不作輯古人同音假借雖寬而自有畛域學者既能知其寬又能別其域而小學可明矣

既月乃日覲四岳羣牧班瑞于羣后

五帝本紀封禪書郊祀志皆云擇吉月日見四嶽諸牧班瑞

歲二月

鄭注歲二月者正歲建卯之月也或問鄭云堯建丑舜建子上文正月爲丑月則此二月非寅月而何應之曰

子不見鄭之正歲二字耶周禮之書凡言正月之吉者皆謂周之正月凡言正歲言歲終言歲十有二月皆謂夏正之寅月丑月戴先生周禮大史正歲年解既詳之矣予因以推之他書如孟子言七八月之閒早七八月之閒雨集謂周之七八月也何以知之不言歲也歲十月作十一月誤徒杠成十一月作十二月誤輿梁成謂夏正之十月十一月也何以知之系之歲也上推虞書早創斯例曰正月者唐正月也曰歲二月者建寅之二月也鄭以經文此云歲二月則知上文正月之上不言歲者非建寅也二月系諸歲則建卯之月也惟寅數得天稱歲自唐虞已無異議作堯典者夏之史官也書法精嚴如是

爾雅石杠謂之徛今本郭注孟子曰歲十一月徒杠成邢疏引孟子歲十一月徒杠成而云此注作十月誤脫或所見本異然則邢本爾雅注故作歲十月也攷孟子注疏本注作周十月夏九月周十一月夏十月推求文義當是孟子正文作十月徒杠成十一月輿梁成注作周十月夏八月周十一月夏九月今轉改譌亂耳近曲阜孔氏刊孟子趙注作周十一月夏九月周十二月夏十月理是而文恐非矣趙氏不知歲字之解其說繆誤

東巡狩

釋文守或作狩玉裁按依孟子白虎通訓故作狩爲長

至于岱宗柴

說文一篇示部祡字下曰燒柴尞祭天也從示此聲虞書曰至于岱宗祡又禷字下曰古文祡從隋省玉裁按此聲古音在第十五部亦在第十六部隋聲古音在第十七部三部通轉至近說文所偁禷字此壁中尚書也

所傳至于岱宗祡此孔安國所以今文讀之之尚書也

今本作柴則漢以後人所改而非出於衞包也郊特牲

曰天子適四方先柴鄭注云所到必先燔柴有事于上

帝也書曰歲二月東巡守至于岱宗柴按此及王制柴

字葢本皆作祡

白虎通巡狩篇巡狩必祭天何本巡狩爲天祭天所以

告至也尚書曰東巡狩至于岱宗柴玉裁按柴當作祡

引此書以證巡狩必祭天也

後漢書祭祀志注云袁宏引書曰東巡狩至于岱宗柴

史記集解引鄭注云柴祭東嶽者考績祡燎也按考績

祡燎之語出孝經緯禮器注引孝經說曰封乎泰山考

績燔燎禪乎梁甫刻石紀號是也公羊傳疏引鄭注岱宗者東嶽名也柴考績燎也燎上刪一柴字語不完至史記集解柴祭東嶽者五字卽岱宗東嶽也五字之誤其下考績上又脫一柴字尙書後案採鄭注刪考績二字但云柴燎也非是考績者謂考己之功迹禮器正義云考諸侯功績非也

望秩于山川

周頌鄭箋書曰歲二月東巡守至于岱宗柴望秩于山川徧于羣神正義曰書二月不言徧于羣神此一句衍字也定本集注皆有此一句是由二文相涉後人遂增之耳玉裁按司馬彪祭祀志光武封泰山刻石文曰皇

帝東巡守至于岱宗柴望秩于山川班于羣神遂覲東后亦有此四字葢上文不言秩故言徧羣神此言秩則包攝徧于羣神在內鄭注此云徧以尊卑次秩祭之是也惠氏集鄭注以此爲上文徧于羣神之注誤也頌般正義鄭以經文前後詳略互見故引經如是與光武太山刻石文合正義非是

肆覲東后

肆周禮大行人注五帝本紀封禪書漢書郊祀志後漢書律厤志元和二年詔白虎通巡狩篇春秋公羊隱公八年何注風俗通義山澤卷十皆作遂

協時月

協白虎通及漢永和二年詔皆作叶叶旪皆古文協字

也尙書大傳不協于極作不叶五行志協用五紀作叶用於此見今文尙書之字未嘗無古文也嘗謂古文尙書今文尙書者猶言古本今本非古文尙書皆用蒼頡古文今文尙書皆用秦隸書也儀禮注古文作某今文作某近人讀之每多淆惑

正曰

後漢書律厤志元和二年二月下詔引書歲二月東巡狩至于岱宗柴望秩于山川遂覲東后叶時月正日

後漢書律厤志注引月令章句曰帝舜叶時月正日

同律度量衡

馬王姚方興皆以同字領一句鄭君注敘官典同云同

陰律也不以陽律名官者因其先言耳書曰協時月正日同律度量衡大師職曰執同律以聽軍聲依鄭此注是同律竝言管於上文之正字疏云正日同律度量衡者謂正定日之甲乙陰同陽律之長短度之丈尺量之斗斛衡之斤兩六者皆定正之使依法疏葢循尙書鄭注爲之然則釋文大書同律下云鄭云陰呂陽律也葢陰呂訓同陽律訓律也史記集解引鄭注律音律恐有刪節

漢書律厤志曰虞書曰乃同律度量衡

修五禮

白虎通巡狩篇尙書曰遂覲東后叶時月正日同律度

量衡修五禮

五玉

玉郊祀志作樂不與五帝本紀封禪書同師古曰五樂謂春則琴瑟夏則笙竽季夏則鼓秋則鐘冬則磬也玉裁按顏說五樂必漢魏人音義中語馬作玉班作樂葢同一今文尚書而讀之者各異因而治尚書者所從各異也白虎通引作玉

三帛二生

生封禪書作牲漢書郊祀志二牲師古曰二牲羔鴈也汲古閣刻正文改牲爲生而注不改司馬彪祭祀志五玉三帛二牲一死贄字亦作牲然則五帝本紀白虎通

作生恐後人改耳

一死摯

釋文曰贄本又作摯玉裁按贄者後出之俗字故定從摯說文小徐本曰从手執聲則知作摯者誤也凡漢隸誤者不可爲據

說文十二篇女部曰⿱執女至也从女執聲商書曰大命不⿱執女讀若摯同一曰虞書雉⿱執女玉裁按虞書雉⿱執女卽堯典之一死摯也此與土部堋字下文法正同大命不⿱執女其字之本義也雉⿱執女則引伸假借也鄭注尚書曰摯之言至所以自致也是其義通故引虞書在商書之後中以讀若摯同一曰隔之古文尚書商書虞書皆不作⿱執女而作摯者安國以今字

讀之旣改從今字矣叔重存其壁中原字於說文猶鄭
君注禮每云故書作某古文作某也
白虎通說朝聘書曰五玉三帛二生一死贄玉裁按生
當作牲
後漢書祭祀志光武封禪刻石文曰同律度量衡修五
禮五玉三帛二牲一死贄
如五器
集韵去聲三十八箇曰如乃個切若也書曰如五器卒
乃復鄭康成讀玉裁按此讀今尚書釋文不載葢開寶
中陳諤等删之丁度等自据未改釋文如字本有那音
論語如之何即柰之何也鄭箋詩柔遠能邇云能伽也

仰字當亦音乃個反鄭注尙書云如者以物相授與之言故作音者謂鄭乃箇反鄭不作音乃箇之音後人推演其訓爲之耳凡釋文云馬某某反鄭某某反者皆後人於其解得其音爲尙書音者四人中有鄭君後人所托也

尙書集注云依集韵知鄭讀如爲筎鳥籠也玉裁按此語大誤鄭說五器所以盛羔鴈雉相授然則謂器爲筎可通如亦訓筎則牀上施牀矣且郭氏注方言曰筎𨚗墓反韵書筎皆在慕韵非乃箇反也如讀爲𨚗者自弟五部魚模轉入弟十七部歌麻也

卒乃復五月南巡狩至于南岳如岱禮八月西巡狩至于

西岳如初十有一月朔巡狩至于北岳如初

釋文大書至于北岳如西禮注云方與本同馬本作如初玉裁按云方與本同者陸氏用王注本作音義謂王本作如西禮姚方與本亦然也正義本卽方與本也云馬本作如初者謂如西禮三字馬作如初二字也陸不單書如西禮兼書至于北岳者如初二字上文巳有恐其易混也公羊傳隱八年疏引鄭注云八月十一月皆言初然則鄭本與馬本同也今定從馬鄭

歸格于藝祖用特

格當是本作假

藝祖今文尚書作禰祖尚書大傳歸假于禰祖用特五

載一巡守五帝本紀歸至于祖禰廟此皆今文尚書也
王制歲二月東巡守至于岱宗柴而望祀山川覲諸侯
命典禮考時月定日同律禮樂制度衣服正之五月南
巡守至于南嶽如東巡守之禮八月西巡守至于西嶽
如南巡守之禮十有一月北巡守至于北嶽如西巡守
之禮歸假于祖禰用特此用今文尚書作祖禰也大史
公封禪書云文帝使博士諸生刺六經中作王制盧植
云郎禮記此篇也
後漢書肅宗紀元和二年二月辛未幸太山柴告岱宗
夏四月乙卯車駕還宮庚申假于祖禰
孝安帝紀延光三年春二月丙子東巡狩辛卯幸太山

柴告岱宗夏四月乙丑車駕入宮假于祖禰

白虎通巡狩篇王者出必告廟何孝子出辭反面事死如事生尚書曰歸假于祖禰曾子問曰王者諸侯出親告祖禰使祝徧告五廟尊親也玉裁按此今文尚書說也古文尚書作藝祖鄭訓爲文祖馬王皆云藝禰也此據今文以釋古文也許叔重說文解字乃不收禰字豈黜今崇古歟禰字自伏生有之故呂伯雝錄之字林補叔重闕遺今固執之徒謂說文無禰字不可用思所以代之其失也愚矣何休注公羊曰父死稱考入廟稱禰疏曰舊說云禰示旁爾言雖可入廟是神示猶自最近于己故曰禰小徐本示部有禰字秋畋也從示爾聲然

則禰廟字本當作邇廟而假秋畋之字也

白虎通三軍篇尚書曰歸假于藝祖玉裁按此藝祖二字淺人用古文尚書改之也白虎通巡狩篇亦引歸假于祖禰不應此獨同古文尚書作藝祖且上文云王者將出辭於禰還格于祖禰下引王制證辭於禰引尚書證還格於祖禰則斷非藝字況下文又云尚書言歸假于祖禰可證乎

尚書大傳說堯典云古者巡守以遷廟之主行出以幣帛皮圭告于祖禰遂奉以載于齊車每舍奠焉然後就舍反必告奠卒斂幣玉藏之兩階之間蓋貴命也此與禮記曾子問白虎通巡狩篇相合釋歸假于祖禰也淺

人乃删去尚書大傳禰字

春秋公羊隱八年傳注引尚書歸假于禰祖釋文曰禰本又作藝玉裁按何所據者今文尚書其說六宗用今說可證也淺人改禰爲藝非何意

劉昭祭祀志注曰晉武帝初幽州秀才張髦上疏曰周禮及禮記王制天子將出類於上帝宜於社造於禰巡狩四方覲諸侯歸格于祖禰用特堯典亦曰肆類於上帝禋于六宗望于山川徧于羣神班瑞于羣后肆覲東后叶時月正日同律度量衡巡狩一歲以周爾乃歸格于藝祖用特玉裁按晉初皆治古文尚書故張髦引堯典作藝祖

五載一巡狩

何休公羊注引尙書曰歲二月東巡守至於岱宗柴望秩于山川遂覲東后協時月正日同律度量衡修五禮五玉三帛二生一死贄如五器卒乃復五月南巡守至于南嶽如岱禮八月西巡守至于西嶽十有一月朔巡守至于北嶽如西禮還至嵩如初禮歸格于禰祖用特惠氏定宇云今文尙書不可攷然何邵公所引不爲無據也玉裁按五帝本紀言巡狩與尙書略同不言中嶽而史記封禪書曰尙書曰舜在琁璣玉衡以齊七政遂類于上帝禋于六宗望于山川徧羣神輯五瑞擇吉月日見四岳諸牧還（徐廣曰一作班）瑞歲二月東巡守至于岱宗

岱宗泰山也柴望秩于山川遂覲東后東后者諸侯也合時月正日同律度量衡修五禮五玉三帛二牲一死贄五月巡守至南岳南岳衡山也八月巡守至西岳西岳華山也十一月巡守至北岳北岳恆山也皆如岱宗之禮中岳嵩高也五載一巡守此獨言中嶽不與本紀同漢書郊祀志曰虞書曰舜在璿璣玉衡吕齊七政遂類于上帝禋于六宗望秩于山川徧于羣神揖五瑞擇吉月日見四嶽諸牧班瑞歲二月東巡狩至于岱宗岱宗泰山也柴望秩於山川遂見東后東后者諸侯也合時月正日同律度量衡修五禮五樂三帛二牲一死爲贄五月巡狩至南嶽南嶽者衡山也八月巡狩至西嶽

西嶽者華山也十一月巡狩至北嶽北嶽者恆山也皆如岱宗之禮中嶽嵩高也五載一巡狩全與封禪書同亦言中嶽或云假令尙書原文無中嶽必不敢增竄愚以爲史漢言至岱宗至南嶽至西嶽至北嶽而不言至中嶽但言中嶽嵩高也然則亦備五嶽之訓故而已風俗通義山澤篇曰謹按尙書歲二月東巡狩至于岱宗柴岱宗泰山也望秩于山川遂見東后東后諸侯也合時月正日同律度量衡修五禮五玉三帛二牲一死贄五月南巡狩至于南嶽南嶽衡山也八月西巡狩至于西嶽西嶽華山也十一月北巡狩至于北嶽北嶽恆山也皆如岱宗之禮中（疑有嶽字）嵩高也王者所居故不巡焉

按應氏說王者所居故不巡焉可證今文古文尚書本皆無至于中嶽之文何邵公則補經文曰還至嵩如初禮蓋亦今文家說而較封禪郊祀爲蛇足矣論衡書虛篇舜巡狩東至岱宗南至霍山西至太華北至恆山不言中嶽亦可以證今文尚書本無中嶽

古人引古有古語未終即於其閒爲之訓故者如孟子梁惠王篇自昔者齊景公問於晏子至章末皆引古也而巡狩者巡所守也述職者述所職也從流下而忘反謂之流從流上而忘反謂之連從獸無厭謂之荒樂酒無厭謂之亾蓋徵招角招是也畜君者好君也皆是孟子訓故語或云巡狩述職流連荒亾晏子訓故語蓋者實之之詞其詩一

句亦是孟子摘取五帝本紀文祖者堯大祖也封禪書

岱宗泰山也亦皆此法

羣后四朝敷奏以言

漢書宣帝紀傅奏其言考試功能應劭曰敷陳也各自奏陳其言然後試之以官考其功德也師古曰傅讀曰敷玉裁按古傅敷通用詳禹貢篇

明試以功

說文三篇言部曰試用也從言式聲虞書曰明試以功

車服以庸

公羊桓元年注書曰羣后四朝敷奏以言明試以功車服以庸疏曰此逸書也言羣后四朝者謂諸侯順四時

而朝也敷奏以言者謂諸侯來朝之時徧奏以言語也言明試以功者國功曰功謂明試以國事之功也言車服以庸者民功曰庸若欲賜車服之時以其治民之功高下矣玉裁按逸書二字當作堯典文三字其下當是鄭注以徐疏於閏月定四時成歲歲二月東巡守皆用鄭注知之順四時當作分四年

尙書大傳唐傳曰書曰明試以功車服以庸

白虎通巡狩篇尙書曰明試以功車服以庸

司馬彪輿服志曰書曰明試㠯功車服㠯庸

肇十有二州

尙書大傳唐傳封十有二山兆十有二州濬川肇作兆

此今文尚書也鄭注云兆域也爲營域以祭十二州之分星也此謂兆爲垗之假借字與周禮同若古文尚書作肇鄭注云舜以青州越海而分齊爲營州冀州南北太遠分魏爲幷州燕以北爲幽州新置三州幷舊爲十二州也爾雅釋文鄭意肇訓始前此九州而十二州於此始不若詩生民[元]鳥肇讀爲兆也

肇從戈肁聲釋文及唐石經不誤俗本作肈非也玉篇五經文字皆云肈俗肇字干祿字書曰肈通肇正今本說文攴部有肈字唐後人妄增入無疑凡古書內從文作肈皆當改正

王莽傳曰惟在堯典十有二州衞有五服

封十有二山濬川象以典刑流宥五刑鞭作官刑

後漢書肅宗紀元和元年詔曰書曰鞭作官刑

扑作教刑金作贖刑

扑者攴之隸變手與又同也从木作朴非他經同鄉射禮注書曰扑作教刑周禮職金注書曰金作贖刑

眚災肆赦怙終賊刑

徐廣史記注曰終一作衆

欽哉欽哉惟刑之卹哉

匡謬正俗曰古文尚書作惟今文尚書作維玉裁按此據漢石經拓本在祕府者而言也洪氏景伯隸釋石經尚書殘碑維字八見皆從糸

卹今本作恤此衞包改也尙書本皆作卹衞皆改爲恤
叚謂卹恤古今字也攷說文血部卹憂也心部恤憂也
是二字音義皆同然古書不容徑改潘岳耤田賦欽哉
欽哉惟穀之卹李注尙書曰欽哉欽哉惟刑之卹哉說
文引書無毖于卹字皆從卩
五帝本紀欽哉欽哉惟刑之靜哉徐廣曰今文云惟刑
之謐哉爾雅曰謐靜也索隱曰案古文作卹哉今文是
伏生口誦卹謐聲近遂作謐也玉裁按徐廣所謂今文
歐陽夏侯書之散見僅存者也史記作靜者以故訓易
其字使讀者易通謐訓靜故易爲靜也若古文作卹亦
是靜愼之意周頌誐以謐我春秋傳引詩作何以恤我

今毛詩云假以溢我爾雅釋詁云毖神溢愼也又云忥謐愼貉謐顗頠密寧靜也莊子書以言其老洫也陸德明云洫本亦作溢同音逸然則卹恤與謐洫皆同部相假借皆謂愼靜蓋靜愼意得交通未有心氣不靜而可謂之愼者未有能愼而浮妄之動不除不貊然寧靜者東原師說卹謐皆謂愼刑無二義也方輿僞傳訓憂誤矣

又按齊物論老洫洫讀同侐詩閟宮有侐靜也釋文云洫郭許鶪反蓋讀與易闃其無人之闃同姚信闃作閴古闃音同閴老洫謂寂靜也下文近死之心莫使復陽也補足老洫二字之恉

漢書刑法志元帝初立乃下詔曰書不云乎惟刑之恤

哉其審核之務準古法朕將盡心覽焉玉裁按元帝及班所用者今文尚書也則恤當本作謐淺人改之如王莽傳之改台爲嗣也其審核之見呂刑合二篇連用古每有此

流共工于幽州

孟子萬章篇舜流共工於幽州射義注流猶放也書曰流共工于幽州王莽傳流棻于幽州放尋于三危殛隆于羽山左氏文十八年正義引流共工于幽州孔傳幽州北裔字皆作州今尚書作洲者衞包以俗字改也

放驩兜于崇山竄三苗于三危

說文七篇宀部曰竄塞也從宀敹聲讀若虞書曰竄三

苗之竄按說文二竄字今本誤爲竅字小徐本已然用
本字爲音說文全書內無此例竄字今音七亂切古音
七外切見周易訟象傳宋玉高唐賦班固西都賦魏大
饗碑辭晉張協七命潘岳西征賦宋謝靈運撰征賦古
音竅與竄同也轉寫淆譌淺人乃謂古文尚書作竅三
苗由攷覈未至耳大部𢧜讀若詩秩秩大猷今本改秩
爲𢧜骨部𩪘讀若易曰夕惕若厲俗本脫讀若二字而
汗簡乃云古周易作𩪘舛誤正同
孟子萬章篇竄作殺殺非殺戮卽竄之假借字也古無
去聲竄讀如鎩左氏昭元年傳曰周公殺管叔而蔡蔡
叔陸氏德明曰蔡說文作𥽥按說文七篇䊝𥽥散之也

私列桒割二切經典竄蔡殺𣪠四字同音通用皆謂放流之也

殛鯀于羽山

說文四篇歺部曰殛殊也从歺亟聲虞書曰殛鯀于羽山

按爾雅曰殛誅也馬融注尚書趙岐注孟子韋昭注國語晉語皆同惟說文云殛殊也廁殂殪之閒則訓爲死皐攷春秋左氏傳曰舜臣堯賓于四門流四凶族渾敦窮奇檮杌饕餮投諸四裔以禦魑魅不言殛爲殺然則放流竄殛正同耳孟子萬章篇引書流共工于幽州放驩兜于崇山殺三苗于三危殛鯀于羽山四罪而天下

咸服惟改竄爲殺殺卽說文𣩵字之假借左氏傳殺管叔而𣩵蔡叔是也天問永遏在羽山夫何三年不施王注言堯長放鮌於羽山絕在不毛之地三年不舍其罪也呂覽行論曰帝舜於是殛之於羽山副之以吳刀高誘注云書云鯀則殛死先殛後死也玉裁謂夏本紀舜行視鯀之治水無狀乃殛鯀於羽山以死此語最爲分明因殛而死非訓殛爲殺也左氏傳子產曰堯殛鯀羽山其神化爲黃熊以入于羽淵外傳亦言昔者鯀違帝命殛之于羽山化爲黃熊以入于羽淵山海經曰帝令祝融殺鯀于羽郊此皆渾舉不分析之言其實則先殛後死高注明析韋注晉語又云殛放而殺也此四字依宋本今本

作放殛而殺之鄭志荅趙商云鯀非誅死鯀放居東裔至死不得反於朝禹乃其子也以有聖功故堯典之若以爲殺人父用其子而舜禹何以忍乎而尚書云鯀則殛死禹乃嗣興者箕子見武王誅紂今與已言懼其意有慙德爲說父不肖則罪之則字依宋本禮記正義之字依四庫全書鄭志子賢則舉之以滿武王意也見祭法正義鄭語似迂曲云放居東裔至死不得反朝則洪範所謂殛死者因殛而死甚明何必滿武王意爲此語也且洪範殛死本作極死左氏昭七年釋文殛亦作極多方罰殛本又作極爾雅殛誅也魯頌閟宮小雅菀柳正義皆引作極然則堯典殛鯀亦是極字之假借殛之本義訓爲殊殊之訓死也一曰斷也

殛之所假借爲極極窮也孟子言極之於所往是也大抵說經以文義爲主字書以字形爲主虞書殛訓誅不訓死說文者講字形之書故殂殛殪皆從歺一例訓死而引堯典殛鯀則爲假借於經訓兩不相妨也凡治經不知此者則窒於字凡治說文不知此者則窒於經近有改說文殊字爲誅者窒於經而爲之也

周禮大宰職八柄廢以馭其罪鄭注廢猶放也舜殛鯀于羽山是也玉裁按劉向謂放流竄殛爲四放之罰今淺學謂殛爲殺大誤釋文作極紀力反葉林宗所抄宋本如是通志堂刊本乃妄改之

四罪而天下咸服

史記作皋周字也尚書作罪秦文也秦文見說文序蓋漢人以

俗行字改之汗簡曰臯出尙書恐想像之譌耳毛詩罪
罟或泥罪之本義釋曰罔罟不知漢以後經典本無臯
字
二十有八載
二十唐石經作廿今不從說文廿二十并也古文省多
卅三十并也古文省是則廿即二十字卅即三十字也
而廿讀如入卅讀如颯即以二十三十爲反語爲文辭
者如秦刻石維廿六年廿有六年維廿九年卅有七年
如顏介稽聖賦有子百廿如韓退之孔戣墓誌孔世卅
八皆用以成四字句開成石經毛詩于卅里卅維物終
卅里則三字爲句而不可通廣韵注云廿今直以爲二

十字卅今直以爲三十字然則開成毛詩字作卅仍讀三十不讀如颯也此篇廿有八載廿有二人亦仍讀二十不讀如入又無逸卅有三年此篇卅徵庸卅在位皆仍讀三十考漢石經二十作廿四十作卌又考工記輪人桯長倍之四尺者二十分寸之一鄭云故書十與上二合爲廿此尤古文二十作廿之證杜子春以施之此処文理不通而正之者也　唐石經每行十字生卅徵庸卅在位五十載是也今王堯惠所補生三十徵庸三十在位五十載則十二字矣

帝乃殂落

說文四篇歺部曰殂往死也从歺且聲虞書曰勛乃殂

小徐本如是洪氏容齋所引正同大徐本作放勛乃殂
集韵十一模所引王氏伯厚藝文志攷引漢儒所用異
字正同今大徐本作放勛乃殂落有落字淺人增之也
玉裁按孟子春秋緐露帝王世紀皆作放勳字董子用
今文尚書者許叔重皇甫士安用古文尚書者疑古文
作放勛今文作放勳皆不作帝也又說文無落字當是
古文尚書孟子緐露爾雅白虎通有落字則同今文尚
書今本古文帝乃殂落恐姚方興本未可爲據陸氏用
王本作音義恐不爾師古注王莽傳引虞書放勳乃徂
从彳無落字此當是馬鄭王之本或曰爾雅何以同今文
尚書歟曰今文亦是周人所習且殂落死也無妨殂字

一句落字一句於古文亦無不合李巡者後漢中黃門必治今文尚書者故云殂落堯死之稱而郭景純因之堯典之紀堯也始言曰放勛終言放勛乃殂其書舜之卽眞也始言舜格于文祖舜曰咨四岳終言舜生古史文法精嚴如是自僞孔傳不謂放勳爲堯名而云言堯放上世之功化則放勛乃殂不可通矣於是姚方興傳會之易爲帝字推見至隱其在斯乎若孟子集注云放勳本史臣贊堯之詞孟子因以爲堯號如其說似尚書本作帝乃殂落孟子易爲放勳其亦誣矣

白虎通崩薨篇曰易言沒者據遠也書言殂落死者各自見義堯見憯痛之舜見終各一也盧氏召弓曰下各

字疑衍玉裁按易言没者謂包犧氏没神農氏没是也
殂落謂堯典書堯也死謂堯典書舜也
五帝本紀曰堯立七十年得舜二十年而老令舜攝行
天子之政薦之於天辟位凡二十八年而崩按云得舜
二十年而老者卽今文尚書之徵庸二十舜本紀之年
三十堯舉之年五十攝行天子事也云凡二十八年而
崩者包上文得舜二十年又加八年言之卽舜本紀之
得舉用事二十年攝政八年年五十八堯崩也堯典二
十有八載合歷試二十年攝政八年言之孟子之所謂
舜相堯二十有八載也王充論衡氣壽篇曰堯典曰朕
在位七十載求禪得舜舜徵二今本訛作三十歲在位堯退

而老八歲而終至殂落九十八歲未在位之時必已成
人今計數百有餘矣王氏說與史記合皆今文尚書說
也至皇甫謐云堯年二十而登帝位以甲申歲生甲辰
即帝位甲午徵舜甲寅舜代行天子事辛巳崩年百十
八在位九十八年舜攝政二十八年堯與方迴遊陽城
而崩尚書所謂二十有八載放勛乃殂落是也按皇甫
氏說在位七十載爲自甲申至癸巳則非在位七十載
但云在位至今年已七十由是甲午徵舜至癸丑二十
年爲堯年九十由是甲寅舜攝政至辛巳凡二十八年
而崩爲堯年百十八由其誤會史記堯立七十年得舜
二十年而老舜攝政堯避位凡二十八年而崩以爲共

有四十八年而不知史記云二十有八載以合於堯典云凡以括上文二十年極爲明晝折衷之以孟子曰舜相堯二十有八載古文尙書曰登庸三十在位今文尙書曰徵庸二十在位則舜之臣堯竝無四十八年之久且尙書明言朕在位七十載而以未在位二十年在位五十年充之似皆非是至於皇甫謐說堯年二十登帝位計堯壽爲百十八歲王氏仲任說堯卽位之年不知若干歲姚方興僞傳說堯年十六卽位七十載求禪試舜三載自正月上日至崩二十八載壽一百一十七歲乖異難定言厎可績之三載當包於二十八載之中姚氏說非也史記在晉初已轉寫譌繆如秦本紀是時蜚廉爲紂石北方還無所報案石當作使聲之誤也

蜚廉使於北方還而國滅紂死矣故曰無所報乃爲壇於霍太山而報此處句絕下文得石棺是別一事與漢滕公事略同文理極明而皇甫帝王世紀云作石槨於北方然則元晏之學博而不精其於史記仍譌襲謬可槩見矣其於堯本紀乃誤讀本紀不繆也

魏志明帝紀注詔曰昔放勛殂落四海如喪考妣遏密八音

百姓如喪考妣三載四海遏密八音

三載孟子緜露皆作三年如禹貢作十有三載馬鄭王作十有三年古人文字自不拘也或云三載女陟帝位鄭本作三年亦是一證余謂此或史記作三年而集解因改鄭注同於正文凡若此類甚多閻氏百詩輩槩指爲馬鄭之異孔殆非也惟此篇愼徽以下至末乃姚方

興本未知馬鄭王本何如耳陸用王本而略於方興本之異同正義用方興本而略於馬鄭王之異同今人所習皆方興本也

白虎通四時篇尚書曰三載四海遏密八音按此載字或後人以今本尚書改之者

孟子萬章篇曰堯典曰二十有八載放勳乃徂（從彳）落百姓如喪考妣三年四海遏密八音

春秋繁露第五十二曰尚書曰二十有八載放勳乃殂落百姓如喪考妣四海之內閼密八音三年

皇甫氏帝王世紀曰尚書所謂二十有八載放勛乃殂落是也百姓如喪考妣三載四海遏密八音（太平御覽卷八十）

月正元日舜格于文祖

薛綜東京賦注尙書曰正月元日舜格于文祖月正作正月　格當是本作假

詢于四岳闢四門

說文十二篇門部曰闢開也從門辟聲虞書曰闢四門從門丱玉裁按下一字古文闢字從門丱會意丱引也普班切所引虞書則壁中故書然也書序馬本東郊不闢一作不闢此可證壁中闢皆作闢孔子國以今文讀之改爲闢而柴誓序則好古所留遺者凡說文引闢詔載字皆於小篆之下舉壁中尙書古文

明四目達四聰

漢書梅福傳福上書曰所謂辟四門明四目也舜本紀亦作辟四門

達舜本紀作通今文尚書也

左傳文公十八年杜注曰闢四門達四𥦗以賓禮衆賢釋文曰𥦗本亦作聰或疑不應作𥦗攷風俗通十反篇曰蓋人君者闢門開𥦗號咷博求此亦用堯典也蓋古文尚書本作囪𥦗者囪之或字𥦗又窗之俗體聰又囪之同音字作囪而或如字或讀爲聰猶之台可讀爲怡尼可讀爲昵庸可讀爲鏞也作窗正合惠氏定宇明堂之說

咨十有二牧

白虎通封公矦篇唐虞謂之牧者何尚質使大夫往來

牧視故謂之牧旁立三人凡十二人尚書曰咨十有二

牧旁即方方字謂每牧方立三人也

曰食哉惟時柔遠能邇惇德允元而難任人

任咎繇謨作壬釋詁任壬佞也

皇氏論語義疏色厲而內荏章江熙曰古聖難於荏人

江所據尚書作荏字也

蠻夷率服

漢書景武昭元成功臣侯表引書蠻夷帥服古率帥通

用如毛詩率時農夫韓詩作帥時農夫

舜曰

首言舜曰已下乃言帝曰者以別於前文之帝曰且下

言熙帝之載故不敢言帝曰以著舜之見堯於羹牆之心也堯典之書堯舜如天地然天地竝尊而地必包於天如日月然日月竝照而月必兆於日也

咨四岳有能奮庸熙帝之載使宅百揆亮采惠疇

亮字不見於說文今之言小學者謂爲不可用攷戴氏仲達六書故所引唐本說文皆非作僞如云亮明也从儿从高省是說文儿部本有此字而轉寫佚之吳志曰吳主亮字子明蜀志曰諸葛亮字孔明此字以儿高會意人居高則可遠眺故曰明也爾雅亮相也古輔相與相視無二義相視卽說文明也之訓也上自唐虞蚤有亮字而淺者疑之玉裁嘗謂不可以說文盡天下之字

不可以今本說文盡說文之字小學庶可大明矣

疇訓誰則專䛐訓類則統䛐雖則分別而實相通此疇

當訓類

僉曰伯禹作司空

風俗通義皇霸篇經曰僉曰伯禹禹平水土下句見吕

刑或卽約舉此下文

埶文志襍家者流大命三十七篇傳言禹所作其文似

後世語玉裁按命卽說文古文禹字漢書亦祇此一處

不得據吕改漢後尚書如汗簡古文四聲韵所載也

帝曰俞咨禹

俞咨五帝本紀作嗟然疑今文尚書咨在俞上也

女平水土惟時懋哉

說文十篇心部曰懋勉也從心楙聲虞書曰時惟懋哉玉裁按大小徐本及玉篇皆作時惟與尚書異本篇又云惟時亮天工五帝本紀作維是勉哉則今文尚書亦作維時矣古懋與茂通用茂之義近美故馬云美也爾雅釋故云茂勉也董仲舒對策郭璞注爾雅皆引書曰茂哉茂哉董用今文尚書者郭用古文尚書者是則今古文皆一作茂可證也五帝本紀亦以勉字代懋字

禹拜稽首

稽者䭫之假借字也

讓于稷

後世分別社稷字作禝漢人俗字也

契

說文八篇人部曰偰高辛氏之子堯司徒殷之先從人契聲玉裁按此正字也別無他義但爲元王之名故叔重之說解如此葢壁中尚書正作偰也厶部离字下曰讀與偰同可知漢人通用偰人所共曉不知何時遺去人旁借用書契許云高辛氏之子者左氏傳舜舉高辛氏之子八元使布五教於四方然則偰卽伯奮仲堪叔獻季仲伯虎仲熊叔豹季貍八人中之一也班氏古今人表不得其主名故既舉八元復舉离离者偰之假借字漢書中用字假借極寬說文离字下云讀與偰同者

此謂其音同非謂其字同也米部竊字下云禼古文偰

此淺人妄增非許語也

暨臯陶

說文八篇㐺部曰臮衆與詞也各本作衆詞與也惟廣韵六至作衆與詞也不誤衆與猶言多與以其字從㐺故言衆與此字書說字之法也施之於用則少與亦謂之臮從㐺自聲虞書曰臮咎繇又曰臮古文臮此等字皆轉寫失眞玉裁按蕭該漢書音義云臮尚書音亙洎反可證六朝時尚書作臮今本作暨葢衞包本音義無臮恐開寶時刪之也釋文於孔序曰臯本又作咎陶本又作繇攷自來古文尚書有作臯陶者有作咎繇者是以顏注漢書引尚書皆作咎繇李注文選則皆作臯陶要之衡以古音則臯陶

二字古在尤幽說文引虞書作咎繇則壁中元本也
帝曰俞女往哉帝曰棄
凡經典棄字唐石經皆作弃此因其字中有世字故避
諱從古文作弃不必從也又凡葉字作𦯧亦是避世字
棄字之中本非世字

黎民阻飢
周頌思文鄭箋云昔堯遭洪水黎民阻飢后稷播殖百
穀烝民乃粒萬邦作乂正義引舜典黎民阻飢女后稷
播時百穀注曰阻讀曰俎阻厄也時讀曰蒔玉裁按凡
言讀曰與讀爲同讀曰蒔者易時字作蒔則讀曰俎者
豈易阻字作俎乎初疑當是讀如俎謂其音同俎耳既

思阻字非難識之字鄭君何必比方爲音如憄之讀如聒乎蓋壁中故書作俎故鄭云俎讀曰阻阻厄也學者旣改經文作阻則注文不可通乃又倒之云阻讀曰俎經書中此類甚多請言其略周禮司巫祭祀則共匰主及道布及鉏館杜子春云鉏讀爲葅葅藉也書或爲葅（謂鉏一本作葅下文云館或爲飽今本誤衍祖字）元謂葅之言藉也祭食有當藉者此文義極明葅訓藉與說文解字葅茅藉也正合今本改云葅讀爲鉏鉏藉也則不可通蟈氏下士一人徒二人鄭司農云蟈讀爲蜮蜮蝦蟇也月令曰螻蟈鳴故曰掌去鼃黽鼃黽蝦蟇屬書或爲掌去蝦蟇元謂蟈今御所食蛙也字从虫國聲也蜮乃短弧與此文義亦

極明（說文解字則不用先鄭說謂蜮又作蟈短弧也）今本改云蟈讀爲蜮蜮蝦蟇也則不可通士馴鄭司農云馴讀爲訓謂以遠方土地所生異物告道王也爾雅曰訓道也元謂能訓說土地善惡之勢此文義亦極明（夏官訓方氏注亦云訓道也）今本改訓讀爲馴則不可通司服希冕鄭注希讀爲黹或作絺字之誤也希冕者刺粉米無畫也此文義亦極明與臯陶暮鄭注絺讀爲黹黹紩也（見尚書正義）正合廣韻引祭社稷五祀則用黹冕今本改云希讀爲絺或作黹字之誤也則不可通祭統鋪筵設詷几爲依神也鄭注詷之言同也此文義極明今本改同之言詷以易識之字更爲難字則不可通穆天子傳西王母爲天子謠曰道里悠遠

山川諫之郭注諫音閒是卽讀諫爲閒明古假借法也顏氏家訓音辭篇云穆天子傳音諫爲閒可證今本作閒音諫則非呂氏春秋卷一仁所私以行大義高注仁讀曰忍行之忍也此文義極明今本正文作忍注作忍讀曰仁行之忍也則不可通西京賦烏獲扛鼎李善注曰說文扛橫關對舉也舡與扛同吳都賦覽將帥之㩴勇字从才見毛詩盧令鄭箋五經文字木部權字下李注毛詩曰無拳無勇㩴與拳同今本正文作扛作拳注又譌舛而不可通已上諸條皆因先用注說改正文嗣又用已改之正文改注如改經文之鉏爲藉則注鉏讀爲藉不可通乃又妄改云藉讀爲鉏是也於是如蹊鼃如首尾衡麼字與義不

謀上與下不貫矣自陸德明作音義之時已襲此誤本而不省願治古文者於此等留意焉此俎讀曰阻亦其一也古文作俎鄭讀爲阻此正如昧谷壁中作丣谷鄭則讀爲昧也古且與俎音同義同且薦也俎所以薦肉也孔壁與伏壁當是皆本作且伏讀且爲祖訓始孔安國本則或通以今字作俎而說之者仍多依今文讀爲祖訓始如馬季長注是也至鄭乃讀爲阻鄭意以九載績墮黎民久飢不得云始飢故易字作阻云戹也王子雝從之云難也姚方興採王注亦云難也鄭君周頌箋毛詩譜及孟康注漢書引尚書皆依所易之字作阻此引經常例而方興徑用鄭說易尚書經文本字作阻不

作徂亦如僞孔用鄭說易經文作昧谷不作卯谷釋文本簡略且開寶改竄之後原委尤不可攷也若今文尙書作祖飢則其證有五五帝本紀曰黎民始飢一也漢書食貨志曰舜命后稷以黎民祖饑二也孟康注漢書曰祖始也古文言阻三也徐廣史記音義曰今文尙書作祖飢祖始也四也毛詩釋文曰馬融注尙書作祖云始也此馬氏用今文讀徂爲祖五也

宋本毛詩正義黎民徂飢徂讀曰阻蘇州袁廷檮所藏本如是與日本七經攷文合

女后稷

鄭云時讀曰蒔按說文蒔更別種也周頌箋云后稷播

殖百穀殖植古通用亦卽易時作蒔之意也呂刑曰稷降播種農殖嘉穀祭法曰其子曰農能殖百穀周棄繼之鄭語曰周棄能播殖百穀蔬以衣食民人者也韋注殖長也

帝曰契百姓不親五品不遜

說文十篇心部曰愻順也從心孫聲唐書曰五品不愻玉裁按愻訓順遜訓遁今本古文作遜未審衛包所改抑衞包已前已然禮記緇衣篇恭以涖之則民有孫心毛氏居正所見本孫心二字有作愻一字者漢魏人書內間有愻字而不多見如王肅家語云小人以不愻爲勇學記不陵節而施之謂遜說苑作學不陵節而施之曰馴遜馴皆訓

順也古文尚書五品不愻今文尚書作不訓訓通作馴尚書大傳唐傳曰百姓不親五品不訓則責之司徒史記五帝本紀五品不馴正義曰馴音訓索隱曰史記馴字徐廣皆讀曰訓訓順也殷本紀五品不訓漢書王莽傳司徒主司人道五教是輔帥民承上宣美風俗五品乃訓後漢書周舉傳帝下策問曰五品不訓劉愷傳調訓五品謝夷吾傳下使五品咸訓於嘉時周禮地官序官注敎所以親百姓訓五品按此皆用今文尚書作訓訓順也非教訓之謂鄭注詩禮用今文尚書絕少此其一也

玉裁按說文引堯典假于上下平豑東作宅堣夷鳥獸

氄髦又鳥獸褎毛帝曰𠷎咨方𣪘僝功又旁逑孱功洪
水浩浩有能俾乂方命圮族岳曰异哉𦃃類于上帝雉
婺明試以功竄三苗殛鯀于羽山放勛乃殂闢四門時
惟懋哉臯咎繇僉曰伯夷教育子八音克龤龍朕堲讒
說殄行皆言虞書而此句獨言唐書者從今文尚書例
也尚書大傳曰唐傳曰虞傳曰夏傳曰殷傳曰周傳馬
鄭王肅別錄題皆曰虞夏書鄭序以爲虞夏書二十篇
商書四十篇今攷鄭贊云三科之條五家之教三科者
謂虞夏一科商一科周一科也五家無閒蓋謂唐一家
虞一家夏一家商一家周一家也五家之教謂五代之
書堯典爲唐書臯陶謨爲虞書禹貢已下爲夏書湯誓

盤庚已下爲商書牧誓已下爲周書今文尚書例也三科謂作三書之時代堯典皋陶謨禹貢是三篇者或曰虞史記之或云夏史記之莫能別異故相承謂之虞夏書商史所記者爲商書周史所記者爲周書古文尚書例也左氏傳以愼徽五典五典克從内于百揆百揆時序賓于四門四門穆穆繫之虞書以敷内以言明試以功車服以庸繫之夏書敷内以言三句是皋陶謨文也是孔子時原以堯典爲虞書皋陶謨及禹貢爲夏書漢初不分別則謂之虞夏書合商書周書而有三科之說其列爲五家者則直曰唐書虞書夏書商書周書許君葢從五家之說者也故引皋陶謨曰虞書引禹貢曰夏書引堯典曰唐

書所引假于上下等句本皆作唐書葢盡爲淺人轉寫所改其改之未盡者獨留此一處耳徐鍇本唐書曰稘三百有六旬則併此尚存二處今本尚書大傳係惠氏定宇所集其前題虞夏傳唐傳虞夏傳虞傳虞夏傳夏傳云云殆合古文今文而一之未可依據也

論衡正說篇唐虞夏殷周者土地之名堯以唐矦嗣位舜從虞地得達禹由夏而起湯因殷而興武王階周而伐皆本所興昌之地重本不忘始故以爲號若人之有姓矣說尚書謂之有天下之代號唐虞夏殷周者功德之名盛隆之意也故唐之爲言蕩蕩也虞者樂也夏者大也殷者中也周者至也堯則蕩蕩民無能名舜則天下虞樂禹承二帝之業使道尚蕩蕩民無能名殷則道

得中周武則功德無不至其立義美也其襃五家大矣然而違其正實失其初意唐虞夏殷周猶秦之爲秦漢之爲漢秦起於秦漢興於漢中故曰猶秦漢猶王莽從新都侯起故曰亾新使秦漢在經傳之上說者皆復爲秦漢作道德之說矣玉裁按此五家之教之證也三科者古文家說五家者今文家說

女作司徒敬敷五教在寬

敷左氏傳作布王莽傳作輔

殷本紀帝乃命契曰百姓不親五品不訓汝爲司徒而敬敷五教五教在寬○司馬彪禮儀志注丁孚漢儀夏勤策文曰敬敷五教五教在寬　後漢書鄧禹列傳拜

禹爲大司徒策曰百姓不親五品不訓汝作司徒敬敷五教五教在寬袁宏後漢紀三十引書敬敷五教五教在寬此皆用今文尚書也

唐石經五教之下疊五教二字字形隱隱可辨後乃摩去重刻然則唐時本有作敬敷五教五教在寬者與殷本紀合　又案唐石經哉帝曰弃黎民阻飢汝九字一行后稷播時百穀帝曰契九字一行百姓不親五品不遜汝九字一行作司徒敬敷五教在寬九字一行帝曰皋陶蠻夷猾夏寇九字一行賊姦宄汝作士五刑有九字一行但此經通體每行十字諦視初刻則此六行皆十字也一行曰哉帝曰弃黎民阻飢汝后二行曰稷播

時百穀帝曰契百姓三行曰不親五品不遜汝作司徒四行曰欲敷五教五教在寬帝曰五行曰皋陶蠻夷猾夏寇賊姦宄六行曰□□□□□□□五刑有字形皆隱隱可識惟第六行石殘毀首七字新舊刻皆漫滅五刑有上疑其同僞大禹謨之文云汝作士明于五刑疊五刑二字同疊五教文法非此則第六行祇有汝作士五刑有六字不能成行覆定石經者删去在寬上疊五教二字删去五刑有上四字共删去六个字因改此六行爲某行九字摩去重刻亦可證初刻時所據之本不與今同也

帝曰皋陶

唐六典卷十八引尚書作咎繇

蠻夷猾夏

漢書匈奴傳贊曰書戒蠻夷猾夏

寇賊姦宄女作士五刑有服

獨斷曰唐虞曰士官史記曰皋陶爲理尚書曰皋陶作

士

呂覽君守篇高注虞書曰皋陶蠻夷猾夏寇賊姦宄女

作士師五刑有服多師字

宄周禮司刑正義引鄭注作軌

五服三就五流有宅五宅三居

王制注虞書曰五流有宅五宅三居正義引鄭注云宅

讀曰咤懲刈之器謂五刑之流皆有器懲刈玉裁按咤說文作吒集韵云二形一字

史記五帝本紀五流有度五度三居此今文尚書也

惟明克允

堯典者記事之文咎繇謨者記言之文戴先生云爾非若後世之求工也而其工後世莫尚焉左氏春秋季孫行父言舜臣堯舉八愷使主后土以揆百事莫不時序地平天成故虞書數舜之功曰納于百揆百揆時序無廢事也然則舉禹作司空平水土實在臣堯歷試之時又言舉八元使布五教于四方父義母慈兄友弟恭子孝內平外成故虞書數舜之功曰愼徽五典五典克從無違

教也然則舉偰作司徒亦在臣堯歷試之時又言賓于四門流四凶族渾敦窮奇檮杌饕餮投諸四裔以禦魑魅故虞書數舜之功曰賓于四門四門穆穆無凶人也然則流共工放驩兜竄三苗殛鯀亦在臣堯歷試之時且皐陶卽高陽才子庭堅象以典刑非皐陶莫勝任然則舉皐陶作士亦在臣堯歷試之時而帝曰欽哉巳下但渾舉之以放流竄殛類敘於象刑之下因枝以振葉也以禹作司空棄后稷偰作司徒皐陶作士補敘於詢岳闢門之時因尾而見首也禹宅百揆爲新命后稷司徒士爲申命前略而後詳前闇而後明渾渾無涯而奇巧乃如是

自愼徽五典已下二十有八載已上舜之美皆堯之美也禹稷偰臯陶之美皆舜之美也假令詳書舜之舉愷舉元堯之命諸臣勞之來之等語則無以見歸美於舜以歸美於堯之意故爲櫽栝之書此古史之無意爲文而文獨至也非季文子之釋經具在則不得其解矣

帝曰疇若予工僉曰垂哉

釋文曰如字徐音睡玉裁按徐所說舊音也工垂字他書皆作倕山海經南方不距之山巧倕葬其西郭傳云倕堯巧工也音瑞顧命當同此篇

帝曰俞咨垂女共工

共讀爲供他處讀爲供者皆經衞包改竄如召誥無逸

是也惟此幸存其舊

垂拜稽首讓于殳斨暨伯與

漢書古今人表弟二等作朱斨柏譽此今文尚書也古伯多借柏

帝曰俞往哉女諧

古文苑崔瑗河間相張平子碑銘辭曰往才女諧章樵注曰古文尚書哉作才玉裁按此謂宋次道家之古文尚書晁公武刊石於蜀者也薛季宣書古文訓正是此本故哉皆作才溯厥由來乃僞作古文尚書者竊取張平子碑耳郭注爾雅引書茂才茂才即懋哉懋哉也又論語鄭注曰古字材哉同

帝曰疇若予上下草木鳥獸禹曰

正義曰馬鄭王本皆爲禹曰諡哉是字相近而彼誤耳

玉裁按此當依馬鄭王不得從方興肊改令前後一例

安見諡非禹所獨薦也

閻氏百詩尚書古文疏證曰晚出書僉曰諡哉三家本僉作禹益禹同治水者二人曰諡曰稷稷既命之仍舊職矣諡是時烈山澤之功又畢虞適缺官禹益深知其才習於草木鳥獸故特薦之原僞作者心必欲竄爲僉曰不過以上文薦禹及巫下文薦伯夷皆屬僉曰此不宜別一例不知唐虞朝大公衆知其賢則交口譽之而不爲朋黨若獨知其賢卽越衆以對而亦不以爲異愚

于是嘆晚出書之紛紛多事也玉裁按此非枚頤之罪乃姚方興之罪也今按毛詩秦譜正義虞書稱舜曰疇若予上下草木鳥獸禹曰謚哉帝曰俞謚汝作朕虞此用馬鄭王本不用方興本汲古閣正義作禽禹字之誤文選羽獵賦昔者禹任謚虞而上下和草木茂善曰尚書帝曰疇若予上下草木禹曰謚哉帝曰謚汝作朕虞李氏亦用馬鄭王本與賦文禹任謚虞之云相合但其下文又引孔安國曰上謂山下謂澤其所稱孔安國者卽方興也經作禹曰傳同方興蓋方興本亦或作禹曰不則李氏不應經用甲傳用乙尚書正義本特據其作僉者妄指作禹爲誤耳

五帝本紀作皆曰謚哉皆者僉之訓詁字也此今文尚書也

謚哉帝曰俞咨謚

漢書百官公卿表曰書載唐虞之際命羲和四子順天文授民時咨四岳㠯舉賢材揚側陋十有二牧柔遠能邇禹作司空平水土棄作后稷播百穀离作司徒敷五教咎繇作士明五刑垂作共工利器用蒜作朕虞育草木鳥獸伯夷作秩宗典三禮夔典樂和神人龍作納言出入帝命師古曰蒜古謚字也玉裁按卽說文所載籀文嗌字也同音假借爲謚字今本漢書及集韵等書皆譌失其眞矣漢書伯謚字亦惟此一處作蒜餘不爾

女作朕虞

秦詩謚云有伯翳者實臯陶之子佐禹治水水土既平舜命作虞官掌上下草木鳥獸

王莽傳更名水衡都尉曰予虞按予虞卽堯典之朕虞謂朕之虞官也鄭注云言朕虞重草木鳥獸是也莽之不通文理與更名大理曰作士少府曰共工同一可笑工乃官名共工猶作士也師古注共讀曰龔是也莽於人名不欲其二字於官名不欲其一字又攷五帝本紀以垂爲共工以益爲朕虞百官公卿表垂作共工蓋作朕虞文選廿七注應劭曰尙書曰禹作司徒（空之誤）棄后稷契司徒臯繇作士師（此亦有師字）垂共工益朕虞伯夷秩

宗夔典樂龍納言凡九官也按此劉向上災異封事舜命九官濟濟相讓注也與五帝紀百官公卿表皆以共工朕虞爲官名今文家說如是

又按五帝本紀臯陶爲大理伯夷主禮垂主工師益主虞棄主稷契主司徒龍主賓客則司馬未嘗幷朕爲官名也

益拜稽首讓于朱虎熊羆帝曰俞往哉女諧

左氏伯虎仲熊叔豹季貍按季貍古今人表作季熊熊疑羆之誤卽益所讓之虎熊羆蓋朱虎熊羆四人名也

方興採馬王說朱虎熊羆爲二臣名

帝曰咨四岳有能典朕三禮僉曰伯夷

說文五篇亼部曰僉皆也從亼從吅從从虞書曰僉曰伯夷按尚書僉字始見於四岳舉鯀亦可以見古人偁引之不拘也

帝曰俞咨伯

白虎通王者不臣篇先王老臣不名親與先王勠力共治國同功於天下故尊而不名也尚書曰咨爾伯不言名也孫氏詒穀志祖曰案舜帝之命官於伯夷獨曰俞咨伯而不名疑白虎通所云乃古書說相傳如此玉裁按葢今文尚書說也五帝本紀嗟伯夷豈大史公以意補夷字與

女作秩宗

周禮春官序官注鄭司農曰書堯典曰帝曰咨四岳有
能典朕三禮僉曰伯夷帝曰俞咨伯女作秩宗
夙夜惟寅直哉惟清伯拜稽首讓于夔龍帝曰俞往欽哉
漢時緯書夔有作歸者水經注江水篇樂緯曰昔歸典
協聲律宋忠曰歸卽夔太平御覽八十二引尚書中候
讓于益歸注歸讀曰夔

帝曰夔命女典樂

樂記注書曰夔命女典樂

教胄子

古文尚書作胄子今文尚書作育子五帝本紀曰教穉
子爾雅釋言育稚也邶風鄭箋云昔育之育稚也豳風

鬻子之閔斯毛傳云鬻子稚子也史記多以訓故字代經字此穉子卽經之育子合之楊雄宗正箴云各有育子世以不錯子雲箸作多用今文尚書然則今文尚書作育子可證也知古文尚書作冑子者釋文曰冑直又反王云冑子國子也馬云冑長也教長天下之子弟陸用王本爲音義王本馬本作冑則鄭本亦作冑可知史記集解引鄭注曰國子也然則王注卽襲鄭注王制注云虞書曰夔命汝典樂教冑子是鄭本同王本也說文十四篇𠫓部曰育養子使從（依玉篇衆經音義）善也从𠫓肉聲虞書曰教育子此引今文尚書也大司樂注云若舜命夔典樂教育子是也此亦引今文尚書也許君偁孔氏

而不廢今文鄭君注禮多倂古文而閒用今文如度西
曰栭穀親百姓訓五品皆是也大司樂釋文曰育音胄
本亦作胄按本亦作胄者或用古文尚書改之也攷育
胄二字音義皆通育從肉聲胄從由聲肉由同部爾雅
猶如麂舍人猶作鬻卽鬻字郭音育胄亦可讀余六育亦
可讀直又也爾雅釋故育長也又曰育養也毛公詩傳
育長也馬注尚書胄長也長養義近而育胄訓同馬云
敎長天下之子弟則與許君養之使從善正合皆敎胄
連讀而其他或訓爲穉子或訓爲國子則言其可長可
養也皆胄子連讀
裴駰集解曰案尚書作胄子穉胄聲相近玉裁按穉胄

聲相近此裴氏語也或於其上妄加孔安國曰四字不知裴氏時姚方興所上舜典孔傳未出故太史公虞舜紀同於尚書愼徽五典以下者裴氏衹引馬融鄭玄王肅語絶無孔安國曰也按史記者當刪此四字索隱正義引孔安國曰者信方興所作爲孔安國所作也

直而溫寬而栗

說文七篇卤部曰𣡌古文栗也大徐本作古文小徐本作籒文今按當有籒文古文各一字而脫其一以卤籒文作𠧪㮚籒文作𣡌又玉篇云㮚籒文作𣡌例之則從三卤作𣡌者籒文也從卤從二卤作𣡌者古文也卤古文𠧪也今說文作𣡌恐有譌從𠧪從二卤徐巡說木至西方戰栗也玉裁按後漢書杜林傳曰沛南徐巡始師事衞宏後更受林學前於西州得桼書古文尚書一

卷雖遭艱困握持不離以示宏等曰林流離兵亂常恐斯經將絕何意東海衞子沛南徐生復能傳之是道竟不墜於地也宏巡益重之於是古文遂行衞宏傳亦曰時沛南徐巡師事宏後從林受學亦以儒顯木至西方戰㮚徐生釋从西之故也論語周人以栗曰使民戰栗西方者秋秋之爲言揫也故古文㮚木字從西取戰㮚之誼而凡戰㮚字皆用此也堯典咎繇暮寬而㮚葢壁中尚書作𣡌而徐巡說其字恉如此會意字也𠂤部隉凶也亦徐巡說

閻氏百詩尚書古文疏證云禮記鄭注引簡而辨王氏鳳喈尚書後案亦云今案禮記注絕無此語惟表記虞

帝寬而有辨注云辨別也猶寬而栗也引虞書無異閻氏筆誤

剛而無虐簡而無傲

傲漢志作敖

詩言志歌永言聲依永

漢書禮樂志歌咏言聲依咏藝文志書曰詩言志哥詠言故哀樂之心感而哥詠之聲發誦其言謂之詩詠其聲謂之哥論衡謝短篇尚書曰詩言志歌詠言玉裁按古人引書多作詠正義曰定本經作永字訓爲長釋文曰永徐音詠又如字五帝本紀歌長言則其字亦作永與班異

律和聲八音克諧

說文二篇龠部曰龤樂和龤也從龠皆聲虞書曰八音克龤玉裁按龤今字作諧猶龢今字作和也

漢書禮樂志云帝舜命夔曰女典樂敎胄子直而溫寬而栗剛而無虐簡而無敖詩言志歌咏言聲依咏律和聲八音克諧師古曰敖讀曰傲咏古詠字也玉裁按說文咏或詠字也班用今文而作胄子者或胄育古通用或淺人所改未可定也

無相奪倫神人以和夔曰於予擊石拊石百獸率舞

釋文曰於如字或音烏而絕句者非玉裁按依釋文則當作于如孟子女其于予治尙書既作於則音烏句絕

是也史記正義曰於音烏

漢書禮樂志云書曰擊石拊石百獸率舞

論衡感虛篇尙書曰擊石拊石百獸率舞

風俗通義聲音篇書曰擊石拊石百獸率舞

帝曰龍朕堲讒說殄行

說文十三篇土部曰垐以土增大道上從土次聲堲古文垐從土卽虞書曰龍朕堲讒說殄行堲疾惡也玉裁按卽下當有聲字古文㠯卽爲聲小篆改從次聲者古音次讀如漆是以周官巾車然榠䡨飾（今本譌軟）杜子春䡨讀爲桼琓之桼王符潛夫論次室倚立而歎嘯卽列女傳漆室之女康誥以次女封孫卿書兩引次皆爲卽也

引虞書者明假借之法此垔字不訓以土壇大道上乃疾惡字之假借古文聲卽聲疾聲同在第十二部許君恐人不曉故又箋之曰垔疾惡也惡當依俗讀去聲首部引布重莧席而釋之曰纖蒻席也謂此莧非火不明之訓也口部引洪範曰圛而釋之曰圛者升雲半有半無也謂此圛非回行之訓也學者可以得其通例矣釋文徐在力反此今音也古音在悉反垐古音同今音疾資切

震驚朕師

吳志吳主傳評曰讒說殄行陳氏用古文尚書也

史記朕畏忌讒說殄僞振驚朕衆徐廣曰一云齊說殄

行振驚衆玉裁按畏忌者堲之訓故齊者讒之駁文齊疾也謂利口捷給也僞玩張氏正義本只作爲張音危睡反耳爲與行義通殄爲振驚朕衆六字連讀言盡爲振驚朕衆之事也以爲代行則行讀如字據賈捐之傳今文尙書亦作殄行也

漢書賈捐之傳書曰讒說殄行震驚朕師

命女作內言夙夜出內朕命惟允

二內字今本皆作納下內字五帝本紀百官公卿表作入今文尙書也

帝曰咨女二十有二人

二十開成石經作廿

欽哉惟時亮天功

亮天功五帝本紀作相天事亮訓相此本爾雅釋詁姚方興於亮采及此皆訓信按說文諒信也亮明也是假亮爲諒也假借無礙於說經然曰信立其功曰信立天下之大功不亦拙乎功蓋今文尙書作工故五帝紀於此曰相天事於皋陶謨天工人其代之亦詁以天事古者工有事訓也

三載考績三考黜陟幽明庶績咸熙

漢書李尋傳尋對災異曰經曰三載考績三考黜陟

白虎通攷黜篇兩言尙書曰三載考績三考黜陟

玉裁按李尋班固皆言三考黜陟不連幽明字合之五

帝本紀云三歲一考功三考絀陟遠近衆功咸興以遠
近詁幽明而下屬然則今文家皆於黜陟句絕也姚方
興讀黜陟幽明葢本馬王與
又按尙書大傳曰書曰三歲攷績三攷黜陟幽明其訓
曰積不善至於幽六極以類降故黜之積善至於明五
福以類相升故陟之不必今文家幽明下屬也又谷永
待詔公車對曰經曰三載考績三考黜陟幽明

分北三苗

吳志虞翻傳注曰翻奏鄭解尙書違失事目尙書分北
三苗北古別字鄭訓北言北猶別也誠可怪也玉裁按
說文九篇厶部曰厶姦衺也韓非曰倉頡作字自營爲

厶二篇八部曰公平分也從八厶八猶背也韓非曰背厶爲公所引韓非語相聯屬五蠹篇昔者倉頡之作書也自環者謂之私背私者謂之公公私之相背也乃倉頡固已知之矣自營爲厶六書之指事也八厶爲公六書之會意也韓非以背訓八故許君釋之曰八猶背也尚書分北三苗鄭君注曰三苗爲西裔諸侯者猶爲惡乃復分北流之北猶別也古北背同音通用韋昭吳語注曰北古之背字許君云八別也象分別相背之形又云八猶背也與鄭注北猶別也正互相發明分別之乃相倍背其義相足故許不云八背也而云猶背也鄭不云北別也而云猶別也凡古訓故之言猶者視此矣虞

翻不知堯典經文自作北字鄭注是古義輒欲改爲𠔁字而譏鄭非也說文八部又曰兆分也從重八八別也亦聲孝經說曰故上下有別虞蓋因北字篆作𠔁疑爲兆字之誤不知北可訓別無煩改字且𠔁別同義同音而異字許君未嘗以𠔁爲古文別字繫諸冎部別字後也玉篇汗簡皆云𠔁古文別誤由仲翔耳周官經大卜掌三易一曰連山二曰歸藏三曰周易其經卦皆八其別皆六十有四楊氏用修丹鉛録謂別當作𠔁以从重八正與六十有四巧合也玉裁謂三易每易有八每八分六十四故云其別下文其經運十其別九十亦是每夢有十每十分九十用修巧合之說於三易可通於三

參何以說且仌字訓分非如二十幷爲廿三十幷爲卅之例未可以易字義而改經字矣孝經說曰故上下有別此亦引古說字形如麓相豐利𠫓之比引易百穀艸木麗于地說麓字從艸麗會意引易地可觀者莫可觀於木說相字從目木會意引易豐其屋說豐字從宀豐會意引易利者義之和也說利字從和省之意引易突如其來如不孝子突出不容於內也說𠫓字從到子之意此引上下有別說重八之意上別下別故其字從重八也

又按惠氏定宇集尚書鄭注不載虞翻別傳四事意謂仲翔詆鄭鄭未嘗作昧谷鄭未嘗作分北三苗鄭未嘗

訓洮浣衣也豈知鄭注實實如此至同爲酒杯更不待言矣

舜生三十徵庸三十在位五十載陟方乃死

三十在位今文尚書作二十鄭君用今文注古文讀三十爲二十可考而知也五帝本紀曰舜年三十堯舉之此生三十而徵庸也年五十攝行天子事此徵庸二十而在位也年五十八堯崩此所謂二十有八載放勛乃殂落也年六十一代堯踐帝位此三年閼密之後乃踐帝位也踐帝位三十九年南巡狩崩於蒼梧之野此在位五十載陟方乃死也司馬子長據今文尚書爲史記此今文尚書之一證也論衡氣壽篇曰堯典曰朕在位

七十載求禪得舜舜徵二十歲（今本誤作三十）在位堯退而老八歲而終至殂落九十八歲未在位之時必已成人今計數百有餘矣又曰舜生三十徵用二十（今本誤作三十）在位五十載陟方乃死適百歲矣此又今文尚書之一證也

孟子萬章篇曰五十而慕者予於大舜見之矣趙注書曰舜生三十徵庸二十（今本注疏誤作五十孔刻孟子注誤三十）在位在位時尚慕故言五十也玉裁按倘同古文尚書作三十在位則不爲五十而慕之證矣此又今文尚書之一證也

尚書正義曰鄭[元]（宋本元本明監本作[元]不誤汲古閣本作云誤也）讀此經云舜生三十謂生三十年也登庸二十謂歷試二十年在位五十載陟方乃死謂攝位至死爲五十年舜年一百

歲也王伯厚以來皆以此爲尚書鄭本鄭說今按鄭本果如此則不當言鄭某讀此經云正義全書引鄭注皆言鄭某云鄭云無有言鄭某讀此經云者然則古文作登庸三十鄭注云三十當爲二十以今文正古文故孔沖遠謂之讀此經也假令鄭本作登庸二十與方輿所據馬王本不同則釋文正義皆必顯別之云三十鄭本作二十不若是墨墨而已近人多不解讀字之恉讀有擬其音者某讀如某是也讀有易其字者某讀爲某是也凡言讀爲音韵必相近有音韵絕不相近而焯知譌誤易其字者如某當爲某字之誤也是也或云當爲某或云讀當爲某此三十當爲二十與儀禮之四當爲三正同皇甫謐

曰史記集解徐廣引舜以堯之廿一年甲子生三十一年謂舜三十一歲也甲午徵用七十九年謂舜七十九歲也太平御覽引帝王世紀舜八十卽眞壬午卽眞百歲癸卯崩太平御覽八十一引帝王世紀曰舜年八十卽眞以仲冬甲子月次于畢始卽眞八十三而薦禹九十五而使禹攝政攝五年有苗氏叛南征崩于鳴條年百歲皇甫亦用今文尚書說爲韓退之佛骨表所本而云甲午徵用壬午卽眞則自甲午至辛巳共四十八年與其紀堯者合而與堯典孟子不合由誤讀史記凡二十八年五字也堯之二十有八載合舜之徵庸二十攝位八年言之孟子所謂相堯二十有八載也舜之在位五十載合攝位八年如喪三年卽眞四十年言之堯典

自慎徽已下乃徽庸二十年之實乃言底可績三載此三載在二十年內也自正月上日受終于文祖已下乃攝位八年之實合二十年八年爲二十有八載自月正元日舜假于文祖至分北三苗乃即眞四十年之實併前攝位八年如喪三年其一在八年內爲在位五十載此今文家說也姚方興注則云三十徵庸三十在位服喪三年其一在三十之數爲天子五十年凡壽百一十二歲此非方興之說採馬王之說爲之也然則鄭以今文讀古文馬王則墨守古文不讀徵庸三十爲二十不牽合前文二十有八載不謂攝位爲在位侶較今文家說爲易了

錢氏曉徵曰登庸二十的是古文所云鄭某讀此經云者謂他家於庸字位字句絕鄭於三十二十句絕爲異也玉裁按劉恕通鑑外紀引王肅注云歷試三載其一在徵用之年其餘二載與攝位二十八年凡三十歲然則王本作三十在位甚顯白馬鄭本當同也

又按大戴禮五帝德云二十以孝聞乎天下三十在位嗣帝所五十乃死與今文尚書合此鄭所以讀從今文也二十以孝聞之後又十年堯舉之又二十年乃攝行天子事是爲大戴禮之三十在位大戴之三十在位合上文二十言之今文尚書之二十在位合上文舜生三十言之皆是五十歲合下文五十乃死則皆百歲也故

曰大戴與今文尚書合

又按鄭君云登庸二十蓋古文尚書作登庸今文尚書作徵庸方興本作徵未是中庸鄭注曰徵或爲登（宋版如是）

上檀弓舜葬於蒼梧之野注舜征有苗而死因畱葬焉書說舜曰陟方乃死

陸德明序錄曰江左元帝時豫章內史枚頤奏上孔傳古文尚書亾舜典一篇購不能得乃取王肅注堯典從昚徽五典以下分爲舜典篇以續之後范甯變爲古文集注俗閒或取其舜典篇以續孔氏玉裁按此言枚頤尚書初出自昚徽已下經傳俱亾故或用王肅傳或用范甯注補之傳注用王范則經文亦王范本王范本必

卽馬鄭本是則舜生三十以下非僞孔本而實馬鄭王范本也陸又曰齊明帝建武中吳興姚方興采馬王之注造孔傳舜典一篇云於大航頭買得上之是則正義舜典一篇孔傳正姚方興所采馬王之注僞爲之者而眘徽己下經文卽馬王本更無疑矣安得云舜生三十徵庸三十乃僞孔所妄改乎舜年百一十二歲之云非馬季長語則王子雝語也絕非出於作僞孔傳全書者之手　僞孔傳又有眞有僞五十七篇出於一人之手僞孔傳之眞者也舜典一篇出於姚方興之手僞孔傳之僞者也　姚方興作舜典僞孔傳而采馬王注爲之則非杜撰也其於經文但僞造曰若稽古帝舜曰重華

協于帝十二字以傳合僞孔序云伏生以舜典合于堯典復出此篇之語度正義所載此十二字之傳出方興杜撰者而濬哲文明溫恭允塞元德升聞乃命以位十六字竝此十六字之傳則又不知出誰氏之手故釋文序錄曰姚方興造孔傳舜典一篇上之梁武時爲博士議曰孔序稱伏生誤合五篇皆文相承接所以致誤舜典首有曰若稽古伏生雖昏耄何容合之遂不行用是則此十二字梁武所不信梁武意孔本舜典卽當從脊徽起不必裒頭可謂觀書眼如月但知姚之詐而未知孔之詐也釋文又曰此十二字是姚方興所上孔氏傳句絕本無阮孝緒七錄亦云然陸謂方興所上孔氏傳有

之王肅本本無之陸所爲音義用王肅本上文言之明矣釋文又曰方興本或此十二字下更有濬哲文明溫恭允塞玄德升聞乃命以位凡二十八字異句絕聊出之句絕於王注無施也云凡二十八字異者合十二字十六字計之凡廿八字皆王肅本所無也音義既用王肅本則二十八字不當存而大書十二字綴書十六字以存之故云聊出之也雖出此二十八字而王本無注故曰於王注無施也十六字不大書者此又方興本之別本尤不可信也竊謂方興當日讀孔序則愼徽已下爲舜典而愼徽五典斷非一篇起語乃不疑孔說之妄輒摹擬堯典造十二字加於馬王本經文愼徽之上乃後可

采馬王注作僞傳苦心今如可見而得其書者以昚徽五典云云可配以親九族云云重華協於帝五字不足配放勳已下二十四字乃更增十六字或梁武駁十二字不行之後方興又私益之故流傳有此二本也方興殊不思始作僞孔傳者其用心苦而巧孔傳之亾非枚頤亾之作僞孔傳者亾之也何以亾之亦知昚徽五典不得爲一篇起語而其說已立其序已成不能更革將欲增之則衞賈馬鄭本具在即梁武所議亦早計及之將欲不增則非比般庚顧命之天然分析爲三爲二絕無善策乃僞託於亾任天下後世遵吾說者或徑析之無所增或增數語而譏議之矢不集於我且此篇孔傳

亾而不補則正可證未亾者之皆眞非贋其用心之狡至於如此而方興乃爲之奴也　陸所音舜典王肅注也正義所疏舜典姚方興采馬王注造爲孔傳者也陸不信姚注而孔穎達信之故正義云昔東晉之初豫章内史梅頤上孔氏傳猶闕舜典自乃命以位以上二十八字世所不傳多用王范之注補之而皆以愼徽已下爲舜典之初至齊蕭鸞建武四年吳興姚方興於大航頭得孔氏傳古文舜典亦類太康中書乃表上之事未施行方興以罪至戮至隋開皇初購求遺典始得之云方興得孔氏傳古文舜典不云方興採馬王注造孔傳舜典一篇葢謂此爲眞孔傳而方興得之故爲之正義

猶謂二十五篇爲眞古文而校頤得之故舍馬鄭王本而用孔本也釋文自愼徽已下舉馬云王云頗詳旣用王注本爲音義則不當言王云猶用孔傳爲音義不言孔云也而必以王云與馬云竝舉者正爲表方興注所襲王云必先於馬云者猶用孔傳作音義必先孔後馬鄭王也若正義用姚方興注姚方興用馬王之本采馬王之注馬王之本則眞古文尚書也原流井然近注尚書者乃云徵庸三十系僞孔所妄改登庸二十爲眞古文尚書欲尊眞古文而轉毁廢之則攷核之未至也

陸氏序錄云范甯變爲古文集注今本古字譌作今字朱氏錫鬯荅毛大可書引之非也云變者變孔傳古文

尙書爲之葢兼注五十八篇兼採馬鄭王三十一篇注說也至隋時其書已亾僅存舜典一篇故正義云范注以愼徽爲舜典之初隋書經籍志有晉豫章太守范甯注古文尙書舜典一卷云梁時有甯注尙書十卷亾唐初釋元應作大唐衆經音義引范甯尙書集解寇賊姦宄之說所以獨存舜典一篇者正因陸氏孔氏所云用此注補孔傳之亾也至正義用方興注而此一篇又亾不見於舊唐書經籍志唐書藝文志矣○舜典一篇孔傳亾必經傳俱亾非有經無傳也若枚頤所獻有經文起於愼徽則方興何敢肊加十二字又加十六字梁武何難云梅頤所獻經文不如是以折之毛大可云傳亾

非經亾賫說也釋文於他篇俱記馬鄭王本之異孔者此篇祇載馬本作如初異於王本方興本之如西禮。方興自愼徽已下大約與馬鄭王本略同惟僉曰益哉與馬鄭王不合正義已言之放勳乃殂落作帝乃殂落正義雖不言馬鄭王皆作放勳竊意必方興所改釋文皆不言者釋文祇載馬鄭之異於王若方興本之有異不屑載也如初作如西禮則載之者因王本而及之也

○帝王世紀所引放勳乃殂落不同方興本葢用馬鄭王本也尚書正義曰晉書皇甫謐傳云姑子外弟梁柳邊得古文尚書故作帝王世紀往往載孔傳五十八篇按帝王世紀今不傳所云載孔傳五十八篇者未知其

審見於太平御覽者云太甲一名祖甲享國三十三年與孔傳合○孔叢子小爾雅皆系僞書其論書篇雜取尙書大傳王肅尙書注爲之如有鰥在下七觀敎誠而愛深欽四鄰諸條皆尙書大傳也如說內于大麓禋于六宗其在祖甲諸條皆王肅尙書注也皇甫士安帝王世紀說太甲固引孔叢憂思三年追悔前愆之語則孔叢子在晉初已有之蓋僞孔古文尙書僞孔安國傳僞孔安國孝經傳僞孔安國論語訓僞家語僞孔叢子皆出一時大約王肅爲之君而皇甫士安輩爲之徒故僞孔傳多與王肅合士安帝王世紀蒐採至富凡作僞之書皆所不廢

五帝本紀曰帝堯者放勛其仁如天其知如神就之如日望之如雲富而不驕貴而不舒黃收純衣彤車乘白馬能明馴德以親九族九族旣睦便章百姓百姓昭明合和萬國乃命羲和敬順昊天數法日月星辰敬授民時分命羲仲居郁夷曰暘谷敬道日出便程東作日中星鳥以殷中春其民析鳥獸字微申命羲叔居南交便程南爲敬致日永星火以正中夏其民因鳥獸希革申命和仲居西土徐廣曰一無土字以爲西者今天水之西縣也曰昧谷徐廣曰一作桺谷敬道日入便程西成夜中星虛以正中秋其民夷易鳥獸毛毨申命和叔居北方曰幽都便在伏物日短星昴以正中冬其民燠鳥獸氄毛歲三百六十六日以閏

月正四時信飭百官衆功皆興堯曰誰可順此事放齊曰胤子丹朱開明堯曰吁頑凶不用堯又曰誰可晉讙兜曰共工旁聚布功可用堯曰共工善言其用僻似恭漫天不可堯又曰嗟四嶽湯湯洪水滔天浩浩懷山襄陵（張氏正義湯湯洪水蕩蕩懷山襄陵浩浩滔天）下民其憂有能使治者皆曰鯀可堯曰鯀負命毀族不可嶽曰异哉試不可用而已堯於是聽嶽用鯀九歲（張氏正義作載）功用不成堯曰嗟四嶽朕在位七十載汝能庸命踐朕位嶽應曰鄙德忝帝位堯曰悉舉貴戚及疏遠隱匿者衆皆言於堯曰有矜在民間曰虞舜堯曰然朕聞之其何如嶽曰盲者子父頑母嚚弟傲能和以孝烝烝治不至姦堯曰吾其試哉於

是堯妻之二女觀其德於二女舜飭下二女於嬀汭如婦禮堯善之乃使舜愼和五典五典能從乃徧入百官百官時序賓於四門四門穆穆諸侯遠方賓客皆敬玉裁

按四門穆穆四字當是淺人妄增

堯使舜入山林川澤暴風雷雨舜行不迷堯以爲聖召舜曰女謀事至而言可績三年矣女登帝位舜讓於德不懌正月上日舜受終於文祖文祖者堯大祖也於是帝堯老命舜攝行天子之政以觀天命舜乃在璿璣玉衡以齊七政遂類於上帝禋于六宗望於山川辯於羣神揖五瑞擇吉月日見四嶽諸牧班瑞歲二月東巡狩至於岱宗柴望秩於山川遂見東方君長合時月正日同律度量衡修五禮五玉三帛二生

一死爲摯如五器卒乃復五月南巡狩八月西巡狩十一月北巡狩皆如初歸至于祖禰廟用特牛禮五歲一巡狩羣后四朝徧告以言明試以功車服以庸肇十有二州決川象以典刑流宥五刑鞭作官刑朴作教刑金作贖刑眚烖過赦怙終徐廣曰一作衆賊刑欽哉欽哉惟刑之靜哉讙兜進言共工堯曰不可而試之工師共工果淫辟四嶽舉鯀治鴻水堯以爲不可嶽彊請試之試之而無功故百姓不便三苗在江淮荆州數爲亂於是舜歸而言於帝請流共工于幽陵以變北狄徐廣曰變一作燮放讙兜於崇山以變南蠻遷三苗於三危以變西戎殛鯀於羽山以變東夷四辠而天下咸服堯立七十年得舜二

十年而老令舜攝行天子之政薦之於天堯辟位凡二十八年而崩百姓悲哀如喪父母三年四方莫舉樂以思堯堯知子丹朱之不肖不足授天下於是乃權授舜授舜則天下得其利而丹朱病授丹朱則天下病而丹朱得其利堯曰終不以天下之病而利一人而卒授舜以天下堯崩三年之喪畢舜讓辟丹朱於南河之南諸侯朝覲者不之丹朱而之舜獄訟者不之丹朱而之舜謳歌者不謳歌丹朱而謳歌舜舜曰天也夫而後之中國踐天子位焉是爲帝舜

虞舜者名曰重華重華父曰瞽叟瞽叟父曰橋牛橋牛父曰句望句望父曰敬康敬康父曰窮蟬窮蟬父曰帝

顓頊顓頊父曰昌意以至舜七世矣自從窮蟬以至帝舜皆微爲庶人舜父瞽叟盲而舜母死瞽叟更娶妻而生象象傲瞽叟愛後妻子常欲殺舜舜避逃及有小過則受罪順事父及後母與弟日以篤謹匪有解舜冀州之人也舜耕歷山漁雷澤陶河濱作什器於壽丘就時於負夏舜父瞽叟頑母嚚弟象傲皆欲殺舜舜順適不失子道兄弟孝慈欲殺不可得即求常在側舜年二十以孝聞三十而帝堯問可用者四嶽咸薦虞舜曰可於是堯乃以二女妻舜以觀其內使九男與處以觀其外舜居嬀汭內行彌謹堯二女不敢以貴驕事舜親戚甚有婦道堯九男皆益篤舜耕歷山歷山之人皆讓畔漁

雷澤雷澤上人皆讓居陶河濱河濱器皆不苦窳一年
而所居成聚二年成邑三年成都堯乃賜舜絺衣與琴
爲築倉廩予牛羊瞽叟尚復欲殺之使舜上塗廩瞽叟
從下縱火焚廩舜乃以兩笠自扞而下去得不死後瞽
叟又使舜穿井舜穿井爲匿空旁出舜既入深瞽叟與
象共下土實井舜從匿空出去瞽叟象喜以舜爲已死
象曰本謀者象象與其父母分於是曰舜妻堯二女與
琴象取之牛羊倉廩予父母象乃止舜宮居鼓其琴舜
往見之象鄂不懌曰我思舜正鬱陶舜曰然爾其庶矣
舜復事瞽叟愛弟彌謹於是堯乃試舜五典百官皆治
昔高陽氏有才子八人世得其利謂之八愷高辛氏有

才子八人世謂之八元此十六族者世濟其美不隕其
名至於堯堯未能舉舜舉八愷使主后土以揆百事莫
不時序舉八元使布五教于四方父義母慈兄友弟恭
子孝內平外成昔帝鴻氏有不才子掩義隱賊好行凶
慝天下謂之渾沌少皞氏有不才子毀信惡忠崇飾惡
言天下謂之窮奇顓頊氏有不才子不可教訓不知話
言天下謂之檮杌此三族世憂之至于堯堯未能去縉
雲氏有不才子貪於飲食冒于貨賄天下謂之饕餮天
下惡之比之三凶舜賓于四門乃流四凶族遷于四裔
以御螭魅於是四門辟言毋凶人也舜入于大麓烈風
雷雨不迷堯乃知舜之足授天下堯老使舜攝行天子

政巡狩舜得舉用事二十年而堯使攝政攝政八年而堯崩三年喪畢讓丹朱天下歸舜而禹臯陶契后稷伯夷夔龍垂益彭祖自堯時而皆舉用未有分職於是舜乃至於文祖謀于四嶽辟四門明通四方耳目命十二牧論帝德行厚德遠佞人則蠻夷率服舜謂四嶽曰有能奮庸美堯之事者使居官相事皆曰伯禹爲司空可美帝功舜曰嗟然禹汝平水土維是勉哉禹拜稽首讓於稷契與臯陶舜曰然往矣舜曰棄黎民始飢汝后稷播時百穀舜曰契百姓不親五品不馴汝爲司徒而敬敷五教在寬舜曰臯陶蠻夷猾夏寇賊姦軌汝作士五刑有服五服三就五流有度五度三居維明能信舜曰

誰能馴予工皆曰垂可於是以垂爲共工舜曰誰能馴予上下草木鳥獸皆曰益可於是以益爲朕虞益拜稽首讓于諸臣朱虎熊羆舜曰往矣汝諧遂以朱虎熊羆爲佐舜曰嗟四嶽有能典朕三禮皆曰伯夷可舜曰嗟伯夷以汝爲秩宗夙夜唯敬直哉維靜潔伯夷讓夔龍舜曰然以夔爲典樂教穉子直而溫寬而栗剛而毋虐簡而毋傲詩言意謌長言聲依詠律和聲八音能諧毋相奪倫神人以和夔曰於予擊石拊石百獸率舞舜曰龍朕畏忌讒說殄僞振驚朕衆徐廣曰一云齊說殄行振驚衆命汝爲納言夙夜出入朕命惟信舜曰嗟女二十有二人敬哉惟時相天事三歲一考功三考絀陟遠近衆功咸興分

北三苗此二十二人咸成厥功皋陶爲大理平民各伏得其實伯夷主禮上下咸讓垂主工師百工致功益主虞山澤辟棄主稷百穀時茂契主司徒百姓親和龍主賓客遠人至十二牧行而九州莫敢避違唯禹之功爲大披九山通九澤決九河定九州各以其職來貢不失厥宜方五千里至于荒服南撫交阯北發西戎析枝渠廋氏羌北山戎發息慎東長鳥夷四海之內咸戴帝舜之功於是禹乃興九招之樂致異物鳳皇來翔天下明德皆自虞帝始舜年二十以孝聞年三十堯舉之年五十攝行天子事年五十八堯崩年六十一代堯踐帝位踐帝位三十九年南巡狩崩於蒼梧之野葬於江南九

疑是爲零陵舜之踐帝位載天子旗往朝父瞽叟夔夔唯謹如子道封弟象爲諸侯舜子商均亦不肖舜乃豫薦禹於天十七年而崩三年喪畢禹亦乃讓舜子如舜讓堯子諸侯歸之然后禹踐天子位堯子丹朱舜子商均皆有疆土以奉先祀服其服禮樂如之以客見天子天子弗臣示不敢專也

清金壇段氏本古文尚書撰異

第二册

清 段玉裁撰

中國國家圖書館藏清嘉慶間金壇段氏七葉衍祥堂刻本

山東人民出版社·濟南

古文尚書撰異卷二

皋陶謨第二　虞夏書

說文三篇言部曰謨議謀也从言莫聲虞書曰（當作有）咎繇謨按師古漢書注皋陶謨皆作咎繇謨無逸皆作亾逸

曰若稽古

正義曰鄭云以皋陶下屬爲句玉裁按堯典亦以帝堯曰放勳五字爲句必如是而後二篇俱可讀白虎通聖人篇何以言皋陶聖人也以目篇曰若稽古（當云以目篇曰曰若稽古轉寫脫一曰字）皋陶聖人而能爲舜陳道朕言惠可底行又

旁施象刑維明按此亦於曰若稽古句絕謂與堯典皆以此四字發端也

皋陶曰允迪厥德謨明弼諧

帝堯曰放勳此本紀列傳之體之祖也皋陶曰云云此記言之體也皆以曰若稽古先之夏史所作故皆云稽古也作僞大禹謨者不得其句讀開端便非體矣

夏本紀信道其德謀明輔和卽允迪厥德謨明弼諧也各本作信其道德蓋誤

禹曰俞如何皋陶曰都愼厥身修思永惇敘九族

他經音義無有引切韵者惟古文尚書音義屢引之蓋皆開寶中陳鄂所爲也切韵者陸法言切韵孫愐增之

爲唐韵者也開寶中廣韵未出又以用唐韵爲嫌故襲
法言書名其所引反語如惇都昆反慤苦角反葅側魚
反等皆與徐鼎臣所引唐韵無不合者

庶明厲翼

厲衛包改作勵今更正攷正義孔訓勉勵王訓砥礪鄭
云厲作也鄭說本爾雅釋詁古者砥礪勉勵皆作厲無
作礪勵者厲本旱石引伸爲勉厲厲作不獨鄭本作厲
王孔本亦作厲也正義三說分三體淺人區別臆造如
是

蜀志劉先主傳先主上言漢帝曰在昔虞書敦敘九族
庶明厲翼注云鄭曰厲作也

厲夏本紀作高

邇可遠在茲禹拜昌言曰俞

僞孔傳釋昌爲當益稷釋文當丁浪反本亦作讜當蕩反引李登聲類讜言善言也玉裁按古文尚書作昌今文尚書作黨孟子公孫丑篇禹聞善言則拜趙注云尚書曰禹拜讜言此今文尚書作黨之證也班固西都賦云讜言宏說李善注引字林讜言美言也音黨孟堅葢亦用今文尚書耳讜逸周書作黨祭公解拜手稽首黨言盧氏召弓曰黨讜古字通荀子非相篇博而黨正注謂直言也又見張平子劉寬二碑玉裁謂平子碑黨言允諧劉寬碑前云朝克忠讜後云對策嘉黨可見漢人

黨讜通用葢古只作黨漢人或加言㫄是以許君不收而李登呂忱乃收之古昌黨音同如閶闔子雲賦作閶闔鼓聲不過閶闔卽鼜字可證此古文作昌今文作黨音同義同也說文曰昌美言也从日从曰與字林讜字訓同然則昌本字黨假借字也

皋陶曰都在知人在安民禹曰吁咸若時惟帝其難之

白虎通封公矦篇尙書曰惟帝其難之

知人則哲能官人

漢書王莽傳陳崇張竦稱莽功德曰書曰知人則哲

五行志曰書云知人則悊能官人　武帝紀元狩元年詔曰朕聞咎繇對禹曰在知人知人則哲惟帝難之師

古曰尙書咎繇謩載咎繇之辭也　論衡定賢篇荅佞篇皆云書曰知人則哲惟帝難之　是應篇經曰知人則哲惟帝難之

安民則惠黎民懷之

風俗通義過譽篇歐陽歙敎引書曰安民則惠黎民懷之

能哲而惠何憂乎驩兜何遷乎有苗何畏乎巧言令色孔壬皋陶曰都

淮南泰族訓書曰能哲且惠黎民懷之何憂驩兜何遷有苗

夏本紀皋陶曰然於按於卽都也都上有然則今文尙

書多俞字

亦行有九德亦言其有德

今各本有德之上有人字非也攷唐石經每行十字獨此行其有德乃言曰載采采九字諦視則有德二字初刻本是三字人字居首波撇尚可辨然則亦言其人有德唐時有此本唐元度覆定石經乃刪人字重刻今注疏本則沿襲別本也唐石摩去重刻者多同於今本此獨異於今本夏本紀云亦言其有德則今文尚書亦無人字也

乃言曰載采采禹曰何皋陶曰寬而栗柔而立愿而恭

愿而恭夏本紀作共疑本紀是也謹愿人多不能供辦

能治人多不能敬愼德與才不能互兼也史記恭敬字不作共卽堯典允恭象恭可證今文尚書作愿而共勝於古文尚書
亂而敬擾而毅
五經文字上曰擾說文也擾經典相承隸省也玉裁按此非隸省乃隸變也夒聲憂聲古音同在第三尤幽部是以夒之俗亦作獿
史記集解徐廣曰擾一作柔玉裁按擾古音讀如柔是以韓非說難龍之爲蟲可柔狎而騎史記柔作擾管子書擾桑卽毛詩之柔桑也但此經擾與上文之柔義別若作柔則複上矣

玉篇牛部㹾而小而沼二切牛柔謹也從也安也又馴也尚書㹾而毅字如此玉裁按汗簡古文四聲韵俱不云尚書擾作㹾

直而溫簡而廉剛而塞

中庸簡而文溫而理鄭注曰簡而文溫而理猶簡而辨直而溫也按此用尚書而廉作辨未詳也豈鄭本有不同與

說文十篇心部曰𡫯實也从心𡫯省聲虞書曰剛而𡫯玉裁按作𡫯者壁中原文作塞者葢孔安國以今文讀之也毛詩邶風其心塞淵毛傳塞瘞也鄘風秉心塞淵鄭箋塞充實也大雅王猶允塞鄭箋信自實滿毛傳訓

瘞亦充實意也徭靈恩集注本瘞作實與許君合堯典今文尚書文塞晏晏從土與從心之字音義皆同今注尚書者輒改皋陶謨及各家所引今文堯典皆從心作惠然則毛詩亦將改爲惠淵乎自以爲尊說文明小學而失小學之意亦非許君造說文之意也

彊而義彰厥有常吉哉日宣三德夙夜浚明有家

僞孔傳浚須也未知何本葢於雙聲取之馬云大也則浚同俊史記夏本紀浚作翊是古文尚書作浚今文尚書作翊也翊同翌爾雅翌明也翊明重言之猶無逸之皇暇也

僞孔傳浚須也不可解馬季長曰浚大也說者傅諸駿

大也之訓玉裁謂浚當是俟之字誤古竢多假俟俟須也卽竢須也馬云俟大也卽說文人部之俟大也

日嚴祗敬六德

釋文曰馬徐魚簡反玉裁按簡乃檢之誤經典多嚴儼不分如無逸嚴恭馬作儼論語儼然民望而畏之本又作嚴釋文云馬徐魚檢反洪範儼字下云魚檢反今本檢皆作簡此葢葉氏林宗影寫在崇禎十年避懷宗諱故也惟無逸爲檢字未改

祗夏本紀作振般庚震動萬民石經作祗動衆誓祗復之無逸治民祗懼魯世家作振復振懼然則祗振古通用合韵最近又爲雙聲也內則祗見孺子注云祗或作振

亮采有邦翕受敷施九德咸事俊乂在官

文選曹植責躬詩李注云尚書曰儁乂在官

漢書谷永傳永待詔公車對曰經曰九德咸事俊艾在

官乂從艸

百僚師師百工惟時

鹽鐵論第十尚書曰俊乂在官百僚師師百工惟時庶

尹允諧 中論譴交篇書曰百僚師師百工惟時

撫于五辰庶績其凝

羣經音辨曰冰古文尚書凝字也玉裁按此所謂古文

尚書即宋次道王仲至家本也

無教逸欲有邦

正義曰毋者禁止之辭按今文尚書多用毋字古文尚
書多用無字此正以毋釋無非經文本作毋也
玉篇八部佚字下書曰無敎佚欲有邦佚豫也
敎今文尚書作敖邦今文尚書作國漢書王嘉傳嘉奏
封事曰臣聞咎繇戒帝舜曰無敖佚欲有國兢兢業業
一日二日萬機此今文尚書也黃氏震日鈔謂無敖爲
古文劉氏安世謂敖字轉寫作敎皆非夏本紀毋敎邪
淫奇謀或尚書本作敖而依博士讀爲敎或史記本作
敖而後人改之皆未可知也師古曰敖讀曰傲
袁宏孝桓帝紀陳蕃上書云皋陶誡舜曰無敢遊佚周
公誡成王曰無盤遊於田玉裁按卽今文尚書無敖佚

欲有國無劮于游田也敢字疑敎字之誤

兢兢業業一日二日萬幾

漢書百官公卿表相國丞相助理萬機玉裁按漢魏晉南北朝用萬機字皆從木旁　班固典引李注尙書曰兢兢業業一日二日萬機

無曠庶官天工人其代之

風俗通義過譽篇尙書無曠庶官　論衡藝增篇尙書曰毋曠庶官曠空庶衆也毋空衆官寘非其人與空無異故言空也　漢書孔光傳策免光曰書不云乎毋曠庶官天工人其代之師古曰虞書咎繇謩之辭也　中論爵祿篇書曰無曠庶官天工人其代之　漢書律厤

志曰書曰天功人其代之　漢書王莽傳太后詔曰書
不云乎天工人其代之
天敘有典
釋文曰有典馬本作五典
勑我五典五惇哉
五經文字曰敕古勑字今相承皆作勑廣韵廿四職曰
敕今相承用勑勑本音賚
天秩有禮自我五禮有庸哉
釋文曰有庸馬本作五庸
同寅協恭和衷哉天命有德五服五章哉天討有罪
尙書大傳虞傳曰書曰天命有德五服五章哉

說文三篇攴部曰斁棄也周書以爲討按云以爲者六書之假借也尙書周書中絕無討字疑周字乃虞字轉寫之誤壁中故書如是也

漢書刑法志云書云天秩有禮天討有罪

五刑五用哉

後漢書梁統傳統對尙書問曰經曰天討有罪五刑五庸哉用作庸

政事懋哉懋哉

漢書董仲舒傳仲舒對策曰書云茂哉茂哉彊勉之謂也師古曰茂哉茂哉虞書咎繇謩之辭也玉裁按古懋茂音同通用左氏傳引康誥惠不惠茂不茂今尙書作

懋不懋

爾雅釋故茂勉也郭注書曰茂哉茂哉釋文曰茂又作懋亦作悉同注茂哉或作茂才此可證尚書哉字本或作才

天聰明自我民聰明

漢書李尋傳尋說王根曰書云天聰明　大雅烝民鄭箋書曰天聰明自我民聰明正義云引書曰者泰誓文也（此咎繇謨之誤）彼注云天之所謂聰明有德者由民也言天所善惡與民同引之者證天從民意也玉裁按此疏傳寫有脫當云天之所謂聰明有德者由我民謂之聰明有德者也語意乃完

天明威自我民明威

上威字孔本作畏今從馬鄭本釋文畏如字徐音威馬本作威　周禮鄉大夫鄭注書曰天聰明自我民聰明天明威自我民明威　困學紀聞古文自我民明畏今作威葢衞包所改玉裁按此非衞改王氏所云古文者卽宋次道家本也不可信釋文曰畏徐音威馬本作威然則上句從下句作威可矣不當下句從上句作畏也　考工記注故書畏作威杜子春云當爲畏玉裁按當爲畏今本作當爲威誤古威畏二字同音通用不分平去也

達于上下敬哉有土皋陶曰朕言惠可底行

白虎通聖人篇引朕言惠可厎行

獨斷皋陶與帝舜言曰朕言惠可厎行

禹曰俞乃言厎可績皋陶曰予未有知思曰贊贊襄哉

正義云曰者謂我上之所言也是此字音越唐石經正

作曰今俗本作日讀人實反誤也

釋文云襄息羊反上也馬云因也案爾雅作儴因也如

羊反玉裁按施博士乾讀爾雅息羊反

帝曰來禹女亦昌言禹拜曰都帝予何言予思日孜孜

孜孜夏本紀作孳孳

馬鄭王合帝曰已下於皋陶謨謂別有棄稷之篇按逸

十六篇中有棄稷馬鄭所親見也僞孔改棄稷爲益稷

云伏生以益稷合於皋陶謨復出之帝曰已下是也
皋陶曰吁如何禹曰洪水滔天浩浩懷山襄陵下民昏墊
予乘四載
夏本紀述皋陶謨無乘四載三字但云予陸行乘車水行乘舟泥行乘橇山行乘檋河渠書引夏書陸行載車水行載舟泥行蹈毳山行即橋（一作檋）溝洫志引夏書陸行載車水行載舟泥行乘橇山行則梮說文六篇木部欙字下云山行所乘者从木纍聲虞書曰予乘四載水行乘舟陸行乘車山行乘欙澤行乘𨋺閻氏百詩謂許所據古文尚書多十六字不知此十六字乃自古相傳書說而備載之非尚書正文有之也虞夏書九族五典

四門五瑞五玉五禮五器五刑五教五流五宅十有二州十有二山五采五色六律五聲八音七始五言四鄰五服九河三江三品九江三邦四墺九山九川九澤四海六府以及左氏傳所引夏書九歌皆不詳其目閻氏所疑非也許系之虞書史漢系之夏書者三科之條虞夏書爲一科故或以爲虞或以爲夏又大史公系臯陶謨於夏本紀故謂之夏書也

欙力追切河渠書作橋丘遙反徐廣曰橋一作檋玉裁按檋者輂之俗集韵分爲二非也几玉反直轅車也漢書作梮應劭曰梮或作欙今本尚書正義作樏爲人所牽引也如湻曰梮謂以鐵如錐頭長半寸施之履下以上山不蹉跌也韋昭曰梮木

器也如今轝牀人轝以行也尙書正義引尸子曰山行乘欙（今本省作樏）僞孔傳亦作欙（今本作樏）與許書合玉裁按輂梮橋同字（橋者輂之轉語）欙與輂異字同義一物而異名也輂自其盛載而言欙自其輓引而言纍大索也此聲義之皆相倚者也韋訓輂云人轝以行應訓欙云人所牽引皆得其正解孟子滕文公篇虆梩而揜之趙注虆梩籠臿之屬今按說文木部曰梩從土輂然則虆亦輓引之稱趙注未了如氏如錐長半寸之說是其物如齒屐豈得稱四載之一豈履屐等皆可稱載乎顏師古張守節從之誤矣輒史記作毳亦作橇漢書作毳如淳曰毳音茅蕝之蕝謂以版置泥上以通行路也服虔曰木毳形

如木箕摘讀同擿行泥上孟康說同摘作擿尙書正義引尸子曰泥行乘蕝引愼子曰爲毳者患塗之泥也徐廣注史記引尸子作楯僞孔傳作輴許作䡅毳橇蕝䡅輴一聲之轉䡅敕倫切本訓車約䡅此借爲版行泥上之字耳

隨山栞木

栞唐石經已下作刊衞包改也今更正說文六篇木部曰栞槎識也从木𢍁闕夏書曰隨山栞木讀若刊栞篆文从幵玉裁按云闕者謂從𢍁不知何字象形會意諧聲何屬也說文列字俱以小篆居首以籒文古文廁小篆之下亦閒有以小篆廁古籒下者此云篆文從幵則栞爲古文出於孔壁可知矣李斯改栞爲栞則孔安國

以今文讀古文早易栞爲栞史記夏本紀述皋陶謨行山栞木然則今文尚書亦作栞可證許云讀若刊者謂音與刊同非栞刊同字也假令栞刊同字則當刊傳木部云槎識也者槎衺斫也衺斫木使其白多以爲道路高下表識如孫子斫樹白書之類故云槎識夏本紀述禹貢曰行山表木以表訓栞是槎識爲尚書古訓可知衞包誤以栞刊爲古今字乃改栞爲刊刊剟也字不從木非謂斫木卽謂左氏有井堙木刊之語然不可用左氏改虞夏書又明矣說文偁隨山栞木云夏書不云虞書者偁禹貢非偁皋陶謨也　玩正義則栞之改刊在天寶以前

曁益奏庶鮮食

夏本紀云令益予衆庶稻可種卑溼此經之曁益奏庶鮮食也命后稷予衆庶難得之食此經之曁稷播奏庶艱食也又云與益予衆庶稻鮮食與稷予衆庶難得之食蓋此經鮮食今文尚書作稻食而稻鮮食之鮮字誤多如大誥民獻儀之比

予決九川岠四海

今本作距依廣韵訂正廣韵上聲八語曰岠其呂切書傳云至也距切同雞距也分別與說文合後人盡用雞距字爲岠至字輒以改經而陸法言孫愐所据書傳固未誤文選三十注引尚書傳距至也不若廣韵所引爲

正　夏本紀岠作致訓故字也

唐開元時釋慧苑華嚴音義曰孔安國尚書傳曰岠違也然則今本作距衞包所改也岠違見禹貢

濬畎澮岠川

說文十一篇川部曰川貫穿通流水也虞書曰濬く巜岠今本說文作距葢誤川言深く巜之水會爲川也く部曰く水小流也周禮一耦之伐廣尺深尺謂之く古文作甽从田川篆文作畎从田犬聲巜部曰巜水流澮澮也方百里爲巜廣二尋深二仞谷部曰㕡深通川也从谷从𣦵𣦵殘地阬坎意也虞書曰㕡畎澮岠今本作距葢誤川玉裁按說文兩引此句而一作濬一作㕡濬者倉頡古文㕡者

小篆也一作ㄑ一作甽ㄑ者倉頡古文ㄑ巜川三字必一八所制皆倉頡古文也甽字從田川當是籀文今本說文籀誤爲古耳甽者小篆也一作巜一作澮巜者倉頡古文澮者同音假借字也川部引濬ㄑ巜距川此壁中故書如是谷部引睿甽澮距川此孔安國以今文讀之者也　夏本紀濬作浚說文曰浚抒也

暨稷播奏庶艱食鮮食

釋文曰艱馬本作根云根生之食謂百穀　玉裁按鄭云教民種澤物菜蔬難厄之食是鄭亦作艱也又云衆鱻食謂魚鼈也鮮作鱻思文正義郭璞江賦曰食惟蔬鱻蓋本鄭

懋遷有無化居

夏本紀云與稷予衆庶難得之食食少調有餘補不足案難得之食謂艱食也食少謂鮮食也調有餘補不足謂懋遷有無也疑今文尚書云食鮮故以食少代之與古文家說迥異

漢書食貨志說禹曰楙遷有無萬國作乂師古曰楙與茂同　食貨志贊曰書云楙遷有無

周禮合方氏注曰茂遷其有無正義引尚書懋遷有無化居

文選永明九年策秀才文李善注引尚書曰貿遷有無化居王伯厚藝文志考說漢儒所引異字有貿遷有無化居宋王天與尚書纂傳吳澄尚書纂言皆云伏生大

傳作貿遷江氏叔澐尚書集注定作賈

烝民乃粒萬邦作乂

夏本紀粒作定蓋今文尚書粒作立而以定訓之詩思文曰思文后稷立我蒸民毛不改字　又按本紀云調有餘補不足謂懋遷有無也徙居衆民謂化居烝民也乃定萬國爲治謂乃粒萬邦作乂也蓋有無句絕烝民句絕作乂句絕漢班志再引皆有無爲句

今文尚書邦作國見食貨志

周頌思文鄭箋云烝民乃粒萬邦作艾釋文曰艾音刈鄭注尚書五蓋反本或作乂音同玉裁按魏晉以後之音艾音刈則同乂治也艾讀五蓋反則訓老訓養如曲

禮五十曰艾音義云五葢反老也謂蒼艾色也此云鄭注尚書五葢反者非鄭注有反語謂以其義推之當讀五葢反也鄭注作艾訓養見詩思文正義詩南山有臺保艾爾後音義亦云艾五葢反養也老與養二訓略相近

唐諡正義皋陶謨云禹曰洪水滔天予乘四載隨山刊木旣稷播奏庶艱食鮮食烝民乃粒按不曰益稷云者用馬鄭本也

皋陶曰俞師女昌言禹曰都帝愼乃在位帝曰俞禹曰安女止惟幾惟康其弼直

夏本紀作輔德輔者弼字之訓德非直之訓也必是今

文尙書作弼德德從悳悳從直易有功而不置鄭讀置爲德

惟動丕應徯志

夏本紀作天下大應淸意按此今文尙書也淸與徯於音韵支與淸之通轉也

以昭受上帝天其申命用休帝曰吁臣哉鄰哉鄰哉臣哉

禹曰俞帝曰臣作朕股肱耳目予欲左右有民女翼予欲宣力四方女爲予欲觀古人之象日月星辰山龍華蟲作繪

許愼說文解字序曰書曰予欲觀古人之象

繪字今孔本作會云五采也　釋文曰會馬鄭作繪胡

對反　正義曰鄭元云會讀爲繪凡畫者爲繪　春秋左氏傳昭廿五年正義曰鄭元讀會爲繢謂畫也絺爲黹謂刺也

文選景福殿賦命共工使作繢明五采之彰施李善注云尚書曰予欲觀古人之象作繪鄭元曰繢讀曰繪凡畫者爲繪胡對切（選注本皆作反字今本皆作切字後人改也）玉裁按此經本作繪說文十三篇糸部繪字下引虞書山龍華蟲作繪是其證也鄭君謂繪之訓會五采繡也畫繢字當依考工記從糸貴聲故注尚書云繪讀曰繢讀曰與讀爲同易其字也繢之音胡對反在十八隊繪之音黃外反在十四泰此唐韵如是本於陸法言切韵故尚書釋文

曰繪馬鄭作繢胡對反尚書正義曰鄭云繪讀爲繢凡畫者爲繢左氏疏文選注云繪讀曰繢凡畫者爲繢胡對切此可細推而得者也孔本本作繪故傳云繪會五采也會五采三字卽說文繪字下云會五采繡也惟孔釋爲畫事故去繡字耳今本孔傳云會五采也此不成文理五采可謂之會乎揆其舛謬之由以繢繪二字俗旣通用不分因之鄭讀繪爲繢繢字皆譌繪字而不可通則去繪之半以通之此鄭孔尚書作繪而誤會釋文正義引鄭讀繪爲繢而誤云讀會爲繪也選注引尚書作繪又引鄭注繪讀曰繢以爲何賦命共工使作繢之說必如是而後文理可讀今轉寫倒亂之不可通矣鄭

注周禮司服注尚書大傳洪範五行傳何平叔景福殿賦引書皆作繢字此鄭易繪爲繢因徑用繢字與箋詩易田爲䡛其注明堂位徑引詩應䡛縣鼓同也司服釋文繢胡對反論語八佾篇釋文繪胡對反本又作繢同按又作者爲善古文尚書本作繪字如說文繪字下引虞書左太沖魏都賦有虞作繪張孟陽注引咎繇謨山龍華蟲作繪是也今文尚書亦作繪尚書大傳虞傳咎繇謨作繪三見字皆從糸會聲是也今考定古文尚書正會爲繪其讀則當依馬鄭讀爲繢

鄭司農注周禮引論語繢事後素字作繢與攷工記合與許本論語作繪異

或問說文云繪會五采繡也虞書曰山龍華蟲作繪論語曰繪事後素从糸會聲如其文則虞書論語所云繡也非畫也豈得作繪爲作畫乎荅曰其字從糸故其本義爲繡所引虞書論語則六書之假借如朕堲讒說堲訓嫉非以土增道也尚狟狟訓威武非犬行也無有作⿰丑攵⿰丑攵郎好字非姓也堋淫于家堋郎朋字非葬下棺也本義訓繡何妨借爲畫繢字乎繢從糸亦非本字鄭君據攷工記當用此字故曰繪讀曰繢也且尚書大傳云華蟲黃也作繪黑也宗彝白也璪火赤也山龍青也則今文家說作繪非謂畫也安知許君不用今文說乎用今文說則如女部所云嬒女黑色也同解亦不與上文

會五采繡也黏連

春秋正義五十一云尚書作會鄭讀會爲繪玉裁按宋本繪字誤汲古閣刻繢字是司馬彪輿服志日月星辰山龍華蟲作繢宗彝藻火粉米黼黻絺繡以五采章施于五色此用鄭本尚書也劉昭注曰古文尚書繢作會此用孔本尚書之誤者也

宗彝藻火

釋文曰藻本又作薻

說文一篇玉部曰璪玉飾如初學記作以水藻之文也从玉喿聲虞書曰璪火黺米玉裁按此壁中尚書也玉飾如藻則其字作璪衣飾以藻則其字當徑作藻而作璪者

六書之假借今本作藻作藻者葢孔安國以今之文字讀之也尚書大傳虞傳璪火字三見然則今文尚書與壁中古文同作璪也

粉米

說文七篇黹部黺字下曰袞衣山龍華蟲黺畫粉也从黹从粉省衞宏說玉裁按一篇玉部亦引虞書璪火黺米然則壁中字作黺葢孔安國以今之文字讀之改爲粉也黺與山龍華蟲不相屬葢許君筆誤也又黺畫粉也絲繡文如聚細米也黺絲爲二物又黺爲畫絲爲繡皆與鄭不合許君時鄭說未出後漢書衞宏從大司空杜林受古文尚書爲作訓旨黺畫粉也葢卽訓旨中語

若隋唐志皆有衛宏詔定古文官書則敬仲傳中不載

昔曾作攷一篇附錄於左

衛宏官書考

韓退之言李少溫子服之以科斗書衛宏官書相贈見於隋書經籍志曰古文官書一卷後漢議郎衛敬仲撰見於唐書藝文志曰衛宏詔定古文字書一卷字者官之譌字也唐初元應衆經音義引衛宏詔定古文官書三條曰㝵得同體曰枹桴同體曰圖啚同體張守節史記正義曰衛宏官書數體呂忱或字多奇然則其書體製葢同張揖古今字詁而字體爲古文籀文唐人以爲難得至唐季其書亾矣郭忠恕汗簡多假託易稱衛宏

字說非眞宏說也漢書儒林傳師古注引衛宏詔定古文官書序云秦既焚書患苦天下不從所改更法而諸生到者拜爲郎前後七百人迺密令冬種瓜於驪山阬谷阬谷一作硎谷一作陘谷中溫處瓜實成詔博士諸生說之人人不同迺命就視之爲伏機諸生賢儒皆至焉方相難不決因發機從上塡之以土皆壓終迺無聲而尚書正義藝文類聚引此文略同乃系之衛宏古文奇字序奇字者官書二字之誤也儒林傳注又引衛宏定古文官書序云伏生老不能正言言不可曉也使其女傳言教錯齊人語多與潁川異錯所不知者凡十二三略以其意屬讀而已經典釋文序錄史記袁盎鼂錯列傳正義亦

引此文而今本漢書譌爲衛宏定古文尚書今本史記譌爲衛宏詔定古文尚書今本釋文譌爲古文尚書尚字皆官字之誤也官書疑南北朝人依託爲之者郭忠恕未之見而又依託之汗簡其可信乎

王氏困學紀聞曰古文尚書及說文璪火黺𪓍黼黻字皆從黹同謂之希昆玉裁謂說文十三篇糸部有絲字云繡文如聚細米也从糸米米亦聲黹部無𪓍字王氏所云古文尚書宋次道王仲至家本也其米字從黹實据誤本尚書音義云粉米說文作黺𪓍徐本作絲音米按陸氏當云粉說文作黺爲句米徐本作絲爲句傳寫家將米字譌𪓍而亂其句但不知何以不云米說文作

絩而云徐本汗簡黹部古文四聲韻上聲皆有黹字云見尚書而皆無絩字亦恐因釋文而誤耳絩葢壁中本字至徐仙民時尚有作絩者說文玉部引璪火黺米此米字當是本作絩轉寫佚其糸旁周禮司服注引作粉米則以今文讀之易爲粉米久矣鄭云粉米白米也是依所易之字爲易憭

張載魏都賦注曰尚書咎繇謩舜曰予欲觀古人之象日月星辰山龍華蟲作繪粉米玉裁按以粉米屬作繪之下不知其說云何

黼黻

僞孔傳云黻謂兩己相背玉裁按如其言當作𢀳文非也古文四聲韻曰𢀳古文弗字見尚書玉裁按此合說

文十二篇左戾爲乀右戾爲丿二字屈曲之成此字以楷寫之則爲弜顏師古韋賢傳注集韻八物今本譌爲亞古文四聲韵所載崔希裕纂古俱譌

希繡

希僞孔本作絺今從鄭

周禮司服注書曰予欲觀古人之象日月星辰山龍華蟲作繢宗彝藻火粉米黼黻希繡此古天子冕服十二章希讀爲黹或作絺字之誤也玉裁按據此則鄭本尙書作希繡與周官希冕字同讀希爲黹謂作絺者誤孔本作絺正鄭所謂誤本也而孔訓爲葛之精者其謬戾尙可言哉今本周禮注轉寫誤爲希讀爲絺或作黹字

之誤也絺黹字互譌學者多不能辨正尚書正義引尚書鄭注云希讀爲黹黹紩也此與周禮注合尋鄭本尚書必作希正義依附孔本不分別之曰鄭本作希云希讀爲黹輒改希爲絺使從孔此大非也釋文絺徐勑私反又勑其反馬同鄭陟里反刺也七亦反刺繡陟里者黹之反語鄭但有讀爲黹之云無陟里反之云於其義得其音也陸氏亦當云鄭作希而不爲分別之言亦非也或開寶誤刪之云馬同者馬同孔作絺訓葛之精者

或問曰鄭云希讀爲黹或作絺此謂周禮非謂尚書也應之曰誠然但鄭舉書之希繡以證禮之希冕且書禮注相合皆云讀爲黹則禮有作絺冕書有作絺繡者皆

非作希冕希繡者爲是也

又按今說文無希字而有稀絺晞豨睎郗莃等字皆以希爲聲以虞夏書希繡周官經希冕斷之則希者古文黹字也从巾所紩也从爻象繡文也俗借爲稀少字鄭君乃不得其本義而曰希讀爲黹是爲以今字易古字希黹古今字也說文當於黹字下補之曰希古文黹字也古文籀文不可定从巾上以爻象形臆爲此說而無可證據

以五采彰施于五色作服女明

彰鄭注大傳作章

夏本紀余欲觀古人之象日月星辰作文繡服色女明之

予欲聞六律五聲八音

尚書大傳洪範五行傳鄭注聞作同

白虎通禮樂篇尚書曰予欲聞六律五聲八音

在治忽

忽鄭本尚書作曶注云曶者臣見君所秉書思對命者也君亦有焉以出內政教於五官玉裁按曶忽古今字小篆作𦣞隷變作曶說文曰部𦣞出气詞也从曰上象形籀文作𦣞一曰佩也裴駰所據鄭本尚書作曶鄭以笏訓之與說文訓佩正合至司馬貞所見古文尚書則作忽矣古曶忽通用如春秋鄭大子忽說文作大子𦣞論語仲忽漢表作中曶羽獵賦鑾曶如神傳毅舞賦靈

轉飄忽漢樊敏碑奄忽滅形楊雄傳於時人皆忽之古文尚書在治今文尚書作七始亦作七政七亦作桼桼或誤作來或誤作采夏本紀在治忽作來始滑索隱曰古文尚書作在治忽今文尚書作采政忽先儒各隨字解之今此云來始滑於義無所通蓋來采字相近滑忽聲相亂始又與治相似因誤爲來始滑今依今文音采政忽三字玉裁按漢書律麻志曰書曰予欲聞六律五聲八音七始訓訓字今本漢書作詠誤也隋書律麻志引書予欲聞六律五聲八音七始訓以出納五言實引漢志也孟堅云順以歌詠五常之言以順釋訓非以歌詠釋詠也且訓與忽於音韵同類文物相爲平入若作詠則無關涉矣以出內五言女聽予者帝舜也言以律呂和五聲施之八音合之成樂七始此字本無今補者天地

四時八之始也順以歌詠五常之言聽之則順乎天地序乎四時應八倫本陰陽原情性風之以德威之以樂莫不同乎一惟聖人爲能同天下之意故帝舜欲聞之也所謂七始者尚書大傳唐傳曰定以六律五聲八音七始著其素五聲天音也八音天化也七始天統也鄭注七始黃鍾太蔟大呂南呂姑洗應鍾蕤賓也禮樂志高祖唐山夫人安世房中歌曰七始華始肅倡和聲孟康曰七始天地四時人之始華始萬物英華之始以爲樂名如樂六英也敘傳曰八音七始五聲六律劉德曰七始天地四時今本漢書誤作方人之始也尋七始卽七政尚書大傳唐傳曰在琁機玉衡以齊七政七政謂春秋冬

夏天文地理人道所以爲政也道政而萬事順成據史記正義及玉海七政以下皆大傳正文非注也蓋泛言之爲七政在樂則爲七始昭廿年左氏傳謂之七音周語謂之七律賈逵注周語云周有七音謂七律謂七器音也當作爲七音器也韋云意謂七律爲音器用黃鍾爲宮大蔟爲商姑洗爲角林鍾爲徵南呂爲羽應鍾爲變宮蕤賓爲變徵韋昭注略同皆與鄭君大傳七始注合而班固孟康劉德又皆以七政釋七始七始本於今文尚書而高帝姬唐山夫人在漢初不必曾受業於伏生是七始之說傳之有自攷楚語觀射父曰先王之祀也以一純二精三牲四時五色六律七事八種九祭十日十二辰以致之天地民及四時之務謂之七

事韋注八種八音也玉裁按六律七事八種卽六律八音桼始尙書言七政七始傳言七事七音七律實一物也七字古多假桼爲之如大元經元攡曰運諸桼政元梘曰梘擬之二桼方言曰秦有桼俗本作榛娥之臺廣韵曰秦有榛娥臺今本方言脫秦有王莽候鉦銘重五十桼斤楊子桼政字葢用今文尙書史漢同引今文而漢志作七夏紀作來來者桼之字誤漢隸桼作朿與來之變體作来不甚別轉寫竟作來字楊氏用修曰史記來字乃桼字之誤此語殊可信國語防風氏漆姓史記作釐姓此當由釐來古通用來誤爲桼也或問小司馬云史記作來今文作采何以不云今文作桼且小司馬何以得見今文尙書也

應之曰永嘉之亂夏侯歐陽書說已亾其經文尚存以漢石經尚存也尚書正義卷二所引夏侯等書四條蓋據漢石經而言其上文云伏生所傳三十四篇者謂之今文則夏侯勝夏侯建歐陽和伯等三家所傳及後漢末蔡邕所勒石經是也心腹腎腸曰優賢揚此條㝡可證取諸石經倘取諸陳志左賦則當云優賢揚歷惟取諸石經故以優當心腹字賢當腎字揚當腸字不論其文義也匡謬正俗云古文尚書作烏呼今文尚書作於戲古文尚書作惟今文尚書作維亦是親見石經拓本如此至司馬氏史記索隱曰古文作不嗣今文作不怡嵎夷今文尚書及帝命驗竝作禺鐵當是銕明都爾雅左傳謂之孟諸今文亦爲然古文尚書作熒波此及今文竝云熒播古文尚

書在治忽今文作采政忽此所引今文數條非能憑肊說者蓋亦石經拓本有散在人閒者小司馬曾略見之然則豈漢石經作采歟曰非也蓋石經作来與新莽候鉦銘字同韓勑碑作涞小司馬不辨爲七字直仍爲采字又以采與古文尚書在字聲相近此其原委之可知者也七始即七政故史漢曰泰始曰七始石經則曰来政此小司馬所引今文始作政之原委也至若史作滑漢作訓小司馬所引石經今文作忽此同一今文而所傳乖異如此滑音骨亂也與忽同部班作訓順也訓與忽滑文物相爲平入但其義絕殊矣馬班蔡同用今文而字殊義殊兩夏侯歐陽說不同所主不一也嘗謂蔡氏伯

啗於魯詩有齊韓字於公羊載顔氏與嚴氏之異於論語載盇毛包周之異猶見於隸釋殘碑則尚書必載兩夏侯歐陽之異同但無由知其於三家中所主誰氏所記乖異今一無攷耳大抵同一今文而不能無異正不獨今與古之異也至若今文作七古文作在此不關乎音聲者今文作始古文作治今文作滑古文作忽此關乎音聲者古文在治忽則與今文七一作柰始一作政滑一作訓一作忽義絕殊鄭本忽作曶則又同一古文而字異賈昌朝宋敏求輩之古文尚書治字作乿此蓋隋唐閒有此本陸德明所謂務欲立異疑惑後生者盤庚正義曰壁內之書安國先得治字作乿其字與始不類無緣

誤作始字據此則孔穎達亦爲所惑也今本正義乿字
譌亂而宋本不誤詳考古經臯陶暮始滑作治忽序始
宅殷作治亳殷皆始治形聲俱相近之故乿字恐無足
依據也孔氏正義轉云乿字出眞古文束晢不見此爲
顚倒見

隋書律厤志書稱叶時月正日同律度量衡又曰予欲
聞六律五聲八音七始訓以出納五言玉裁按此用漢
志所引書也惟此作訓不誤藝文志考困學紀聞皆引
作七始詠是宋時漢書已無善本矣

以出納五言女聽

周禮鍾師夏納注故書納作內杜子春云內當爲納此

可以證內納爲古今字矣鄉射禮曲禮注亦皆云納內也是古經多作納之證夏本紀作出入則今文尚書本作出內也說文內者入也

尚書大傳洪範五行傳注曰經曰臣作朕股肱耳目予欲左右有民女翼予欲觀古人之象日月星辰山龍華蟲作績宗彝藻火粉米黼黻絺繡以五采章施于五色作服女明予欲同六律五聲八音在治曶以出內五言女聽玉裁按此注所引一一皆與尚書鄭注及說文合惠氏定宇爲雅雨堂校刻李氏易傳多有依古字改竄者大傳惠君所集非本書鴟吺粉米等字皆惠君所改竄

予違女弼

說文十篇大部曰奔讀若予違汝弼玉裁按今本說文女作汝誤也弼與弗古音同故夏本紀云予卽辟女匡拂孟子法家拂士孫氏音弼古文弼字亦作𢐀

王符潛夫論明闇篇舜曰予違汝弼汝無面從退有後言

女無面從退有後言欽四鄰庶頑讒說若不在時矦以明之撻以記之

說文十二篇手部曰遾古文撻周書曰遾以記之玉裁按周書當是虞書之誤古文撻从虍未詳唐貞觀時釋元應衆經音義引古文最多而有遾敎無遾疑虍卽攴

之誤字本作違譌爲遽
書用識哉欲竝生哉工以納言時而颺之格則承之庸之
格當是本作假
否則威之禹曰俞哉帝光天之下至于海隅蒼生萬邦黎
獻
漢泰山都尉孔宙碑乃綏二縣黎儀以康堂邑令費鳳
碑黎儀瘁傷泣涕連漉洪景伯不得黎儀之解今按古
文尚書黎獻今文尚書作黎儀故漢人襲用以大誥民
獻有十夫尚書大傳作民儀有十夫王莽傳作民儀九
萬夫知之也詳見大誥
庚申十月讀廣雅疏證儀賢也王氏引之說全與余堯

典及大誥說同葢理惟其精則閉戶造車出門合徹有
如此者王所引漢碑又有斥彰長田君碑曰安惠黎儀
伐討姦輕
共惟帝臣惟帝時舉敷納以言
漢書敘傳曰時舉傅納卽惟帝時舉敷納以言也
漢書成帝紀鴻嘉二年詔曰古之選賢傅納吕言明試
吕功師古曰傅讀曰敷
明庶以功車服以庸誰敢不讓敢不敬應
春秋僖二十七年左氏傳曰趙衰曰夏書曰賦納以言
明試以功車服以庸君其試之杜注云尚書虞夏書也
正義曰古文作敷納以言明庶以功敷作賦庶作試師

受不同古字改易耳玉裁按王符潛夫論考績篇書曰賦納以言明試以功車服以庸誰能不讓誰能不敬應所引賦試字與左氏合

日本山井鼎七經孟子考文云足利古本庶作試與左氏合又二不字古本皆作弗

帝不時敷同日奏罔功無若丹朱敖

夏本紀帝曰毋若丹朱傲維慢游是好毋水舟行朋淫于家用絶其世予不能順是禹曰予辛壬娶塗山癸甲生啟予不子以故能成水土功輔成五服至于五千里州十二師外薄四海咸建五長各道有功苗頑不卽功帝其念哉玉裁按此帝曰禹曰字尚書所無史記有之

此今文尚書也漢書楚元王傳劉向上奏曰臣聞帝舜戒伯禹毋若丹朱敖周公戒成王毋若殷王紂師古曰事見虞書益稷篇不思益稷篇乃禹戒舜非舜戒禹也小顔時蔡邕石經拓本在祕府不知搜采爲證其不爲淺人妄改作伯禹戒舜者幾希耳論衡遣告篇云舜戒禹曰毋若丹朱敖周公勑成王曰毋若殷王紂此用劉子政語又問孔篇尚書曰毋若丹朱敖惟慢游是好謂帝舜勑禹毋子不肖子也重天命恐禹私其子故引丹朱以勑戒之禹曰予娶若時辛壬癸甲開呱呱而泣予弗子陳己行事以往推來以見卜隱效己不敢私不肖子也仲任所據多今文尚書然則有帝曰禹曰者爲今

文尚書甚顯白但史記以予不能順是釋予創若時系諸帝語而論衡則若時二字在予娶之下爲禹語疑有舛誤後漢書梁冀傳汝南袁箸詣闕上書曰昔舜禹相戒無若丹朱敖周公戒成王無如殷王紂此亦用予政語而渾融其詞曰舜禹相戒蓋因古文尚書文異故更之也

又按今文尚書經文蓋亦無此帝曰禹曰而今文家說謂當有之故司馬劉王之書皆從之也問孔篇以毋若丹朱敖系書曰之下無帝曰二字釋之曰謂帝舜勑禹此可見經文本無帝曰下文禹曰予娶則因文勢加之非若上文特言書曰不敢增帝曰二字又經本無禹曰

今文家云當有而說不同故司馬以予創若時系諸帝
仲任則系諸禹
傳云敖戲論衡刺孟驗符篇有遨戲字此字葢本作敖
衛包乃改作傲也敖虐正承此不當有二字敖虐陸讀
五羔反則此亦可讀五羔反不得因說文及別本作奡
而定爲去聲古音奡亦平聲也
釋文曰傲字又作奡此本與說文合說文十篇夰部曰
奡嫚也从百从夰夰亦聲虞書曰若丹朱奡讀若傲論
語奡盪舟玉裁按許所引壁中故書也朱依糸部則當
作絑許君亦從今字作朱也奡葢安國以今文讀之易
爲敖讀若傲之傲當作敖論語奡盪舟五字在讀若敖

之下蓋必有說謂左傳屈賦等皆作澆則論語作奡假借字也吳氏南英兩漢刊誤補遺乃云尚書丹朱奡是兩人南宮适言奡盪舟則罔水行舟之事也蓋非是管子宙合篇若敖之在堯也房注敖堯子丹朱慢而不恭故曰敖引書無若丹朱敖此天寶以前本不作傲之證也

惟慢遊是好敖虐是作

釋文敖五羔反玉裁按傳云敖戲則其字本作敖可知也說文敖出游也徐仙民讀五報反者六朝時敖戲讀此音也衞包乃改爲傲字

罔晝夜額額罔水行舟

孟子梁惠王篇趙注書曰罔水行舟丹朱慢遊是好無水而行舟

朋淫于家

說文十三篇土部曰堋喪葬下土也从土朋聲春秋傳曰朝而堋禮謂之封周官謂之窆虞書曰堋淫于家亦如是亦如是三字大徐本無引虞書者壁中文安國以今文讀之乃易堋爲朋也古書假借借堋爲朋如假狟狟爲桓桓假莧爲蔑假⿰丑攴爲好一例淫過也堋淫如言羣居終日言不及義好行小慧恒舞于宮酣歌于室徇于貨色也于家對上行舟於外言之閻百詩氏不知經字多假借叔重引之以發明六書依聲託事之恉乃謂

堋淫者居喪犯婬如楚王戊爲薄大后服私姦服舍信如是則當云喪淫不得言堋淫假令漢書私姦服舍改曰私姦堋所可乎堋乃下棺之名此時斷無有犯婬者也堋淫則于野而非于家矣況說文引經自有義例可尋春秋傳之堋其本義也故先引而用封窆申明之虞書之堋義之假借也故列諸春秋傳之後而言亦如是謂其義不同而字亦如是作也大徐刪亦如是三字失許意矣

用殄厥世予創若時娶于塗山辛壬癸甲

說文九篇屾部曰嵞會稽山也一曰九江當嵞也民俗以辛壬癸甲之日嫁娶从屾余聲虞書曰予娶嵞山前

說謂𡸫山卽會稽山也春秋哀七年左傳云禹會諸矦于塗山執玉帛者萬國外傳魯語仲尼云昔禹致羣神於會稽之山防風氏後至禹殺而戮之謂𡸫山卽會稽山者合左傳國語所云爲一事也今紹興府治東南十二里會稽山是也後說謂𡸫山卽漢九江當𡸫之地也漢書地理志九江郡當塗矦國應仲遠曰禹所娶塗山氏國也有禹虛玉裁按應注氏字今譌作矦因班矦國字而誤也郡國志九江郡屬縣有當塗有平阿平阿下注有塗山杜預注左傳云塗山在壽春東北杜預據刺史治而言志據山所在而言平阿本當塗地漢當塗卽今鳳陽府懷遠縣縣東南有塗山是也在江北非今在江南之太平府治當塗

也兩漢刊誤補遺曰後漢書滕撫傳徐鳳築城於當塗山中注曰今宣州當塗縣荀淑傳再遷當塗長注曰縣在今宣州按漢九江當塗故城在唐屬濠州宣之當塗則晉成帝時以當塗縣流人過江在于湖者僑立爲當塗縣大業十年屬宣州是也郡國志當塗自注云徐鳳反於此章懷何以不悟王氏鳴盛尚書後案曰晉中原亂淮南民南度成帝初於江南僑立淮南郡割丹楊之于湖僑立當塗縣隋屬丹楊郡唐屬宣州宣城郡宋改爲太平州元爲路明爲府治當塗 本朝因之

大戴禮帝繫篇曰禹娶于塗山氏塗山氏之子謂之女僑古今人表作趫氏產啓尚書咎繇謨禹曰予創若時娶于塗山辛壬癸甲鄭注曰登用之年始娶于塗山氏三宿而爲帝所命治水水經淮水又東過當塗縣北注曰淮水自莫邪山東北逕馬頭城北魏馬頭郡治也故當塗縣之故城也呂氏春秋曰禹娶塗山氏女不以私害公自辛至甲四日復往治水故江

淮之俗以辛壬癸甲爲嫁娶日也禹墟應劭所謂有禹虛在山西南縣卽其地也許君說文及鄭君尚書注皆本呂覽許言因禹事相沿成俗漢時不改非釋書辛壬癸甲之文也云予娶嵞山者合予創若時娶于塗山二句爲一如引東方昌矣之類也春秋傳之禹會塗山當用許君前說尚書之娶塗山當用許君後說山之以嵞名者不一故會稽山亦曰嵞山常璩庾仲雍乃以巴郡江州之塗山爲禹娶之所誤矣嵞之譌塗者由俗人不識古字佩觿汗簡薛氏書古文訓皆依說文作嵞說文則依壁中眞本也

啓呱呱而泣

白虎通姓名篇尚書曰啓呱呱泣無而字

予弗子

樂記易直子諒鄭注子讀如不子之子玉裁按不子啓繇讆文也鄭本弗作不　釋文子鄭將吏反玉裁按此於其義得其音也今於其音得其義葢鄭注云愛子孫曰子與金縢注同金縢丕讀曰不子亦將吏反　列子楊朱篇惟荒土功子產不字過門不入按不子作不字正與鄭合

惟荒度土功弼成五服

說文九篇卩部曰卽輔信也从卩比聲虞書曰卽成五服玉裁按言輔信者以其字从卩卩瑞信也从比則有

輔義比亦聲也卽成五服葢壁中本如是弼成五服孔安國以今文讀之者也商頌殷武箋云禹平水土弼成

五服

論衡語增篇經曰弼成五服五服五采之服也服五采畫日月星辰玉裁按此今文尚書說也與上下文不貫可怪之甚今文尚書作弼夏本紀以詁訓字易之作輔

至于五千

詩齊謚正義引臯陶謨弼成五服至於五千按不系之益稷者依馬鄭本也

州十有二師

州十有今塾閒坊本皆誤作州有十

尚書大傳虞傳古之處師八家而爲鄰三鄰而爲朋三朋而爲里五里而爲邑十邑而爲都十都而爲師州十有二師焉爲廣雅所本廣雅釋地十邑爲鄉十鄉爲都然則今本大傳十邑之下有脫文

外薄四海咸建五長

小雅蓼蕭序鄭注虞書曰州十有二師外薄四海咸建五長正義曰皋陶謨文此據鄭注本言也

各迪有功苗頑弗即工帝其念哉帝曰迪朕德時乃功惟敘皋陶方祗厥敘方施象刑惟明

白虎通聖人篇曰皋陶聖人而能爲舜陳道朕言惠可厎行又旁施象刑維明王伯厚埶文志考引之證漢儒

所用異字
漢崔駰大理箴旁施作明此卽方施象刑惟明也凡古
文作方今文多作旁如方告無辜論衡引作旁告
戛曰戛擊鳴球
楊雄列傳長楊賦拮隔鳴球韋昭注曰拮擽也鳴球玉
磬也古文隔爲擊玉裁按拮擽也古說皆謂戛擊爲柷
敔拮卽戛字擽謂擽敔也隔卽擊字謂擊柷也韋云古
文隔爲擊者謂今文尚書隔字古文尚書作擊也隔擊
古音同在第十六支佳陌麥昔錫部隔者擊之假借字
也子雲孟堅皆用今文尚書韋以隔字難曉故援古釋
今不言今文尚書作隔者漢今文在學官韋時尚夫八

誦習不待言也不言古文拮爲戛者或當韋時今古文皆作拮或略之今難定也明堂位曰拊搏玉磬揩擊大琴大瑟中琴小瑟四代之樂器也拊搏即虞書之搏拊玉磬即鳴球揩擊即戛擊大琴大瑟中琴小瑟即琴瑟戛字又作揩不同如秸稭鞂三形同字之比馬鄭注書云戛櫟也鄭注禮記云揩擊謂柷敔古說不可易而師古注漢書宋人注書乃騁異說矣白虎通所據多今文尚書而禮樂篇引書曰戛擊鳴球不云拮隔葢如史記以訓釋改易其字或後人援古文改之

搏拊琴瑟

搏拊明堂位謂之拊搏周官太師禮記樂記謂之拊亦

謂之相或倒呼或單呼其制一也荀卿樂論篇鼓似天鐘似地磬似水竽笙簫和筦籥似星辰日月鞉柷拊鞷椌楬似萬物鞷疑當爲鞷字之誤也鞷與搏音同假借拊鞷卽拊搏也戛擊鳴球搏拊琴瑟皆謂器可戛者謂之戛可擊者謂之擊可鳴之球謂之鳴球可搏拊者謂之搏拊後人妄爲異說則非矣周禮太師疏樂記疏皆云白虎通引尚書大傳拊革裝以穅今書傳無其文案今尚書大傳云以韋爲鼓謂之搏拊謂之之上當脫裝以穅三字

史記禮書尚拊膈索隱作隔徐廣曰一作搏膈玉裁按拊膈蓋卽明堂位禮三本之拊搏尚書大傳謂之拊革史記

謂之拊膈荀卿子謂之拊鞷鞷卽膈字也當是从革鬲聲拊革拊膈拊搏三者異字異名各如字讀實一物也依漢人所引尚書大傳則今文尚書搏拊二字作拊革風俗通義聲音篇曰尚書舜彈五弦之琴歌南風之詩而天下治玉裁按此葢今文尚書說也當在琴瑟以詠下

以詠祖考來格

尚書大傳虞傳曰書曰搏拊琴瑟以詠祖考來假

後漢書肅宗紀建初七年詔曰書云祖考來假注引書祖考來格

白虎通禮樂篇書曰戛擊鳴球搏拊琴瑟以詠祖考來

格格疑本作假

虞賓在位

白虎通王者不臣篇尚書曰虞賓在位不臣丹朱也

羣后德讓下管鼗鼓合止柷敔

鼗白虎通作鞀敔大司樂注亦作梧

笙庸以閒

玉裁按周禮大司樂注引虞書笙庸以閒疏引尚書鄭注云東方之樂謂之笙笙生也東方生長之方故名樂爲笙也庸者西方之樂謂之庸庸功也西方物孰有成功亦謂之頌頌亦是頌其成也今本注疏經俗人妄改庸爲鏞致不可讀而眂瞭注曰頌或作庸庸功也疏曰

注云頌或作庸者尚書云笙庸以閒孔以庸爲大鐘鄭云庸卽大射儀之頌一也又大射儀頌磬注曰言成功曰頌古文頌爲庸疏曰尚書笙庸以閒庸亦功也亦有成功之義據此諸條鄭孔古文尚書皆作庸惟訓不同耳僞孔訓笙庸爲二器庸爲鏞字之假借鄭則訓以大射儀之笙頌頌庸古通用尚書笙庸兼阼階之笙磬笙鐘西階之頌磬頌鐘言之自衞包依附孔訓改爲鏞字開寶五年陳鄂等又依衞包竄改釋文鄭注遂無可附麗淺學者挍大司樂注疏改庸爲鏞而周禮釋文故無鏞字八閩不乏善本必有與余言相合者今攷定尚書作庸以還舊　經有同字而異訓者一字兼包數義也

如庸訓大鐘亦訓成功御訓迎亦訓駕御亦訓强禦禁禦尼訓近亦訓考廟厲訓勉亦訓作亦訓砥礪烏易字訓烏亦如字訓烏夷亦有一字兼數音者雩音武工反亦音亾鉤反自衞包陳鄂專附僞孔更改而不同於孔者遂無可附麗

爾雅大鐘謂之鏞郭注云書曰笙鏞以閒玉裁按尚書正義云李巡曰大鐘音聲大鏞大也孫炎曰鏞深長之聲據此二家注知爾雅本作庸儻本是金旁則但爲器名無庸別解李云庸大也孫云庸深長之聲俗閒尚書旣改庸爲鏞乃幷正義而盡改之其爾雅則作鏞者非善本也

白虎通禮樂篇書曰下管鞀鼓笙鏞以閒風俗通義聲音篇書曰合止柷敔笙鏞以閒按二書从金旁或今文尚書然抑或淺人所改耳

鳥獸蹌蹌

說文五篇倉部牄字下曰鳥獸來食聲也來釋文作从求非也倉爿聲虞書曰鳥獸牄牄玉裁按周禮大司樂注引書亦作牄牄釋文曰牄本又作蹌蓋牄者壁中故書蹌者孔安國以今文字讀之也說文乃言字形之書其字既爲倉之屬則訓之曰鳥獸來食聲也此許之釋字形也鄭注飛鳥走獸蹌蹌然而舞孔說本之與說文解字異說苑辨物篇引作鶬鶬與蹌蹌同

公羊春秋頓子牄左氏作牂牄見於經者惟此

簫韶九成鳳皇來儀

說文三篇音部曰韶虞舜樂也書曰簫韶九成鳳皇來

儀

周禮樂師注書曰簫韶九成

王逸離騷經注曰尚書簫韶九成是也

白虎通引禮記曰舜樂曰簫韶

風俗通義聲音篇說簫曰謹按尚書簫韶九成鳳皇來

儀其形參差像鳳之翼十管長一尺玉裁按長一尺蓺

文類聚作長三尺

論衡講瑞篇書曰簫韶九成鳳皇來儀

公羊春秋襄十四年注尚書曰簫韶九成鳳皇來儀擊石拊石百獸率舞解云咎繇謨之文也宋鈞注樂說云簫之言肅舜時民樂其肅敬而紹堯道故謂之簫韶或云韶舜樂名舞舜樂者其秉簫乎

春秋襄二十九年左氏傳季札見舞韶箾者說者云韶箾卽簫韶說文五篇竹部箾以竿擊人也从竹削聲虞舜樂曰箾韶玉裁按箾韶卽韶箾猶拊搏卽搏拊也箾韶决非以竿擊人之謂字之假借也本左傳許叔重音部引書作簫竹部則取左氏作箾古經傳異字顯然淺人乃必欲改尚書從左氏非也困學紀聞曰古文作箾韶謂宋次道家之古文也其不足信可見矣左氏一曰

象箾南籥再曰韶箾釋文前音朔後音簫正義曰賈逵注象箾云箾舞曲名言天下樂音洛削今本誤箾去無道以削訓箾其於韶箾又不知何解竊以爲左氏無簫字箾即其假借之簫字古蕭肓尤幽二部合音最近肅聲肖聲得相借尚書古今文皆作簫韶宋均之說當可信

韶周禮作磬猶簫左氏作箾也

說苑辨物篇云書曰鳥獸鶬鶬鳳皇來儀

周禮大司樂注虞書云夔曰戛擊鳴球搏拊琴瑟以詠祖考來格虞賓在位羣后德讓下管鼗鼓合止柷敔笙庸以閒鳥獸牄牄簫韶九成鳳皇來儀夔又曰於予擊石拊石百獸率舞庶尹允諧釋文敔本又作梧牄本又

作蹌

夔曰於予擊石拊石百獸率舞庶尹允諧

周禮大司樂注夔曰作夔又曰此又字葢鄭以意增非必異本也

漢書宣帝紀元康元年詔曰書不云虖鳳皇來儀庶尹允諧玉裁按此二句本不屬詔意以鳳集泰山歸美勤事吏而賜之爵故節引此書

帝庸作歌

句絕目下文、

曰勑天之命惟時惟幾

史記樂書大史公曰余每讀虞書至於君臣相敕維是

幾安而股肱不良萬事墮壞未嘗不流涕也玉裁按以維是幾安訓惟時惟幾今文尚書家說也

乃歌曰股肱喜哉元首起哉百工熙哉臯陶拜手稽首颺言曰念哉率作興事慎乃憲欽哉屢省乃成欽哉

屢疑衛包所改古本當只作婁如唐石經式居婁驕婁豐年尚不誤可證也

乃賡載歌曰

說文十三篇糸部曰賡古續字許意蓋謂此字會意非形聲也而釋文云加孟反劉皆行反爾雅釋文亦云古孟反沈孫音庚賈氏羣經音辨云唐韵謂說文誤玉裁按宋廣韵本於唐韵廣韵十二庚有賡字三燭無蓋仍

孫愐之舊徐鼎臣修説文曰今俗作古行切此正謂賡
韵也攷詩大東西有長庚毛傳云庚續也書正義引作
賡爾雅賡續也詩正義引作庚古庚更通用如列子云
五年之後心庚念是非口庚言利害七年之後從心之
所念庚無是非從口之所言庚無利害皆以庚爲更更
有轉移相續二訓相反而相成也賡之訓與音亦同自
爾雅至唐韵皆不合賡續爲一字
夏本紀乃更爲歌曰以更代賡與列子合
元首明哉股肱良哉庶事康哉
尚書大傳虞傳曰元首明哉股肱良哉元首君也股肱
臣也　漢書魏相丙吉傳贊曰經謂君爲元首臣爲股

肱　漢書元帝紀初元元年詔曰書不云虖股肱良哉庶事康哉　漢書循吏黄霸傳宣帝下詔稱揚曰書不云乎股肱良哉　司馬相如封禪文書曰元首明哉股肱良哉

又歌曰元首叢脞哉

又歌曰之上夏本紀有舜字此今文尚書之不同也說文無脞字徐鼎臣於目部睉字下曰案尚書元首叢睉哉叢睉猶細碎也今从肉非是玉裁按鼎臣此語最誤尚書脞字从肉自來古本如是豈得因說文無脞妄思易之其流弊至趙凡夫而最甚近日凡經典所有說文所無之字一一改換殆盡更有甚於凡夫者名爲重

小學而大爲小學之妖魔障礙名爲尊說文而非所以尊說文夫許君說文欲表明六書之法耳非欲率天下後世不敢於九千三百餘字外別有一字也且如每部首字下云凡某之屬皆從某既云凡某之屬矣竟有不列一字者豈非謂凡合於會意形聲之字後人無難傳麗乎至如經傳之字不見於書其故有三或意在別裁或當年失檢或傳寫遺亾不得主其一而廢其二也尚書籥韶左傳韶箾許君分引不敢擅易何近人之不取法於叔重乎凡文字有義有音有形未有專論形而可謂知小學者尤未有專泥說文之形而可謂通說文者馬云叢揔也脞小也鄭云揔聚小小之事以亂大政脞

之訓小如脞之爲小目遳之爲脆皆坐聲字也徐仙民脞音瑣此因鄭注易云瑣瑣小也傅合爲說

股肱惰哉萬事墮哉帝拜曰俞往欽哉

中論審大臣篇書曰股肱墮哉萬事隳哉俗人所改俗字上文墮乃惰誤

史記夏本紀曰帝舜朝禹伯夷皋陶相與語帝前皋陶述其謀曰信道其德謀明輔和禹曰然如何皋陶曰於慎其身修思長敦序九族衆明高翼近可遠在己禹拜美言曰然皋陶曰於在知人在安民禹曰吁皆若是惟帝其難之知人則智能官人能安民則惠黎民懷之能智能惠何憂乎驩兜何遷乎有苗何畏乎巧言善色佞

人皋陶曰然於亦行有九德亦言其有德乃言曰始事
事寬而栗柔而立愿而共治而敬擾而毅直而溫簡而
廉剛而實彊而義章其有常吉哉日宣三德蚤夜翊明
有家日嚴振敬六德亮采有國翕受普施九德咸事俊
乂在官百吏肅謹毋教邪淫奇謀非其人居其官是謂
亂天事天討有罪五刑五用哉吾言底可行乎禹曰女
言致可績行皋陶曰余未有知思贊道哉帝舜謂禹曰
汝亦昌言禹拜曰於予何言予思日孳孳皋陶難禹曰
何謂孳孳禹曰鴻水滔天浩浩懷山襄陵下民皆服於
水予陸行乘車水行乘舟泥行乘橇山行乘檋行山栞
木與益予衆庶稻鮮食以決九川致四海浚畎澮致之

川與稷予衆庶難得之食食少調有餘補不足徙居衆民乃定萬國爲治皋陶曰然此而美也禹曰於帝慎乃在位安爾止輔德天下大應清意以昭待上帝命天其重命用休帝曰吁臣哉臣哉臣作朕股肱耳目予欲左右有民女輔之余欲觀古人之象日月星辰作文繡服色女明之予欲聞六律五聲八音來始滑以出入五言女聽予卽辟女匡拂予女無面諛退而謗予敬四輔臣諸衆讒嬖臣君德誠施皆清矣禹曰然帝卽不時布同善惡則毋功帝曰毋若丹朱傲維慢游是好毋水舟行朋淫于家用絕其世予不能順是禹曰予辛壬娶塗山癸甲生啓予不子以故能成水土功輔成五服至于五

千里州十二師外薄四海咸建五長各道有功苗頑不
即功帝其念哉帝曰道吾德乃女功序之也皋陶於是
敬禹之德令民皆則禹不如言刑從之舜德大明於是
夔行樂祖考至羣后相讓鳥獸翔舞簫韶九成鳳皇來
儀百獸率舞百官信諧帝用此作歌曰陟天之命維時
維幾乃歌曰股肱喜哉元首起哉百工熙哉皋陶拜手
稽首揚言曰念哉率爲興事愼乃憲敬哉乃更爲歌曰
元首明哉股肱良哉庶事康哉舜又歌曰元首叢脞哉
股肱惰哉萬事墮哉帝拜曰然往欽哉

古文尚書撰異卷三

段玉裁學

禹貢第三　虞夏書史記漢書說文皆謂之夏書

禹敷土

周禮大司樂注曰禹治水傅土釋文傅音孚或音附正義曰案禹貢云敷土敷布也布治九州之水土玉裁按詩敷政優優左傳成二年昭二十年引作布政書篠簜既敷夏本紀作竹箭既布敷重蔑席說文引作布重莧席此皆敷訓布之證史記夏本紀作傅土大戴禮孫卿書成相篇亦皆作傅土

史記索隱曰大戴禮作傅土故此紀依之今按五帝德

今本作敷土葢淺人改同尙書非小司馬所據之本也地理志今本作敷葢亦淺人所改作傅土者今文尙書作敷土者古文尙書也

隨山栞木

栞唐石經巳下作刊今更正說見咎繇謨

漢地理志作栞　說文六篇木部栞字下曰槎識也从木㚘闕夏書曰隨山栞木讀若刊又栞字下曰篆文栞从幵玉裁按栞者古文栞者小篆也說文偁咎繇謨皆曰虞書偁禹貢皆曰夏書此系之夏書則所引謂禹貢也

奠高山大川

夏本紀行山表木定高山大川皆以故訓字代之也

冀州既載壺口治梁及岐既修大原

大唐石經巳下作太非古本也漢人書碑廟號如太宗官名如太尉太常太中地名如太原太陽之類皆作大泰山亦作大經典凡太子太學皆作大此經如大原大行大華大甲大戊等衞包皆依俗讀改爲太而開寶中又刪釋文大音泰之云矣惟僞武成大王僞畢命大師未改

至于岳陽

釋文云岳字又作嶽按夏本紀地理志皆作嶽說文嶽小篆也岳古文也

覃懷厎績
厎績夏本紀作致功故訓字也
至于衡漳
漳地理志作章
厥土惟白壤厥賦惟上上錯厥田惟中中恒衛既從
恒夏本紀作常索隱曰此文改恒山恒水皆作常避漢文帝諱故也
大陸既作
作夏本紀作爲故訓字也
鳥夷皮服
釋文鳥當老反馬云鳥夷北夷國正義曰孔讀鳥爲島

島是海中之山鄭元云鳥夷東方之民搏食鳥獸者也王肅云鳥夷東北夷國名也與孔不同玉裁按據正義孔讀鳥爲島之云是經文作鳥傳易其字鄭王如字故云與孔不同也陸氏釋文云鳥當老反謂孔傳讀爲島也其下文曰馬云鳥夷北夷國謂馬不易字也自衞包改經文鳥字爲島而宋開寶中又更定尚書釋文兩鳥字皆改爲島以島夷系之馬云尤失之誣馬未嘗作島也鳥夷見大戴禮記五帝本紀又按夏本紀地理志皆云鳥夷皮服然則今文尚書亦作鳥也今更定經文作鳥復衞包㠯前之舊　又按依漢人注經之例傳當云鳥讀爲島海曲謂之島乃完作正義時已少四字不知

轉寫刪之抑作僞者變亂舊章也　羣經音辨曰鳥海曲也當老切書鳥夷玉裁按賈氏據未改之尚書釋文出此條集韵三十二皓曰島古作鳥此合未改釋文巳改釋文爲此語也

夾右碣石入于河

河夏本紀作海徐廣曰海一作河

濟河惟兗州

濟依說文當作泲但此等字古文假借當仍其舊如夏本紀作濟地理志作泲可證漢人通用也

錢氏曉徵史記攷異曰沇州本以沇水得名尚書作兗州由隸變立水爲横水又誤☵爲六耳玉裁按說文口

部曰㕣山間陷泥地从口从水敗皃讀若沇州之沇九州之渥地也故以沇名焉此當作古文以爲沇州之沇沇州者九州之渥地也故以㕣名焉今本譌舛文義不通水部曰㕣古文沇亦謂此也故臣鉉等曰口部已有此重出今本水部譌作沿與緣水而下之沿相複口部又曰𠕒古文㕣蓋古文尚書作𠕒州今文尚書作沇州㕣即𠕒之今字故水部又謂㕣爲古文沇口部謂古文以㕣爲沇州之沇而𠕒字轉寫既久漢碑皆作兗作兖則參合𠕒沇二體成此一字今隷又省作兖非立水改横水又誤作六之謂也叔重云九州之渥地故以㕣名此比傳山閒陷泥地爲此說古文家說也古文尚書蓋

沇水字作沇啇州字作啇不以水名爲州名

雷夏既澤

風俗通義山澤篇曰謹按尚書雷夏既澤

灉沮會同

周禮職方氏兗州其浸盧維鄭注盧維當爲雷雍字之誤也禹貢曰雷夏既澤雍沮會同按雍者雝之隸變字不从水夏本紀地理志皆作雍不從水是古今文尚書本皆不作灉也後人加水旁而釋以爾雅水自河出爲灉恐非是釋文云王於用反葢王肅以壅塞釋之故云爾也鄭注云雍水沮水相觸而合入此澤中亦不以爲在宋之河灉水

桑土既蠶是降丘宅土

風俗通義山澤篇曰謹按尚書民乃降丘度土此今文尚書也是字作民乃二字宅作度此文字異者七百有餘之目也凡古文尚書宅字今文尚書作度說見堯典楊子方言曰度居也史記夏本紀於是民得下丘居土司馬所據今文尚書亦當作民乃降丘度土度土作居土亦如度西曰栁谷作居西也王伯厚藝文志考舉漢儒所引民降丘宅土未詳見何書地理志是降丘宅土蓋或用古文尚書改之也

厥土黑墳厥草惟繇

草說文作艸地理志作屮說文一篇曰屮艸木初生也

讀若徹古文或以爲艸字按班書多以中爲艸

說文一篇艸部曰蘇艸盛皃从艸繇聲夏書曰厥艸小徐本作草惟繇大徐本作蘇玉裁按陸德明王伯厚皆不引說文厥艸惟蘇爲異字今按楚金本作惟繇說文有繇無繇繇卽今繇字也繇隨從也此引書以證蘇字从艸繇會意疋如引易百穀艸木麗于地以證䕻字从艸麗會意引易豐其屋以證寷字从宀豐會意引易地可觀者莫可觀于木以證相字从目木會意繇古音讀如由馬注尚書云繇抽也說文當云从艸繇繇亦聲或當曰從略或後人轉寫脫誤未可知也此非好爲異說願潛心小學者審之

厥木惟條

玉裁按兗州繇條爲韻古音第三尤幽部也楊州夭喬爲韵古音第二蕭宵肴豪部也條从木攸聲古音徒由切

夏本紀草繇木條二句皆無其維字而楊州有之地理志則二州皆無厥惟字疑今文尚書本皆無厥維字史記楊州有之者後人增之

厥田惟中下厥賦貞作十有三年乃同

年㪺頤本作載釋文曰馬鄭本載作年王氏後案曰爾雅唐虞曰載夏曰歲商曰祀周曰季僞古文斤斤守之不失故大禹謨云朕宅帝位三十有三載允征云每歲孟春伊訓云惟元祀太甲云惟三祀說命云王宅憂亮

陰三祀泰誓云惟十有三季豈知古人臨文正不拘堯典百姓如喪考妣三載孟子作三季洪範云惟十有三祀劉歆引伊訓云維太甲元季論語引書高宗諒陰三季不言多方前云五季後云五祀是皆通稱此載字當從馬鄭作季

按夏本紀地理志皆作十有三年則今文尚書同也乃地理志作洒

厥貢漆絲

依說文桼爲木汁漆爲水名周禮桼林之征故書桼林爲漆林杜子春云當爲桼林然則自古通用姑仍舊也

厥篚織文

篚依說文當作匪今俗匡匪字皆加竹地理志作棐下
皆同食貨志曰禹平洪水定九州制土田各因所生遠
近賦入貢棐

浮于濟漯

五經文字水部濕漯二字下曰他帀反上說文下經典
相承隸省兖州水名經典相承以爲燥溼之溼石本溼作濕
别以漯爲此字見夏書與釋文合與字義不同顧氏藹
吉隸辨曰累卽㬎之省而譌曰爲田耳如顯亦從㬎綴
民校尉熊君碑顯皆爲顆與濕之爲漯正同漢書功臣
表有濕陰矦地理志霍去病傳王莽傳皆作漯陰則濕
漯本是一字王氏鳴盛曰漢千乘郡有濕沃縣濕水所

經地理志作溼而水經注不誤玉裁按漢碑借濕漯爲溼字今人以濕爲溼本之而濕水乃作漯據五經文字則釋文已然不煩議改

釋文云漯天荅反篇韵作他合反玉裁按下六字宋人所增也宋以前未見有稱篇韵者眞宗以後之稱篇韵謂玉篇廣韵開寶閒所謂篇韵葢玉篇及唐韵也甘誓篇云與玉篇切韵同臯陶謨篇曰切韵都昆反切韵苦角反皆宋人竄入語

達于河

史記作通于河青州作通於濟徐州作通于河楊州作通淮泗惟豫州作達於河達者通之誤也漢書兖州作

通于河揚州作通于淮泗而青徐皆作達達亦通之誤也凡古文尚書皆作達凡今文尚書皆作通顧命用克達殷漢石經作通殷是可以得其例史記多以故訓之字易其本字而通字則仍今文之舊非易字也漢書述禹貢不易字而皆作通此可證今文尚書本如是論語天下之通喪三年問曰天下之達喪古音達讀如撻與通雙聲

海岱惟青州嵎夷既略

史記索隱曰孔安國云東表之地稱嵎夷按此堯典傳也又曰按今文尚書及帝命驗並作禺鐵在遼西鐵古夷字也按鐵當作銕司馬貞所云今文尚書者蓋漢一

字石經拓本存於祕府及民閒者也堯典釋文亦云尚書考靈耀及史記作禹鍊凡緯書出於漢故考靈耀帝命驗皆今文尚書也

濰淄其道

說文十一篇水部曰濰水出琅邪箕屋山東入海从水維聲徐州滖夏書曰濰淄其道小徐本濰作維道作導誤也玉裁按尚書釋文曰濰本又作惟又作維夏本紀作維地理志述禹貢作惟琅邪郡箕下云禹貢維水則作維靈門下横下折泉下又皆作淮王子矦表城陽頃王子東淮矦類封北海北海郡別無淮水亦當是濰之異文通鑑梁武帝紀李叔仁擊邢杲於惟水胡三省注惟當作維是

濰維惟淮一也尚書後案云尒其實班氏書一篇一郡內不應字體淆亂如此皆轉寫失之也

淄水之字地理志作甾夏本紀水經注則作淄廣韵曰古通用菑按周禮職方其浸菑時字正作菑則可知非甾缶字也今依釋文唐石經廣韵作淄或以說文無从水之淄而必改爲甾非治經之濾也甾缶字與甾畲字隸體相侶此水名依釋文唐石經作从甾畲也攷廣韵甾字下曰同菑又說文東楚名缶曰甾則甾譌甾而認爲一字葢其誤久矣說文無淄而濰下引夏書濰淄恐轉寫失之抑說解中字體有不與篆文合者江氏叔澐曰篆文至爲審慎而說解中閒有出入可毋以說解中所有補篆文所無其說是也

又按依職方兖州其浸盧維之文則說文當曰兖州浸而系之徐州與潁湛本皆荆州浸而皆曰豫州浸溠本豫州浸而曰荆州浸皆未詳其說

其夏本紀作旣

厥土白墳海濱廣厈

厈依說文當作㡿隷省作厈今俗寫作斥殊不可通作厈者古文尚書也作潟者今文尚書也夏本紀地理志皆作海濱廣潟皆用今文尚書也夏本紀此下有厥田厈鹵此四字誤賸史記述禹貢厥皆作其不應此獨云厥蓋厈鹵系潟字之注厥田本下屬以厥田上下爲句厥乃其字之誤厈聲舄聲古音同在第五魚模部蓋

二字同音潟古作舄地理志又云齊地負海舄鹵溝洫志云終古舄鹵兮生稻粱史記河渠書云溉澤鹵之地索隱曰澤一作舄本或作斥徐廣注夏本紀曰潟一作澤又作斥集韵二十二昔滷潟二字下曰昌石切通作㡿斥作潟者或加水旁耳周禮草人鹹潟用貆鄭注潟鹵也潟當本是舄

集解引鄭注曰斥謂地鹹鹵龍駒於此不敢改斥爲潟而讀者疑正文無斥字乃增之曰厥田斥鹵此其原委也索隱鹵音魯云云爲鄭語作音注也單行本無

厥田惟上下厥賦中上厥貢鹽絺海物惟錯岱畎絲枲

釋文曰畎徐本作甽谷此不可通不當一字爲二字也

當云徐本作甽谷也說文曰甽古文也畎小篆文也谷下脫一也字

又按〻當是古文甽當是籀文畎則篆文說見皐陶謨壁中本當作岱〻羽〻此等當以意會之

釋名釋山篇曰山下根之受霤處曰甽甽吮也吮得山之肥潤也按此條專爲禹貢岱畎羽畎釋訓若今四川貴州於山足下受霤処層遞爲水田豬水以種稻是其名畎宜矣

周禮山師注山林之名與物若岱畎絲枲嶧陽孤桐矣釋文畎古犬反劉孤茗反又孤善反集韵上聲四十一迥曰畎畎迥切書岱畎絲枲劉昌宗讀此本周禮音義

也余仲林易之曰眈音耿劉音不可通

鉛松怪石

釋文曰鉛字从台台音以選反五經文字水部曰沿說文也从台台音鉛沿經典相承隸省也玉裁謂隸省鉛沿字恐與公矦字相混無別故不從唐石經而作鉛沿

萊夷作牧

釋文曰徐音目一音茂玉裁按商郊牧野徐亦一音茂此舊音也駉駉牧馬或誤牡馬正以同音故

厥篚檿絲

玉裁按夏本紀檿作酓檿者古文尚書酓者今文尚書也二字古音同讀如音猶毛詩懕懕韓詩愔愔古同音

也葢今文尚書作酓而大史公仍之斷非大史公好爲改易矣其義則當爲六書之假借班志不作酓者或班用正體或後人改易之

汗簡酉部酓古文檿出尚書此等乃依傳史記說文等爲鴈書非眞見壁中本如是也集韵曰檿通作酓亦因史記云然

或問裴駰集解引孔安國曰酓桑蠶絲字亦作酓安知今本作檿者非衛包改乎荅曰此裴順史記正文不暇分別故耳古人作注惟李善於文選所引書與正文字異必仍其舊而明之曰某與某同裴駰輩皆不及也且如史記作都古文尚書作豬而集解於大野旣都引孔

水所停曰都史記作涔古文尚書作潛而集解於荆州
沱涔旣道引孔涔水名史記作明都古文尚書作孟豬
而集解引孔明都澤名史記作大伾古文尚書作伾而
集解引孔山再成曰伾是可據裴以改孔乎且見於經
傳者詩皇矣禮弓入春秋鄭語字皆作麋無異體經典
釋文三音皆烏篳反且釋文正義中絕無禽讀爲麋之
說是無惑於汗簡等之作僞可也

浮于汶

考工記鸜鵒不踰濟貉踰汶則死列子湯問篇同殷敬
順釋文曰鄭注云汶水在魯北此大誤也史記汶與岷
同武巾切謂汶江也非音問之汶案山海經大江出汶

山韓詩外傳云昔者江出於汶山（按今本作昔者江於濆誤也）楚詞隱汶山之清江（之字誤洪興祖引之非也屈賦云馮昆崙以瀓霧露兮隱岷山以清江大約攬轡澄清之意隱去聲讀如隱几）固可明矣且列子與周禮通言水土性異則遷移有傷故舉四瀆言之魯之汶水闊不踰數十步豈狐貉暫遊生死頓隔矣困學紀聞取其說玉裁按非也崏山字漢人作汶故有汶江縣有汶山郡悲回風作汶王注曰一作㟭一作汶要之汶是山名非水名也以爲水名亦必曰汶江如殷氏所言則當云貉踰江則死不當云踰汶卽云踰汶江尚嫌其贅豈舉汶一字謂江爲汶斷無此文法也作考工記者當是齊人故沛汶終古終葵皆用齊地齊語

達于濟

達地理志作通今本漢書作達誤也

海岱及淮惟徐州淮沂其乂

乂今文尚書作艾於漢石經鴻範殘字知之也夏本紀作治故訓字也

濰淄其道淮沂其乂蒙羽其藝江氏聲皆讀其爲既非也既者已然之䛐其者將然之䛐語意略别又按古人立言皆謹重絕無夸大既者小食也日有食之既言垂盡也周本紀之末曰周既不祀言周至是乃不祀也凡言既道既澤皆謂至是乃爾也既與其字異而語意正同其者尚虞其不爾也

蒙羽其蓺

徐鉉說文新修字義曰藝後人加艸云義無所取今按詩蓺麻如之何釋文云蓺樹也本或作藝技藝字耳是則說文埶種也俗加艸爲之六蓺字本取種蓺之意而俗又加云爲之古皆只作埶也今從地理志作蓺凡文字必知古以正今亦必因今以求古

大野旣豬

野地理志作壄說文十三篇里部曰小篆作野古文作壄

周禮稻人以豬畜水春秋左氏傳規偃豬禮記檀弓洿其宮而豬焉鄭注豬都也南方謂都爲豬玉裁按古音

無魚虞模斂侈之別都音同豬二字皆者聲也南方謂都爲豬者謂北人二音略有別南音則無別也堯典曰幽都孔傳曰都謂所聚也穀梁傳曰民所聚曰都公羊傳注曰人所聚曰都堯典作都禹貢作豬實是一字古文尚書作豬而鄭注周禮引禹貢熒播既都又曰望諸明都也鄭以正字易其假借若夏本紀凡豬皆作都葢今文尚書然也而地理志皆作豬恐或改之俗豬旁加水作瀦猶爲旁加水作潙皆未知古人以音爲用不泥其形也

東原厎平厥土赤埴墳

釋文大書埴字注云市力反鄭作戠徐鄭王皆讀曰熾

韋昭音試玉裁按徐鄭王者謂徐邈作音鄭王作注皆讀曰熾也以徐先鄭王者如檀弓釋文亦云徐盧王矣孔本作埴故考工記搏埴之工疏引尚書厥土赤埴墳注云黏土此卽引孔傳也惠氏定字採爲鄭注誤矣鄭本作戠故釋文云鄭作戠直聲戠聲皆在之咍職德第一部也鄭作戠讀曰熾而王從之讀曰與讀爲同易其字也本作戠而改讀爲熾字其訓則曰熾赤也見李善蜀都賦注鄭不釋戠爲黏土者意以赤熾言色墳言性與白壤黃壤白墳等一例儻戠訓黏則與墳爲二性非經之例晉成公綏天地賦云海岱赤⿰土戠華梁青黎楊齊宣音義⿰土戠尺志反汲古閣本妄改⿰土戠爲埴此用鄭本尚書加土于戠旁也左思蜀都賦丹沙赩熾出

其坂劉逵注引尚書禹貢曰厥土赤埴按埴字當是本作熾用鄭改讀之尚書以爲丹沙赩熾之證故李善補足之云鄭氏尚書注曰熾赤也當云赤皃也文義顯然玉篇土部埴時力切引孔傳土黏曰埴𡏖齒志切赤土也廣韻埴常職昌志二切黏土也𡏖昌志切赤土也此皆分用孔鄭之本之訓而戠皆加土矣至集韻類篇合埴𡏖戠爲一字而無赤土一訓則不若篇韻之得其傳矣今定從鄭本作戠

又按正義曰戠埴音義同考工記用土爲瓦謂之摶埴之工是埴爲黏土故土黏曰埴此是戠之誤改玉裁按據此知正義所據孔傳本亦作戠與釋文所據孔傳本作埴不

同惟本作戠而釋爲黏土故云戠與埴音義同也凡唐人經典正義與釋文所執經文不同後人不知分別而妄牽合之或用釋文本改正義本或用正義本改釋文本皆不能無失如此經作赤戠傳作土黏曰戠正義作戠與埴音義同故土黏曰戠其顯然者儻經文作埴正義直曰考工記用土爲瓦云云足矣何必云戠埴音義同哉牽於釋文而改經傳遂不得其所謂矣

太平御覽三十七尚書禹貢曰徐州土赤戠墳謝沈注曰戠音志

玉裁按經典釋文序錄東晉會稽謝沈古文尚書注十五卷其字作戠此可證後人加土耳

汗簡曰戠尚書埴字刊本埴誤作植古文四聲韵同此

作汗簡者不知古文尙書本作戠不加土也

又按夏本紀地理志皆作埴今文尙書也孔傳用今文尙書釋戠鄭王則否

又按釋文云韋昭音試統於鄭作戠之下葢陸氏所據漢書音義韋昭作戠音試也集韵七志曰戠式吏切本此葢漢書每多古字

草木蔪苞

釋文曰漸如字本又作蔪字林才冉反艸之相包裹也包必茅反或作苞非叢生也馬云相包裹也玉裁按此當依別本作蔪說文蔪字下曰艸相蔪苞也从艸斬聲引書艸木蔪苞然則字林本說文也蔪苞者稹緻之皃

僞孔以進長釋蘄而或改蘄爲漸唐已前已如是至於
苞字說文引禹貢正從艸（大徐本不誤）見於爾雅釋故曰苞
蕪茂豐也釋言曰苞稹也釋木曰如竹箭曰苞凡釋艸
釋木中作枹者皆苞之別體見於毛詩下泉晨風斯干
生民行葦毛皆云本也鄭兼云茂也馬以相包裹訓經
之苞古六書假借之法如是此字葢經本作苞衞包易
爲包而開寶中又依衞倒易釋文苞包二字徐楚金說
文解字繫傳苞字下曰尚書草木漸苞詩如竹苞矣皆
當作包不從艸徐說甚誤亦正可以證南唐時尚書作
從艸之苞合於說文解字史記漢書作包皆非善本
說文又有⿱艹槧字云蘄或從槧

玉篇廣韵集韵皆作蕲苞

蕲紀志皆作漸疑今文尚書作漸孔傳依今文爲說

厥田惟上中厥賦中中厥貢惟土五色羽畎夏翟

畎周禮染人注小雅節南山正義皆引作甽徐州岱畎

徐仙民亦作甽也

周禮染人注染夏者染五色謂之夏者其色以夏狄爲飾禹貢曰羽畎夏狄刊本畎作甽誤玉裁按古狄翟異部相假借有假借翟爲狄者如春秋傳翟人是也有假借狄爲翟者如尚書之夏狄毛詩右手秉翟韓詩作秉狄以五經異義知之又禮王后揄翟闕翟亦作狄是也韓詩說以夷狄大鳥羽此泥於字形而不知六書之假借廣雅釋器曰

狄羽也夏本紀作翟地理志作狄

嶧陽孤桐

地理志東海郡下邳縣葛嶧山在西古文以爲嶧陽玉裁按班以嶧陽爲山名此古說也凡志云吳山古文以爲汧山大壹山古文以爲終南垂山古文以爲敦物古文以崈（今嵩字）高爲外方山章山古文以爲內方山橫尾山古文以爲倍尾山葛嶧山古文以爲嶧陽具區澤古文以爲震澤傅昜山古文以爲傅淺原休屠澤古文以爲豬壄澤居延澤古文以爲流沙此等葢今古名之異今名吳山古名汧山云古文以爲者對今名言之此古文二字猶言禹貢非謂壁中古文也大史公自序曰秦

撥棄古文又曰年十歲則誦古文皆謂古經傳不言禹貢吳山在西者禹貢無吳山不言禹貢汧山在西者漢入此山不名汧山也

錢氏大昕曰志稱古文者謂古文家說與平當以爲鬲津正同一例志引古文凡十一以水經所載禹貢山澤所在證之大約相同水經相傳出於桑欽欽正傳古文尚書者則孟堅之言信而有徵矣如云別古今異名則當如九澤是爲昭餘祁之例云葛嶧山在西是爲嶧陽否則如芮水詩芮阸之例加禹貢嶧陽以足之不當云古文也竊意志稱禹貢某山某水者今文古文所同也古文家有是說而今文家闕不言者則稱古文以爲以

別之若平當桑欽輩別立新義則稱名以顯之今文著於功令人所共習故言古文不言今文耳

周禮山師注引嶧陽孤桐

說文九篇山部嶧字下曰葛嶧山在東海下邳从山睪聲夏書曰嶧陽孤桐

泗濱浮磬淮夷蠙珠暨魚

說文一篇玉部曰玭玭珠也从玉比聲宋宏云淮水中出玭珠玭珠之有聲蠙夏書玭字也从虫賓聲玉裁按玭珠之有聲五字有譌脫徐鍇本作玭珠珠之有聲者七字今按當作玭蚌之有聲者六字釋文引韋昭曰玭蚌也廣韵曰蠙珠母也然則本蚌名因以爲珠名耳山

海經西山經鰲魮之魚其狀如覆銚鳥首而翼今本翼上有魚字此依文選注魚尾音如磬石之聲是生珠玉郭注亦珠母蚌類而能生出之玉裁按生讀去聲江賦所謂文魮磬鳴也玭蚌蓋類是能鳴故曰蚌之有聲者玭是小篆蠙是壁中古文故許云夏書玭字作蠙尚書釋文曰蠙字又作玭今本譌作比注疏本譌作蚍夏本紀索隱曰蠙一作玭地理志顏注曰蠙字或作玭大戴禮保傅篇玭珠以納其閒盧氏注曰玭亦作蠙蓋今文尚書作玭古文尚書作蠙宋仲子說淮水中出玭珠玭蚌之有聲者此今文尚書淮夷玭珠訓故也尚書釋文曰又作玭韋昭薄迷反蚌也韋氏之音及義系諸玭字下其義用宋仲子說此韋本漢志作

玭之明證漢志用今文尚書之明證也用此知史紀漢志之一作玭者皆是原本其作蠙者乃後人用古文尚書改之古文尚書作蠙是原本其一作玭者乃或用今文尚書改之蠙入眞先韵玭入齊韵各以其𩩲聲爲之其得爲古今字者雙聲語轉也

周禮川師注川澤之名與物若泗濱浮磬淮夷蠙珠暨魚釋文蠙薄田反劉扶忍反沈音嬪暨其器反沈其氣反玉裁按集韵上聲十七準蠙婢忍切書淮夷蠙珠劉昌宗讀此本周禮音義也婢忍切之字廣韵在十六軫內集韵忍字在軫韵而子忍在忍婢忍丑忍丈忍里忍頸忍遣忍以忍知忍逋忍思忍字皆入準韵與廣韵駁異廣韵十七準內亦有弃忍珍忍二切平聲十七眞蠙毗賓切此本周禮沈音也劉氏昌

宗東晉人作周禮儀禮音各一卷禮記音五卷隨志云周禮音三卷劉昌宗撰又云劉昌宗禮記音五卷亾未嘗作書音也余氏仲林古經解鉤沈乃云劉昌宗有尙書音且列爲唐人誤矣周禮大司樂釋文又云戛劉古八反於劉音烏司几筵又云翌劉音育皆劉爲注所引尙書作音

史記索隱曰蠙又作濱濱畔也案此恐是蠙之譌字毛詩泮水正義引禹貢徐州淮夷蠙珠洎魚此可證唐初本曁有作洎者以泉咎繇例之壁中本曁皆作泉後有改易耳夏本紀地理志皆作泉魚則今文尙書與古文尙書同也

厥篚[元]纖縞浮于淮泗達于菏

淮泗地理志山陽郡下作泗淮達紀志皆作通今本漢書作達誤也山陽郡下作通仍不誤

菏校頤本作河今依說文水部水經注泲水篇所引古文尚書更正

說文十一篇水部菏字下曰菏澤水在山陽湖陵禹貢浮于淮泗達于菏从水苛聲

水經注濟水篇曰菏水分濟於定陶東北東南流右合黃溝枝流又東南逕乘氏縣故城南又東逕昌邑縣故城北又東逕金鄉縣故城南又東逕緡縣故城北又東

與鉅野黃水合菏澤別名也又東逕湖陸縣南東入於泗水澤水所鍾也尚書曰浮于淮泗達于菏是也按酈氏所引者古文尚書也於此證古文尚書不作達于河甚顯白

尚書古文疏證卷二曰浮于淮泗達于菏今本作河二孔無傳疏余考之菏是也蓋菏者澤名爲濟水所經又東至于菏者是在豫之東北即徐之西北舟則自淮而泗自泗而菏然後由菏入濟以達于河此徐之貢道也上文兖州浮于濟漯達于河次青州便浮于汶達于濟不復言達于河矣又次徐州浮于淮泗達于菏亦不復言達于濟矣至揚州則浮于江海達于淮泗且不復言

達于菏不復言者蒙上文也雖由當日水道之自然而其敘法從變字法從簡眞屬聖經之筆

黃氏公紹韵會舉要曰案淮泗入河必道于汴世謂汴是隋煬帝始通而疑禹貢有浮于淮泗達于河之文說者牽合傅會或指鴻溝引河水入泗安知非禹之迹或謂當時必有可達之理朱氏書傳亦莫知所折衷今按說文菏字音柯注引禹貢浮于淮泗達于菏與導菏澤同則是達于菏非達于河也許愼所見葢古文尚書後人傳寫之誤不知从艸例以禹貢上下文達于河爲句改菏爲河陸德明又以河音如字遂啓後人淮泗不能達河之疑然陸氏於菏澤下注徐音柯又工可切於浮

于淮泗達于河下亦注云說文作菏工可切水出山陽湖陵南則非九河之河明矣如字之音陸氏誤也近世惟新安王氏曰濟入河溢爲滎會于菏注于泗則河爲菏益明矣

胡氏渭禹貢錐指曰金氏履祥通鑑前編曰達于河古文尚書作達于菏（玉裁按此謂宋次道家古文尚書薛季宣所注者）說文引書亦作菏今俗本誤作河耳菏澤與濟水相通而泗水上可以通菏下可以通淮徐州浮淮入泗自泗達菏也青州書達于濟則達河可知故徐州書達于菏則達濟可知渭按菏謂菏澤在今兖州府定陶縣東北說文菏字下云禹貢浮于淮泗達于菏从水苛聲徐鉉音古俄切

隸从艸作菏俗遂訛爲荷又訛爲河也許慎時經猶作菏而史記漢書竝作河葢後人傳寫之誤濟水豬爲菏澤此經蒙青之文曰達于菏則由濟入漯可知矣兗青徐揚四州之貢道前後相承不復不亂汶與濟連故青曰浮于汶達于濟徐揚道由淮泗從泗入濟必由菏澤故書曰達于菏若作河則複而無理河漯青且不言矣而徐復云達于河陵亂失次禹貢必無此書法而人猶謂作河爲是者總由不知菏澤之原委耳

玉裁按史記漢書之述禹貢也皆作通于河皆誤字也

地理志山陽郡湖陵禹貢浮于泗淮通于菏菏水在南

應劭曰尚書菏水一名湖今地理志作禹貢浮于泗淮

通于河水在南菏誤爲河又脫下菏字水經曰菏水在山陽湖陸縣南正本漢志也据志山陽郡下作菏則志首錄禹貢作河非是斷無有一篇而自相矛盾者据漢書又知夏本紀作河皆轉寫之誤葢菏字彤聲當左水右苛篆隸取結構則作菏爲艸上河下或脫其艸則作河或誤氵爲亻則作荷五經文字曰菏見夏書古本亦作荷是張參以前尚書道菏澤又東至于菏多有作荷者而史記漢書道荷澤又東至于荷字皆作荷師古曰荷音歌卽尚書音義之菏徐音柯也水經注舊本亦或作荷或誤河集韵曰菏或作蔏荷禮部韵略類篇皆云荷澤音柯今直定荷爲字誤而正其不一者

又按郡國志山陽郡湖陸劉昭注引博物記同志曰茍水出茍正渮字之誤葢渮誤爲荷荷復誤爲茍此亦如尚書執抲之爲執拘苟之字止句其繆相埒

又按水經注泗水篇湖陸地理志故湖陵縣也渮水在南王莽改曰湖陸應劭曰尚書一名湖陵章帝封東平王蒼子爲湖陸侯更名湖陸也今本水經注陸字皆譌陵戴本旣正之矣而今本漢志應劭曰尚書一名湖水經注引此語湖下衍陵字戴本刪尚書二字作應劭曰一名湖陵今按戴本非也應謂尚書渮水一名湖渮湖語之轉漢人渮讀如荷故書經古本水經注舊本皆作荷善長作注時所引應語尚完善後人用今本漢書改之遂皆不可通又按地

理志之例云禹貢某水在某禹貢某山在某不復舉禹貢語此條酈引祇有菏水在南四字然則班當云禹貢菏水在南應當云尚書浮于淮泗通于菏菏水一名湖轉寫顚倒其文致不可讀

又按前說自謂善矣而非也班志之例凡已見於禹貢經文者則曰禹貢某山在某禹貢某水在某此正例也此條乃變例別菏水菏澤之不同故於沛陰郡下曰禹貢菏澤在定陶東於山陽郡湖陵下曰禹貢浮于泗淮通于菏菏水在南必復舉禹貢文者謂此經文之通于菏乃菏水而非菏澤也若但云禹貢菏水在南則恐混於菏澤矣王氏尚書後案曰菏本澤名沛水所豬在今

曹州府定陶縣東北爲豫之東北徐之西北境道沇水之東至于菏是主澤言卽豫州之菏澤也徐州之達于菏則是自乘氏以至湖陵乃菏澤之枝流說文名曰菏澤水者也又曰泲水自陶丘北匯於菏澤又東北絕鉅野至琅槐入海者爲泲瀆其一枝東南流至湖陵入泗者後人目之曰菏水漢志山陽湖陵縣菏水在南且引禹貢徐州文爲證湖陵今魚臺縣地許愼云菏澤水在湖陵謂澤之下流入泗者也僞孔謂導菏澤在湖陵似湖陵不在徐而在豫導沇至于菏卽豫州菏澤在定陶者與菏澤水在湖陵者異而傳又增其文曰菏澤之水則定陶之菏澤與湖陵之菏水無別矣酈氏泲水篇注

似皆依傳孔傳而誤禹貢三言菏惟徐州達于菏在湖陵其餘豫州及導水皆主澤言在定陶與湖陵無涉也今攷王氏之言至爲明晳孟堅分別菏水菏澤而叔重菏字下云菏澤水表其上游爲澤下游則爲水而在湖陸南孟堅分中有合叔重合中有分也作水經者志禹貢山水澤地所在凡六十菏澤在定陶縣東菏水在山陽湖陸縣南全依漢志以說經後人鮮有分析如此者故知志云禹貢浮于泗淮通于菏菏水在南心苦分明無庸致疑也

又按經典釋文於徐州達于河曰如字說文作菏工可反云水出山陽湖陵南據釋文則說文無澤字菏爲水

名謂此逵于菏乃菏水非菏澤叚爲明畫今本云菏澤水非善本也

又按漢之湖陵縣以菏水得名應仲遠曰菏水一名湖菏者古經湖者方言也韋昭注漢書曰菏胡阿反韋讀如荷雙聲則爲湖

又按郡國志山陽郡胡陸故湖陵章帝更名劉注前漢志王莽改曰湖陸章帝復其號玉裁謂王莽改陵爲陸至光武時則仍稱湖陵而章帝因封矦國仍避陵呼陸劉云章帝復其號者復莽之號也司馬云章帝更名者更前漢及光武明帝時名也其實一也今本地理志應劭語二陸字皆譌作陵今本說文菏字下山陽湖陵據

太平御覽所引正作湖陸名從主人許時不得名湖陵

猶前書不得名湖陸御覽本是也

淮海惟楊州

今人多作揚从扌攴廣雅云楊揚也毛詩王風揚之水

釋文云或作楊然則毛傳楊激揚也正廣雅之所本而

郭忠恕佩觿曰楊栁也亦州名郭所據書禮故作楊後

人因江南其氣燥勁厥性輕揚之云改爲揚州不知古

人字多假借所重惟音則州名當依古从木也唐石經

作揚未可爲是

漢書楊雄傳贊曰雄之自序云爾自是總上一篇之辭

若法言序目前旣云法言文多不著獨著其目矣又何

必贊此語師古注亦曰自法言目之前皆是雄本自序之文也師古正恐人疑爲結法言序目之辭故辨之曰法言目之前皆是傳首序世系師古注曰雄之自序譜諜蓋爲疎謬是師古以班傳皆錄雄自序甚顯明班氏錄雄自序爲之傳如文心雕龍所云大史公錄司馬相如自序爲之傳也鄭仲師注周禮遂人職曰楊子云（作雲誤）有田一廛仲師卒於建初八年於時漢書初成仲師未必見寶用自序語漢書記雄之年壽卒葬皆於贊中補載而不繫諸傳與他篇體例不同則傳文爲錄雄自序不增改一字無疑唐初自序已無單行之本師古特就贊首一語顯之宋洪容齋隨筆謂雄所爲文盡見於

自序及漢志初無所謂方言其謂方言非子雲書非也其直稱班傳爲自序則是也劉貢父漢書注云楊氏兩族赤泉氏从木子雲自敘其受氏从手而楊修書稱修家子雲又似震族貢父所見雄自序必是唐以後僞作雄果自序其受氏從手不從木爲漢書音義者必載其說卽音義不載師古注必引用何唐以前竝無此論至宋而後有之且班氏用序爲傳但曰其先食采於楊因氏焉楊在河汾之閒攷左氏傳霍楊韓魏皆姬姓國而滅於晉羊舌肸食采於楊故亦稱楊肸其子食我亦稱楊石漢書地理志河東郡陽縣應仲遠謂卽楊矦國說左傳漢書家未有謂其字從手者則雄何得變其受氏

之始而從手也修與雄姓果不同字斷不曰修家子雲以啓臨淄矦之蚿笑修語正可爲辨僞之一證矣僞自序者殆因班傳無它楊於蜀一語師古注固云蜀諸姓楊者皆非雄族不言諸楊姓者皆从木與雄从扌異也廣韵从手揚字之下不言姓从木楊字注云姓出宏農天水二望本自周宣王子尚父幽王邑諸楊號曰楊矦後并於晉因爲氏近時字書又以此語係之从手揚字之不目爲楊雄自序是又非貢父所見僞自序今貢父所見僞自序不知存否而據班贊知班傳之外別無自序其謂雄姓从扌者僞說也　已亥年書漢書楊雄傳後如此近人積非成是故附錄於此

彭蠡既豬

玉裁按蠡字當如此作从䖵彖聲說文九篇彑部彖豕也从彑从豕讀若弛與通貫切之彖不同豕部曰按今世字誤以豕爲豖以彖爲彖何以明之爲喙琢从豖蠡从彖皆取其聲以是明之今本按今世字誤以豕爲㣇以㣇爲豖何以明之爲喙琢从豖蠡从㣇皆取其聲以是明之徐鉉等曰此未詳或後人所加玉裁按此譌繆不可通此因豕豖彖彖相混而辨之也尋其文理琢喙本从豖而俗从豕是誤以豕爲豖也蠡本从彖而俗从彖是誤以彖爲彖也蠡⿰忄彖字皆以彖爲聲在古音第十六部豕喙琢在古音第三部彖在古音第十四部今學者書喙琢字尚能不誤而蠡⿰忄彖字則自支脂之三部不分以來尟知其爲

彖聲矣

陽鳥攸居

攸紀作所故訓也志作逌古字也

論衡書虛篇禹貢曰彭蠡既瀦陽鳥攸居

三江既入震澤厎定

夏本紀索隱曰震一作振按廣雅釋地作振澤

釋文曰厎史記音致玉裁按史記作致非音致也致者

厎之故訓字

篠簜既敷

說文作筱簜隸變作篠釋文曰簜或作蕩

紀作竹箭既布皆故訓字也箭矢竹也今本說文脫矢字後因

以爲矢名今文尚書敷蓋作傅紀又易爲布
厥草惟夭厥木惟喬厥土惟塗泥厥田惟下下厥賦下上
上錯厥貢惟金三品瑤琨篠簜
孔傳曰瑤琨皆美石也左傳昭七年正義引同正義曰美石逗似
玉者也釋文曰瑤琨美石也今本注疏及史記皆譌作
美玉說文碧琨珉瑤四字爲類皆云石之美者今各本
瑤字下譌作玉之美者詩木瓜毛傳云瑤美石也正義
不誤而釋文誤爲美玉攷王逸注九歌云瑤石之次玉
者王肅注尚書曰瑤琨美石似玉者劉逵注吳都賦云
瑤琨皆美石曾氏旼曰周禮大宰享先王則贊玉爵后
祼獻則贊瑤爵禮記尸飲五君洗玉爵獻卿尸飲七以

瑤爵獻大夫公劉詩維玉及瑤則知瑤者玉之次也

釋文曰琨音昆馬本作瑻韋昭音貫按此謂馬本作瑻與漢書同韋注漢書瑻音貫也志作瑻而音貫志作玭而音薄迷反隨其鍇聲爲聲也凡釋文引韋昭者皆本漢書音義說文一篇玉部琨字下曰石之美者从玉昆聲夏書曰楊州貢瑤琨又瑻字下曰琨或从貫此葢今文尚書作瑻古文尚書作琨故竝列之如玭蠙之比馬本則同今文者也

說文五篇竹部曰簜大竹也从竹湯聲夏書曰瑤琨筱簜簜可爲榦周禮弓人曰凡取榦之道七柘爲上竹爲下筱可爲矢

齒革羽旄

孔傳旄旄牛尾衛包妄改經併傳上一字作毛至開寶中依衞包改釋文乃謂旄字惟見於孔傳不見於經移旄音毛於犀細兮反之下殊不知經文作毛則何由訓爲旄牛尾乎攷正義曰說文云犛西南夷長旄牛也此犛牛之尾可爲旌旗之飾經傳通謂之旄牧誓云右秉白旄詩云建旐設旄皆謂此牛之尾故知旄是旄牛尾也亦可以證孔傳之爲旄旄牛尾經文之本是旄字矣凡正義有唐宋八改之未盡者如此與高宗肜日之尼字是也　牧誓右秉白旄衞不改爲毛者不知其同物也　宋元本作故知毛是旄牛尾也此宋元本之劣者也

夏本紀楊州字作毛而正義云按西南夷常貢旄牛尾書詩通謂之旄按紀荊州羽旄齒革字正作旄則楊州作毛淺人所改也漢書汲古本亦楊作毛荊作旄而楊州注內仍作旄則正文亦淺人所改牧誓右秉白旄馬曰旄旄牛尾周禮春官旄人注旄旄牛尾晉語羽旄齒革則君地生焉韋注旄旄牛尾也樂記干戚羽旄謂之樂注旄旄牛尾也宋本不誤俗本正文改作毛鹽鐵論隴蜀之丹漆旄羽貨殖傳山西饒材竹穀纑旄玉石楚語龜珠齒角皮革羽毛左傳僖廿三年羽毛齒革皆淺人妄改作毛者也

惟木

惟木二字紀志皆無此今文尚書也

鳥夷卉服

此亦本作鳥孔讀爲島衛包徑改爲島字後漢書度尙傳深林遠藪椎髻鳥語之人置於縣下李注鳥語謂語聲似鳥也書曰鳥夷卉服玉裁按此衛包未改尙書也漢志鳥夷不誤本紀作島則淺人用天寶後尙書改之也集解冀州用鄭注則作鳥楊州用孔注則作島張守節正義成於開元二十四年釋以可居之島則史記作島在開元日前正義引左思吳都賦蕉葛升越弱於羅紈按升字乃竹字之誤竹可爲布見王符潛夫論竹亦誤升王符傳注引沈懷遠南越志又稽含南方草木狀又劉逵注吳都賦篔

簹引異物志又元和郡縣志韶州下又唐六典戶部下
亦云漳潮等州竹子布

厥篚織貝厥苞橘柚

說文六篇木部曰柚條也似橙而酢从木由聲夏書曰
厥苞橘柚按今本說文苞誤包

衛詩箋曰以果實相遺者必苞苴之尚書曰厥苞橘柚
佩觿曰以艸名之苞爲厥包其順非有如此者玉裁按
據此則知古本皆作厥苞郭氏昧於古六書假借耳尙
書本作苞釋文必爲之音義天寶開寶遞改之禮少儀
苞苴詩召南白茅苞之釋文不誤既夕禮葦苞二史記樂書
苞之以虎皮字皆從艸

柚山海經列子皆作櫾

錫貢沿于江海

釋文曰沿鄭本作松松當爲沿馬本作均云均平也玉裁按今文尚書作均夏本紀地理志皆云均江海可證馬本依今文尚書也鄭本作松松者沿之字誤故云當爲沿此葢壁中文轉寫以木水淆溷公㕣不分而鄭正之若裴駰史記集解引鄭元曰均讀曰沿沿順水行也或疑裴所據何以與陸所據異荅之曰裴依史記正文作均耳裴此條當云均鄭本作松松讀曰沿乃合孔本依鄭作沿此如堯典卯谷卯鄭讀爲昧而孔本因之作昧谷也

禮記祭義終始相巡鄭注巡讀如沿漢之沿三年問反巡過其故鄉孫卿禮論篇巡作鉛楊倞注鉛與沿同循也玉裁按均之與沿猶巡之與鉛也巡徐仙民養純反均古音同匀匀均巡循沿鉛六字一聲之轉今文尚書假均爲沿孫卿子假鉛爲巡馬季長釋均爲平殊未安

達于淮泗

夏本紀均江海通淮泗地理志均江海通于淮泗

荆及衡陽惟荆州江漢朝宗于海

說文十一篇水部曰淖水朝宗于海也从水朝省聲衍水朝宗于海皃也从水行玉裁按淖者今之潮字以淖釋朝宗于海此今文尚書說也洚水之時江漢不順軌

不與海通海漳不上至禹治之江漢始與海通於楊州曰三江既入三江者北江中江南江也北江者漢也既入者入于海也於荆州曰江漢朝宗于海言海漳上達直至荆州也（今海潮上至安慶而止）海漳上迎江漢之水下赴如君臣一德一心呼吸相通與前此壅閼者異矣二州之文相爲表裏

論衡書虚篇曰夫地之有百川也猶人之有血脈也血脈流行汎揚動靜自有節度百川亦然其朝夕往來猶人之呼吸氣出入也經曰江漢朝宗于海其發海中之時漾馳而已入三江之中殆小淺狹水激沸起故騰爲濤

虞翻注易習坎有孚曰水行徃來朝宗于海不失其時如月行天按此皆用今文家說

風俗通山澤篇禹貢江漢朝宗于海

九江孔殷

孔殷紀作甚中皆故訓字也

沱潛既道

潛紀作涔古潛涔通用如毛詩潛有多魚韓詩作涔有多魚是也志作灊

既紀作已他既字不爾

雲夢土作乂

釋文曰雲徐本作云

玉裁按作雲夢土者古文尚書也作雲土夢者今文尚書也今本古文尚書作雲土夢者古文之誤者也今本史記漢書作雲夢土者史記漢書之誤者也今本古文尚書之誤始於唐石經而宋太宗復揚其波今更正

孔安國曰雲夢之澤在江南其中有平土丘水去可爲耕作畎畝之治據孔傳則經作雲夢土故釋土於雲夢之下平土丘謂平土之虛俗作墟如言夏虛殷虛少皞之虛說文曰虛大丘也昆侖丘謂之昆侖虛古者九夫爲井四井爲邑四邑爲丘丘謂之虛正義不得其解乃云其內有平土有高丘儻如正義所言則傳云有平土丘成何文理乎且何以於經文土外別添丘也

晁公武石經考異序曰蜀石經尚書十三卷僞蜀周德貞書以監本校之禹貢雲土夢作乂倒土夢字然則宋以前雲夢土之本盛行僞蜀且以勒石唐石經既作雲土夢矣而蜀石經不從此蜀之勝於唐也沈括夢溪筆談亦曰舊尚書禹貢云雲夢土作乂太宗皇帝時得古本尚書作雲土夢作乂詔改從古本所偁舊尚書者蜀石經之類也所偁太宗皇帝者趙宋之太宗也近人云唐太宗誤所偁古本尚書者唐石經之類也唐石經名儒所不窺是以蜀石本及宋太宗以前本皆作夢土而太宗詔從土夢自此以後版本乃無有作夢土者此事非枚頤之咎亦非衞包之咎衞包敢於改字而不敢倒字開成

閒始從誤本刊石至於正義云經之土字在二字之閒蓋史文兼上下也此十六字蓋宋太宗詔改從土夢之後妄人增之原本所必無者唐正義果如是何以夢土之本盛行至宋僞蜀以勒石哉周禮職方氏疏所引禹貢淺人亦倒作土夢

必加土於作乂之上者大壄大陸雲夢震澤爾雅十藪之四藪澤者地兼水土云震澤厎定大壄既豬皆自水言水治而土治在其中矣云大陸既作雲夢土作乂皆自土言之言土治而水治在其中矣大陸不言土雲夢言土者亦詳略互見僞孔本多襲馬鄭王之舊此雲夢土作乂必馬鄭王本固然

何以知今文尚書作雲土夢也今史記各本皆作雲夢土而史記索隱單行本大書雲土夢三字小注云雲土夢二澤名引韋昭云雲土今爲縣屬江夏解之曰地理志江夏有雲杜縣是其地也然則史記本作雲土夢確然可證而小司馬所引韋昭語乃漢書音義也則漢書本作雲土夢又確然可證今本地理志作雲夢土小顏注雲夢之土可爲畋漁之治皆用尚書妄改之本耳小顏漢書本誤字㝡多卽如此篇韋作玭而顏作蠙韋作戠而顏作埴韋作雲土夢而顏作雲夢土其顯然者葢古文尚書別本作雲土夢者此用史漢改尚書是爲以今文尚書改古文尚書也史漢之或作雲夢土者此用

尚書改史漢是爲以古文尚書改今文尚書也儀禮士虞禮記虞浴沐不櫛注云今文曰沐浴又浴沐櫛搔翦注云今文曰沐浴搔翦此亦如土夢夢土之不同今本經文作沐浴則注今文曰沐浴不可通矣幸正義中猶有改之未盡者耳古土杜通用如韓詩桑杜毛詩作桑土毛詩自土漆沮齊詩作自杜是也本呼雲土單呼之爲雲此類甚多又按楚語雲連徒洲卽雲土也此如穀於菟之類皆方俗語言徒土杜一字也雲土長言之爲雲連徒洲猶恂瞀二字荀卿書則曰傋猶瞀儒今文尚書未必全非伏生執其舊業非有所改易也

又按筆談云太宗皇帝時尊本朝太宗故必言皇帝也

禹貢錐指乃去皇帝字加唐字於太宗之上尚書後案因之不可以不辨

李氏吉甫元和郡縣志曰左傳云䢵子之女棄子于夢中無雲字楚子濟江入雲中復無夢字以此推之則雲夢二澤本自別矣而禹貢及爾雅皆曰雲夢者蓋雙舉二澤而言之玉裁按此李氏所據禹貢尚作雲夢不作雲土夢也

厥土惟塗泥厥田惟下中厥賦上下厥貢羽旄齒革

旄唐石經己下皆作毛今更正

惟金三品杶榦栝柏

釋文曰杶又作櫄按考工記注禹貢荆州貢櫄榦栝栢

及箘簬枯字作櫄說文六篇木部杶字下曰木也从木屯聲夏書曰杶榦栝柏又櫄字下曰或从熏又杻字下曰古文杶也古文小篆同字特古文結體偏側耳今版本說文全失其意汗簡古文四聲韻所載近之或作櫄山海經同

栝說文作桰檃也一曰矢桰檃（作築誤）弦處也禹貢假借栝爲檜字爾雅毛詩說文皆云檜柏葉松身孔傳云栝柏葉松身正是一字古音皆入聲也集韻去聲十四太曰檜或作栝

厲砥砮丹

厲唐石經作礪俗字也必衞包所改今更正唐貞觀時

釋[元]應衆經音義引尚書砅砥砮丹宋庠國語補音引古文尚書若金用汝作砅汗簡古文四聲韵皆曰泵古文礪集韵礪砅厲爲一字宋氏所謂古文尚書者宋次道王仲至家本語枉僞說命也而貞觀時[元]應所引禹貢亦作砅此等字葢必本於三體石經非無根據也說文十一篇水部曰砅履石渡水也从水石詩曰深則砅按履石渡水如今人蹈甎石過泥濘此水之至淺者尚淺於揭衣繇膝以下爲揭繇帶以上爲厲此自古相傳故訓詩云深則砅此正假砅爲厲與禹貢假砅爲厲正同亦如假敀爲好假狟狟爲桓桓假堋爲朋儻不得其解謂水深則渡石橋儻其地無石橋則將待構之乎絕

非詩之語意且說文立言精當木部橋字下曰水梁也梁字下曰水橋也果如俗解則砯字下當曰石橋也乃合不當云履石渡水且其字當入石部不當入水部矣詩釋文引韓詩至心曰厲卽爾雅由帶以上之說也爾雅揭者揭衣也以衣涉水爲厲此一說也繇膝以下爲揭繇膝以上爲涉繇帶以上爲厲此又一說也今本毛傳合爲一說乃唐定本所改非原書也顧氏玉篇云水深至心曰砯蓋韓詩作深則砯說文自引韓詩陸氏德明所據之韓詩非善本也

說文九篇石部曰砮石可以爲矢族从石奴聲夏書曰梁州貢砮丹玉裁按梁州貢砮磬荆州貢砮丹說文梁丹二字必有一誤

惟箘簬楛

說文五篇竹部箘字下曰箘簬也从竹囷聲簬字下曰箘簬也从竹路聲夏書曰惟箘簬楛簵字下曰古文簬从輅玉裁按竹部引夏書作簬謂簵爲古文而木部枯字下引夏書則作簵葢壁中古文作簵說文有於小篆見古文者如簬下引夏書而下云古文作簵則壁中本作簵可知也有於古文見小篆者如郘下云古文斷引周書郘郘猗則小篆繕寫之尚書作斷斷猗可知也戰國策作簬小篆也尚書作簵古文也

鄭注曰箘簵聆風也合之說文則箘簵合二字爲名乃是一物正義云竹有二名或大小異也箘簵是兩種竹

正義非是竹有二名九字乃正義語胡氏朏明誤系之鄭注釋文箘字下韋昭一名聆風此當作韋昭云箘簬一名聆風脫去三字

說文六篇木部曰枯槀也从木古聲夏書曰惟箘輅枯此字今補木名也玉裁按輅當作簬簬古文簬也各本作輅者或傳寫脫竹或如漢碑寃夕連上字从宀从竹而省之許君簬字下引書作楛楛字當是本作枯淺人改之引書而訓之曰枯木名明非枯槀本義此亦如引曰圛而解之曰圛者升雲半有半無引朕塈讒說而解之曰塈疾惡也引布重莫席而解之曰纖蒻席也之類皆非其字之本義也攷工記鄭注引箘簵枯今注疏譌楛釋文枯今本譌栝注疏本引釋文又譌楛音枯音戶尙書作楛音同據陸氏分

別則攷工記注正同說文作枯也但疏稱鄭注尚書引國語楛矢石砮字作楛而儀禮鄉射禮鄭注引肅愼氏貢枯矢銘其括釋文曰枯音戶然則鄭所見國語古本作枯矢與古文尚書合正義引鄭書注作楛者譌字耳陸璣艸木疏不言楛可爲矢鄭書注亦但云楛木類不言何木木有名枯音姑者周易枯楊周禮枯榆尚書之枯恐亦非此也許鄭所据古文尚書皆作枯釋文正義所据皆作楛恐是譌字淺人但知枯訓槀而妄改之

夏本紀維箘簬楛徐廣曰一作箭足杅杅卽楛也（今版本杅作杆）音估箭足者矢鏃也或以箭足訓釋箘簬乎玉裁按箭足非矢鏃正謂矢槀雖釋名謂矢鏑爲足然此等首

足無定稱如淮南謂木根爲首賈侍中注左傳謂八首爲末是也杅于聲枯古聲同在古音第五部葢古文尚書作枯今文尚書作杅古文尚書作箘簵今文尚書作箭足非訓釋之謂也

三邦厎貢

邦紀志皆作國今文尚書也

厥名苞匭菁茅

正義曰鄭元以厥名下屬苞匭菁茅

苞唐石經以下皆作包非也說詳楊州說文繫傳苞字下左傳僖四年注穀梁傳僖四年疏引書皆作苞匭地理志汲古本正文作包注作苞注由舊而正文已改也

史記集解引鄭君注曰匭猶（依尚書正義吳都賦注補猶字）纏結也菁茅茅有毛刺者給宗廟縮酒重之故苞裹又纏結也玉裁按文選吳都賦職貢納其苞匭劉逵注曰匭猶纏（依史記集解吳都賦注補纏字）結也尚書禹貢曰苞匭菁茅茅生桂陽可以縮酒給宗廟（當作給宗廟縮酒）異物也重之是故既苞裹而又纏結之一曰匭匣也劉逵前說本鄭君後說爲僞孔所本匭得訓纏結者匭讀爲糾古音同在第三部也古音簋軌字皆讀如九匭从匚軌聲古文簋字簋黍稷方器也故从匚鄭君於其同音得其義也淺者不知爲古文簋字因其从匚匚者受物之器乃訓爲匣晉初已有此陋說僞孔襲之至唐武后乃設四匭於朝堂上表者

投之不識字之弊生心而害政矣

厥篚元纁璣組

璣釋文曰馬同者馬亦曰珠類也引玉篇渠依居沂二反依當从今玉篇作氣此條尚是顧氏原本淺人改爲依而不知上文有其依反矣

釋文馬云組文也按文下也上恐有脫字

九江納錫大龜

納錫夏本紀作入賜玉裁按古以錫爲賜假借之法也說文贛賜也賜予也古者下之予上亦得云賜堯典云師錫帝禹貢云九江入錫大龜洪範云惟時厥庶民于女極錫女保極皆是也此義不明故納錫大龜妄爲曲

說

浮于江沱潛漢

釋文曰本或作潛于漢非正義曰本或潛下有于誤耳

玉裁按夏本紀浮於江沱涔於漢則今文尚書有此于字也或改古文同今文或古文本有皆未可知古文無

逸篇無淫于觀于逸于遊于田以淫領四于字此以浮

領二于字句法正同陸氏誤絕其句故云非耳

逾于雒至于南河

凡禹貢雒字今本皆改爲洛此衞包所爲也今更正

兩漢人書洛字通作雒其或作洛者轉寫改之魚豢魏

略云漢火行忌水故洛去水而加隹焉此語本不根之

談而顏籀信之且傅會之云如魚氏說則光武以後改爲雒字也地理志一篇其述禹貢則作洛其列漢郡縣則作雒陽葢顏氏自用其說而改班氏所載今文禹貢之雒爲洛未深覈其實也凡地理志所載禹貢多經後人以尚書改字夏本紀較善焉

說文水部洛字下云水出左馮翊歸德北夷界中東南入渭（今本說文譌闕依地理志當云洛水出北地歸德北夷界中至左馮翊褱德東南入渭雝州浸）从水各聲未嘗云一出京兆上雒縣冢領山東北至河南鞏縣入河也說文之例每字但舉其本義不舉其假借他用之義豫州之水字本自古作雒隹部雒字下例所不載惟出北地歸德之水字正作洛許君作書自言遵

修舊文而不穿鑿信而有證將以理羣類解謬誤曉學者達神恉必非有所依違遷就也漢志宏農上雒縣下云禹貢雒水出冢領山東北至鞏入河豫州川字正作雒此謂禹貢及職方豫州之雒也如顏本前作伊洛道洛則禹貢雒水四字無箸左馮翊褱德下云洛水東南入渭雍州浸北地歸德下云洛水出北蠻夷中入河此河字乃渭字之誤褱德下云洛水東南入渭卽此一水也字正作洛此謂職方雍州之洛也禹貢職方具述於前故蒙上文言之此可以證志述禹貢字必作雒也淮南墬形訓曰洛出獵山高注獵山在北地西北夷中洛東南流入渭詩云瞻彼洛矣維水泱泱是也又曰雒出熊耳高注熊耳在京兆上雒西北也兆字版本誤師淮南王

在前漢而字亦一作洛一作雒分別劃然與漢志同前此經典則小雅瞻彼洛矣毛傳洛宗周漑浸水也周禮職方氏逸周書職方解雍州其浸渭洛鄭注洛出懷德此皆謂出北地水也周禮職方氏豫州其川熒雒正義本不誤釋文本作洛非也逸周書職方解豫州其川熒雒此皆謂出京兆上雒水也二字分別自古而然此非許君之所本與魏志黃初元年幸洛陽裴注引魏略曰詔以漢火行也火忌水故洛去水而加隹魏於行次爲土土水之牡今本誤土也水得土而乃流土得水而柔故除隹加水變雒爲洛世期引魏略於此者正謂黃初元年幸洛陽乃有此詔前此皆用雒後此乃皆用洛也魚氏錄魏詔云爾則

魏文帝之失也漢以前皆用雒非漢去水加隹也妄爲之說而用雍州浸名爲豫州川名凡經傳子史或應用雒而作洛或一篇一簡之內雒洛錯出此皆黃初以後轉寫竄易參差不整之故若今文尚書之作雒則見於隸釋所載漢石經尚書殘碑多士篇兩茲雒字此必伏生壁藏之本固爾非去水加隹之謂也而古文尚書今本皆作洛字考周禮天官序官注引召誥大保朝至于雒大保乃以庶殷攻位于雒汭字皆作雒則知黃初後傳寫者乃盡易之不然許君說文其偁書孔氏古文也何難據古文列熊耳之水於洛字下而必遵今文哉世遠言湮攷古者貴心知其意．

漢碑惟國三老袁良碑隱居河洛字作洛同音假借也禹貢言雒者五今本地理志逾于雒浮于雒道雒雒汭皆作洛惟伊雒字未改廣韵引書導洛自熊耳而云漢書作雒則古本皆作雒可知也

地理志有一音二字而三水者宏農上雒之雒水廣漢雒縣之雒水北地歸德之洛水是也三雒同偁而皆不作洛見於禹貢者則上雒之雒也志自伊水入雒己下雒字不下十餘見而禹貢雒水之云尤可證上文述禹貢不當作洛

史記封禪書漢書郊祀志述秦祠官所常奉皆云汧洛二淵張氏正義云有三洛水（即一音二字三水也）未知祠何者玉

裁按汧洛皆在雍州所云洛者正括地志出慶州洛源縣地理志出北地歸德北夷界中之水也故字正作洛而郊祀志孝宣以四時祠江海雒水字正作雒則豫州之雒也志又云成王郊於雒邑周公加牲告徙新邑定郊禮於雒漢人洛雒分別如此

荆河惟豫州伊雒瀍澗既入于河

江氏叔澐曰瀍字說文所無淮南本經訓云導廛澗則古字本不從水也玉裁按此卽飛禽卽須安鳥草類皆從兩中之類也其證尚有四地理志凡字稍生者皆爲音而瀍字無音亦可以證志文本作廛一也廣雅釋水曰瀍理也此當是廛里也之誤二也玉篇水部曰瀍水

名其字廁於雜亂無章之處必非顧氏之舊三也五經文字水部不載瀍字四也尙書釋文曰瀍直然反葢開寶依衞包所改而增之今姑仍其舊以俟明者

又按高氏注淮南曰廛讀裹纏之纏疑廣雅當作廛纏也理字誤

熒播既豬

唐石經此及泆爲熒皆作滎今更正攷熒澤字古从火不从水周官經其川熒雒詩定之方中鄭箋及狄人戰於熒澤春秋左氏傳閔公二年及狄人戰于熒澤宣十二年及熒澤見六麋杜預後序云卽左傳所謂熒澤也爾雅注圃田在熒陽釋文凡六熒字皆从火隱元年注

號國今滎陽縣釋文云本或作滎非尤爲此字起例玉篇焱部滎字下云亦滎陽縣漢韓勑後碑河南滎陽劉寬碑陰河南滎陽鄭烈碑滎陽將封人也字皆从火而唐盧藏用撰書紀信碑長安二年嘗以百萬之兵困高祖於滎陽字正从火至今明畫逸周書其川滎雒隋書王劭傳上表言符命曰龍鬭於滎陽者滎字三火明火德之盛也然則滎澤滎陽古無从水者尚書禹貢今本从水釋文亦同者崇文總目云宋開寶中詔以德明所釋乃古文尚書與唐明皇所定今文駁異令太子中舍陳鄂刪定其文改從隸書蓋今文自曉者多故音切彌省王應麟云開寶五年詔翰林學士李昉校定名開寶新定尚書釋文天聖八年九月雕新定釋文然則衞

包庯妄改熒作滎而陳鄂和之所當訂正者也至於經典史記漢書水經注皆爲淺人任意竄易善本時有存者熒者光不定之皃（今江東人俗語爲役）故高誘注淮南亦云熒惑也泲水出浸不常故取名曰熒於絕小水之義無涉也

說文十一篇水部滎字下曰滎濘絕小水也从水熒省聲（戶扃切）濘字下曰滎濘也从水寧聲（奴泠切此依文選七命李善注所引訂正）按滎字林作濙（見文選甘泉賦注）古書尟用滎字者惟靈樞經云所出爲井所溜（難經作流）爲滎所注爲腧所行爲經所入爲合此命名取絕小水之詮音義引說文同

岳氏珂相臺書塾刊正九經三傳沿革例曰參考諸家

之說則滎波之滎熒雒之熒熒澤之熒滎陽之滎同以濟水溢爲波爲澤而得名釋文於左傳決然以爲作滎者非似未深考也只如禹貢之滎波既豬鄭引以注職方氏則曰滎播既都禹貢之沇水鄭注職方則曰兖蓋播卽波也豬卽都也兖卽沇也而其字則異焉各因其時所傳之本之舊也滎字之或从火要亦如此今各從其本之舊而實則一也玉裁按岳氏未能攷古而衷於一是蓋天寶以前確知熒陽熒澤不當從水而其後淺人以爲水名不當從火紛紛改竄遂使經傳熒滎錯出苟有定識必一歸於正也

閻氏潛丘劄記說滎絕小水也爲爾雅正絕流曰亂之

絶與禹貢沛泆爲滎相發明其穿鑿傅會由不知禹貢字本作熒故爾中斷曰絶絶者窮也故引伸爲極至之用絶小水者極小水也絶流曰亂者中斷之意也字同而誼別矣

播古文尚書今文尚書竝同惟僞孔古文尚書本作波釋文曰波馬本作播正義曰馬鄭王本皆作熒播謂此澤名熒播此孔壁古文尚書作播之明證也夏本紀作播索隱曰此及今文竝云熒播小司馬所謂今文謂漢石經也此今文尚書作播之明證也

鄭注古文尚書曰熒播沇水泆出所爲澤也今塞爲平地熒陽人猶謂其處爲熒播此從索隱作播書詩正義皆作澤蓋非也在其

縣東衛狄戰在此地書正義詩鄭譜正義史記索隱

詩鄭譜曰檜國在豫州外方之北滎播之南居溱洧之閒正義曰禹貢豫州云滎播既都併引鄭注今本注疏播字悉改爲波非也無緣鄭本尚書有作波者地理志顏注曰檜國在豫州外方之北滎播之南溱洧之閒用鄭語也字正作播可以證矣

周禮職方氏豫州其川滎雒其浸波溠鄭注波讀爲播引禹貢滎播既都正義曰禹貢有播水無波故引爲證王伯厚以賈疏證漢唐書皆作播不知賈謂鄭本禹貢耳若唐時僞孔本則作波非鄭所知也

楊雄豫州牧箴滎播枲漆此亦今文尚書作播之明證

章樵注云播一作波此用孔本古文尚書妄改者藝文類聚作播而誤皤初學紀作波而誤彼
按枚頤本作波蓋用鄭注周禮說謂此眞壁中本與周官古經合非衛賈馬鄭本所能及也其用心狡矣若班志用今文尚書而字作波此必後人以枚頤尚書改之者如王莽傳不台今本作不嗣之比
江氏叔澐尚書集注滎波作滎潘云據說文水部潘水名在河南滎陽从水番聲言在滎陽則與滎澤同處故知此經之當作潘字玉裁始疑其說今按水經注濟水篇云晉書地道志濟自大伾入河與河水鬭南泆爲滎澤尚書曰滎波既豬孔安國曰滎澤波水以成遏豬闘

駰曰滎播澤名也故呂忱曰播水在滎陽謂是水也昔大禹過其淫水而於滎陽下引河東南以通淮泗所引呂忱語謂字林也字林多本說文且說文字林之例手部播字不應㫄及水名然則字林正作潘水在滎陽與說文合轍如孝水之字字林必作涍也酈氏引孔作波闞作播呂作潘不暇分別字體所由異且馬鄭王謂滎播即滎澤是一物許呂則潘別爲一水與滎爲二而孔傳云滎澤波水蓋謂滎是澤名波是水名斷非如正義之說呼波浪爲波水酈氏亦不暇析其異同鄭注周禮滎雒波溠爲四云波讀爲播引禹貢滎播既都則注書一之注周禮二之矣酈云大禹塞其淫水者即釋經文

既豬也江氏謂潘播波三字同故非無證
王伯厚困學紀聞曰古文云熒嶓既都此謂宋次道王
仲至家古文不必置辯
凡古文尚書作豬凡今文尚書作都鄭禮注引作都者
用其正字也
道菏澤
道今本作導今本釋文云導音道盧氏召弓云必本是
道音導而倒之玉裁謂法言切韵道則上聲導則去聲
故有道音導之云也衞包改道爲導李昉陳鄂改釋文
道導互易導讀上聲法言切韵有是乎且經文九河既
道濰淄其道沱潛既道皆卽此道字理之曰道某己就

理曰某道此文理之易明者也夏本紀地理志皆作道則與古文尚書同也下文道汧及岐道嶓冢道溺水道黑水道河道漾道江道沇水道淮道渭道雒皆同

渮紀志皆作菏五經文字水部亦曰菏見夏書古本亦作菏

被孟豬

玉裁按周禮職方氏作望諸左氏傳僖廿八年爾雅釋地皆作孟諸古文尚書作孟豬左傳正義詩曹譜商譜正義皆引尚書作孟豬惟陳譜正義引尚書孟誤作盟轉寫失之耳正義曰禹貢豫州云導菏澤被孟豬案地理志盟豬在梁國睢陽縣東北盟豬尚書作孟豬卽左傳稱孟諸之麋爾雅云宋有孟諸是也但聲訛字變耳今正義尚書之孟譌作盟漢志之盟譌作

明
今文尚書則作明都夏本紀及水經作明都是也今
文尚書亦作孟諸司馬貞索隱曰明都爾雅左傳謂之
孟諸今文亦爲然凡小司馬所謂今文者皆謂蔡邕石
經拓本也尚書大傳夏傳孟諸靈龜則今文尚書作孟
諸不誣矣鄭治古文尚書者也而注周禮曰望諸明都
也毛詩陳譜曰東不及明豬班治今文尚書者也而地
理志述禹貢作盟豬梁國下又作盟諸菑明盟孟望古
音皆讀如芒在第十部諸豬都古音皆在今之九魚在
第五部皆同音通用古有不拘非可以今古文截然分
別之例例之也
又按尚書大傳曰孟諸靈龜鄭注孟諸宋藪也下文大

都䱌魚刀魚鄭注大都明都也則明都與孟諸爲二其說未聞

又按職方正義引尚書作明都此順鄭注而改經文疏家之病也

厥土惟壤下土墳壚厥田惟中上厥賦錯上中

楊州賦下上上錯及此錯字夏本紀皆作襍故訓字也他錯字又不爾

厥貢漆枲絺紵

枲夏本紀作絲葢今文尚書也二字同在古音第一部

厥篚纖纊

纊紀作絮故訓字也

錫貢磬錯浮于雒達于河

版本皆作浮于洛達于河唐石經作浮于洛河無達于二字顧氏亭林校石經謬戾獨未指摘玉裁竊謂石經旣成覆挍者增改緐緐何不及此也夏本紀通于河今本通誤爲達地理志入于河入葢亦通之誤也

華陽黑水惟梁州

華說文作⿱山𠌶華其假借字也廣韵曰宋戴公考父食采於崋因氏焉今左氏傳亦祇作華

岷嶓旣蓺

岷俗字也當依說文作⿱敃山或省作崏魏大饗碑有岷字夏本紀作汶又曰汶山之陽又曰汶山道江玉裁按此葢古文

尙書作㟩今文尙書作汶也史記封禪書說秦幷天下所奉名山大川自華以西有瀆山釋之曰瀆山蜀之汶山也凡訓詁之法以今釋古謂今之汶山卽秦之瀆山也是則漢人呼爲汶山字作汶確然可證貨殖傳曰吾聞汶山之下沃野字作汶此古本也河渠書蜀之岷山字作岷此改竄本也地理志蜀郡有汶江道史記西南夷傳曰以冄駹爲汶山郡漢書孝武帝紀元鼎六年定西南夷吕爲武都牂柯越巂沈黎文山郡今本華陽國志曰孝武元封四年置誤也西南夷傳亦曰以冄駹置文山郡此亦漢時字正作汶或作文之證也漢人字正作汶者必以伏生尙書字正作汶屈賦悲回風曰隱岐山以淸江王注尙書

曰岐山導江岐一作崏一作汶玉裁按汶字是文省體

岐崏皆或體也叔師引今文尚書也若古文尚書則作𡾋許君造說文十一篇水部曰江水出蜀湔氐徼外𡾋山入海九篇山部曰𡾋山在蜀郡湔氐西徼外从山敃聲此用古文尚書也𡾋字敃重一變爲崏再變爲岷昬聲敃聲文聲同在古音第十三部民聲乃在古音第十二部昬不從民聲也說詳說文解字讀夏本紀作汶此今文尚書也地理志作崏湔氐道下作崏梁州作岷此用古文尚書改竄之本也中山經曰岷𡾋之誤山江水出焉此與古文尚書合者也海內東經曰大江出汶山此與今文尚書合者也

友人銅梁王氏汝璧云山海經五篇以後皆後人增羼

嶓冢山之取名不可曉嶓字不見於說文葢其始但作番字或加山旁也廣雅云墦冢也然則墦與冢正是一物以其形名之故可單舉上字此不同大華之單舉華字也山海經海內東經曰漢水出鮒鰅今本作魚此依太平御覽四十五之山大荒北經曰鮒依文選敬皇后哀策注今本作附誤禺之山帝顓頊與九嬪葬焉鮒讀如步禺讀如顒鮒與嶓禺與冢皆語之轉

蓺唐石經己下作藝此依漢志

沱潛既道

地理志漢中安陽鬵谷水出西南北入漢按此雖不系諸禹貢然據鄭注梁州沱潛云地理志在今蜀郡郫縣

及漢中安陽皆有沱水潛水其尾入江漢則志述禹貢作灊此安陽縣下作鬵實一物也水旁恐屬後加耳夏本紀作涔志作鬵此馬班所據今文尚書有異也水經曰沔水東過魏興安陽縣南涔水出自旱山北注之又曰涔水出漢中南鄭縣東南旱山北至安陽各本譌作沔陽戴先生更正縣南入于沔玉裁按此卽地理志之鬵谷水在安陽西南北入漢者也而其字作涔此亦涔鬵灊潛通用之證也

蔡蒙旅平

釋文旅韋音盧謂韋昭漢書音也史記六國表曰位在藩臣而臚於郊祀臚卽旅於泰山之旅韋音正本此讀

旅爲臚周本紀魯世家魯天子之命魯卽旅旅卽臚也古音旅讀平聲如玈弓玈矢古皆作旅可證毛居正乃云玈音盧旅祭之旅不音盧唐宋人不知漢魏晉人之音凡毛所駁釋文皆可付之一笑

惠氏定宇論語古義曰班固述贊曰大夫臚岱矦伯僭時鄭氏曰臚岱季氏旅於大山是也小顏曰旅陳也臚亦陳也臚旅聲相近其義一耳禹貢曰蔡蒙旅平傳云祭山曰旅韋昭音盧士冠禮注曰古文旅作臚周禮司儀旅擯先鄭曰旅讀爲旅於泰山之旅後鄭云旅讀爲鴻臚之臚臚陳之也周書謚法曰惟三月既生魄周公旦太師望相嗣王發既賦憲受臚于牧之野臚卽旅也

和夷厎績

釋文曰和又作龢鄭云和讀曰洹玉裁按水經曰桓水出蜀郡岷山西南行羌中入于南海酈注曰尚書禹貢岷嶓既藝沱潛既道蔡蒙旅平和夷厎績鄭元曰和上夷所居之地也和讀曰桓地理志曰桓水出蜀郡蜀山西南行羌中者也酈注止此依漢志水經則鄭注字當作桓釋文作洹恐淺人改木爲水耳說文洹字下曰水出晉魯之閒

惠氏九經古義曰鄭康成云和讀曰桓案漢書酷吏傳云桓東少年場如淳曰陳留之俗言桓聲如和故桓表或謂之和表東京賦云敘和樹表

厥土青黎

王肅曰青黑色黎小疏也孔傳云色青黑而沃壤玉裁按王當云青青黑色今正義本脫一青字土色不能純青必兼黑色禮器或素或青夏造殷因鄭注變白黑言素青者秦二世時趙高欲作亂或以（當作謂）青爲黑黑爲黃民言從之至今語猶存也禮記出秦後故或襲秦語尚書非其倫王氏直以黑字補足青字耳孔傳云色青黑者亦是釋經之青云而沃壤者乃是釋經之黎以沃壤釋黎其說未聞也馬融云黎小疏也王同葢釋豫州之壚爲疏故釋黎爲小疏周禮草人埴壚鄭以黏訓埴以疏訓壚黎之言離也合黎山水經作合離山是也釋

名曰徐州貢土五色有青黃赤白黑也土青曰黎似黎

草色也二黎字疑本皆作藜地理志合黎山作合藜山同也土黃而細密曰埴埴

膱作膩誤也黏昵如脂之膩也土黑曰盧盧然解散也此

皆釋尚書也而其所據之本字有不同故其說亦不同

夏本紀黎作驪蓋今文尚書也

太平御覽卅七尚書禹貢梁州土青驪孔安國曰色青黑

豈襲史記裴駰集解與

厥田惟下上厥賦下中三錯厥貢鏐鐵銀鏤砮磬

鏐釋文作璆云音虯徐又居虯反又閭幼反馬同韋昭

郭樸云紫磨金案郭注爾雅璆卽紫磨金玉裁按此條

冣不可通蓋美玉之字从玉作璆紫磨金之字从金作

鏐不能混一考夏本紀亦作璆而集解引孔傳璆玉名字作璆又引鄭注黃金之美者謂之鏐字作鏐裴氏不分別之云鄭作鏐此其疏也釋文馬同之下亦當有鄭作鏐三字其下曰韋昭云紫磨金案郭注爾雅鏐卽紫磨金蓋引韋昭者以其注地理志卽注禹貢也故又引郭注爾雅證之如此乃爲通貫馬本作璆孔同鄭本作鏐韋昭漢書同馬本古文多有異者如馬作均于江海鄭作松于江海而正爲沿瑤琨馬本作瑤瓚是也又按閭幼一反與爾雅釋文鏐力幼反之音相合恐以鏐之反語誤系之璆下也今從鄭作鏐

韋昭漢書作鏐疑史記亦本作鏐皆本今文尚書而古

文尙書則作璆馬不改字鄭則依今文讀璆爲鏐
熊羆狐貍織皮西傾因桓是來
傾志作頃師古云讀曰傾玉裁按此小顏讀從尙書傾
字凡小顏言讀曰者皆易其字猶得漢人意也
水經注桓水篇曰鄭元注尙書言織皮謂西戎之國也
西傾雍州之山也雍戎二野之閒人有事于京師者道
當由此州而來桓是隴坂名其道盤桓旋曲而上故名
曰桓是今其下民謂是坂曲爲盤也玉裁按上文和字
鄭讀爲桓水不應一物而一用假借一用本名是以此
桓字不爲桓水連是字立文云桓是逗隴坂名今其下
民謂坂爲是句曲爲桓也舉其方俗語言以證己說今

本譌謬乃不可讀矣古是氏通用見於禮記下曲禮儀禮覲禮史記宋微子世家及後漢書李雲傳說文十二篇氏字下曰巴蜀名山岸脅之堆旁箸欲落墒者曰氏楊雄賦響若氏隤桓是卽此氏字也師古漢書作阺隤師古曰阺音是今本說文十四篇𨸏部阺字下曰秦謂陵阪曰阺从𨸏氏聲阺乃阺之譌秦語與巴蜀語同鄭所云謂坂爲是也亦作坻韋昭音若是理之是譌作坻天水隴坻卽鄭注尙書之桓是也凡氏聲是聲在古音第十六部故氏是通用凡氐聲在古音第十五部故氐與氏不通用轉寫淆譌莫可究詰

浮于潛逾于沔入于渭亂于河

禹貢言潛者四志皆作灊紀三作涔而惟此作潛則此潛本作涔淺人所改也凡後人妄改不盡則有參差不治之蹟

黑水西河惟雍州弱水既西

下文道弱水釋文云弱本或作溺則此弱字亦本或作溺也說文十一篇水部溺字下曰水自張掖删丹西至酒泉合黎餘波入流沙从水弱聲桑欽所說地理志張掖郡删丹下云桑欽以爲道弱水自此西至酒泉合黎班許所據正同也而班書作弱許書作溺似班書从省耳古文尚書孔安國授都尉朝朝授膠東庸生庸生授清河胡常少子常授虢徐敖敖授瑯邪王璜平中中讀曰仲

玉裁按溝洫志大司空掾王橫師古曰即其人也而字作橫與字平仲相應水經注河水篇亦作橫然則作璜誤也平陵塗惲子眞子眞授河南桑欽君長釋文序錄桑作乘蓋字之誤漢志所引桑欽說六絳水漯水汝水淮水弱水易水說文水部引桑欽說三溺水漯水汝水蓋皆其說古文尚書語然則壁中故書作溺信而有徵後人用溺爲沈休字因用弱爲溺水字水經注河水篇地理志桑欽曰濕水出高唐此引漢志也今本譌作桑欽地理志曰胡氏朏明據之謂桑欽有地理志繆甚

涇屬渭汭

釋文汭本又作內同如銳反馬云入也

漆沮既從

下文道渭又東過漆沮孔傳漆沮一水名亦曰洛水出馮翊北玉裁按此卽出北地歸德北夷中至左馮翊褱德東南入渭之洛水也漆沮合二字成文在涇東非涇西之漆水也今本孔傳作二水名二乃賸字或一字之誤特言一水名以別於恆衞淮沂等也儻是二水則下文亦曰洛水者果何水乎索隱曰漆沮孔安國獨以爲一可證

灃水攸同

文王有聲作豐水正義引禹貢東會于豐此字从水旁者恐是俗字地理志作酆水文王作邑于豐正以在豐水之西名之水經渭水篇作豐水獨爲合古

郊祀志霸產豐澇涇渭豐不从水而封禪書霸産長水澧澇徐廣曰澇音勞不爲澧音以其不音則知本不从水也尚書葢衛包加水開寶增釋文曰澧芳弓反

荆岐既旅

既紀作己

終南惇物至于鳥鼠

終南左傳昭四年作中南地理志右扶風武功大壹山古文以爲終南垂山古文以爲敦物皆在縣東水經曰華山爲西岳在宏農華陰縣西南酈注云古文之惇物山也此大誤而史記正義索隱仍之惇紀志水經皆作敦志於武功下云古文敦物而述禹貢作惇者淺人改之也

原隰厎績至于豬野

豬野夏本紀水經廣雅皆作都野地理志作豬壄云武威郡武威休屠澤在東北古文以爲豬壄澤

三危既宅

夏本紀宅作度今文尚書也兖州度土作居土四奥既度作既居此不以詁訓字代之地理志作宅恐後人所改

三苗丕敘

夏本紀丕作大故訓字也敘紀志皆作序

厥土惟黃壤厥田惟上上厥賦中下厥貢惟球琳琅玕

爾雅釋器璆美玉也（今本作璆琳玉也非古本）又曰西北之美者有

崑崙虛之璆琳琅玕焉說文玉部曰球玉也（大徐本玉下增磬字大誤）又曰球或从翏作璆

詩韓奕鄭箋引書黑水西河其貢璆琳琅玕釋文曰琳字又作玪（今注疏譌玲）音林孔安國云璆玪美玉也鄭注尙書云璆美玉玪美石玉裁按釋文此條譌舛當云琳音林字又作玪音斟孔安國云璆琳美玉也鄭注尙書云璆美玉玪美石蓋孔本作琳鄭本作玪玪與琳異字音雖同部義則異物也說文一篇玉部曰玪塾石之次玉者廣雅曰瑊玏石次玉也司馬相如子虛賦瑊玏[元]厲張揖曰瑊玏石之次玉者山海經中山經葛山其下多瑊石郭傳瑊玏石似玉（今本譌）玪瑊同字塾玏同字郭注

穆天子傳云玲玉名非也玲瓏合二字成文其單用玲字者古文尚書及中山經穆天子傳也李善引如淳曰瑊音緘玏音勒廣韻瑊音斟

集韻二十一侵琳說文美玉也古作玲此誤認爲一字正襲釋文之誤

紀志皆作琳論衡率性篇禹貢曰璆琳琅玕此則土地所生眞玉珠也玉裁按眞玉謂璆琳眞珠謂琅玕下文云魚蚌之珠與禹貢琅玕皆眞珠也今本譌謬不可讀疑古文尚書作玲今文尚書作琳與爾雅合孔本同今文尚書者也鄭本作玲其作琳者非也

薛氏書古文訓作玲采諸鄭本也

浮于積石至于龍門西河會于渭汭織皮昆侖

唐石經已下昆作崐按尙書釋文大書崐崘小注云下魯門反不爲崐字反語則知上字本作昆不从山宋人加之也考爾雅兩字皆从山釋文皆有音漢書地理志作昆崘此正與陸氏尙書同也若夏本紀則作昆侖兩字皆不从山索隱本大宛傳亦作昆侖說文山部亦無此兩字

析支

析支大戴禮五帝德作鮮支按古音斯與析同部同紐同義鮮之雙聲轉讀同斯析是以說文鮮聲之霹讀若斯也列子湯問篇曰長子生則鮮而食之盧氏召弓云謂析而食之是也後漢書西羌傳作賜支賜析同在古

音第十六部

渠搜

搜地理志作叟五帝本紀作廋

西戎卽敘

敘紀志皆作序今本志作敘者淺人改也

漢書西域傳贊曰書曰西戎卽序禹既就而序之非上

威服致其貢物也

敘傳西戎卽序夏后是表

道汧及岐至于荆山

夏本紀汧上作道九山

釋文曰道音導衞包既改經文之道爲導開寳閒乃倒

置之曰導音道

汧釋文作岍云字又作汧馬本作開玉裁按紀志皆作汧志又云右扶風汧縣吳山在西古文以爲汧山句汧水出西北入渭葢山以水得名字當作汧爲長今依釋文又作本馬本作開者開从門幵聲小徐本不誤古音與汧同也

周頌天作鄭箋云書曰道岍及岐至于荆山釋文道音導岍口田反又口見反

逾于河壺口雷首至于大岳

大唐石經以下作太誤也史漢善本尙作大志河東彘縣下曰霍大山在東

厎柱析城至于王屋

厎志同紀作砥按說文厎砥同字

大行恆山至于碣石入于海

大唐石經已下作太誤也史漢作太者皆是俗人所改

列子作大形山

西傾朱圉鳥鼠

圉紀志皆同而地理志天水郡冀下曰禹貢朱圄山在縣南梧中聚郡國志漢陽郡明帝改曰漢陽冀有朱圄山玉裁按圉圄古通用漢志冀縣下作圄則其前述禹貢亦必作圄夏本紀索隱曰圉一作圄葢皆後人依尚書改爲圉也

至于大華

大唐石經以下作太誤也今通志堂釋文作太岳太行太華後人加點耳本篇大湖音太胡其實此等皆不必音太

熊耳外方桐柏至于陪尾

陪地理志作倍顏師古云讀曰陪按師古讀從尚書也江夏郡安陸下云橫尾山在東北古文以為倍尾山是則漢名橫尾尚書名陪尾也夏本紀作負尾負聲音聲古音同在第一之咍部古字多以負為倍以倍為向背之背亦以倍為負高祖本紀讎數倍讎值也數音朔倍與負同下文折券棄責師古云棄其所負是也索隱說大誤漢月令王萯生呂氏春秋作王菩生俗本菩譌

善郭景純注穆天子傳云蕡今菩字音倍皆其證也音轉乃皆入尤矦部

道嶓冢至于荊山內方至于大別

地理志江夏郡竟陵章山在東北古文以爲內方山玉裁按章山之上當有立字史記集解引鄭元曰地理志內方在竟陵名立章山又郡國志曰江夏郡竟陵立章山本內方又水經注曰禹貢注立章山也宋本不誤葢俗本漢書因章頭似立而脫之也

廣韵十七薛曰大⿰山別山名葢淺人加山旁也凡豐之作灃甾之作淄恐皆類此

岷山之陽至于衡山過九江至于敷淺原

地理志述禹貢作敷淺原而豫章郡歷陵下傅昜山傅昜川在南古文以爲傅淺原案以此作傅知前作敷者淺人所改也猶傅土改敷土也以漢書作傅知本紀作敷者亦淺人所改也郡國志亦曰豫章歷陵有傅昜山今本尚書正義史記索隱地理志注皆作博陽山昜陽同字博則誤也一說地理志本作傅昜作傅昜者誤也

水經志禹貢山水澤地所在凡六十九江東陵敷淺原大邳三澨皆爲地班合傅昜山傅昜川釋敷淺原亦地之也注疏單舉博陽山尚書後案又傅會原字謂敷淺原爲水皆非

徐廣史記音義曰淺一作滅

道弱水至于合黎餘波入于流沙

夏本紀弱水上作道九川

水經禹貢山水澤地篇曰合離山在酒泉會水縣東北

鄭氏注曰合黎山也玉裁按葢今文尚書作合離與桑

欽云西至酒泉合黎不言合黎在何縣而鄭所引地說

及水經皆云在會水

地理志黎作藜

淮南墬形訓曰弱水出自窮石至于合黎餘波入于流

沙絶流沙南至南海

道黑水至于三危入于南海道河積石至于龍門南至于

華陰東至于厎柱又東至于孟津

大誓序正義曰孟者河北地名春秋所謂向盟是也是於孟地置津謂之孟津玉裁按盟孟古音同在第十部皆讀如芒故左傳作盟尚書作孟也尚書舊本葢或作盟津或作孟津如水經注河水篇云論衡武王與八百諸矦咸同此盟故曰盟津亦曰孟津今本盟孟字互易非尚書所謂東至于孟津者也此尚書作孟之證也李善注東京賦引尚書及孔傳皆作盟羣經音辨云盟津洛北地也音孟此尚書作盟之證也作孟則訓爲四瀆之長薛綜注東京訓爲長大顏注地理作盟則薛綜王充酈道元皆訓爲武王與諸矦約誓要皆緣字傅會耳尚書正義本當是作孟今本是也釋文本當是作盟賈氏昌朝所本也今本釋文

開寶閒所刪紀志皆作盟

文選張衡東京賦盟津達其後薛注孟津四瀆之長故武王爲諸侯約誓於其上此當云盟讀爲孟孟津四瀆之長一說武王與諸侯約誓於其上故曰盟津今本薛注不完多經淺人刪改李注曰尚書曰東至於盟津盟津地名在洛北都道所湊古今以爲津今本文選東京賦注脫善曰二字江氏叔澐乃誤認孔傳爲薛綜語孔傳孟津孟地名今人刪下孟字古注內此等甚多

東過雒汭

汭溝洫志作内猶雍州渭汭本又作内也

至于大伾

伾釋文曰本又作岯字或作𤗋玉裁按東京賦底柱輟

流鐔以大伾善注引東過大伾此正釋文又作之本也夏本紀水經作邳疑卽魾字之異體也爾雅山一成坯或作伾說文土部曰坏𠀚一成者也水經注引从土不聲字皆不同而音則一

北過降水至于大陸

降蔡氏沈集傳作洚以正義釋文唐石經攷之恐是字之誤耳

孟子曰書曰洚水儆予洚水者洪水也洚洪古音同孟子舉其同音故訓與巡狩者巡所守也征之爲言正也仁也者人也畜君者好君也一例說文水部曰洪洚水也洚水不遵道也下文一曰下也非正解且恐後人所增竄僞大禹謨竊孟

子乃作降水訓曰下水夫水無有不下下水何足儆人孔傳旣洚誤爲降而蔡氏集傳又降誤爲洚其不通一也降水者水名也豈洚洞無涯之謂

又按水經注河水篇曰不遵其道曰降亦曰潰此降字亦洚之誤其上下皆有脫文

洚玉篇唐韵皆下江切與鄭注尙書降水音合故俗本改降爲洚此恐不始於蔡氏也

釋文曰降如字鄭戶江反正義曰鄭以降讀爲下江反案戶江下江一也鄭無反語後人因其注爲之今之戶江反漢人讀胡工反其時有東韵無江韵也水經注濁漳水篇曰鄭元注尙書引地說云大河東北流過絳水

千里至大陸爲地腹如志之言大陸在鉅鹿地理志曰水在安平信都鉅鹿與信都相去不容此數也水土之名變易世失其處見降水則以爲絳水故依而廢讀或作絳字非也今河內共北山淇水出焉東至魏郡黎陽入河近所謂降水也降讀如城降于齊師之降葢周時國于此地者惡言降故改云共（音恭）耳玉裁謂周秦漢時郕降字讀如洪（今音則戶江反）升降絳色字讀如恭（今音則古巷反）鄭意尚書降水本讀如洪降水由淇水出共北山得名共國之字夏商周本亦讀如洪也而周時或惡其與郕降同音乃改共讀如恭敬之恭則與升降絳色字同音漢人乃移信都之絳水實尚書之降水旣廢其舊讀又或

經改字作絳葢鄭謂降水即共水共水實即洪水酈善長駁其非是引禹貢作降水說以漢志之屯留絳水云與濁漳合俱得通稱

又按漢志六引桑欽語皆古文尚書說也而亦作絳然則鄭所云依而廢讀或作絳字謂有改古文尚書之降爲絳者正謂桑君長也葢今文尚書作絳桑君說古文尚書從之鄭不以爲然也

地理志信都國信都下云禹貢絳水入海（郡國志亦云安平國信都有絳水）上黨郡屯留下云桑欽言絳水出西南東入海（郡國志亦云上黨郡屯留絳水出）此皆釋禹貢也而字作絳則其前述禹貢經文字亦必作絳不爾則禹貢絳水四字前無所承

今本地理志溝洫志錄禹貢皆作降淺人用尙書改之耳夏本紀河渠書索隱本亦皆作降且分別之云地理志从糸作絳而張守節正義引括地志云絳水源出潞州屯留縣西南方山東北流冀州入海卽地理志桑欽說也張本作絳與小司馬本作降不同葢今文尙書作絳是以史漢皆從之

今本漢志亦有作北過洚水者字之誤耳

又北播爲九河

紀無又字

同爲逆河入于海

古文尙書逆河今文尙書作迎河漢書溝洫志同爲迎

河是也其地理志同爲迎河宋子京妄改爲逆河史記夏本紀河渠書皆作同爲逆河而河渠書又言東闕洛當作雒汭大邳迎河則知兩逆字本皆作迎其參差不治皆緐後人㠯所習改竄可推而知也地理志勃海郡莽曰迎河南皮莽曰迎河亭亦用今文尚書語迎與逆雙聲方言自關而東曰逆自關而西曰迎白虎通引顧命迎子釗此今文尚書之一證也金縢之新逆伏生書當作迎此可意揣而知者也

逆在古音第五部迎在古音第十部而二部同入聲不獨此二字雙聲也晉語若川然有原以御浦而後大韋注御迎也言川有原因開利迎之以浦然後大也國語

舊音御牛嫁反孔晁本作卬牛亮反言川卬浦而大人卬教而成此韋孔二本一作御枉第五部一作卬枉第十部正與逆河迎河同卬仰古今字

裴駰引鄭注曰下尾合名曰逆河言相迎受也此以迎訓逆今本誤作逆受

史記河渠書曰夏書曰禹抑鴻水十三年過家不入門陸行載車水行載舟泥行蹈毳山行即橋（徐廣曰橋一作檋）以別九州隨山浚川任土作貢通九道陂九澤度九山然河菑衍溢害中國也尤甚唯是爲務故道河自積石歷龍門南到華陰東下砥柱及孟津雒汭至于大邳於是禹以爲河所從來者高水湍悍難以行平地數爲敗乃

厮舊本作灑二渠以引其河北載之高地過降水正義作絳水至于大陸播爲九河同爲逆本作迎淩人改之河入于勃海九川既疏九澤既灑諸夏艾安功施于三代玉裁按此司馬用經文合尚書說而謂之夏書班氏因之

漢書溝洫志曰夏書禹堙洪水十三年過家不入門陸行載車水行乘舟泥行乘毳山行則梮以別九州隨山浚川任土作貢通九道陂九澤度九山然河災之羨溢害中國也尤甚唯是爲務故道河自積石歷龍門南到華陰東下底柱及盟津雒內至于大伾於是禹以爲河所從來者高水湍悍難以行平地數爲敗迺釃史記河渠書索隱曰厮漢書作灑玉裁按司馬相如傳灑沈澹災亦作灑所宜反二渠以引其河北載

之高地過降此當是本作絳淺人改之水至于大陸播爲九河同爲迎河入于勃海九川既疏九澤既陂諸夏乂安功施乎三代

尚書言入于海耳河渠溝洫皆云入于勃海臣瓚曰禹貢夾右碣石入于海河渠書集解作海與夏本紀合今本溝洫志注作河非也然則河口之入海乃在碣石也武帝元光二年河徙東郡更注勃海禹時不注勃海也玉裁按尚書孔傳地理志顔注皆云入勃海俟攷

嶓冢道漾

說文十一篇水部漾字下曰水出隴西柏道水經注作獂道東至武都爲漢从水羕聲瀁字下曰古文也从養玉裁按

是則壁中故書作瀁孔安國以今文讀之易爲漾也漢志隴西郡氐道下曰禹貢養水所出字作養師古云本作漾或作瀁皆非善本也則上文述禹貢亦必云嶓冢道養不爾則前無所承今本志作道漾者淺人用尚書改之也郡國志隴西氐道下亦作養水葢夏本紀亦本作道養後人加水旁作瀁耳其字山也則加山旁其字水也則加水旁此學者通病非史記獨用古文也壁中作瀁孔安國作漾今文尚書作養此三者之不同也淮南墬形訓作洋水高注云洋或作養此可證漢人通用養字養古音同洋惠氏定宇曰漾史記及鄭本皆作瀁玉裁按云鄭本作瀁者據史記集解引鄭注而言但說史記者多改易他

書依附史記字體索隱引孔安國云泉始出山爲瀁又

不可據之云孔氏作瀁乎

東流爲漢又東爲滄浪之水

滄夏本紀作蒼水經注沔水篇曰武當縣西北四十里

漢水中有洲名滄浪洲庾仲雍漢水記謂之千齡洲非

也是世俗語譌音與字變矣史記正義引仲雍語千齡作滄浪

過三澨

說文十一篇水部曰澨埤增水邊土人所止者从水筮

聲夏書曰過三澨

至于大別南入于江東匯澤爲彭蠡東爲北江入于海

地理志會稽郡毗陵下曰北江在北東入海按此謂禹

貢北江也今本多脫北字

岷山道江

屈賦悲回風曰隱岐山以清江王注尚書曰岐山導江岐一作崏一作汶玉裁按道作導汶作岐崏皆非舊也古文尚書作𡶓山今文尚書作汶山故夏本紀曰汶山道江而河渠書封禪書皆言蜀之汶山汶山必系蜀者別之於萊蕪原山之汶也河渠書汶字淺人改作岷爾雅釋水郭注引岷山道江釋文道徒報反本或作導玉裁按凡各書引導河導江導漾者皆俗本也

東別爲沱又東至于醴

唐石經巳下醴作澧蓋依衛包旲改又經開寶改釋文

之醴爲澧也今更正夏本紀地理志皆作醴今文尚書與古文尚書同也尚書正義曰鄭元以醴爲陵云今長沙有醴陵縣見郡國志其以陵名今本衍爲字縣乎孔以醴爲水名楚詞曰濯今本楚詞作遺余佩兮醴浦是醴亦爲水名天寶以後正義醴悉改爲澧史記集解曰孔安國馬融王肅皆以醴爲水名鄭元曰醴陵名也大阜曰陵長沙有醴陵縣索隱曰按騷人所歌濯余佩兮醴浦明醴是水孔安國馬融解得其實又虞喜志林以醴是江沅之别流而醴字作澧也師古曰醴水在荆州玉裁按尚書經傳疏皆作醴而楚詞在唐時亦作醴浦不作澧浦今文選誤作澧洪興祖本不誤攷說文水部澧字下云水出南陽雉縣衡山東入汝不云出

武陵充縣至下雋入江此可證南陽澧水字从水武陵醴水字不从水如褒德洛水作洛上雒雒水不从水也古文尚書或訓爲陵或訓爲水而其字皆从酉衞包因孔釋爲水名徑改酉旁爲水旁以合他書而不知山海經水經作澧恐皆非舊也凡衞包之改字皆知有孔而不知有他家也如御作迓庸作鏞尼作昵鳥作島皆是經文以一字含衆解淺人主一解以改經文而醴作澧尤誤

過九江至于東陵東迆北會于匯東爲中江入于海

于匯蔡氏集傳俗本有作爲匯者非顧氏九經誤字言之矣孔傳東溢分流都共北會彭蠡史漢注引皆同今

注疏本作都共北會爲彭蠡多爲字誤也山井鼎云古本無爲字

說文二篇辵部曰迆衺行也从辵也聲夏書曰東迆北會于匯

道沇水

北山經王屋之山濝水出焉郭注濝音輦地理志王屋山沇水所出沇濝聲相近殆一水耳玉裁謂寶古同音假借字耳水經注作聯不从水

東流爲濟

水經注濟水篇曰風俗通曰濟出常山房子縣贊皇山廟在東郡臨邑縣濟者齊也齊其度量也余按二濟同

名所出不同鄉原亦別斯乃應氏之非矣玉裁按說文

泲出河東垣縣濟出常山房子二字各殊而應氏不別

至二水淆亂則可知漢人書濟瀆字不皆作泲也釋名

曰濟者濟也張守節曰下濟子細反釋名亦不作泲六

經惟詩風周禮作泲字他經不爾尙書濟字非必衞包

改也史記作濟漢志作泲而錯出濟

入于河泆爲熒

周禮職方氏注熒兗水也出河東垣入于河泆爲熒疏

引禹貢泆爲熒玉裁按今疏熒誤作滎泆字不誤今禹

貢作溢者衞包改也　史記夏本紀作泆　漢書地理

志作軼　水經注濟水篇晉地道志曰濟自大伾入河

與河水鬭南泆爲滎澤　地理志滎波既豬顏注滎沇水泆出所爲也字作泆依其時尙書本　玉裁按說文泆水所蕩泆也溢器滿二字義迥别蕩泆者動盪奔突而出正爲尙書泆爲滎作注腳師古注漢書云軼與溢同眞同寱語衛包襲其誤葢小學之不明久矣　泆是突出溢是平滿意象迥别泆不必滿也惟沛水能泆尙書多士篇大淫泆孔傳釋云大爲過逸之行泆可訓爲奔逸不訓爲溢古音泆逸軼肰在第十二部之入聲溢在第十六部之入聲相去頗遠　隱九年左氏傳曰彼徒我車懼其侵軼我也杜注軼突也成十三年左氏傳迭我殽地謂突過我殽地也皆與水蕩泆義相類說

文軼車相出也此地理志假軼爲泆之借也鄭注周禮曰過失若舉刃欲斫伐而軼中人者　酒誥淫泆于非彝釋文音溢又作逸亦作佚玉裁按泆之作逸佚者古音同也陸氏云音溢者今音同也　又按道淌澤被孟豬傳云流溢覆被之史記引孔傳作水流泆則知經傳泆字衛包皆改作溢也

東出于陶丘北

說文十四篇𨸏部曰陶再成丘也在濟陰从𨸏匋聲夏書曰東至于（文選應貞華林園詩注引無于）陶丘陶丘有堯城堯嘗所居（小顏高帝紀注此下增後居於唐四字）故堯號陶唐氏也玉裁按禹貢道水罕言出者此經出字當依說文作至

紀無于字

又東至于菏

此菏謂定陶之菏澤非謂湖陵之菏水也鄭注尚書曰

自道弱水已下言過言會者皆是水名言至于者或山

或澤皆非水名

又東北會于汶又北東入于海

北東紀作東北葢今文尚書也

道淮自桐柏東會于泗沂東入于海

春秋說題辭曰淮出桐柏淮者均也均其務雒出熊耳

雒之爲言繹也言水絡繹光耀風俗通曰江者貢也珍

物可貢獻也河者播也播爲九流出龍圖也淮者均均

其務也濟者齊齊其度量也廣雅曰海晦也江貢也河何也淮均也濟濟也伊今本作津因也洛繹也或疑合觀諸家說皆取同韵字訓釋淮水字乃準字之誤非也淮从隹聲讀如回均从勻聲讀如勻誰與勻雙聲今音淮戶乖切亦與勻雙聲釋名淮圍也圍繞楊州北界東至海也淮訓均正如中術之卽仲允廣雅伊因也漢逵也亦同此例漢古讀如歎逵古讀如撻

道渭自鳥鼠同穴東會于澧又東會于涇

紀作又東北至于涇今文尚書也鄭云言至于者或山或澤皆非水名則古文尚書爲體例畫一也

又東過漆沮入于河

紀無又字

道雒自熊耳東北會于澗瀍又東會于伊又東北入于河

紀無又東北之又字

九州攸同

紀九州之上有於是二字大史公增之也

四墺既宅

墺釋文本同正義本作奥衛包及唐石經已下作隩開寶中因改釋文作隩今更正作墺玉篇土部墺字注曰於報於六二切四方之土可居引夏書四墺既宅此古文尚書作墺之明證也尚書釋文曰墺於六反引玉篇於報反蓋陸氏所據玉篇祗有於報一反今本於六一

切陳彭年輩增之也說文十三篇土部曰墺四方土可居也从土奧聲坄古文墺字也按四方土可居也當依李善本作四方之土可定居者也小徐本作四方上偽下可居者尤誤孔傳曰四方之宅可居宅字正土字之譌偽孔傳取諸說文說文實訓釋禹貢徐鍇繫傳引尚書四墺旣宅此據未改釋文也廣韵去聲三十七号曰四墺四方土此必陸法言孫愐舊文也汗簡曰坄古文墺字見尚書此其所據禹貢亦必作墺而後援說文傳會之葢尚書本作墺孔本亦同而作正義者所據經文作奧孔傳土又譌宅乃曲爲之說曰室隅爲奧奧是內也人之造宅爲居至其奧內遂以奧表宅故傳以奧爲宅此是用鄭堯

典注奧內也孔堯典注奧室也之謚正義本固非善本衞包與堯典奧字同改爲隩尤非尚書古訓周語宅爲九隩韋注隩內也九州之內皆可宅居也此用爾雅厓內爲隩之訓周語字從阜與尚書從土不同不必牽合奧隩字易識墺字罕見後人多以其所知改所不知文選西都賦天地之墺區李注引說文墺四方之土可定居者也今本文選皆改作隩今本後漢書班固傳則作奧而文選吳都賦都輦般而四奧來暨奧字正亦墺之誤耳

夏本紀地理志皆作四奧此今文尚書作奧與古文尚書作墺不同也師古曰奧讀曰墺謂土之可居者也語

亦本說文及孔傳此正援古文尚書以注漢書也顔所據尚書亦正作墺

或問西京賦云寔惟地之奧區神皋則西都賦亦當作奧區何子必正爲墺字也荅曰據李善注知李本作墺區耳非謂李本爲善也

古文尚書宅字今文尚書多作度夏本紀曰四奧既居此必經文作四奧既度也地理志四奧既宅宅字恐亦本是度字

史記集解引孔安國曰四方之邑已可居也不作宅字此可證予說非繆

尚書大傳唐傳曰壇四奧鄭注奧內也安也四方之內

人所安居也此今文尚書有奧無墺之證也

九山栞旅

栞唐石經巳下作刊今更正

延光二年開母廟石闕銘曰九山甄旅此九山栞旅之駁文也

九川滌原

地官序官注川流水也禹貢曰九川滌原

河渠書溝洫志皆作九川旣疏此滌原之詁訓也

九澤旣陂

地官序官注澤水所鍾也水希曰藪禹貢曰九澤旣陂

爾雅有八藪

河渠書作九澤既灑灑音所宜切在古音十六部陂从
皮聲在古音十七部音轉寂近陂者障其外灑者泄其
中其義相成也
四海會同六府孔修
玉篇修字下書云六府三事孔修不與今本同
庶土交正厎慎財賦咸則三壤成賦
夏本紀孔作甚庶作衆厎作致皆故訓字也
中邦錫土姓祗台德先不距朕行
鄭讀中邦下屬釋祗台爲敬說說文台說也今文尚書
不台正同
邦紀志皆作國下另邦同此今文尚書也又紀入賜大

龜中國賜土姓錫皆作賜而兩言錫貢皆作錫似鄭注錫所以柔金之語可信

五百里甸服

夏本紀令天子之國以外五百里甸服甸服外五百里侯服侯服外五百里綏服綏服外五百里要服要服外五百里荒服按天子之國千里加甸侯綏要荒五服每服五百里面三千里爲方六千里賈逵馬融說同此若孔傳說甸服千里加侯綏要荒四服每服五百里面二千五百里爲方五千里與史記賈馬不同正義云司馬遷與孔意同誤也

百里賦納緫二百里納銍

鋞詩甫田正義作秷雖集韵有此字然恐俗字也

三百里納秸服

禮器莞簟之安而稾鞂之設鄭注穗去實曰鞂禹貢三百里納鞂服玉裁按秸从禾吉聲鞂从禾革聲地理志作三百里内戛服又說文禾部史記封禪書有稭字異字而同物也革聲在古音第一部吉聲在第十二部皆聲戛聲在第十五部異部而雙聲與柯秆稾芥枝莖古讀如耕字皆同紐詩甫田生民正義引尚書鄭注云甸服者堯制賦其田使入穀禹弼其外百里者賦入總謂入刈禾也二百里銍銍斷去稾也三百里秸秸又去穎也四百里入粟五百里入米者遠彌輕也按鄭注當依此二正義其禮器正義

云銍謂刈禾穗也秸服謂禾去其實惟稾秸也此非鄭注乃作正義者傅合禮器爲此語入刈禾者秆穗稾全入之斷去稾者去稾留穎而入穗也又去穎者又去穗之穎而入穀實也穎者繫實之所之莖也粟者糲米也米者精米也粟對已去糠者言之則去糠者爲米未去者爲粟對精米言之則精米爲米糲米爲粟尚書五者節次自然而後儒多不曉矣鄭注尚書曰去穎謂用其實也注禮器曰去實謂用其穎也用其實而亦謂之秸猶以銍斷穗而謂穗爲銍其巧於命名一也鄭云祭用禾穎爲席許君說文曰稭者禾稾去其皮祭天以爲席也其說各異穎者禾稾之末也

釋文曰秸本或作稭工八反玉裁按有庸妄人僞造今

文尚書稭作稭正本釋文而毛奇齡謂其竊取韓愈詩郊告儼匏稭庸矣八受冤矣

釋文又曰馬云去其潁音鞂按馬說與鄭同音鞂二字不辭葢馬本作鞂馬云去其潁曰鞂音乃曰之誤據鄭禮器注則鄭本亦作鞂也漢志作戛是假借字說文戛讀若棘按鞂从革聲古音革同棘在第一部

或云如子言知孔傳孔疏雖指諸家之說之謬矣然則服作何解乎曰秸服連文服事也秸服猶秸事也觀禮器注引禹貢不割去服字可證

訓詁之法渾言析言不同析言則潁與稾別如毛傳潁垂潁也說文穎禾末也書注秸穗去潁也是也渾言之

則連穎呼稾稾亦可呼穎如史記云錐処囊中穎脫而出非特其末見而已末謂錐尖穎謂錐莖少儀云刀卻刃授穎刃謂刀鋒穎謂刀柄是也又穎與穗析言之以無實有實爲別渾言之則穗亦呼穎如書序唐叔得禾異畝同穎謂異畎同穗也

四百里粟五百里米

詩齊譜正義引禹貢粟米上皆有納字順上文增之耳

五百里矦服百里采二百里男邦三百里諸矦

夏本紀二百里任國玉裁按此今文尚書也非以故訓易字也白虎通爵篇引酒誥矦甸男衛邦伯作矦甸任衛作國伯此可見今文尚書作任古文尚書作男漢書

王莽傳封王氏女皆爲任莽用今文尚書制爵也觀白虎通此章上下文皆作男知今文尚書獨作任不同春秋傳王制作男周語鄭伯南也先鄭司農云南謂子男左氏昭十三年傳子產云鄭伯男也王肅家語載子產語男作南注云南左氏作男古字作男（版本作南譌）亦多有作此南（十字一句近人不解）連言之猶言公侯也是則子男亦作子南古男南任三字同音互訓而亦通用也

地理志二百里男國男當是本作任或用古文尚書改之也

五百里綏服三百里揆文教二百里奮武衛五百里要服三百里夷二百里蔡

鄭注蔡之言殺也減殺其賦按左氏傳蔡蔡叔說者謂上蔡字卽䊀字也古音蔡同殺減殺字亦讀入聲

五百里荒服三百里蠻二百里流

鄭注蠻者聽從其俗羈縻其人耳故曰蠻蠻之言緡也

玉裁按緡蠻雙聲詩大雅曰荏染柔木言緡之絲毛傳緡被也方言曰緡緜施也秦曰緡吳越之閒脫衣相被謂之緡緜郭注相覆及之名也音旻

王制注禹貢荒服之外三百里蠻二百里流按云荒服之外者鄭自用其弼成之說也

東漸于海西被于流沙朔南暨聲教訖于四海

漢書賈捐之傳曰西被流沙東漸于海朔南暨聲教訖

干四海欲與聲教則治之不欲與者不強治也按欲與
二字句釋經文曁聲教曁與也與師古讀曰預古干與相
與不分去上二音也荀悅漢元帝紀作北盡朔裔南曁
聲教八字當有脫誤豫聲教者則治之不欲豫者不彊治此皆
可證曁聲教爲句漢人皆爾無可疑者
地理志曁作臮說文曰臮者衆與詞也以蠙珠曁魚紀
志曁皆作臮例之夏本紀作曁聲教者淺人所改也

禹錫元圭告厥成功

衆經音義卷四尚書禹錫元珪字从玉
太平御覽八十二尚書旋璣鈐曰禹開龍門導積石山元
珪出刻曰延喜王受德天錫佩

夏本紀於是帝錫禹元圭以告成功于天下

史記夏本紀曰禹乃行相地宜所有以貢及山川之便利禹行自冀州始冀州既載壺口治梁及岐既修太原至于嶽陽覃懷致功至於衡漳其土白壤賦上上錯田中中常衛既從大陸既爲鳥夷皮服夾右碣石入于海（徐廣曰海一作河）濟河維沇州九河既道雷夏既澤雍沮會同桑土既蠶於是民得下丘居土其土黑墳草繇木條田中下賦貞作十有三年乃同其貢漆絲其篚織文浮於濟漯通於河海岱維青州嵎夷既略濰淄既道其土白墳海濱廣潟（徐廣曰一作澤又作斥）田上下賦中上厥貢鹽絺海物維錯岱畎絲枲鉛松怪石萊夷爲牧其篚酓絲浮於汶通於濟海岱及淮維徐州淮沂其治蒙羽其藝大野

旣都東原厎平其土赤埴墳草木漸苞（作包誤）其田上中賦中中貢維土五色羽畎夏翟嶧陽孤桐泗濱浮磬淮夷蠙（索隱曰一作玭）珠臮魚其篚元纖縞浮于淮泗通于荷淮海維揚州彭蠡旣都陽鳥所居三江旣入震澤致定竹箭旣布其草惟夭其木惟喬其土塗泥田下下賦下上上雜貢金三品瑤琨竹箭齒革羽旄鳥夷卉服其篚織貝其包橘柚錫貢均江海通淮泗荆及衡陽維荆州江漢朝宗于海九江甚中沱涔已道雲土夢爲治其土塗泥田下中賦上下貢羽旄齒革金三品杶幹栝柏礪砥砮丹維箘簬（汲古本作簬）楛（徐廣曰一作箭足杅）三國致貢其名包匭菁茅其篚元纁璣組九江入賜大龜浮於江沱涔於漢

踰于雒至於南河荆河惟豫州伊雒瀍澗既入于河滎播既都道菏澤被明都其土壤下土墳壚田中上賦雜上中貢漆絲絺紵其篚纖絮錫貢磬錯浮於雒通於河華陽黑水維梁州汶嶓既蓺沱涔既道蔡蒙旅平和夷厎績其土青驪田下上賦下中三錯貢璆鐵銀鏤砮磬熊羆狐狸織皮西傾因桓是來浮于潛踰于沔入于渭亂于河黑水西河惟雍州弱水既西涇屬渭汭漆沮既從灃水所同荆岐已旅終南敦物至于鳥鼠原隰厎績至于都野三危既度三苗大序其土黃壤田上上賦中下貢璆琳琅玕浮於積石至於龍門西河會于渭汭織皮昆侖析支渠搜西戎卽序道九山汧及岐至于荆山

踰于河壺口雷首至于太嶽砥柱析城至于王屋太行常山至于碣石入于海西傾朱圉鳥鼠至于太華熊耳外方桐柏至于負尾道嶓冢至于荊山內方至于大別汶山之陽至于衡山過九江至于敷淺原徐廣曰淺一作滅道九川弱水至于合黎餘波入於流沙道黑水至于三危入于南海道河積石至于龍門南至華陰東至砥柱又東至于盟津東過雒汭至于大邳北過降水至于大陸北播爲九河同爲逆河入于海嶓冢道瀁東流爲漢又東爲蒼浪之水過三澨入于大別南入于江東匯澤爲彭蠡東爲北江入于海汶山道江東別爲沱又東至于醴過九江至于東陵東迆北會于匯東爲中江入于海

道沇水東爲濟入于河泆爲滎東出陶丘北又東至于
荷又東北會于汶又東北入于海道淮自桐柏東會于
泗沂東入于海道渭自鳥鼠同穴東會于灃又東北至
于涇東過漆沮入于河道雒自熊耳東北會于澗瀍又
東會于伊東北入于河於是九州攸同四奥既居九山
栞旅九川滌原九澤既陂四海會同六府甚修衆土交
正致愼財賦咸則三壤成賦中國賜土姓祗台德先不
距朕行弁天子之國以外五百里甸服百里賦納總二
百里納銍三百里納秸服四百里粟五百里米甸服外
五百里侯服百里采二百里任國三百里諸侯侯服外
五百里綏服三百里揆文教二百里奮武衛綏服外五

百里要服三百里夷二百里蔡要服外五百里荒服三百里蠻二百里流東漸于海西被于流沙朔南暨聲敎訖于四海於是帝錫禹元圭以告成功于天下

漢書地理志曰堯遭洪水褱山襄陵天下分絶爲十二州使禹治之水土既平更制九州列五服任土作貢曰禹敷土隨山栞木奠高山大川冀州既載壺口治梁及岐既修太原至于嶽陽覃懷厎績至于衡漳厥土惟白壤厥賦上上錯厥田中中恒衛既從大陸既作鳥夷皮服夾右碣石入于河泲河惟兖州九河既道雷夏既澤雍沮會同桑土既蠶是降丘宅土厥土黑墳屮繇木條厥田中下賦貞作十有三年迺同厥貢漆絲厥棐織文

浮于泲漯通于河海岱惟青州嵎夷既略惟甾其道厥

土白墳海濵廣潟田上下賦中上貢鹽絺海物惟錯岱

畎絲枲鈆松怪石萊夷作牧厥篚檿絲浮于汶通于泲

海岱及淮惟徐州淮沂其乂蒙羽其蓺大埜既豬東原

厎平厥土赤埴（韋昭作戠見尚書釋文）墳草木漸苞（作包誤）田上中

賦中中貢土五色羽畎夏狄嶧陽孤桐泗濵浮磬淮夷

蠙（師古曰或作玭）珠臮魚厥篚元纖縞浮于淮泗通于菏淮海

惟揚州彭蠡既豬陽鳥逌居三江既入震澤厎定篠簜

既敷屮夭木喬厥土塗泥田下下賦下上錯貢金三品

瑤瑻篠簜齒革羽旄鳥夷卉服厥篚織貝厥苞橘柚錫

貢均江海通于淮泗荆及衡陽惟荆州江漢朝宗于海

九江孔殷沱灊既道雲土夢作乂（依韋昭作雲土夢）厥土塗泥田下中賦上下貢羽旄齒革金三品杶幹栝柏厲砥砮丹惟箘簵楛三國厎貢厥名苞匭菁茅厥棐[元]纁璣組九江納錫大龜浮于江沱灊漢逾于洛至于南河荆河惟豫州伊雒瀍澗既入于河滎波既豬道荷澤被盟豬厥土惟壤下土墳壚田中上賦錯上中貢桼枲絺紵棐纖纊錫貢磬錯浮于洛入于河華陽黑水惟梁州岷嶓既蓺沱灊既道蔡蒙旅平和夷厎績厥土青黎田下上賦下中三錯貢璆鐵銀鏤砮磬熊羆狐貍織皮西頃因桓是倈浮于灊逾于沔入于渭亂于河黑水西河惟雍州弱水既西涇屬渭汭桼沮既從酆水逌同荆岐既旅

終南惇物至于鳥鼠原隰厎績至于豬壄三危旣宅三苗丕敘厥土黃壤田上上賦中下貢球琳琅玕浮于積石至于龍門西河會于渭汭織皮昆侖析支渠叟西戎即敘道汧及岐至于荊山逾于河壺口雷首至于大嶽厎柱析城至于王屋太行恒山至于碣石入于海西頃朱圉鳥鼠至于太華熊耳外方桐柏至于倍尾道嶓冢至于荊山內方至于大別岷山之陽至于衡山過九江至于敷淺原道弱水至于合黎餘波入于流沙道黑水至于三危入于南海道河積石至于龍門南至于華陰東至于厎柱又東至于盟津東過洛汭至于大伾北過降水至于大陸又北播爲九河同爲逆河入于海嶓冢

道漾東流爲漢又東爲滄浪之水過三澨至于大別南入于江東匯澤爲彭蠡東爲北江入于海嶓山道江東別爲沱又東至于醴過九江至于東陵東迆北會于匯東爲中江入于海道沇水東流爲泲入于河軼爲滎東出于陶丘北又東至于荷又東北會于汶又北東入于海道淮自桐柏東會于泗沂東入于海道渭自鳥鼠同穴東會于酆又東至于涇又東過漆沮入于河道洛自熊耳東北會于澗瀍又東會于伊又東北入于河九州逌同四奧既宅九山栞旅九川滌原九澤既陂四海會同六府孔修庶土交正厎慎財賦咸則三壤成賦中國錫土姓祗台德先不距朕行五百里甸服百里賦內總

二百里內銍三百里內戛服四百里粟五百里米五百里侯服百里采二百里男國三百里諸侯五百里綏服三百里揆文敎二百里奮武衛五百里要服三百里夷二百里蔡五百里荒服三百里蠻二百里流東漸于海西被于流沙朔南臮聲敎訖于四海禹錫元圭告厥成功

京兆尹華陰大華山在南　左馮翊夏陽禹貢梁山在西北龍門山在北　襄德禹貢北條荊山在南洛水東南入渭　按洛水即禹貢漆沮水也　右扶風鄠酆水出東南北過上林苑入渭　美陽禹貢岐山在西北　汧吳山在西古文以爲汧山　武功大壹山古文以爲終南垂山古文以爲敦物皆在縣東　宏農郡盧氏熊耳山在東伊水出東北入雒　新安禹貢澗水在東南入雒　上雒禹貢雒水出冢領山東北至鞏入河熊耳山在東北　河東

郡蒲反 雷首山在南 濩澤 禹貢析城山在西南 垣 禹貢王屋山在東北沇水所出東南至武德入河軼出滎陽北地中又東至琅槐入海 彘 霍大山在東 北屈 禹貢壺口山在東南 上黨郡長子 鹿谷山濁漳水所出東至鄴入清漳 屯留 桑欽言絳水出西南東入海 沾 大黽谷清漳水所出東北至阜成入大河 河內郡山陽 東大行山在西北 壄王 大行山在西北 河南郡穀成 禹貢瀍水出朁亭北東南入雒 東郡東武陽 禹治漯水東北至千乘入海 潁川郡崈高 大室山是爲中岳古文以崈高爲外方山也 南陽郡平氏 禹貢桐柏大復山在東南淮水所出東南至淮陵入海 南郡臨沮 禹貢南條荊山在東北 華容 雲夢澤在南 枝江 江沱出西東入江 江夏郡竟陵 立章山在東北古文以爲內方山 按立字各本脫今補 安陸 橫尾山在東北古文以爲倍尾山 廬江郡尋陽 禹貢九江在南皆東合爲大江 山陽郡湖陵 禹貢浮于泗淮通于菏菏水在南 鉅壄 大壄澤在北 濟陰郡 禹貢菏澤在定陶國東 定陶 禹貢陶丘

在西南陶丘亭成陽禹貢雷澤在西北乘氏泗水東南至睢陵入淮鉅鹿郡鉅鹿禹貢大陸澤在北常山郡靈壽禹貢衞水出東北東入虖池上曲陽恆山北谷在西北禹貢恆水所出東入滱平原郡鬲平當以爲鬲津高唐桑欽言漯水所出泰山郡博岱山在西北蓋沂水南至下邳入泗萊蕪原山甾水所出東至博昌入泲又禹貢汶水出西南入泲汶水桑欽所言蒙陰禹貢蒙山在西南琅邪郡朱虛東泰山汶水所出東至安丘入維箕禹貢維水北至昌都入海東海郡下邳葛嶧山在西古文以爲嶧陽祝其禹貢羽山在南會稽郡吳具區澤在西古文以爲震澤南江在南東入海按此禹貢三江之一也毗陵北江在北東入海丹陽郡石城分江水首受江東至餘姚入海蕪湖中江出西南東至陽羨入海按北江南江中江禹貢之三江也水經無南江豫章郡彭澤禹貢彭蠡澤在西歷陵傅昜山傅昜川在南古文以爲傅淺原漢中郡安陽灊谷水出西南北入漢按此疑水經之涔水禹貢梁州之潛水也蜀郡禹貢

桓水出蜀山西南行羌中入南海郫禹貢江沱在西東入大江青衣禹貢蒙山　按此下當云在某
而脫梁州蒙山也湔氐道禹貢嶓山在西徼外江水所出東南至江都入海武都郡
武都東漢水受氐道水一名沔過江夏謂之夏水入江隴西郡氐道禹貢養水所出
至武都爲漢首陽禹貢鳥鼠同穴山在西南渭水所出東至船司空入河臨洮禹貢西頃山在
縣西西禹貢嶓冢山西漢所出南入廣漢白水東南至江州入江金城郡河關積石山在
西南羌中河水行塞外東北入塞內至章武入海天水郡冀禹貢朱圄山在縣南梧中聚
武威郡武威休屠澤在東北古文以爲豬壄澤張掖郡刪丹桑欽以爲
道弱水自此西至酒泉合黎居延居延澤在東北古文以爲流沙安定郡涇陽幵頭
山在西禹貢涇水所出東至陽陵入渭北地郡歸德洛水出北蠻夷界中入河按河當
作渭此卽左馮翊褱德之洛水也此言其原彼言其委右北平郡驪成大揭石山在縣
西南信都國信都禹貢絳水入海梁國睢陽禹貢盟諸澤在東北魯

國卞泗水西南至方與入沛　按沛當是泲誤　六安國安豐禹貢大別山在西南

長沙國湘南禹貢衡山在東南

水經曰嵩高爲中嶽在潁川陽城縣西北　泰山爲東嶽在泰山博縣西北　霍山爲南嶽在廬江灊縣西南

華山爲西嶽在宏農華陰縣西南　雷首山在河東蒲坂縣東南　砥柱在河東大陽縣東河中　王屋山在河東垣縣東北也　大行山在河內野王縣西北　恒山爲北嶽在中山上曲陽縣西北　碣石山在遼西臨渝縣南水中也　析成山在河東濩澤縣西南　大嶽山在河東永安縣　壺口山在河東北屈縣東南　龍門山在河東皮氏縣西　梁山在馮翊夏陽縣西北

河上　荆山在馮翊懷德縣南　岐山在扶風美陽縣西北　汧山在扶風汧縣之西也　隴山終南山敦物山在扶風武功縣西南也　西頃山在隴西臨洮縣西嶓冢山在隴西氐道縣之南　鳥鼠同穴山在隴首陽縣西南　積石在隴西河關縣西南　都野澤在武威縣東北　合離山在酒泉會水縣東北　流沙地在張掖居延縣東北　三危山在燉煌縣南　朱圉山在天水北冀城南　岷山在蜀郡湔氐道西　熊耳山在宏農盧氏縣南　荆山在南郡臨沮縣東北　內方山在江夏竟陵縣東北　大別山在盧江安豐縣西南外方山崧高是也　桐柏山在南陽平氏縣東南

陪尾山在江夏安陸縣東北　衡山在長沙湘南縣南
九江地在長沙下雋縣西北　雲夢澤在南郡華容
縣之東　東陵地在廬江金蘭縣西北　敷淺原地在
豫章歷陵縣西　彭蠡澤在豫章彭澤縣西北　中江
在丹陽蕪湖縣西南東至會稽陽羨縣入于海　震澤
在吳縣南五十里　北江在毗陵北界東入于海　嶧
陽山在下邳縣之西　羽山在東海祝其縣南也　陶
丘在濟陰定陶縣之西南　菏澤在定陶縣東　雷澤
在濟陰成陽縣西北　菏水在山陽湖陸縣南　蒙山
在泰山蒙陰縣西南　大野澤在山陽鉅野縣東北
大邳地在河南城皋縣北　明都澤在梁郡睢陽縣東

北　益州沱水在蜀郡汶江縣西南其一在郫縣西南皆還入江　荆州沱水在南郡枝江縣　三澨地在南郡邔縣北沱

右禹貢山水澤地所在凡六十

古文尚書撰異卷四

段玉裁學

甘誓第四　虞夏書說文墨子皆謂之夏書

大戰于甘乃召六卿王曰嗟

堯典曰咨甘誓則曰嗟此唐虞書與夏書語言之別也

說文三篇言部曰謍咨也謍者今之嗟字也

六事之人予誓告女有扈氏威侮五行怠棄三正

正釋文曰徐音征玉裁按此舊音也古耕清部字皆有平無上去正字不論何訓皆讀平聲正月其一也或謂秦人諱政而改正月字爲平聲眞淺陋之說

天用剿絕其命

剿唐石經及各本誤作勦今更正

說文四篇刀部曰剿絕也从刀喿聲夏書曰天用剿絕其命

釋文剿子六反玉篇子小反馬本作勦與玉篇切韵同釋文原本當如是子六反之音猶存於集韵一屋但依新定釋文誤改其字作勦耳玉篇剿子小切絕也一作勦同今本猶爾所云切韵卽謂陸法言之書切韵勦絕也子小切剿同出說文葢馬本作勦卽剿字之異者衞包謂剿爲古文而改爲勦亦無非是而竟改爲从力之勦於是五經文字力部曰勦楚交反見禮記又子小反見夏書而刀部反無剿字此序例所謂唯今文尚書改

就今字與釋文音訓頗有不同而不知衞包巨謬非可附和也開寶中依衞包改釋文既改大書之剿爲勦復將馬本作剿之剿改爲巢重紕貤謬不可讀矣玉篇廣韵多有仍舊之美从力之字訓勞从刀之字訓絶至集韵之修乃於一屋內有从力之勦訓截也羣經音辨力部亦云勦絶也葢惑於新定釋文也

廣雅勦勞也曹憲注辨禮剿說从刀左傳勦民从力甚明

曲禮無剿說今俗云剿截謂不顧其通截而取之與說文義合鄭注剿猶擥也則讀剿同摯擊擥皆斂也曲禮釋文初交反一音初教反釋文意讀同鈔非也當讀子

小反

史記夏本紀作勦亦是誤字

又按剿字見王莽傳莽拜郭欽爲填外將軍封剿胡子

又詔曰如黠賊不解散將遣大司空將百萬之師征伐

剿絕之矣此實用尙書剿絕字也師古曰剿截也

又按說文水部灖讀若夏書天用勦絕勦必剿之誤剿

與刀部所引不合葢淺人以今之尙書改之也或曰古

文尙書有別本馬本作剿是也

今予惟共行天之罰

共唐石經及各本作恭此依衛包改也今更正

墨子明鬼下篇夏書禹誓曰予共行天之罰也

殷本紀今予維共行天之罰

漢書王莽傳共行天罰兩見翟義傳共行天罰兩見字皆作共與尚書合師古皆讀曰恭誤也莽傳共行天罰誅莽師古讀曰供供乃恭之譌

白虎通三軍篇尚書曰命予惟恭行天之罰玉裁按命字葢誤其共作恭者後人所改也與其所作漢書兩都賦皆不合

玉裁按尚書恭敬字不作共如允恭象恭同寅協恭皃曰恭乃弗克恭厥兄惟御事厥棐有恭惟恭奉幣作周恭先嚴恭寅畏罔丕惟進之恭皆是也共奉之字不作恭如甘誓共行天罰不共命殷庚上各共爾事殷庚中

顚越不共般庚下共承民命敢共生生牧誓今予發惟共行天之罰召誥用共王能祈天永命無逸徽柔懿共以庶邦惟正之共以萬民惟正之共君奭大弗克共上下嗣前人共明德棐誓無敢不共孔傳多訓爲奉或訓爲供待皆是也漢石經之存於今者無逸一篇中嚴恭作恭懿共維正之共皆作共可知二字之不相混儻古文尚書經文本作各恭爾事恭行天罰之類何必紆回訓爲奉乎尚書全經言恭者何以不皆訓爲奉乎周禮全經供字皆作共詩溫溫恭人敬恭明祀溫恭朝夕字皆不作共小雅靖共爾位鄭箋共具也則非恭字也表記引作恭與詩不合大雅克共明刑虔共爾位毛傳皆云共執也

鄭箋古之恭字或作共云或則僅見之事也昏椓靡共鄭箋無肎共其職事者毛詩恭共分别亦如是爾雅釋故供峙共具也供共竝出共者供之假借字惟左傳昭七年三命茲益共其共也如是襄十三年君命以共與僖四年王祭不共字不分則鄭君所謂古之恭字或作共者據左氏言他經不爾也衞包誤認共恭爲古今字遂改尚書訓奉之共悉爲恭釋文原本各篇皆當有共音恭之語至開寶中以爲無用而刪之遂使古經用字義例薶蘊於終古矣

又按說文三篇共部曰共同也龔給也八篇八部曰供設也一曰供給也是則供龔音訓俱同而古經假共爲

龔尚書甘誓共行天之罰孔傳共奉也奉與給義同此假共爲龔也故呂氏春秋高誘注引正作龔龔訓奉非恭敬之謂也宋次道家古文尚書凡恭敬字皆作龔此不通小學者所爲適與衞包意見合

呂氏春秋先己篇曰夏后柏啓孫氏詒穀按定與有扈戰於甘澤而不勝高誘注曰書曰大戰于甘乃召六卿王曰六事之人予誓告汝有扈氏威侮五行怠棄三正天用勦絕其命今予惟龔行天之罰

漢書敘傳龔行天罰赫赫明明文選卷五十作恭誤也

吳志三嗣主傳注孫盛曰豈龔行天罰伐罪弔民之義乎玉裁按此用龔字與高誘同

文選鍾士季檄蜀文命授六師龔行天罰李注尚書曰
予惟龔行天之罰
文選班固東都賦龔行天罰應天順人斯乃湯武之所以昭王業也李善注云尚書武王曰今予惟龔行天之罰
後漢書班固東都賦龔行天罰李賢注曰尚書武王曰今予惟龔行天之罰玉裁按李善李賢所據尚書皆作龔字也善注文選之例如文選作龔尚書作共必引書而明之曰共與龔同然則唐初尚書本實有作龔者假令龔卽恭字則下文允恭乎孝文何以不作龔乎
荀悅武帝紀四立皇子閎爲齊王策曰烏呼念之哉龔

朕之詔漢書武五子傳作共義同謂奉朕之詔也師古
注非史記三王世家作恭則淺人所改也
又按漢書恭敬字皆不借共惟高惠高后孝文功臣表
昔唐以萬國致時雍之政虞夏以之多羣后饗共己之
治此蓋班氏所據論語作共己正南面如魯論車中內
顧班用古論不內顧之類師古當云讀曰供奉也乃云
讀曰恭亦誤
又按秦和鐘銘龔夤天命言奉敬天命也通雅云卽恭
寅非
又按龔給龔奉義本無二龔亦可作供而古經多假借
共字唐己後人分別龔字不用而龔給字專用供是以

惟正之共用共王能祈天永命無敢不共孔訓供待者
皆徑改爲供字而其餘訓奉者以奉與敬義略近盡改
爲恭字此其大略也
又按漢書多以共爲供奉供給字如王莽傳一篇中曰
輔導共養以安宗廟曰臣莽國邑足以共朝貢曰不能
共事天地曰大不克共上下曰郊祀天地宗祀明堂共
祀宗廟曰共行天罰曰共卿工卿曰吕自共給其訓皆
奉也其音皆平聲師古注或讀曰供或讀曰龔或讀曰
恭或音恭全無確見其言讀曰恭者乃衛包之先路也
凡古言讀曰者皆易其字
又按史記一書如似恭漫天貌曰恭嚴恭寅畏皆作恭

不作共而甘誓牧誓共行天之罰女不共命皆作共不作恭可見自古分別今文尚書古文尚書所同也

左不攻于左

攻墨子明鬼下篇作共其義葢亦訓供奉如粊誓無敢不共也

女不共命

孔傳釋以奉我命知經文本作共衞包改作恭非也墨子夏本紀皆無此女不共命

詩閟宮正義引甘誓左不攻于左汝不共命右不攻于右汝不共命御非其馬之正汝不共命字皆作共此衞包以前本如是周禮條狼氏疏引甘誓皆作恭則天寶

己後所改也

右不攻于右女不共命

攻墨子作共

御非其馬之正

小雅出車箋御夫則茲益憔悴憂其馬之政玉裁按此用甘誓語也甘誓傳云御以正馬爲政者也蓋孔以正馬釋政經文原作政與史記合今本作正者非也鄭箋一作憂其馬之不正亦非

墨子御非爾馬之政

史記夏本紀御非其馬之政

女不共命用命賞于祖弗用命戮于社

春秋公羊文十三年注書曰用命賞于祖

周禮小宗伯注書曰用命賞于祖不用命戮于社

周禮大司寇大軍旅涖戮于社注鄭司農說以書曰不用命戮于社

按蔡沈本作不用命與唐石經異

予則奴戮女

周禮司厲其奴男子入于罪隸女子入于舂槀鄭司農云謂坐爲盜賊而爲奴者輸于罪隸舂人槀人之官也由是觀之今之爲奴婢古之罪人也許氏說文用此說故書曰予則奴戮女論語曰以箕子爲之奴罪隸之奴也玉裁按古奴婢妻帑字皆作奴故鄭司農釋尙書之奴爲奴

婢假令如今本尚書作孥則司農何至釋爲奴婢故知孥是俗字衞包所改尚書原文只作奴也今蘇州呼己所生及奴婢皆曰男女是古者通名奴之理也

詩小雅樂爾妻帑傳曰帑子也正義曰左傳曰秦伯歸其帑書曰予則帑戮女皆是子也玉裁按唐初孔傳本或作帑尚屬六書之假借至衞包改作孥則斷不可從矣古時字少尚書同一御字而或訓迎或如字或訓禦同一奴字而或訓奴婢或訓子息皆一字可包衆說後人因孔傳訓迎則改御爲迓因孔傳訓子則改奴爲帑爲孥

王莽傳莽曰秦置奴婢之市與牛馬同蘭書曰予則奴

戮女唯不用命者被此辜矣師古曰奴戮戮之以爲奴也說書以爲帑此字俗加巾非也子也戮及妻子此說非也玉裁按莽所用者今文尚書說也先鄭注司厲引尚書亦用今文說漢書季布欒布傳贊曰奴僇苟活亦是用今文說其字則古文今文皆作奴也

又按漢書文帝紀盡除收奴相坐律令應劭曰奴子也秦法一人有罪幷其室家今除此律師古曰奴讀與帑同假借字也玉裁按此可證古字作奴不作帑今本旣依顏說改正文之奴爲帑則又將注中奴帑字互改而不可通矣爲正之如此

又按匡謬正俗說奴戮一條經文本作奴不作孥可證

詳見湯誓

墨子明鬼下篇夏書禹誓曰大戰于甘王乃命左右六人下聽誓于中軍曰有扈氏威侮五行怠棄三正天用勦絶其命有曰日中今予與有扈氏爭一日之命且爾卿大夫庶人予非爾田野葆士之欲也予共行天之罰也左不共于左右不共于右若不共命御非爾馬之政若不共命是以賞于祖而僇於社

史記夏本紀有扈氏不服啓伐之大戰於甘將戰作甘誓乃召六卿申之啓曰嗟六事之人予誓告女有扈氏威侮五行怠棄三正天用勦絶其命今予維共行天之罰左不攻于左右不攻于右女不共命御非其馬之政

女不共命用命賞于祖不用命僇于社予則帑僇女遂滅有扈氏按史記作帑滲八所改也

古文尚書撰異卷五

段玉裁學

湯誓第五　商書

王曰

白虎通曰質家言天命已使己誅無道今誅得爲王故先伐文家言天命已成爲王者乃得誅伐王者耳故先改正朔也按史記殷本紀作湯曰云云下文踐天子位作湯誥乃稱王自至於東郊告諸矦然則今文尚書衹

作湯曰古文尚書作王曰

又按殷本紀作湯誓之下云於是湯曰吾甚武號曰武王下乃云桀敗於有娀之虛桀奔於鳴條是湯未敗桀

之前已稱王矣

格爾衆庶悉聽朕言非台小子敢行稱亂有夏多罪天命殛之

玉裁按此殛字亦當爲極詳洪範多方稱當是本作偁衞包改之詳牧誓殷本紀作舉訓故字也

今爾有衆女曰我后不恤我衆舍我穡事而割正

孔傳正政也言奪民農功而爲割剝之政玉裁按傳不言於夏邑則各本夏字賸也正義云爲割剝之政於夏邑增此三字以暢經意耳史記殷本紀云舍我嗇事而割政裴駰引孔安國曰奪民農功而爲割剝之政葢今

文尚書古文尚書皆無夏字淺人據正義妄增之今刪
予惟聞女衆言夏氏有罪予畏上帝不敢不正今女其曰
夏罪其如台
殷本紀云女其曰有罪其奈何此以奈何訓如台也高
宗肜日篇乃曰其如台西伯戡黎篇今王其如台殷本
紀亦皆作其奈何然則今文說台不訓我僞孔傳三処
說皆不順不如史記爲長也法言問道篇莊周申韓不
乖寡聖人而漸諸篇則顔氏之子閔氏之孫其如台謂
顔閔其奈之何言不能勝之也正用尚書句法班固典
引曰作者七十有四人今其如台而獨闕也謂如何而
不封禪也

又按般庚上卜稽曰其如台如台如何也與湯誓西伯戡黎之如台史記作奈何正合僞孔傳皆訓台爲我覺語意不順

夏王率遏衆力率割夏邑

白虎通京師篇或曰夏曰夏邑殷曰商邑周曰京師尚書曰率割夏邑謂桀也在商邑謂殷也

割殷本紀作奪此今文尚書也邑殷本紀作國此以訓故字代之也說文六篇曰邑國也牧誓姦宄于商邑周本紀亦作商國

有衆率怠弗協曰時日曷喪予及女皆亾

曷當是本作害衛包改之

孟子梁惠王篇湯誓曰時日害喪予及女偕亾趙注湯誓尚書篇名也時是也日乙卯日也害大也言桀爲無道百姓皆欲湯共伐之湯臨士衆誓言是日桀當大喪亾我與女俱往亾之玉裁按害趙亦讀曷曷何也何與大義通故訓爲大趙注全非尚書經意亦與孟子下文民欲與之偕亾不貫尚書大傳曰桀云天之有日猶吾之有民日有亾哉史記集解文選西征賦注皆有此句日亾吾亦亾矣史記亦云是日何時喪予與女皆亾今文家說得其實而僞孔傳朱氏孟子集注尤帖妥

夏德若茲今朕必往爾尚輔予一人致天之罰予其大賚女

觀湯自稱予一人則篇首稱王志其實也

般本紀予其大理女錢氏曉徵曰理賚聲相近詩釐爾圭瓚鄭康成引作賚釐理義亦通也玉裁按徐仙民古文尚書音賚音來然則賚古音同釐古音平上爲一類亦同理

爾無不信朕不食言爾不從誓言予則奴戮女罔有攸赦

奴各本作孥今更正詳甘誓

匡謬正俗曰商書湯斷古誓字云予則孥[illegible]古文戮字汝孔安國傳云古之用刑父子兄弟罪不相及今云孥戮權以脅之使勿犯也案孥戮者或以爲奴或加刑戮無有所赦耳此非孥子之孥猶周書泰誓稱囚孥正士亦謂或

囚或孥也豈得復言幷子俱囚也又班固漢書季布傳贊云及至困戹奴僇苟活蓋引商書之言以爲折衷矣玉裁按此條除孥子之孥外必盡正爲奴字而後可讀亦可以證尙書之本作奴矣其實孥子之孥兩孥字亦當正爲奴古子女奴婢統偁奴其旣也假帑爲奴子字其後又製孥字爲之詳見甘誓至斱字見汗簡㲋字見薛宣書古文訓豈唐初尙書已有是與斱者新之譌古假新爲誓也㲋者翏之譌古假翏爲戮也

中論賞罰篇書曰爾無不信朕不食言爾不從誓言予則孥戮汝罔有攸赦按此作孥亦技書者所改也

殷本紀曰湯乃興師率諸侯伊尹從湯湯自把鉞以伐

昆吾遂伐桀湯曰格女衆庶來女悉聽朕言匪台小子敢行舉亂有夏多罪予維聞女衆言夏氏有罪予畏上帝不敢不正今夏多罪天命殛之今女有衆女曰我君不恤我衆舍我嗇事而割政女其曰有罪其奈何夏王率止衆力率奪夏國有衆率怠不和曰是日何時喪予與女皆亾夏德若茲今朕必往爾尚及予一人致天之罰予其大理女女毋不信朕不食言女不從誓言予則帑僇女無有攸赦以告令師作湯誓於是湯曰吾甚武號曰武王桀敗於有娀之虛桀犇於鳴條

玉裁按天命殛之今女有衆女曰我君不恤我衆舍我嗇事而割政共廿三字予維聞女衆言夏氏有罪予畏

上帝不敢不正今夏多罪共廿二字適與古文尚書先後倒易以漢書攷之尙書每簡或廿二字或廿五字此則伏生壁藏之簡甲乙互異之故也古文尙書則少複出夏多罪三字古今文之字數不同今可攷者多矣

又按漢書劉歆移書太常博士責讓之曰得此逸禮逸書春秋左氏㠯考學官所傳經句絕或脫簡傳衍字或閒編脫簡卽藝文志所謂劉向以中古文挍歐陽大小夏侯三家經文酒誥脫簡一召誥脫簡二也閒編師古云謂舊編爛絕就更次之前後錯亂也閒古莧反文選作或脫簡或脫編無傳字玉裁謂無傳字當依文選脫編作閒編當依漢書湯誓正閒編之一證

又歆移書曰傳問民閒則有魯國桓公趙國貫公膠東庸生之遺學與此同小顏未注考李善引七略曰禮家先魯有桓生然則桓公即桓生知逸禮者也儒林傳曰賈誼爲左氏傳訓故授趙人貫公爲河閒獻王博士則貫公知左氏者也儒林傳又曰孔安國古文尚書授都尉朝朝授膠東庸生則庸生知逸書者也

或曰傳字非賸經謂書禮傳謂左氏也玉裁曰非也上文云以考學官所傳學官所傳絕無左氏傳以古文禮考學官所傳之十七篇以古文尚書考學官所傳之廿八篇以古文左氏春秋經考學官所傳之公羊春秋經穀梁春秋經皆得以知其脫簡閒編若有傳字則不可

通矣藝文志曰春秋古經十二篇謂左氏經也又曰經十一卷謂公羊穀梁二家經也

古文尚書撰異卷六

盤庚上第六　商書

盤庚遷于殷

釋文曰盤本又作般玉裁按周禮司勳注作般庚漢石經殘碑盤庚下篇首句字正作殷五經文字曰石經舟皆作月

呂氏春秋殷作郼

民不適有居率龥眾慼出矢言

孔傳龥訓和與立政召誥龥訓呼不同孔意龥音同籥籥音同龠說文龠樂之竹管三孔以和眾聲也故訓爲和攷說文九篇頁部曰龥呼也从頁籥聲讀與籥同商

書曰率籲衆戚未審許意謂籲爲假借訓和抑爲本義訓評也孔傳要必有所本

戚衞包改爲慼俗字也古干戚親戚憂戚同字

曰我王來既爰宅于茲重我民無盡劉

劉說文作鐂

不能胥匡以生卜稽曰其如台先王有服恪謹天命茲猶不常寧

玉裁按僞大禹謨萬邦咸寍釋文寍安也說文安寧字如此寧願辭也此未改音義也開寶中因衞包已改經文之寍爲寧遂改釋文大書寍字爲寧改小字曰安也說文安寧如此願辭也使學者勞精竭神而不能讀會

謂李昉陳鄂輩之不通一至於此宜孫宣公之急請㠯原本與新定本並行也今所存虞夏書絕無寧字至商書般庚此句始見葢尚書通體衞包㠯前皆作寍以後皆作寧今仍寧不改者彼此容有參差且他經皆作寧學者知說文之說則善矣不在紛更字形也

不常厥邑于今五邦今不承于古罔知天之斷命矧曰其克從先王之烈若顛木之有由蘖

說文頁部曰顛頂也木部曰槇木頂也一曰仆木也玉裁按顛字可包木頂之訓木頂可兼仆木之解詁訓之法舉一顛字而顛倒之義見

釋文曰蘖本又作枿

說文七篇㔾部曰甹木生條也从㔾由聲商書曰若顛木之有甹枿古文言由枿又六篇木部曰櫱伐木餘也从木獻聲商書曰若顛木之有甹櫱或櫱字也从木辥聲不古文櫱也从木無頭桙亦古文櫱也汗簡古文四聲韻作桙楷作桙說文作桙是以集韻作桙伞卽牵之省見說文羊部玉裁按古文言由枿徐鍇本無此五字古文者謂孔安國所傳壁中古文也據此一處是許君親見孔壁尚書之證先引今文而附見古文明今文作甹古文作由作甹爲長也古文作由僞孔傳從之訓爲用也雖本釋詁而用枿之語不通徐鼎臣之言誠然矣春秋昭八年左氏傳曰史趙曰陳顓頊之族也歲在鶉火是以卒滅陳將如之今在析木之津

猶將復由杜注云由用也玉裁謂此由字亦當作𠃓猶
將復𠃓與是以卒滅語意以生滅相對析木之津寅位
也故曰猶將復𠃓詩序由庚萬物得由其道也由儀萬
物之生各得其宜也詳由儀之由當作𠃓與由庚之由
不同序稱萬物之生各得其宜以生訓由以宜訓儀惠定
宇說與商書左傳合商書古文左傳詩序皆假由爲𠃓徐
鍇云說文無由字葢古文省弓而後人因之通用爲因
由等字如其說則𠃓字下不當曰由聲凡說文全書內
由聲之字皆當作𠃓省聲非也說文水部之油木部之
柚邑部之邮山部之岫宙肉部之胄曰部之冑韋宀部
之宙言部之訕心部之怞舟部之舳車部之軸艸部之

苖辵部之迪彳部之⿰彳由竹部之笛皆曰由聲說文自有由字不知在何部而脫佚其音義俱不傳矣許君古文言由枿五字正說文有由字之證而楚金刪去以證其說文無由字之肌說許云古文言由則作甹之爲歐陽夏侯尚書憭然也漢食貨志黎民祖饑孟康曰祖始也古文言阻正與此甹古文言由同言猶作也近人不知此恉乃謂作甹者爲眞古文尚書作由者爲僞孔本矣說文𢎘部引商書作枿木部引商書作㦻乖異者葢枿本作㦻轉寫者從俗作枿耳或云枿卽桙之譌體也

天其永我命于茲新邑紹復先王之大業底綏四方盤庚斅于民由乃在位以常舊服正法度曰無或敢伏小人之

攸箴王命衆悉至于庭王若曰格女衆

白虎通號篇尙書曰王曰裕汝衆玉裁按裕者格字之誤

予告女訓女猷黜乃心無傲從康

傲當是本作敖衛包改之

古我先王亦惟圖任舊人共政王播告之

說文三篇言部曰譒敷也从言番聲商書曰王譒告之按此壁中故書也說文譒訓敷播訓種皆本尙書而播訓布爲別一說

修不匿厥指王用丕欽罔有逸言民用丕變

民用足利古本作民由

今文懖懖

懖衞包改爲聒開寶中李昉陳鄂等又改釋文之懖爲聒攷說文十篇心部曰懖拒善自用之意也从心銛聲商書曰今女懖懖（女作汝者誤）此古文尚書也又曰古文从耳作⿱昏耳此壁中故書字也唐以前尚書作懖故釋文大書懖懖注云故活反馬及說文皆云拒善自用之意今本釋文係開寶妄改之本大書字作聒聒則其注當云說文作懖不得誣說文作聒聒於此信開寶依衞包所改無疑也玉篇心部云懖愚人無知也耳部云⿱昏耳無知皃廣韵十三末云懖愚懖無知此皆用孔無知之䫉爲說然則馬鄭王孔本皆同說文作懖甚顯白尋衞包之

妄改𢘍爲聒者以正義引鄭注云𢘍（今本正義改作聒）讀如聒耳之聒𢘍𢘍（今本正義改作聒聒）難告之皃夫鄭云難告之貌與許馬王拒善自用之意僞孔傳𢘍𢘍（今本改作聒聒）無知之皃皆言其不可教訓不知話言絕非多言讙聒之謂謂讀如聒耳之聒者此讀如非讀爲也漢人注經凡言讀爲者易其字凡言讀如者擬其音說文乃字書故有讀如而無讀爲經注則讀爲讀如二者錯出也𢘍音同聒非訓聒也假令云讀爲聒耳之聒則易其字而義亦從同下不云難告之皃矣孔穎達衞包妄認𢘍聒爲古今字不知小篆从心作𢘍古文从耳作𦗢皆謂耳不肎聽心不肎從其理一也孔安國以今文讀之改從小篆而許

叔重仍之𢘥䛗字與聒字絶不相涉汗簡云䛗古文聒
字出尚書此可證汗簡之說皆出衛包妄改以後說文
云䛗者古文𢘥未嘗云古文聒也蔡氏仲默訓聒聒爲
譊譊多言五百年來墨守其說包之遺毒有如此者
集韵十三末云𢘥通作聒此惑於天寶後之尚書也
起信險膚予弗知乃所訟非予自荒茲德惟女含德不愓
予一人
白虎通號篇尚書曰不施予一人玉裁按卽般庚不愓
予一人也古文尚書作愓今文尚書作施施與愓同在
歌支一類詩何人斯我心易也韓詩作施廣雅釋詁三
移施狄敭也曹音施失異反敭亦豉反

予若觀火

周禮夏官序官注爟讀如予若觀火之觀玉裁按凡言讀如者擬其音凡言讀爲者易其字易其字則義如所易之字易其音則義如本字說文解字但明音讀故有讀若無讀爲漢人注經必兼明音義故讀若讀爲皆有之此云讀如予若觀火之觀謂爟音觀而已下文云今燕俗名湯熱爲觀則爟火謂熱火與言湯熱可呼觀則火熱亦可呼觀故知爟讀如觀音也據鄭爟在平韵古丸切自唐初作正義時不知讀爲讀若之別或轉寫譌亂或不得其說此條賈疏云盤庚告其羣臣不欲徙而匿情者予若觀熱也我有刑罰如熱火可畏孔安國以

觀爲視與鄭義異賈說全非鄭意

予亦拙謀作乃逸

說文十篇火部曰炪火光也从火出聲商書曰予亦炪謀讀若巧拙之拙玉裁按火光也玉篇廣韵集韵所引皆同類篇引火不光也誤衍不字不足據也許所據尙書作炪當是壁中古文假炪爲拙如假斑爲好假狟狟爲桓桓取其同音而捨其字之本義也孔安國以今文讀之易爲拙近注尙書者或皮傅周禮注以釋觀火皮傅說文以釋拙謀皆非

玉篇云炪火光也爩也上也字衍當作火光爩也攷集韵六術云炪爩煙皃九迄爩字下云炪爩煙出也玉篇

爩字下亦云煙出也然則類篇烞火不光也近是

若綱在綱有條而不紊

說文十三篇糸部曰紊亂也从糸文聲商書曰有條而

不紊

若農服田力穡乃亦有秋

漢書成帝紀陽朔四年詔曰書不云乎服田力嗇乃亦

有秋穡作嗇與漢石經殘碑毋劮篇合

女克黜乃心施實德于民至于婚友丕乃敢大言女有積

德乃不畏戎毒于遠邇惰農自安

魏志裴注惰作墮

不昬作勞

釋文昏馬同本或作暋爾雅昏暋皆訓强故兩存玉裁按正義引鄭注昏讀爲暋勉也是則古文經本作昏鄭讀爲暋故或一本作暋文選冊魏公九錫文嗇民昏作李善注作弗暋作勞而孫炎爾雅注三國志裴注作不昏作勞張衡西京賦亦云昏于作勞然則古本皆作昏也昏訓强固可通而鄭必讀爲暋訓勉者必求其音義親切也鄭爲密矣

康誥敃不畏死傳曰敃强也正義曰敃强也盤庚已訓而此重詳之按盤庚作昏依此正義則康誥經文亦作昏說經者讀爲敃衞包乃遂改昏作敃

立政其在受德敃傳亦訓强據正義亦當本是昏字

周禮大司寇注民不慜作勞按昏聲古音在第十三部民聲古音在第十二部昏从氏省不从民誤認爲民聲作昬故唐高宗有詔改葉昬二字不知昏非從民也諱昬作昏而適合古矣昏聲與民聲字音韵亦多誤不昏作勞竟爲不慜可證也

不服田畝越其罔有黍稷

釋文越本又作粤

女不和吉言于百姓惟女自生毒乃敗禍姦宄以自災于厥身乃既先惡于民乃奉其恫女悔身何及相時憸民

說文十篇心部曰憸疾利口也从心册聲商書曰相時憸民按商書二字各本作詩字今訂正相時憸民卽相

時憸民也隸釋所載石經殘碑作㪔㪔卽散也古文尚書作㤐枚氏古文尚書作憸今文尚書作散㤐與憸義同而音異大徐作从心从冊小徐作从心冊聲訂以女部姍字下曰从女刪省聲則此亦當爲刪省聲轉寫譌脫耳刪省聲則與散字異音同爲說文音者因今尚書憸在閉口部遂讀㤐亦息廉反殊失古意

隸釋漢石經尚書殘碑命何及相闕㪔下闕按此今文尚書也何及之上作命憸作散正義曰伏生所傳謂之今文夏侯勝夏侯建歐陽和伯等三家及後漢末蔡邕所勒石經是也釋文敘錄曰伏生所誦是曰今文闕謬處多故不別記此陸氏不載石經駁異之恉也

猶胥顧于箴言其發有逸口矧予制乃短長之命女曷弗告朕而胥動以浮言恐沈于衆若火之燎于原不可鄉邇

鄉衞包改爲嚮今更正

其猶可撲滅

春秋隱六年左氏傳君子曰商書曰惡之易也如火之燎于原不可鄉邇其猶可撲滅莊十四年君子曰商書所謂惡之易也如火之燎于原不可鄉邇其猶可撲滅者其如蔡哀侯乎玉裁按惡之易也四字隱栝上文女不和吉言己下七十餘字蓋以其詈鯀而約結之古人早有此法大意總言孽不可㸕說尚書者乃竟謂此四字爲僞孔所删而擅補之轉使女曷己下三十字爲一

句一氣貫注之文中生横厥況尚書斷無此等語句亦
絕無也字乎
引經有檃栝其下文者如文王所以造周康叔所以服
宏大是也有檃栝其上文者如惡之易也是也有檃栝
全文者如父不慈子不祇兄不友弟不恭不相及也父
子兄弟罪不相及是也詳康誥
則惟女衆自作弗靖非予有咎迡任有言曰
集韵六脂曰迡侍夷切迡任古賢人書迡任有言玉裁
按此采自未改釋文也今本釋文曰遟直疑反徐持夷
反葢自衞包改尚書之迡作遟開寶中又改釋文集韵
據未改本仙民侍夷之音與直疑不同葢相傳舊讀故

陸氏兼録之今本釋文譌爲持夷則與直疑不甚别此又可據集韵以正譌字也集韵此音别於陳尼一切

說文辵部遲或从𡰥作𨑢般庚作𨑢自是古本如此

匡謬正俗曰古者遲夷通用書稱遲任有言曰遲字音夷亦音遲按顏所據本作遲與陸本不同而夷音又陸所失載

人惟求舊器非求舊惟新

風俗通義窮通篇謹按尚書曰人惟求舊

石經尚書殘碑言曰人維舊闕二字救舊下闕 按此今文尚書也惟作維舊上無求字求作救古殳攴通用殺即𢻮救即求字周官故書正日景救地中杜子春云救讀

爲求是也說文亦引堯典旁救僝功

古我先王暨乃祖乃父胥及逸勤予敢動用非罰世選爾勞予不掩爾善

釋文掩本又作弇

五經異義曰尚書古我先王暨乃祖乃父胥及逸勤予不敢動用非罰世選爾勞予不絕爾善見詩大雅文王正義多不字掩作絕

茲　大享于先王爾祖其從與享

周禮司勳注般釋文作般是注疏作盤非也庚告其卿大夫曰茲予大享于先王爾祖其從與享之

尚書大傳般傳曰書曰茲予大享于先王介祖其從與

享之

作福作災予亦不敢動用非德予告女于難若射之有志

儀禮既夕記志矢一乘鄭康成云志猶擬也書云若射之有志

王伯厚蓺文志攷云漢人引若矢之有志

女無老侮成人無弱孤有幼

古文尙書作無老侮成人無弱孤有幼鄭注老弱皆輕忽之意也僞孔傳與鄭注本同孔傳老成人三字爲經文老侮張本非孔作侮老成人也唐石經作老侮不誤今版本作侮老因老成人三字口習既孰又誤會孔傳故倒亂之按傳云不用老成人之言是老侮之不徙則

孤幼受害是弱易之正義曰老謂見其年老謂其無所復知弱謂見其幼弱謂其未有所識鄭云老弱皆輕忽之意也老成人之言云可徙不用其言是老侮之也不徙則水泉鹹鹵孤幼受害不念其害則是卑弱輕易之也今版本譌亂爲正之如此

漢書趙充國傳曰時充國年七十餘上老之此老侮之解也

臧氏鏞堂曰左氏傳宋華閱卒華臣弱皐比之室杜注弱侵易之此弱孤有幼之解也

足利古本汝亾老侮老成人此蓋於旣誤侮老之後又訂增老字於侮字上

隸釋石經尚書殘碑有志女毋翕侮成人此六字亦見東觀餘論毋流下闕此今文尚書也無作毋老作翕弱作流翕侮猶狎侮也翕盍狎之假借字

各長于厥居勉出乃力聽予一人之作猷

爾雅釋故猷已也然則作猷猶作輟也

無有遠邇用罪伐厥死用德彰厥善

漢書王嘉傳上下詔封賢等因以切責公卿曰書不云乎用德章厥善彰作章

邦之臧惟女衆邦之不臧惟予一人有佚罰

爾雅釋言逸過也郭注書曰汝則有逸罰玉裁按此當引般庚惟予一人有佚罰記憶之誤涉粊誓篇而云尒

逸佚失古通用

周語內史過引般庚曰國之臧則維女衆國之不臧則

維余一人是有逸罰

凡爾衆其惟致告自今至于後日各共爾事

共孔訓奉與甘誓牧誓同衛包改古應改爲供字則猶

不失字詁而妄改爲恭恭不訓奉也陳鄂於宋開寶中

刪去釋文共音恭之語古文之厄至斯而極　石經正

作共然則今文尚書與古文尚書同也

齊乃位度乃口

釋文曰徐如字亦作渡按渡疑斁之誤粊誓杜乃擭亦

作斁

傳云以法度居汝口按古度訓居既釋以法度又釋以居不辭疑釋文本作度云徐如字亦作宅

漢石經尚書殘碑各共爾事齊乃位度爾口下闕按此今文尚書也下乃作爾

罰及爾身弗可悔

今文尚書般庚三篇爲一篇然蔡邕所書中篇建乃家之下下篇般庚既之上空一字自隸釋所載迄今錢唐黄氏易所藏殘字翁氏方綱所摹勒皆然也則上篇中篇交接處石本必亦空一字雖爲一篇而固區别甚書序云作般庚三篇般本紀亦云迺作般庚三篇書序不待壁中而始出故般庚之列爲三亦不待壁中本出而

始分也

此叒舊奪第十葉吳伯盉先生手書補之老成典型尤足增重也星伯記

古文尚書撰異卷七

段玉裁學

盤庚中第七　商書

盤庚作惟涉河以民遷乃話民之弗率誕告用亶

釋文亶丁但反馬本作單音同按馬作單而讀爲亶與

雒誥乃單文祖德同也

其有衆咸造勿褻

釋元應衆經音義卷十五媟嬻條下引尚書咸造忽媟

孔安國曰媟慢也傷也玉裁按忽者字之誤褻本作媟

褻蓋衛包所改也其所引孔傳亦與今不同

在王庭盤庚乃登進厥民曰明聽朕言無荒失朕命烏呼

古我先后罔不惟民之承保后胥戚

戚衛包改作慼今更正

鮮以不浮于天時

石經尚書殘碑民之承保后胥高鮮以丕浮下闕按此今文尚書也戚作高黃氏伯思東觀餘論亦載保后胥高

殷降大虐先王不懷厥攸作視民利用遷女曷弗念我古后之聞承女俾女惟喜康共非女有咎比于罰予若籲懷茲新邑亦惟女故以丕從厥志今予將試以女遷安定厥邦女不憂朕心之攸困

石經尚書殘碑試以爾遷安定厥國今女丕下闕按此

今文尚書也女作爾邦作國多今字凡漢人不以諱改經字故知古文尚書多作邦今文多作國各依其壁藏之本也

乃咸大不宣乃心欽念以忱動予一人爾惟自鞠自苦若乘舟女弗濟臭厥載爾忱不屬惟胥以沈不其或稽自怒曷瘳

石經尚書殘碑其或迪自怨下闕此今文尚書也稽作迪怒作怨

女不謀長以思乃災女誕勸憂今其有今罔後女何生在上

石經尚書殘碑永勸憂今其有今罔後女何生下闕此

今文尚書也誕作永按誕从延聲延永雙聲皆訓長也東觀餘論載女永勸憂女字隸釋所無豈黃氏所見字又較多邪

今予命女一無起穢以自臭恐人倚乃身迂乃心

玉篇足部踦居綺巨奇二切恐人踦乃身迂乃心踦曲迂避也玉裁按此引尚書倚作踦僻作避當是顧野王本與唐初本不同也陸德明音義孔沖遠正義的是倚字說文踦戾足也（文選陳琳檄豫州注引作戾今本作一）廣韵五支曰踦腳跛也則踦有曲訓而倚訓曲殊牽強似顧本爲善

予御續乃命于天

匡謬正俗曰商書盤庚云予御續乃命于（作於誤）天詩鶻

巢云百兩御之訓解皆爲迎徐仙竝音訝玉裁按此唐初本作御之證唐石經巳下作迓者衞包改也釋文云迓五駕反者開寶閒改也訓迎之字本作訝其作迓者又訝之別體說文所無也凡各書用字有例如毛詩鵲巢古文尚書般庚牧誓儀禮士昏禮禮記曲禮大夫士必自御之春秋穀梁傳跛者御跛者眇者御眇者列子遇駭鹿御而擊之字皆作御惟周禮作訝此其大例也御訝古音同在第五部

予豈女威用奉畜女衆予念我先神后之勞爾先子丕克羞爾用懷爾然

石經尚書殘碑之勞爾先子丕下闕玉裁按洪氏不云孔作丕疑本是丕字版本誤丕但錢唐黃易所藏搨本

正作丕字則是今文尚書作不也　丁巳十二月黃氏
丕烈挍隸釋舊抄本作丕與近抄及汪刻異
失于政陳于茲高后丕乃崇降罪疾曰曷虐朕民
石經尚書殘碑于茲高后丕乃知降甯疾亾下闕此今
文尚書也崇作知
女萬民乃不生生暨予一人猷同心先后丕降與女罪疾
曰曷不暨朕幼孫有比故有爽德自上其罰女女罔能迪
古我先后既勞乃祖乃父女共作我畜民女有戕則在乃
心我先后綏乃祖乃父
石經尚書殘碑民女有近則在乃心我先后綏下闕此
今文尚書也戕作近女有近則在乃心亦見東觀餘論

乃祖乃父乃斷棄女不救乃死茲予有亂政同位具乃貝玉乃祖乃父

唐石經乃父作先父

丕乃告我高后

釋文曰我高后本又作乃祖乃父玉裁按别本是也當乃祖乃父丕乃告句絶乃祖乃父曰作丕刑於朕孫句絶廸高后丕乃崇降不詳句絶詰詘聱牙固當如是

曰作丕刑于朕孫

唐石經朕孫作朕子孫多子字足利古本亦有子顧氏亭林謂誤王氏鳳喈曰玩傳作大刑于我子孫似本有子字後人傳寫誤脱也玉裁按傳多增字足利古本往往據以

增經正不必因上文乃祖乃父而必兼舉子孫也古人
文字不拘言朕孫者出乃祖口中自可統乃父在內
迪高后丕乃崇降弗祥烏呼今予告女不易
石經尚書殘碑興降丕永於戲今予下闕此今文尚書
也崇作興弗祥作不永烏呼作於戲按永古音讀如羊
祥亦讀如羊
易釋文以豉反鄭注云不變易則於今韵讀如字
永敬大恤無胥絕遠女分猷念以相從各設中于乃心
石經尚書殘碑絕遠女比猶念叺相從各翕中下闕此
今文尚書也分作比猶卽猷設作翕東觀餘論亦載女
比猶念以相從各翕中

乃有不吉不迪顚越不共

今本作不恭衞包所改也釋文無共音恭之語陳鄂依衞包刪之也僞孔傳曰不共不奉上命也考傳凡訓奉者其字皆作共讀爲供甘誓共行天之罰女不共命無逸惟正之共皆是左氏正義謂尚書作恭其所據尚書非善本也

暫遇姦宄我乃劓殄滅之無遺育無俾易種于茲新邑

春秋哀十一年左氏傳五子胥諫吳王曰盤庚之誥曰其有顚越不共則劓殄無遺育無俾易種于茲邑玉裁按二乃字一作其一作則無不吉不迪暫遇姦宄我滅之新十二字此或當時所據尚書不同或本同而隱括

之皆未可定吾友江氏叔澐乃遂據左刪書康誥亦據苟鄭刪改與前文據左增惡之易也四字其失一也叔澐謂孔本尙書皆僞孔所妄增改故凡有不同者寧他從而不從孔愚竊以爲不然僞孔於衛賈馬鄭之本初無大異衛賈馬鄭本夫人誦習之當時皆知爲壁中本僞孔方欲將僞造之廿五篇令天下信其眞安敢將卅三篇啓天下疑其僞也大爲乖異則天下疑其僞而僞造之廿五篇不能依附以行矣惟舜典益稷分篇出於遷就酒誥顧命之成王堯典之堯曰按當作帝曰小有刪增爲小異以誘人信斷不爲大異以誘人疑也況釋文序錄曰馬鄭所有同異今亦附之音後正義亦迭迭舉馬

鄭王異孔之處是凡有異者捜槩略具於釋文正義中正不得有如殷庚康誥此等大異而釋文正義略之也釋文經開寶刪節正義不由舊乎學貴深思尤懲專輒以質江君非云好辯若劉子駿所云雷同相從隨聲是非者則吾不敢　史記五子胥列傳子胥引盤庚之誥曰有顚越不恭劓殄滅之俾無遺育無使易種于茲邑滅之字正與古文同又可見不必定依左氏矣

往哉生生今予將試以女遷永建乃家

石經尚書殘碑建乃家下空一字接殷庚既此歐陽夏矦尚書舊式也

乾隆四十二年錢唐黃易購得石經尚書殘字般庚篇

卌字其或迪自怨一行之勞爾先予不一行能迪古我先后一行興降不永於戲今一行建乃家（空一字）般庚既一行（庚字僅可辨）其餘論語殘字爲政篇六十字堯曰篇廿七字翁氏方綱摹勒于石玉裁按此眞漢石經殘字也外此又有無錫人依隸釋僞造者

古文尚書撰異卷八

段玉裁學

盤庚下第八　商書

盤庚旣遷

石經尚書殘碑建乃家空一殹闕一旣下闕

奠厥攸居乃正厥位綏爰有衆曰無戲怠懋建大命

石經尚書殘碑衆曰女罔台民勖建大命今我下闕按此今文尚書也女罔台民四字作無戲怠三字懋作勖

予作我古罔無通台怠通懋勖通勖古音同懋

今予其敷心腹腎腸歷告爾百姓于朕志

尚書正義卷二鄭注古文尚書篇與夏矦等同而經字

多異夏侯等書句絕宅嵎夷此謂古文爲宅嵎禺之誤鐵此謂夏侯等書昧谷古文曰桺谷夏侯等心腹腎腸古文曰憂優之誤腎賢之誤陽揚之誤夏侯等○劓刵劅剠古文云臏宮劓割頭庶剠夏侯等是鄭注不同也玉裁按此四條皆冠之以夏侯等書四字宅嵎鐵桺谷優賢揚臏宮劓割頭庶剠皆夏侯等書也自閻氏百詩已來皆誤讀而互易之

文選左太沖魏都賦曰優賢著於揚歷張載注曰尚書盤庚曰優賢揚歷歷試也按左時未經永嘉之亂夏侯歐陽等書無恙也

魏志管寧傳太僕陶丘一等薦寧曰優賢揚歷垂聲千載裴松之注曰今文尚書曰優賢揚歷謂揚其所歷試

玉裁按裴氏於此篇嗚烏弗聞引尚書君奭曰云云鄭[元]曰云云於命東序之世寶引尚書顧命曰云云注曰云云於武帝紀亦言文矦之命曰盤庚曰而此條獨分別之云今文尚書曰然則君奭顧命文矦之命盤庚皆爲古文尚書可知矣漢魏人於夏矦歐陽曰尚書於孔壁則分別之云古文尚書范氏後漢書體例尚如此裴氏正與相反葢古文尚書盛行遂易其偁焉爾但言今文尚書曰而不言何篇略之也裴氏時歐陽夏矦書已亾度裴所引卽魏都賦注故兼引賦語以足之賦注歷試也此今文家語裴演之曰謂揚其所歷試或系諸鄭注誤矣

漢咸陽令唐扶頌優賢颺歷國三老袁良碑優臤之寵
此皆用今文尚書也說文曰臤古文以爲賢字
罔罪爾衆爾無共怒協比讒言予一人古我先王將多于
前功適于山用降我凶德嘉績于朕邦
石經尚書殘碑凶德綏績下闕　此今文尚書也嘉作綏
今我民用蕩析離居罔有定極爾謂朕曷震動萬民以遷
石經尚書殘碑今爾惠朕一闕祇動萬民以遷肆上下闕
此今文尚書也多今字謂作惠震作祇東觀餘論亦載
爾惠朕曷祇動萬民以遷十字曷字洪氏所無疑黃氏
肊補凡曷字古今文尚書皆作害其作曷者皆後人所
改匡謬正俗引多方害弗夾介古文之證也王莽大誥

曷皆作害今文之證也伯思偶補一字而適誤學古之當審愼如是

般庚曷字四見皆本作害釋文曷何末反乃害何末反之改也

肆上帝將復我高祖之德亂越我家朕及篤敬共承民命

共傳訓奉衛包妄改爲恭字陳鄂又删釋文共音恭之語而古義蕩然矣史記屈原賈誼列傳共承嘉惠兮俟罪長沙亦如此解漢書賈誼傳作恭張晏訓恭爲敬自是史漢之不同裴駰於史記引晏注非也史記全書凡恭敬字皆從心不作共

用永地于新邑肆予沖人非廢厥謀弔由靈

說文二篇辵部曰迗至也从辵弔聲古字弔與迗同也正義曰弔至靈善皆釋詁文浦氏鏜云靈善不見於釋詁玉裁按今爾雅作令善也鐘鼎款識多以霝冬爲令終安知唐初爾雅本令不作靈乎又安知不令靈皆有而脫靈字乎孔沖遠等所據本未必與陸德明本同鄭氏箋詩亦云靈善也

各非敢違卜用宏茲賁

釋詁云宏墳大也尚書作賁傳亦訓大賁與墳同也衞包不改賁爲墳則古文尚書亦有幸不罹厄之字

烏呼邦伯師長百執事之人尚皆隱哉

隱孔傳云相隱括共爲善政正義云隱括必是舊語不

知本出何書惟引公羊序隱括使就繩墨焉玉裁按隱括即檃栝也說文六篇木部桰檃也从木昏聲一曰矢桰築弦處築字不可通當作檃或作隱古多以隱爲檃方言所以隱櫂謂之籆郭注搖櫓小橛也江東又名爲胡人按櫓以索繫於籆而後可打音頂是籆者所以檃其櫂也籆即今之槳字如檣即今之篙字也莫愁曲云艇子打兩槳本謂小橛近大乃呼櫓爲槳古今轉移多類此矢桰者所以檃弓弦之処凡矢端爲牝令可受弦弦隱於其閒釋名曰矢末曰桰桰會也與弦會也桰旁曰叉形似叉也叉即謂其牝成國細分之耳禮記緇衣引大甲曰若虞機張往省括于厥度則釋字从扌同音也或从竹作筈古安穩字不作穩又不作檃而作隱尙

書綏爰有衆鄭注曰安隱于其衆也梵書云富樂安隱凡物未有不檃栝而能安者尚書大傳子贛曰夫檃栝之旁多曲木良醫之門多疾人砥礪之旁多頑鈍檃栝者所以矯制曲木之具荀子大略篇大山之木示諸檃栝晏子春秋亦云隱揉檃之於欋箭簪之於弦憂患之於人皆有節制之用孫卿子議兵篇劫之以勢隱之以阨阨而用之得而後功之此隱讀爲檃刑法志隱之以勢臣瓚曰秦政急峻隱括其民於隘狹之法此說是也說文言檃栝者舉矯曲木之械言之言矢栝檃弦処者偏舉矢栝言之義之展轉引伸者也

予其懋簡相爾念敬我衆朕不肩好貨

石經尚書殘碑乘哉予其勖簡相爾念敬我衆朕不下

闕此今文尚書也隱作乘懋作勖

敢共生生

共孔訓奉衛包改爲恭

鞠人謀人之保居敘欽今我既羞告爾于朕志若否罔有

弗欽無總于貨寶生生自庸式敷民德永肩一心

古文尚書撰異卷九

段玉裁學

高宗肜日第九　商書

爾雅釋天繹又祭也周曰繹商曰肜孫炎曰祭之明日尋繹復祭肜者相尋不絕之意玉裁按周頌絲衣詩箋作融不作肜見釋文張平子思元賦展泄泄以肜肜李善注云左傳其樂也融融融融與肜古字通後漢書馬融傳豐肜對蔚豐肜卽豐融也攷方言修駿融繹尋延長也祭而又祭正是長誼但肜字未審其部居玉篇五經文字皆云从舟卽丑林切之肜字也集韵一東引李舟切韵云從肉玉裁謂皆非也從肉旣無據從舟亦音韵絕

遠蓋卽說文丹部之彤字彤徒冬切蟲韵又爲融音同部假借壁中商書固然而爾雅釋之轉寫小差如般字亦譌作股之類無煩議改彤爲融也 唐石經尚書爾雅字皆作彤五經文字舟部之彤也張參曰石經變舟作月變肉作月

高宗彤日越有雊雉

爾雅釋詁粵于爰曰也爰粵于也爰粵于那都繇於也尚書有越無粵凡越必吕於訓之于於古今字也攷魏三體石經遺字蘇望所摹刻見於隸續者大誥作粵茲載文侯之命作粵小大許君說文引周書粵三日丁亥然則古文尚書作粵不作越詩周頌對越在天毛傳越

於也越以同音假借蓋古文尚書別本作越未必衞包所改也

祖己曰惟先格王正厥事

漢書孔光傳對日蝕事曰書曰惟先假王正厥事言異變之來起事有不正也

後漢書律厤志元和二年二月下詔引書惟先假王正厥事

漢書外戚傳上探劉向谷永之言報許皇后曰書云高宗肜日粤有雊雉祖己曰惟先假王正厥事

乃訓于王曰惟天監下民典厥義降年有永有不永非天夭民民中絕命民有不若德不聽罪天既孚命正厥德

漢書匡張孔馬傳孔光引書曰天既付命正厥德言正德已順天也玉裁按此今文尚書也隸釋載漢石經尚書殘碑亦作天既付可證史記殷本紀作天既附命正厥德付附葢古今字音義皆同裴駰集解輒引孔傳天以信命正其德信自訓孚不訓附也索隱曰附依尚書音孚皆未知古文今文之不必同耳

隸釋尚書民中絕命民有不若德不聽罪天既付孔作孚○下闕玉裁按隸釋俗本改付爲孚改孔作孚爲孔作字

乃曰其如台

如台殷本紀作奈何台訓何不訓我也

烏呼王司敬民

司殷本紀作嗣此今文尚書也九經古義曰古嗣字皆省作司高宗肜日王司敬民史記作王嗣敬民呂大臨考古圖載晉姜鼎云余惟司朕先姑集古錄劉原父皆釋司爲嗣是司爲古文嗣

罔非天允典祀無豐于尼

釋文尼女乙反尸子云不避遠尼尼近也又乃禮反馬云尼考也謂禰廟也開寶前未改本如是馬謂尼是禰之假借也

正義曰釋詁云卽尼也孫炎曰卽猶今也尼者近也郭璞引尸子曰悅尼而來遠是尼爲近也按此可證經文作尼傳文作尼近也正義引釋詁疏之所謂古文讀應

爾雅也其下文云尼與昵音義同則正義謂尼同昵以曉晚近假令經傳作昵何必爲此詞費哉尚書及釋文經天寶開寶改竄而正義有由舊相矛盾者如此篇尼字梓材斆字文矦之命旅字秦誓員字牧誓御字禹貢旄字之類是也

羣經音辨曰尼近也乃礼切書祀無豐亐尼又女乙切玉裁按尚書本作尼衞包改作昵開寶閒改釋文之尼爲昵賈氏據未改之釋文爲此條集韵五質尼近也又十一薺昵近也通作尼此皆本尚書爾雅音義也

無豐于尼殷本紀作毋禮于弃道此今文尚書也集解用孔傳誤

殷本紀曰武丁祭成湯明日有飛雉登鼎耳而呴武丁懼祖己曰王勿憂先修政事祖己乃訓王惟天監下典厥義降年有永有不永非天夭民中絕其命民有不若德不聽罪天既附命正厥德乃曰其奈何嗚呼王嗣敬民罔非天繼常祀毋禮于弃道

古文尚書撰異卷十

段玉裁學

西伯戡黎第十　商書

西伯既戡黎

釋文曰伯亦作柏惠氏定宇曰郭璞穆天子傳注云古伯字多从木玉裁按漢書古今人表伯字皆作柏

釋文曰戡音堪說文作𢧁云殺也以此戡訓刺音竹甚反玉裁按說文十二篇戈部曰𢧁殺也从戈今聲商書曰西伯既𢧁黎蓋壁中本作𢧁後易爲戡或易爲堪如左傳昭廿一年王心弗堪漢書五行志作王心弗𢧁甚聲今聲古音同在第七部非𢧁爲本義戡堪爲假借也

爾雅釋故曰堪勝也郭注引書西伯堪黎尚書正義引爾雅作戡古音勝任之勝與勝敗之勝不分平去合克堪用德戡定厥功惟時二人弗戡讀之可見文選謝靈運述祖德詩李注引孔安國尚書傳曰龕勝也疑李所據尚書作龕然攷謝元暉詩西龕收組練李注云尚書序曰西伯戡黎孔安國曰戡勝也戡與龕音義同據此則述祖德詩注不若此之分明唐初尚書本固皆作戡也

黎說文作𨞚六篇邑部曰𨞚殷諸侯國在上黨東北从邑𥝩聲𥝩古文利商書西伯戡𨞚玉裁按說文此戡字葢本作𢦟戈部黎字葢本作𨞚皆後人改也古文尚書作𨞚

後易爲黎今文尚書作耆亦作飢亦作阢尚書大傳殷傳曰西伯戡今刊本作戎當是惠氏所改耆周傳曰文王受命五年伐耆史記殷本紀曰西伯伐飢國滅之徐廣曰飢一作阢又作耆周本紀曰明年敗耆國徐廣曰耆一作阢此皆今文尚書之證也

祖伊恐奔告于王曰天子

殷本紀無天子二字

天既訖我殷命格人元龜罔敢知吉

王符潛夫論卜列篇云尚書曰假爾元龜罔敢知吉格人作假爾此葢卽如禮記假爾大龜有常之訓疑今文尚書本然然史記作假人論衡卜筮篇曰紂至惡之君

也當時災異繇多七十卜而皆凶故祖伊曰格人元龜罔敢知吉賢者不舉大龜不兆災變亟至仲任以賢者訓格人則今文尚書與古文尚書同也爾字恐有誤假格古通用

徐廣史記注曰元一作卜

非先王不相我後人惟王淫戲用自絕

戲殷本紀作虐

故天棄我

棄唐石經及史記作弃皆唐避世字也

不有康食不虞天性

殷本紀不虞知天性今文尚書多知字也王氏鳳喈云

翫偽孔傳文似偽孔本亦有知字玉裁按非也偽孔竊取史記爲注耳

不迪率典今我民罔弗欲喪

論衡藝增篇曰尚書曰祖伊諫紂曰今我民罔不欲喪罔無也我天下民無不欲王亡者夫言欲王之亡可也言無不增之也欲以懼紂也故曰語不益心不惕心不惕行不易玉裁按弗今文尚書作不

曰天曷不降威大命不摯

釋文曰摯本又作𡠗

說文十二篇女部曰𡠗至也从女埶聲周書曰大命不𡠗讀若摯同玉裁按周書當爲商書之誤𡠗埶聲今本

說文誤作蓺執聲非也埶聲在古音第十五部執聲則在古音第七部壁中本作蓺後易爲摯般本紀作至故訓字也又詳堯典

唐石經㫄添胡字於命不之閒據說文則不應有也般本紀作大命胡不至後人依史記增入尚書耳

今王其如台

如台般本紀作奈何故訓字也

王曰烏呼我生不有命在天祖伊反

說文二篇辵部曰返還也从辵反反亦聲商書曰祖伊返玉裁按今本說文伊誤作甲惟集韵所引不誤返反古通用

曰烏呼乃罪多參在上
玉裁按釋文參七南反馬云參字累在上此條蓋經開寶中改竄致文理不通絕不可解玉篇厽部云厽力捶切累壍爲牆壁也尙書以爲參字七貪切玉篇所云正謂商書此字未經孫強輩改竄處也蓋尙書本作厽而孔讀爲參釋文當云厽七南反馬力捶反云累也罪多累在上未改本約當如是所以知者顧野王亦據孔本陸氏音義依孔作首條必孔說也馬鄭音義異則兼載之其條例云馬鄭所有同異今亦附之音後是也馬與孔同讀參則必不載故知馬以累訓厽讀力捶反厽絫古通用積累字古多作絫而作累乃俗字汗簡古文

四聲韵皆云絫字見石經尚書𢧵黎篇字作厽甚協謂爾罪多積絫如丘山腥聞在上也經典釋文經天寶開寶妄改迄今千餘年遙渧正之尚書後案則多誤會又案孔傳當有厽讀爲參之語如鳥讀爲島之比此等疑衞包倂刪之

羣經音辨絫劣僞切引書終絫大德此用未改釋文也

凡古積累上聲負累去聲字本皆作絫絫古音在十六部纍古音在十五部後人改絫作累或疑累爲纍之省此大誤也

唐記高祖武德四年鑄開元通寶徑八分重二銖四參積十錢重一兩葉氏大慶古今質疑曰當作積十二錢得輕重大小之中

沈存中筆談曰參乃絫字傳寫之誤

乃能責命于天殷之卽喪指乃功不無戮于爾邦

殷本紀曰西伯伐飢國滅之（徐廣曰飢一作阢又作耆）紂之臣祖伊聞之而咎周恐奔告紂曰天既訖我殷命假人元龜（徐廣曰元一作卜）無敢知吉非先王不相我後人惟王淫虐用自絕故天棄我不有安食不虞知天性不迪率典今我民罔不欲喪曰天曷不降威大命胡不至今王其奈何紂曰我生不有命在天乎祖伊反曰紂不可諫矣

清金壇段氏本古文尚書撰異

第三册

清 段玉裁撰

中國國家圖書館藏清嘉慶間金壇段氏七葉衍祥堂刻本

山東人民出版社·濟南

古文尚書撰異卷十一

段玉裁學

微子第十一　商書

微子若曰父師少師

古文尚書父師今文尚書作大師

漢書禮樂志說殷紂時樂官師瞽抱其器而犇散或適諸侯或適河海此謂論語微子篇大師摯適齊云云也故古今人表大師摯亞飯干三飯繚四飯缺鼓方叔播鞉武少師陽擊磬襄皆系之殷辛時而尚書微子篇父師少師史記作大師少師宋世家於比干死之後云大師少師乃勸微子去則少師非比干大師非箕子甚明

殷本紀亦云微子與大師少師謀去而比干剖心箕子爲奴殷之大師少師乃持其祭樂器奔周周本紀又云紂昏亂暴虐滋甚殺王子比干囚箕子大師疵少師彊抱其樂器而犇周是則大師少師爲殷之樂官卽大師摯少師陽也摯卽疵陽卽彊音皆相近惟傳聞異辭則載所如不一而其事則一此今文尚書說也古文尚書說乃云父師箕子少師比干鄭君僞孔皆用此說沅案摯字說文从執此又从埶蓋兩存其體也

殷其弗或亂正四方

或宋世家作有今文尚書也詳無逸篇亂宋世家作治

我祖底遂陳于上我用沈酗于酒

酗宋世家作湎漢書敘傳班伯曰沈湎于酒微子所㠯告去也亦作湎

用亂敗厥德于下

宋世家曰婦人是用亂敗湯德于下葢今文尚書多三字於用字句絕

殷罔不小大好草竊姦宄卿士師師非度凡有辜罪乃罔恆獲小民方興相爲敵讎

方興今文尚書當是作旁興宋世家作竝興竝者旁之故訓也古音竝讀如傍

今殷其淪喪

宋世家淪作典索隱云尚書典作淪篆字變易其義亦

殊錢氏曉徵曰典讀如殄典喪者殄喪也攷工記輈欲頎典鄭司農讀典爲殄燕禮寡君有不腆之酒注古文腆爲殄是典腆與殄通

淪釋文曰徐力允反集韵本之上聲十七準曰淪縷尹切商書商（宋人諱殷字）其淪喪徐邈讀凡釋文所載唐以前舊音集韵蒐括無遺案郭氏佩觿曰拾（如字）音拾（音涉）級弟（如字）曰弟（音但）勞辟（如字）爲辟（頻翻）世席其贅韵有如此者諸家以經史借用字加陸氏切韵本爲王南賓存乂刪之點竄未盡於今尚有據此知陸氏切韵就其時南北所讀之音切於詞人韵語者采雥成書自是定今非以攷古也後人指摘其與古音不合是猶責裘以葛殊不曉事

故諸家加字王氏刪之乃至寶元集韵凡經史子集所有殊音務囊括不漏好奇者作韵語則皆用之毋乃近於童牛角馬與

若涉大水其無津

玉裁按正文本無涯字傳以涯際二字訓津字淺人遂以涯字補入經文此正如亦言其有德或依傳於其下增入字朕不敢有後或依傳於後下增誅字又曰時予乃或言或依傳於言上增誨字也正義云其無津濟涯岸此依孔傳說無津濟之涯岸作正義時經文無涯字論語使子路問津鄭注曰津濟渡處說文曰津水渡也爾雅曰析木謂之津箕斗之閒漢津也尚書序師渡盟

津正義曰於盟地置津謂之盟津見於史傳者若延平津靈昌津黎陽津小平津白馬津棘津竇津君子津自古訏可渡處謂之津不聞曰涯也涯字古作厓厓山邊也或加水旁訓爲水邊僞孔傳以津訓渡處渡處必在涯際故釋經無津爲無可渡之涯際此以地言之史記津作舟航則以器具言之濟渡之地謂之津則濟渡之舟航亦得謂之津也楚詞江河廣而無梁語意略同經文津涯二字非三代時文理今刪涯還舊陸氏釋文涯字反語自爲孔傳設非爲經文設也

釋元應衆經音義卷十四尚書曰涉水無津孔安國曰無涯際也今版本譌爲尚書曰池水無涯

宋世家若涉水無津涯徐廣曰一作涉水無舟航玉裁按作舟航者葢大史公述津之故訓作津涯者後人依尚書改史記也說文瀕小津也一曰以船渡也瀕兼二義則津字亦得兼二義

殷遂喪越至于今曰父師少師我其發出狂

宋世家狂作往索隱曰往尚書作狂葢亦今文尚書意異耳玉裁按裴駰引鄭注曰紂禍敗如此我其起作出往也釋文正義索隱皆不言鄭與孔異葢今文尚書作往古文作狂鄭從今文讀狂爲往與告去說合

吾家耄遜于荒

釋文云耄字又作旄

經文六字宋世家作吾家保于喪按此今文尚書也其字既異其義亦殊

僞說命曰既乃遯于荒野語本此

今爾無旨告

旨唐石經已下皆作指以大誥有旨例之當是本作旨而或加手旁耳今更正宋世家指作故

予顛隮

說文二篇足部曰躋登也从足齊聲商書曰予顛躋汲古閣刊說文增告字於予字上玉裁按躋訓登亦訓隊俗作墜猶亂之訓治徂之訓存苦之訓快皆窮則變變則通之理也隮者躋之或體而說文不收此等要不必改皀從足正義引

昭十三年左傳曰小人老而無子知擠於溝壑矣陸德明本從手作擠誤

若之何其

鄭注曰其語助也齊魯之閒聲如姬記曰何居玉裁按檀弓何居注云居讀如姬姓之姬此讀如今本皆誤作讀爲蓋自陸德明以下鮮知讀如讀爲之別矣齊魯之閒語助也列子黃帝篇姬將告女姬魚語女姬卽齊魯之閒語助魚卽吾字論語陽貨篇居吾語女居亦姬聲舊注非也又按商書存者七篇而湯誓曰夏罪其如台般庚上曰卜稽曰其如台高宗肜日曰乃曰其如台西伯堪黎曰今王其如台史記如台兩作柰何台之訓何不見於爾雅而有徵可信短言之

則曰如台長言之則曰若之何其是微子篇亦有如台
也何其卽台之反語
父師若曰王子天毒降災荒殷邦
毒宋世家作篤二字同訓厚也惠氏定宇曰平輿令薛
君碑又以竺爲篤古毒篤竺三字皆通錢氏曉徵曰大
宛傳其東南有身毒國卽天竺也竺古篤字
荒宋世家作亾邦宋世家作國
方興沈酗于酒乃罔畏畏咈其耇長舊有位人
說文二篇口部曰咈違也从口弗聲周書曰咈其耇長
玉裁按周乃商之誤
今殷民乃攘竊神祇之犧牷牲用以容將食無災降監殷

民用乂讎斂

釋文曰讎鄭音疇馬本作稠數也玉裁按依鄭音當是鄭亦讀讎爲稠也釋文又曰斂馬鄭力豔反謂賦斂也徐云鄭力劒反玉裁按力豔在去聲五十五豔力劒在六十梵宋人集韵劒字入於驗韵

召敵讎不怠罪合于一多瘠罔詔商今其有災我興受其敗

說文二篇辵部曰退數也从辵貝聲周書曰我興受其退玉裁按周乃商之誤壁中尚書敗字蓋皆如此作

商其淪喪我罔爲僕

釋文曰臣僕一本無臣字玉裁按無者是也毛詩景命

有僕傳云僕附也說文曰古文僕字从臣作䑑恐此是古本作䑑析爲二字也今删臣字

詔王子出迪我舊云刻子王子弗出

論衡本性篇云微子曰我舊云孩子王子不出紂爲孩子之時微子睹其不善之性性惡不出衆庶長大爲亂不變故云也玉裁按此今文尚書刻作孩其說如此也但古文尚書此語出父師口非微子之言也仲任系諸微子則疑今文尚書多微子若曰四字如咎繇謨之多舜曰禹曰下文我不顧行遯是爲微子自言其志宋微子世家大師若曰巳下無更端箕子者王子比干者云云爲追敘語於是大師少師乃勸微子去即上文之終

不得治不如去遂亾也葢大史公用古文說與仲任所據歐陽夏矦尚書異

我乃顛隮自靖

釋文曰靖馬本作清謂絜也今之潔字

入自獻于先王我不顧行遯

釋文曰顧徐音鼓惠氏定宇曰商詩韋顧既伐古今人表作韋鼓是顧有鼓音緇衣云君子寡言而行以成其信鄭注云寡當爲顧聲之誤是顧有上聲毛氏居正據宋禮部韵無上聲以駁徐邈未之得也玉裁按伐木二章小明二章雲漢四章顧皆在上聲韵今人自不知庶助等字古讀上聲耳泥於韵書之四聲猶泥於韵書之

部分皆學古之大障礙也

宋微子世家曰微子度紂終不可諫欲死之及去未能自決乃問於大師少師曰殷不有治政不治四方我祖遂陳於上紂沈湎於酒婦人是用亂敗湯德于下殷既小大好草竊姦宄卿士師師非度皆有罪辜乃無維獲小民乃並興相爲敵讎今殷其典喪若涉水無津涯徐廣曰一作涉水無舟航殷遂喪越至于今曰大師少師我其發出往吾家保于喪徐廣曰一云於是家保今女無故告予顛躋如之何其大師若曰王子天篤下菑亾殷國乃毋畏畏不用老長今殷民乃陋淫神祇之祀徐廣曰一云今殷民侵神犧又一云陋淫侵神祇今誠得治國國治身死不恨爲死終不得治不如去遂

此五字
以爲一句

古文尚書撰異卷十二

段玉裁學

牧誓第十二　周書

時甲子昧爽王朝至于商郊牧野乃誓

大雅大明鄭箋云書牧誓曰時甲子昧爽武王朝至于商郊牧野乃誓玉裁按武字未必鄭所加史臣追加之如湯誓史臣追加王字也詩閟宮正義引此序亦有武字　樂記注牧誓曰至於商郊牧野

詩大明矢于牧野正義曰牧誓云至于商郊牧野乃誓書序注云牧野紂南郊地名禮記及詩作坶野古字耳玉裁按此十七字皆鄭注也其下文云今本又不同者

正義謂今本詩與禮記也此可證鄭本尚書作牧不作坶許君說文土部坶字下云朝歌南七十里地引周書武王與紂戰于坶野此乃壁中原文子國以今文字讀之改爲牧而所傳之本因之坶牧不一如周官之有故書儀禮之有古文今文也徐邈牧一音茂者正爲字林坶音母比傳爲之相傳舊音也

坶一作𡋯此乃體之小異耳毎亦母聲也若玉篇云坶古文尚書作𡋯此則宋陳彭年輩重修之語所謂古文尚書者謂郭忠恕爲之釋文傳至宋次道王仲至晁公武者耳

王左杖黃戉右秉白旄以麾

釋文曰鉞本又作戉玉裁按作戉者是也今從之說文十二篇戉大斧也从戈ㄴ聲司馬法曰夏執元戉殷執白戚周左杖黃戉右秉白髦

曰逷矣西土之人

爾雅釋故逷遠也郭注書曰逷矣西土之人北齊書文苑傳顏之推觀我生賦曰逷西土之有衆文選李善注兩引書皆作逷是唐初本尚作逷衞包據說文逖爲今字逷爲古字改之而開寶間又改釋文也今更正

王曰嗟我友邦冢君

周禮大宗伯職注武王誓曰我友邦冢君玉裁按此用牧誓文也賈公彥疏系之泰誓誤

史記周本紀友邦作有國今文尚書也

御事司徒司馬司空亞旅師氏千夫長百夫長及庸蜀羌髳微盧彭濮人

盧史記周本紀作纑

稱爾戈比爾干立爾矛予其誓

爾雅釋言偁舉也郭注書曰偁爾戈玉裁按今本尚書作稱此正如春秋宣十六年左氏傳禹偁善人見於玉篇者此古本也改作禹稱者俗本也蓋亦衞包所改又按說文序云其偁易孟氏子字下云人以爲偁是漢人稱謂字皆作偁周書偁爾戈東晉時本尚如此

王曰古人有言曰牝雞無晨

釋文牝頻忍反徐又扶死反按未改釋文當如是如月令遊牝鄘風騋牝皆云徐扶死反可證也開寶閒不知古音乃改云頻引反徐又扶忍反其可笑如此

牝雞之晨惟家之索今商王受惟婦言是用

列女傳七篇曰書曰牝雞無晨牝雞之晨惟家之索

顧氏亭林曰唐石經惟婦言是用是字旁注

五行志昔武王伐殷至于牧壄誓師曰古人有言曰牝雞無晨牝雞之晨惟家之索今殷王紂惟婦言用無是字

玉裁按受作紂者今文尚書也周本紀亦作紂

玉裁按凡今文尚書作紂凡古文尚書作受史記漢書無言受者正義曰鄭君云紂帝乙之少子名辛帝乙愛

而欲立焉號曰受德時人傳聲轉作紂也史掌書知其本故曰受此鄭君尊用古文謂今文非是也僞孔傳云受紂也音相亂本鄭注也馬融云受讀曰紂此依今文爲注也又云或曰受婦人之言故號曰受也此馬廣異聞也紂與受非名也據馬鄭云號曰受號與名不同史記云帝辛天下謂之紂亦謂天下號以紂耳紂猶亂也紂與討同部討襍也謚法云殘義損善曰紂則周公以後因商紂立此文紂本非謚也

又按周書克殷解尹逸筴曰殷末孫受德孔注受德紂字也佀鄭云号受德所本然周本紀錄周書作殷之末孫季紂恐受德字未可信立政桀德受德一例不得云

桀德爲号也

詩大明正義引鄭注書序云微子啓紂同母庶兄紂之母本帝乙之妾生啓及衍後立爲后生受德此鄭注全本呂覽呂覽仲冬紀紂之同母三人其長曰微子啓其次曰中衍其次曰受德受德乃紂也周書克殷解殷末孫受德史記作殷末孫季紂然則呂氏受德之說未可深信舍古文尚書而外他書皆言紂不言受同音異字耳惟史記周本紀云貶從殷王受此語在周書度邑解故作殷王紂又按檀弓微子舍其孫腯而立衍閻氏百詩云衍必微子嫡子之弟此說極是必如此而後檀弓可通漢書古今人表於第四等有微中在膠鬲商容師

涓之閒於第五等有宋微中注云啓子在叔虞子熊繹子伯禽子之閒然則四等之微中實啓弟與五等之宋微中啓子者別也自漢時說微仲固或以爲啓子或以爲啓弟故孟堅兩存之呂氏云長曰微子次曰中衍者亦未必是

昏棄厥肆祀弗荅昏棄厥遺王父母弟不迪

棄唐石經作弃因中佀世字避從古文也

王父母弟隸釋載漢石經殘碑作任父母弟未知今文家說如何也攷周本紀牧誓亦作王漢時民閒所得大誓大史公徵引之有曰離逷其王父母弟集解引鄭注云王父母弟祖父母之族必言母弟舉親者言之也以

此證之作王爲允

周本紀昏弃其家國遺其王父母弟不用今文尚書多

家國二字斷句

乃惟四方之多罪逋逃是崇是長是信是使是以爲大夫

卿士俾暴虐于百姓以姦宄于商邑

漢書敘傳班伯對上曰書云迺用婦人之言師古曰今文尚書泰誓之辭　漢書谷永傳書曰迺用婦人之言自絕于天四方之逋逃多罪是宗是長是信是使玉裁按永此引書共廿五字上十字師古曰此今文泰誓之辭下十五字師古云亦泰誓之辭也此正分別謂此十五字非牧誓之辭吕其上文十字出今文泰誓則知其

連引之十五字不更端者亦出今文泰誓而非牧誓也今文泰誓小顏時現存何至憒憒指牧爲泰惠氏定宇譏之誤矣　上十字見周本紀所引泰誓下十五字周本紀存之於牧誓而泰誓則去之

漢書五行志曰成帝永始二年二月癸未夜星隕如雨谷永對曰書云乃用其婦人之言四方之逋逃多罪是信是使師古曰周書泰誓也按此益可證谷永傳注非誤此文從節也志與傳所對是一事傳但云時有黑龍見東萊上使問永永對元年九月黑龍見今年二月己未夜星隕如雨然則實因星隕有此對上文云因黑龍而問永誤矣成帝紀亦云永始二年二月癸未夜星隕

如雨與志合則傳稱已未誤

王伯厚漢藝文志攷舉漢儒所引異字以乃用其婦人之言爲牧誓之異文誤也

又按谷永所引泰誓是宗是長宗尊也牧誓孔傳崇亦訓尊豈古本亦作宗歟

今予發惟共行天之罰

甘誓共行天之罰傳云共奉也凡奉之訓其字皆作共而同供可音恭不與恭同也此牧誓語與甘誓同故孔無傳衞包改共爲恭開寶閒又將釋文共音恭之語刪去矣凡古言共行天罰者皆謂奉行天罰史記漢書皆作共或作龔以別之如班固東都賦高誘呂覽注孫盛

論吳主鍾士季檄蜀皆作龔龔者給也與供皆得訓奉
共可讀爲供與龔而不可讀爲恭也凡言讀爲讀曰者
皆漢人注經易其字之例非如讀如讀若之擬其音也
漢書翟方進傳兩言共行天罰師古皆云共讀曰恭是
其誤始於小顏而衛包因之竄改聖經放棄古義矣孟
堅果以共同恭則其所作賦何以云龔行天罰不作恭
乎

今日之事不愆于六步七步乃止齊焉夫子勖哉不愆于
四伐五伐六伐七伐乃止齊焉勖哉夫子

樂記注一擊一刺爲一伐牧誓曰今日之事不過四伐
五伐此鄭以過釋愆也

藝文類聚五十九尚書曰今予發維恭行天之罰今日之事弗僁于六步七步乃止齊焉夫子勖哉弗僁于四伐五伐六伐七伐乃止齊焉玉裁按共作恭誤字也兩不愆字皆作弗僁弗勝於不弗字至焉字爲一句戒之也僁者愆之籒文歐陽信本所據葢善本也足利古本上不字作弗

說文十三篇力部曰勖勉也从力冒聲周書曰勖哉夫子玉裁按古音冒勖皆讀如茂是以般庚懋建大命今文作勖建顧命冒貢馬鄭王作勖竷也勖讀許玉反非古音

尚桓桓

說文十篇犬部狟字下曰犬行也从犬亘聲周書曰尚狟狟玉裁按此壁中原文子國既以今字讀之改同詩頌爾雅之桓桓矣而許君存其故書所作於此爾雅桓桓威也其字本無正字故或借犬行之狟或借亭郵表之桓也

如虎如貔如熊如羆于商郊

上曲禮前有摯獸則載貔貅注書曰如虎如貔說文九篇豸部曰貔豹屬出貉國从豸毘聲詩曰獻其貔皮周書曰如虎如貔貔猛獸玉裁按此皆引古文尚書也許引書而釋之曰猛獸者古文家說也

如虎如貔如熊如羆周本紀作如虎如羆如豺如離此

今文尚書與古文尚書大不同之一也漢人皆習今文尚書故班固十八侯銘曰休休將軍如虎如羆封燕然山銘曰螭虎元士典引曰虎離其師後漢書作離文選作螭杜篤論都賦曰虓怒之旅如虎如螭此皆用今文尚書而李善李賢章樵皆莫識其根據攷說文十四篇禸部离字下曰歐陽喬說离猛獸也江氏叔澐尚書集注曰文選西都賦拖熊螭李善注引歐陽尚書說螭猛獸也歐陽尚書說唐初已不存李善於各家註記得之與說文引歐陽喬說正合正牧誓說也喬蓋卽漢儒林傳之歐陽高字子陽者古喬高通用玉裁謂徐廣注史記云离音訓竝與螭同此當云音訓竝與离同离其正字也離螭

皆其假借字也考工記鄭注羸者虎豹貔螭爲獸淺毛者之屬左傳服注螭或曰如虎而噉虎此皆猛獸之說也齊世家及六韜非龍非彲彲則螭之別字也螭之正訓說文說若龍而黃也一曰無角曰螭廣雅云無角曰螭龍一本作䖪龍鄭君注五行傳曰或曰龍無角者曰蛇按此蛇卽螭字彲䖪蛇皆螭龍別字也猛獸音呂支切螭龍音丑知切

弗御克奔以役西土

今本御作迓此必天寶中衞包所改也衞包見孔訓御爲迎釋文御五嫁反乃改作迓說文訝相迎也迓訝之或字也俗閒但知迓訓迎矣古音御訝同在魚虞模部

故多假御爲訝如詩召南百兩御之毛傳御迎也大雅以御于家邦毛傳御迎也曲禮大夫士必自御之鄭注御當爲訝迎也列子周穆王篇鄭人有薪于野者遇駭鹿御而擊之殷敬順曰御音訝迎也然則孔必經文作御而訓迎矣正義曰王肅讀御爲禦匡謬正俗曰牧誓弗御克奔然則唐初經文作御甚顯白今本釋文曰迓五嫁反馬本作禦此乃開寶中改竄之釋文非陸氏原書也原書必當云御五嫁反馬本作禦蓋古迎訝用御字彊禦禦侮亦用御字僞孔訓御爲迎鄭君王子雍訓御爲禦馬本直作禦與史記周本紀合經文作御故鄭王與孔訓異若本作迓字則鄭安得云彊禦馬安得云

禁乎匡謬正俗譏徐仙民音牧誓之御爲五所反與孔傳不合不知仙民意用馬鄭王義不從孔義也自南朝㠯來駕御字去聲彊禦禁禦字上聲訝迓字五嫁切如約定俗成矣尚書般庚御續維誥御衡皆徑改爲迓唐天寶之滅古如此

匡謬正俗曰牧誓篇弗御克犇以役西土孔安國注云商衆能犇來降者不迎擊之如此則所以役我西土之義徐仙民音御爲五所反按御旣訓迎當音五駕反不得音禦商書盤庚云予御續乃命於天詩鵲巢百兩御之訓解亦皆爲迎徐氏竝作音訝何乃牧誓獨爲禦音又與孔氏傳意不同失之遠矣玉裁按仙民據孔傳作

音義音不與義協故顏疑之余向謂仙民用馬融鄭康成王肅義作此音非也若爾則當云馬鄭音禦他處可證今音御字訓迎則五駕切訓禦則五所切如字則牛據切古音御字在第五部訓迎亦讀五所切卽迓字古音亦五所切也仙民於鵲巢盤庚御訓迎皆音五駕切於牧誓則音禦蓋仙民時今音已別古音猶存故有時兼採古音亦使同音而孔馬鄭王義俱可賅也至唐人而專習今音古音之學茫昧治經日以難矣牝必音扶死反亦是古音

勖哉夫子爾所弗勖其于爾躬有戮

周本紀曰甲子昧爽武王朝至于商郊牧野乃誓武王

左杖黃鉞右秉白旄以麾曰遠矣西土之人武王曰嗟我有國冢君司徒司馬司空亞旅師氏千夫長百夫長及庸蜀羌髳微纑彭濮人稱爾戈比爾干立爾矛予其誓王曰古人有言牝雞無晨牝雞之晨惟家之索今殷王紂維婦人言是用自弃其先祖肆祀不荅昏弃其家國遺其王父母弟不用乃維四方之多罪逋逃是崇是長是信是使俾暴虐于百姓以姦軌于商國今予發維共行天之罰今日之事不過六步七步乃止齊焉夫子勉哉不過於四伐五伐六伐七伐乃止齊焉勉哉夫子尚桓桓如虎如羆如豺如離于商郊不禦克犇以役西土勉哉夫子爾所不勉其于爾身有戮

隸釋載漢石經尚書殘碑厥遺任父母弟不迪乃維四方下闕不衍于四伐五伐六伐七伐乃下闕已上牧誓篇二十四字此今文尚書也王作任說見前惟作維匡謬正俗所謂古文皆爲惟字今文尚書變爲維也顏云今文尚書惟作維烏呼作於戲此實親見漢石經拓本惜其於漢書所僃用與古文大異者不知據石經證爲今文尚書耳

尚書大傳大誥在金縢之前蓋今文尚書如是

古文尚書撰異卷十三

段玉裁學

洪範第十三　周書春秋左氏傳許氏說文皆以爲商書

惟十有三祀王訪于箕子

漢書律厤志云洪範篇曰惟十有三祀王訪于箕子

風俗通義皇霸篇尚書惟十有三祀王訪於箕子

王乃言曰

乃五行志作迺

烏呼箕子

烏作嗚者誤也

惟天陰騭下民

呂氏春秋君守篇鴻範曰惟天陰騭下民陰之者所以發之也高注陰陽升陟也言天覆生下民覆訓陰生訓騭本馬融也王者助天舉發句絕舉發卽經文騭字之義天云云謂經下文相協厥居助明之以仁義也按陰陽升陟也當是陰覆陟升也之誤騭者陟之假借字故注作陟

爾雅釋詁云騭陞也馬融云陰覆也騭升也升猶舉也舉猶生也應劭五行志注亦云陰覆也騭升也史記宋世家騭作定王肅僞孔傳因之騭不訓定疑今文尚書本作質故司馬訓爲定

相協厥居我不知其彝倫攸敘

攸五行志作逌下同逌卽說文卤字

箕子乃言曰我聞在昔鯀陻洪水

說文十三篇土部曰垔塞也从土西聲商書曰鯀垔洪水按商字大徐譌尚小徐但作書曰又曰㙐古文垔按古文垔字从古文西蓋壁中古文如是小篆易㙐爲垔孔安國所讀如是俗作陻天寶今文尚書如是

玉篇土部垔於仁切書曰鯀垔洪水孔安國曰垔塞也玉裁按據此則尚書孔傳本作垔與說文合衛包乃改爲陻開寶中又改釋文

凡讀說文當知其互見之法如斤部曰㓁古文斷周書曰㓁㓁猗此壁中作㓁也土部垔字下曰書曰鯀垔洪水㙐字下曰古文垔此亦壁中作㙐也以秦誓系斷字

下以洪範系陻字下皆無不可

垔漢石經殘碑作伊蓋垔伊雙聲相假借此今文尚書也洪作鴻古同音通用

汩陳其五行

汩說文楚詞注尚書序孔傳皆訓治國語注訓通此獨訓亂猶亂亦訓治也汩漢石經殘碑作𠙴此今文尚書也五行志亦作汩然則石經從假借字

洪适隸釋石經尚書殘碑伊鴻水𠙴陳其㐅行帝下闕

帝乃震怒不畀洪範九疇

九疇史記宋微子世家作九等此以訓詁之字代其本字也漢書宣帝紀復其後世疇其爵邑張晏曰律非始

封十減二疇者等也言不復減也此疇訓等之證其實
與疇類也無二說文等齊簡也
洪尚書大傳宋世家作鴻五行志作洪二字通用
彝倫攸斁
說文四篇歺部曰殬敗也从歺睪聲商書曰彝倫攸殬
玉裁按作殬者蓋壁中本也鄭孔皆訓爲敗則與許合
鯀則殛死
釋文殛紀力反本又作極玉裁按作極者是也今從之
爾雅釋言魏志武帝紀注詩菀柳閟宮箋及正義皆可
證詳見多方篇
魏志武帝紀致屆官渡裴注云詩曰致天之屆于牧之

野鄭元云屆極也鴻範曰鯀則極死玉裁按此裴引鴻範以證鄭所云極裴所據者鄭注古文尚書也本篇引文矦之命般庚君奭三鄭注則所引鴻範當亦鄭本也屆至也極亦至也故以極訓屆屆極釋言文今本鄭箋作屆殛今本魏志注作殛死皆非

祭法正義鄭荅趙商云鯀非誅死鯀放居東裔至死不得反於朝禹乃其子也以有聖功故堯興之若以爲殺人父用其子而舜禹何以忍乎而尚書曰鯀則殛死禹乃嗣興者箕子見武王誅紂今與己言懼其意有慙德爲說父不肯則罪子賢則舉之以滿武王意也玉裁按此鄭發明鯀因極而死非帝欲殺之也殛卽極字之假

借說詳堯典

禹乃嗣興天乃錫禹洪範九疇彝倫攸敘初一曰五行次二曰敬用五事

漢書五行志曰經曰次二曰羞用五事又經曰羞用五事　藝文志曰書云初一曰五行次二曰羞用五事言進用五事以順五行也貌言視聽思心失而五行之序亂　孔光傳光對日蝕事曰書曰羞用五事　玉裁按作敬者古文尚書也作羞者今文尚書也班氏羞訓進今文家說也古文敬字從古文茍己力切與羞皆從羊詩小雅小旻鄭箋云欲王敬用五事此古文尚書也

次三曰農用八政

馬云食爲八政之首故以農名之此不改字也鄭云農讀爲醲孔因之訓厚此以假借釋經也

次四曰協用五紀

協五行志作叶从曰十據說文叶叶皆古文協字小顏注云叶讀曰叶小顏不知漢人作注言讀爲讀曰者皆是易其字而夋效之下文言艾讀曰乂則可此但當云叶同協

次五曰建用皇極

孔光傳光對日蝕事曰書曰羞用五事建用皇極如貌言視聽思此當云思心淺人刪心字耳失大中之道不立則咎徵薦臻六極屢降皇之不極是爲大中不立

尚書大傳鴻範五行傳爰用五事建用王極鄭注王極或皆爲皇極按漢石經亦作皇

次六曰乂用三德

乂五行志作艾　漢石經卣建用皇極次六卣艾用三德（下闕）亦作艾

次七曰明用稽疑

按說文三篇卜部曰卟卜以問疑也从口卜讀與稽同小徐繫傳曰尚書明用卟疑今文借稽字小徐所引正陸氏所謂依傍字部改變經文之本也而大徐本因妄增書云卟疑四字若古文四聲韻謂古尚書作乩則益蕪矣

次八曰念用庶徵次九曰嚮用五福

玉裁按嚮當作鄉經典向背字衹作鄉絕少作嚮者嚮字雖見於漢碑然其字上下二體皆諧聲也疑漢之俗字此傳云嚮勸義取歸向釋文云許亮切故知其字必本作鄉也釋文又云一音許兩反者按漢書谷永傳永待詔公車對曰經曰饗用五福畏用六極字作饗此許兩之證五行志經曰次九曰嚮用五福畏用六極應劭云天所以嚮樂人用五福所以畏懼人用六極應注作饗樂乃安然則志文本同谷傳作饗也考宣帝紀上帝嘉嚮讀曰饗魏大饗記殘碑文王大嚮之以嚮代饗凡鄉聲之字古皆相假借然則古文尚書本作鄉或讀去

聲或讀上聲義略相近也

威用六極

宋世家五行志谷永傳威皆作畏古威畏同音通用畏之曰畏可畏亦曰畏本篇畏高明鄭讀曰威

漢書五行志云經曰惟十有三祀王訪于箕子王迺言曰烏嘑箕子惟天陰騭下民相協厥居我不知其彝倫逌敘箕子迺言曰我聞在昔鯀陻洪水汩陳其五行帝乃震怒弗畀洪範九疇彝倫逌斁鯀則殛死禹乃嗣興天乃錫禹洪範九疇彝倫逌敘此武王問雒書於箕子箕子對禹得雒書之意也初一曰五行次二曰羞用五事次三曰農用八政次四曰叶用五紀次五曰建用皇

極次六曰艾用三德次七曰明用稽疑次八曰念用庶徵次九曰嚮用五福畏用六極凡此六十五字皆雒書本文所謂天迺錫禹大法九章常事所次者也大法九章常事所次八字洪範九疇彝倫逌敘之訓詁也

一五行

宋世家五行一曰水五事一曰貌八政一曰食皇極皇建其有極三德一曰正直稽疑擇建立卜筮人庶徵曰雨曰暘五福一曰壽不複舉一二三四五六七八九次第之字漢石經存於趙宋者爲天下王三德相連無六字則一二三四等字之無可知此皆今文尚書也古文尚書則有之釋文正義皆不言馬鄭本異於孔本不得

謂僞孔增之也
一曰水二曰火三曰木四曰金五曰土
白虎通五行篇尙書　一曰水二曰火三曰木四曰金
五曰土
水曰潤下火曰炎上木曰曲直金曰從革土爰稼穡
漢書李尋傳尋對災異曰書云水曰潤下
爰宋世家作曰
白虎通五行篇尙書曰水曰潤下火曰炎上木曰曲直
金曰從革土爰稼穡
五行志曰經曰初一曰五行五行一曰水二曰火三曰
木四曰金五曰土水曰潤下火曰炎上木曰曲直金曰

從革土爰稼穡

荀悅孝惠皇帝紀五行一曰水二曰火三曰木四曰金五曰土水曰潤下火曰炎上木曰曲直金曰從革土爰稼穡

潤下作鹹炎上作苦曲直作酸從革作辛稼穡作甘

白虎通五行篇尚書曰潤下作醎炎上作苦曲直作酸從革作辛稼穡作甘

漢石經尚書殘碑潤下作鹹炎上作苦曲直作下闕

二五事一曰貌

釋文曰貌本亦作額按說文皃者古文也小篆從之貌者籀文也額者或體也

二曰言三曰視四曰聽五曰思

說苑修文篇書曰五事一曰貌　論衡言毒篇五行二曰火五事二曰言

古文尚書五曰思今文尚書作五曰思心尚書大傳鴻範五行傳長事一曰貌貌之不恭是謂不肅次二事曰言言之不從是謂不乂次三事曰視視之不明是謂不悊次四事曰聽聽之不聰是謂不謀次五事曰思心思心之不容今本改云五事曰心維思思之不容是謂不聖此一證也又曰禦思心于有尤此二證也大傳注曰凡貌言視聽思心今刻本無此二字文獻通考有一事失則逆人之心又曰包貌言視聽而載之以思心者又曰君思心不通又曰思心曰土又

曰瞀與思心之咎同耳又曰六事貌言視聽思心王極也此三證也漢書藝文志曰貌言視聽思心失而五行之序亂此四證也五行志曰經曰五曰思心今本無心思心今本無心曰容傳曰思心之不容是謂不聖思心者心思慮也此釋思心甚明今本乃改云思之不容容寬也此五證也高誘注戰國策引五行傳曰思心之不容是謂不聖此六證也荀悅孝惠皇帝紀五曰思心今本無心土爲思心思心曰容容作聖今本譌作土爲思思曰心心曰叡叡作聖此七證也孝昭皇帝紀曰思心霿亂之應此八證也司馬紹統五行志曰思心不容是謂不聖此九證也惟今文尚書作五曰思心思心曰容而後伏生鴻範五行傳因之各家言五行傳者又因之

學者不知有思心往往妄爲删改

漢書五行志引洪範此經思下無心者小顏依古文尙書删之也應劭注曰思思慮按劭當云思心心思慮也此用班語爲注思心古文作思今本應注纔三字淺人删改之本也

貌曰恭言曰從視曰明聽曰聰思曰睿

古文尙書思曰睿今文尙書作思心曰容洪範五行傳曰五事曰思心思心之不容是謂不聖厥咎霿厥罰恆風厥極凶短折鄭注曰容當爲睿睿通也此據孔本以正伏本其證一也董仲舒春秋緐露五行五事第六十四曰五事一曰貌二曰言三曰視四曰聽五曰思心今本

無心王者貌曰恭言曰從視曰明聽曰聰思心〔今本無心〕曰容容者言無不容恭作肅從作乂明作哲聰作謀容作聖聖者設也王者心寬大無不容則聖能施設事各得其宜也其證二也劉向說苑君道篇齊宣王謂尹文曰人君之事何如尹文對曰人君之事無爲而能容下夫事寡易從法省易因故民不以政獲罪也大道容衆大德容下聖人寡爲而天下理矣書曰容作聖宣王曰善此子政引今文尚書也若作睿字則與上文不屬今本妄改作睿非也其證三也五行志曰經曰五事五曰思心思心曰容容作聖傳曰思心之不容是謂不聖思心者心思慮也容寬也孔子曰居上不寬吾何以觀之哉言

上不寬大包容臣下則不能居聖位容字今本皆作睿此容字少一畫也經傳皆作容而以寬訓之一氣銜接儻易爲他字則不相貫串其證四也應劭注漢書云容古文作睿此正與韋昭云古文台爲嗣古文隔爲擊孟康云祖古文言阻許叔重云粤𣏕古文言由𣏕一例其下文蒙睿字云睿通也此識古文異字異義而不若鄭注大傳直云容當爲睿者以班氏主寬容之說非可偝背小顏漢書乃改正文作容謂容睿爲一字以傅合古文尚書說文容在谷部深通川也睿在𣦵部通也小篆作叡古文作睿是容與睿截然二字又改應注睿通也爲容通也移置古文作睿之上强令容睿爲今古字若張晏注亦刪節不完度張注當云容古文

作睿睿通也通達以至於聖凡十四字删改之曰容通達以至於聖纔七字不可讀小顏之誤實因不解古文作睿之古文謂古文尚書直訓爲古字因謂容與睿同字容爲睿字誤重仳貤繆自小顏而前班書斷無作睿者其證五也高誘注戰國策云五行傳曰思心之不容是謂不聖其證六也司馬紹統及晉書隋書五行志皆引洪範五行傳曰思心不容是謂不聖其證七也惟沈約宋書作思心不叡豈從鄭大傳注與

詩小雅小旻鄭箋云書曰睿作聖明作哲聰作謀恭作肅從作艾詩人之意欲王敬用五事以明天道玉裁按此鄭引古文尚書也故睿不作容敬不作羞其不依尚

書原文者依詩經文爲序也
詩凱風傳曰聖叡也箋云叡作聖正義引鄭尚書注叡通於政事
楚語謂之睿聖武公韋注睿明也書曰睿作聖按韋用古文尚書也
周書謚法解曰叡聖也毛詩故訓傳曰聖睿也然則聖睿二字爲轉注許君於叡聖皆云通也此正二字互訓之證葢渾言則不別析言則聖深於睿鄭注尚書君思睿則臣賢智也以睿聖分屬君臣
說文十篇思容也从心囟聲向時錢辛楣少詹事亦舉爲睿作容之證玉裁按容乃容之字誤不得因伏董劉

班說洪範作思心曰容而謂許同也許此乃訓字非訓尙書也今文尙書思心曰容息不訓容謂思貴容耳不當爲是不完之語假令或云視明也聽聰也貌恭也言從也豈成文理乎睿訓深通川也人之思如睿川然息與睿雙聲故以睿訓息此如髮拔也尾微也門聞也戶護也皆以同音爲訓說文有此一例而字與容相似遂誤爲容矣說文之睿誤爲容漢書之容誤更爲睿眞是物必有耦至於容與睿二字形異音異義異小篆睿古文作濬（說文引容畎澮）小篆叡古文作睿此形異也睿私閏切睿以芮切此音異也毛詩故訓傳曰濬深也馬注尙書鄭注大傳許造說文皆曰睿通也此義異也（許君曰容深通川也）

此比傳从谷言之思如容川而不期於睿則有雖深而不通者矣故思必期於睿睿者人所同然睿者道所必然也故思曰睿猶容曰睿也

辛丑之四月自四川引疾歸遂謁錢詹事於鍾山書院詹事言貌曰恭言曰從視曰明聽曰聰思曰容此可補入尊箸六書音均表春秋緐露漢書說文皆作容容字義長思主於睿則恐失之刻深玉裁時無以應也家居數年乃憭然漢人所徵引尚書見於史記前後漢書者皆系伏生今文以功令所重博士所習也而漢末魏吳古文之學始盛若洪範五行傳出於伏生則思心曰容容作聖爲今文尚書無疑劉向說苑引容作聖證容衆

之說尤爲顯白憶詹事又言考證果到確處便觸處無礙如東原在都門分別水經與酈注得其體例渙然冰釋余聞其說卽閉門按此書一一與合轍今以玉裁分別今文古文者告之詹事當亦爲之大快也詹事言容字義長竊有未安古文睿字畢竟勝於今文是以鄭用古文正大傳也但今文尚書竝非伏生有誤是伏生所受本如是耳觀說苑尹文對齊宣王引尚書容作聖則作容非始伏生也又如桼始昉於唐山甫刜見於禮記譏譏竫言早錄於公羊可證非一庚戌七月識

又按容睿本非一字集韵去聲十三祭云叡古作睿容此正沿小顏漢書之誤

按說五行傳者不同漢末魏吳之時古文尚書盛行於是從鄭注容當爲睿之說如宋書所載吳華覈云役繇賦重區瞀不叡之罰是也沈約又云晉元帝太興四年郊牛死此區瞀不叡之禍俱以瞀與睿反對爲言其引五行傳曰思心不叡是謂不聖厥咎瞀

恭作肅從作乂

乂小旻鄭箋作艾漢五行志作艾古乂艾通用宋世家以故訓字代之作治

王莽傳曰書曰言之不從是謂不艾此引五行傳也古人偁引或以傳系之經或以緯系之經其字亦作艾

明作哲

晢坊本皆作哲劉氏三吾書傳會選顧氏亭林九經誤字正之

正義曰哲字王肅及漢書五行志皆云悊智也鄭本作晢則讀爲哲玉裁按說文七篇日部晢昭晣明也从日折聲二篇口部哲知也古知智不分从口折聲十篇心部悊敬也从心折聲三字各有所屬本義而經傳多相假借洪範五行傳作悊而盍堅因之子雖從之作悊訓智此假悊爲哲也漢書內多如此鄭本作晢云君視明則臣照晢照晢二字與說文昭晢同古昭照通用與易之明辨晢也同解非讀爲哲也詩小旻正義引鄭注順小旻經文改爲昭晢惠氏定宇集鄭注改爲照悊又引正義云哲讀爲悊按正義

鄭本作哲則讀爲哲玩則字知讀爲哲非鄭語皆非耳宋元本注疏云王肅及漢書五行志皆作哲定本作哲則讀爲哲作正義者不暇分別悊哲之不同但以哲與哲則異耳漢書多悊哲不分如五行志云知人則悊刑法志云聖人旣躬明悊之性悊民惟刑皆卽哲字也若隋書五行志視之不明是謂不知此葢古本尚書大傳作知古者哲訓知因以知代哲如夏本紀知人則智宋世家明作智皆智知通用

或問說文口部哲字下又出悊字云哲或从心然則哲悊同字見於說文矣何子必分而二之應之曰心部悊敬也此許君原書也口部悊同哲此必淺人據漢書羼入者也讀書貴識古書之正僞

又按宋世家明作智以智代哲葢今文尚書作哲字也

聰作謀睿作聖

漢書五行志經曰羞用五事一曰貌二曰言三曰視四曰聽五曰思心貌曰恭言曰從視曰明聽曰聰思心曰容恭作肅從作艾明作悊聰作謀容作聖休徵曰肅時雨若艾時陽若悊時奥若謀時寒若聖時風若咎徵曰狂恆雨若僭恆陽若舒恆奥若急恆寒若霿恆風若

荀悅孝惠皇帝紀五事一曰貌二曰言三曰視四曰聽五曰思心木爲貌貌曰恭恭作肅肅時雨若厥福攸好德貌失厥咎狂厥罰常雨厥極惡金爲言言曰從從作乂乂時暘若厥福康寧言失厥咎僭厥罰常暘厥咎憂火爲視視曰明明作哲哲時燠若厥福壽視失厥咎舒

厥罰常燠厥極疾水爲聽聽曰聰聰作謀謀時寒若厥福富聽失厥咎急厥罰常寒厥極貧土爲思心思心曰容容作聖聖時風若厥福考終命思心失厥咎霧厥罰常風厥極凶短折皇之不極厥咎眊厥罰常陰厥極弱

按宋世家思曰睿睿作聖與古文尚書同疑卽孟堅所謂多從安國問用古文說者然史記漢書毎遭俗人妄改如五是來備四字今本改爲曰時五者來備六字揆其所以蓋裴駰集解用孔安國注五者各以時之語則淺人增曰時二字固無足怪此處集解亦用馬融注睿通也孔安國注於事無不通謂之聖則正文改容作睿亦無足怪且或裴氏前已有改之者今本未可盡信也

三八政一曰食二曰貨

漢書藝文志云八政一曰食

漢書食貨志曰洪範八政一曰食二曰貨

論衡譏日篇曰八政一曰食二曰貨

三曰祀

漢書郊祀志曰洪範八政三曰祀

余氏仲林古經解鉤沈援剔頗有功而舛誤不少如晉書八十三江逌引劉向洪範五行傳曰洪祀大祀也陽曰神陰曰靈舉國相率而行順四時之序無令過差此子政釋伏生傳維時洪祀六沴用咎于下其祀也曰若爾神靈云云也而仲林系之八政三曰祀舉此以見箸

書之宏審愼
四曰司空五曰司徒六曰司寇七曰賓八曰師
漢書藝文志云鴻範八政八曰師
四五紀一曰歲二曰月三曰日四曰星辰五曰秝數
唐石經本作从厤从止之字又改止爲日
五皇極皇建其有極
漢書谷永傳永對災異引經曰皇極皇建其有極
斂時五福用敷錫厥庶民
敷宋世家作傅
惟時厥庶民于女極錫女保極凡厥庶民無有淫朋人無
有比德惟皇作極

漢石經尚書殘碑極凡厥庶民無有淫剅疑有譌人無有下闕玉裁按本篇毋偏毋黨字作毋而此兩無有字作無冣有分別古文尚書則皆作無史記則皆作毋

凡厥庶民有猷有爲有守女則念之不協于極不離于咎

離葢衞包改作罹今更正釋文罹馬力馳反又來多反

按此罹字開寶閒依衞包所改也古者離訓分亦訓合如詩鴻則離之月離于畢雉離于羅禮記宿離不貸史記離騷者猶離憂也王褒傳離此患也楊惲傳遭離變故尹宙碑遭離寑疾皆是易曰離麗也此古訓也後人不知此義於離之訓陷者別造一罹字遂用以改經如詩之逢此百離詩釋文罹本又作離力知反此陸氏無識不依離爲定本書之不離

于咎皆是造此字者其在支脂不別之後乎漢建寧四年劉脩碑已云少羅艱苦則其時古音已茫昧矣離之字古音在歌部轉音在支部聖人以麗訓離麗在支部支歌爲最近而羅从网惟聲惟在脂部則與歌部相遠陸氏曰離馬力馳反此明馬季長釋爲分離謂不合於極不離於咎也力馳反在支部又來多反在歌部不違古音自孔傳云離不合于中而不離于咎始訓爲不陷於惡而衛包因改爲羅字此亦如讀詩者改逢此百離爲百羅也作離字則包不免於咎不陷於咎兩解作羅字則偏矣御之爲迓尼之爲昵庸之爲鏞正同而羅尤爲不合古音之俗字說文削去不收者

又按罹字蓋羅之或體維惟古通用離古音羅故離羅通用而後人區別太多失其古義古音乃罕知罹即羅矣

困學紀聞云尚書大傳洪範曰不叶于極不罹于咎今本大傳佚此文叶古文協離者罹也故大傳作罹宋世家作離一也宋世家與古文尚書同

皇則受之而康而色曰予攸好德女則錫之福時人斯其惟皇之極

正義曰此經或言時人德鄭王諸本皆無德字此傳不以德爲義定本無德疑衍字也

無虐煢獨

宋世家毋侮鰥寡而畏高明困學紀聞所引尚書大傳毋侮矜寡而畏高明列女傳楚野辯女引周書毋侮鰥寡而畏高明此今文尚書也釋文曰無虐馬本作亾侮此馬本同今文也縈獨二字則馬同古文

後漢書肅宗紀元和二年詔曰經曰無侮鰥寡惠此縈獨上四字今文尚書也下四字詩小雅也毛詩惠作哀

而畏高明

釋文曰畏如字徐云鄭音威玉裁按此葢據鄭注以得其音鄭義葢以古威畏同字威高明謂恐嚇高明以示

威與馬孔說異

人之有能有爲使羞其行而邦其昌

宋世家人之有能有爲使羞其行而國其昌許沖進說

文上書云書曰人之有能有爲使羞其行而國其昌王

符潛夫論思賢篇云書曰人之有能使循其行國乃其

昌王符所引羞作循王鳳喈氏曰未詳玉裁按循葢脩

之誤字之誤也脩葢羞之誤聲之誤也古書脩循互譌

者多矣古文尚書邦字今文尚書多作國

漢石經尚書殘碑明人之有能有爲使羞其行而下闕

凡厥正人既富方穀女弗能使有好于而家時人斯其辜

弗宋世家作不

于其無好女雖錫之福其作女用咎

宋微子世家于其毋好女雖錫之福其作女用咎集解

引鄭尚書注曰無好于女家之人雖錫之以爵祿其動作爲女用惡謂爲天子結怨於民史記用今文尚書鄭注古文尚書好下皆無德字孔本經亦無之而孔傳有之因或增入經文正義云無好（今本增德字）之人謂性行惡者又云無好對有好有好謂有善也此謂經文只作無好也又云無好德之人謂彼性不好德又云故傳以好德言之定本作無德者（今本德誤惡）疑誤耳此謂孔傳作無好德無德字者誤也唐石經及板本經文有德字皆非

王氏懷祖曰于其無好句絕與下用咎爲韵玉裁按王說是也鄭意似以無好女爲句

又按定本傳無德字者是也正義曲爲之說耳

又按正義云故傳以好德言之正別於經文之不言好德也經文古奧多有用注增經者如亦言其有德用注增入字朕不敢有後用注增誅字

無偏無頗

頗唐元宗始改爲陂今更正　唐書經籍志開元十四年元宗以洪範無偏無頗聲不協詔改爲無偏無陂冊府元龜天寶四載下詔曰典謨既作雖曰不刊文字或訛豈必相襲朕聽政之暇乙夜觀書匪徒閱於微言實欲暢於精理每讀尚書洪範至無偏無頗遵王之誼三復斯文竝皆協韵唯頗一字實則不倫又周易泰卦中無平不陂釋文陂字亦有頗音陂之與頗訓詁無別

爲陂則文亦會意爲頗則聲不成文應由煨燼之餘編簡隊缺傳受之際差舛相沿原始要終須有刊革朕雖先覺兼訪諸儒僉以爲然終非獨斷其尚書洪範無偏無頗字宜改爲陂庶使先儒之義去彼膏肓後學之徒正其魚魯仍宣示國學　玉裁按[元]宗不知義諡古音本魚何切而改普多切之頗爲彼義切之陂以韵宜寄切之義又不知陂之古音亦普多切與頗同古凡皮聲之字皆在第十七歌戈部也說文頁部頗頭偏也自部陂阪也一曰沱也沱郎池字義各有當易之平陂猶夷險也王逸注離騷引易無平不頗不作陂然易文固當以作陂爲正史記宋世家呂覽貴公篇皆作無偏無頗[元]宗於老子則改載營魄抱一之載爲哉以屬

上句於禮記則進月令於曲禮之前於史記則升老子於伯夷之上於洪範擅改舊文而尚書全經因之離戹至今蓋千古不學而無忌憚之尤者　尚書釋文陂音祕舊本作頗音普多反按舊本謂釋文舊本此李昉陳鄂等語也陸氏原本但大書頗字注云普多反與下文側頗僻音義同既依衞包改之仍存其舊使後可稽全書竄易處儻皆依此例亦未爲不善也　匡謬正俗卷六引書無偏無陂按師古在唐初此書顔揚庭上於永徽二年不應已作陂字此開元十四年後淺人所改也文選卷二十三注引尚書無偏無陂亦同此　玉篇偏字下引書無偏無頗此開元十四年以前不作陂也

又按改頗字一詔當依册府元龜卷四十繫之天寶四載蓋衛包於三載奉詔改古文而有此特詔也新唐書恐未信　困學紀聞曰宣和六年詔洪範復從舊文以陂爲頗然監本未嘗復舊也

又按玉海以詔系之開元十四年八月十四日本唐會要　南部新書曰天寶四年改無頗爲陂

遵王之義

匡謬正俗卷六書曰無偏無陂遵王之誼

元宗一詔見於佩觿册府元龜文苑英華皆作遵王之誼唐時尚書義多作誼釋文呂刑文侯之命僞太甲可證宜誼古音同魚何切與頗無不叶也

又按匡謬正俗引書無偏無陂遵王之誼詩或出入諷議或靡事不爲以證誼議皆有宜音顔所説者今音非古音也似顔所據尚書作陂音彼爲切李善所據同元宗未見此本自矜刱解也

封氏聞見記曰初太宗以經籍多有舛謬詔顔師古刊定頒之天下年代既久傳寫不同開元已來省司將試舉人皆先納所習之本文字差互輒以習本爲定義或可通雖與官本不合上司務於收奬卽放過天寶初敕改尚書古文悉爲今文十年有司上言經典不正取捨無準詔儒官挍定經本送尚書省并國子司業張參共相驗考參遂撰定五經字樣書於太學講堂之壁學者

咸就取正焉又頒字樣於天下俾爲永制由是省司停納習本玉裁按此條最爲校經之大節目而雅雨堂刊本無之蔣春農鮑以文所藏本皆有太宗詔師古刊定頒之天下者卽正義所謂定本也定本未必盡善故或各守習本試舉人納之省司於此見唐時善本尚多至天寶十年後詔儒官校定經本至於停納習本而善本俱廢矣師古引無偏無陂先乎天寶引放勳乃徂合乎叔重學者於此等勿忽焉可也

無有作好遵王之道

說文十二篇女部曰㚱人姓也从女丑聲商書曰無有作㚱玉裁按廣韵曰㚱姓也亦作㺜玉篇亦云㺜古文好字汗簡云㺜同

好見尚書玉篇曰妞姓也亦作㚬王伯厚姓氏急就篇姺佼婣嬿婏㚬提注㚬氏見說文伯厚又曰好氏見纂文古好㚬通用㪣其一姓與引商書無有作㚬者即洪範無有作好遵王之道也古音好讀如杅㚬丑聲古音葢讀如鈕或如杅皆在尢幽部是以假㚬爲好惠氏定宇曰篆文女字似丑故或从丑或从女其說非也葢孔壁古文如是許君引書如尚狟狟假狟作桓也如布重莧席假莧作蔑也皆以明六書假借之瀎而周伯琦六書正譌不知此恉乃訓㚬云愛而不釋也惑其說者謂說文姓當作性凡人之性毎多所㚬竟忘說文上文冣捪以姓字而姜姬姞嬴姚嬿嬀妘姺㚬娸十一字皆爲人姓氏立文之體例固不可誣乎

今說文呼到切此非古音乃傳合尚書文而爲此音也壁中本作玫孔安國以今文字讀之易爲好字許君存其舊於說文猶鄭君注周禮之識故書作某也

無有作惡遵王之路

攷工記梓人注或有也小雅天保箋或之言有也鄭康成論語注或之言有也見尚書疏張揖廣雅釋詁或有也尚書微子殷其弗或亂正四方多士時予乃或言爾攸居僞孔傳皆云或有也洪範無有作好遵王之道無有作惡遵王之路呂覽引無有作毋或高誘注云或有也韓非子引無或作利从王之指無或作惡从王之路亦以或爲有淮南本經訓不言之辯不道之道若或通焉高

注或有也說林訓人之從事或時相似高注或有也許云或域同字商頌元鳥正域彼四方毛傳云域有也又奄有九有韓詩作九域毛氏靈臺傳曰囿所以域養禽獸也古九有亦作九囿而有古音讀如以或即域字即有之入聲同在之咍職德部彼此轉注有與或皆從溥泛中區畫之詞也如春秋傳有蛇自泉宮出入于國與或叫于大廟是一例

荀卿修身篇書曰無有作好遵王之道無有作惡遵王之路天論篇書曰無有作好遵王之道無有作惡遵王之路

無偏無黨王道蕩蕩

春秋左氏傳襄三年君子謂祁奚商書曰無偏無黨王道蕩蕩

漢書車千秋傳上報千秋等曰書曰毋偏毋黨王道蕩蕩

王莽傳上詔曰無偏無黨王道蕩蕩

呂氏春秋貴公篇鴻範曰無偏無黨王道蕩蕩無偏無頗遵王之義無或作好遵王之道無或作惡遵王之路

無黨無偏王道平平

史記張釋之馮唐列傳大史公引書曰不偏不黨王道蕩蕩不黨不偏王道便便徐廣曰便一作辨玉裁按平作便作辨如堯典平章平秩五帝本紀作便章便程鄒

誕生本作辨章尚書大傳作辨程

說苑至公篇書曰不偏不黨王道蕩蕩言至公也

漢石經尚書殘碑路毋偏毋黨王道蕩蕩毋黨下闕

無反無側王道正直

周禮匡人注書曰無反無側王道正直

會其有極歸其有極曰皇極之敷言

皇宋世家作王集解引馬融曰王者當盡極行之使臣

下布陳其言下文凡厥庶民極之敷言馬融曰亦盡極

敷陳其言於上也按此以王極之敷言庶民極之敷言

對文視孔傳爲長洪範五行[illegible]王之不極是謂不建鄭

注王君也王句絕君出政之號[illegible]文尚書皇極字本皆

作王訓君雖鄭注云或皆爲皇然作皇亦訓君前後漢書五行志皆曰皇君也不訓君則不得云王之不極與皃之不恭言之不從視之不明聽之不聰思心之不容句法一例也馬本蓋此亦作皇而訓爲王者

敷宋世家作傅下同

是彝是訓于帝其訓

彝宋世家作夷

下訓字宋世家作順上訓教訓也故如字下訓順也故易爲順馬注正如是

凡厥庶民極之敷言是訓是行

此訓亦順也故宋世家亦作順

以近天子之光曰天子作民父母以爲天下王

尚書大傳周傳曰故書曰作民父母以爲天下王

漢書刑法志云洪範曰天子作民父母爲天下王無以

字

白虎通爵篇云尚書曰天子作民父母以爲天下王

六三德一曰正直二曰剛克

漢石經尚書殘碑爲天下王三德一曰正直二下闕三

德上無六此今文尚書也

三曰柔克

後漢書鄭興傳宐畱思柔剋之政垂意洪範之法注引

尚書洪範曰高明柔剋

平康正直彊弗友剛克燮友柔克

史記宋世家燮作內玉裁按古內入通用入燮同部此今文尚書作內也

沈潛剛克高明柔克

春秋左傳文五年甯嬴曰商書曰杜注今謂之周書沈漸剛克高明柔克正義引尚書作沈漸依左氏正文不分別按宋世家亦作漸

漢書谷永傳曰忽湛漸之義湛漸卽沈潛也蓋今文尚書作漸與左氏合

漢書敘傳云孝元翼翼高明柔克

惟辟作福惟辟作威惟辟玉食臣無有作福作威玉食臣之有作福作威玉食其害于而家凶于而國人用側頗僻

民用僭忒

漢書楚元王傳劉向上封事極諫曰書曰臣之有作威作福害于而家凶于而國　王嘉傳奏封事曰箕子戒武王曰臣亾有作威作福亾有玉食臣之有作威作福玉食害于而家凶于而國人用側頗辟民用僭慝　後漢書荀爽傳爽引洪範曰惟辟作威惟辟作福惟辟玉食　張衡傳衡上疏陳事引洪範曰臣有作威作福玉食害于而家凶于而國　戰國策齊策高氏注引書曰无有作威作福　玉裁按已上五條皆先威後福蓋今文尚書如是若古文尚書則先福後威公羊疏引鄭注作福專慶賞作威專刑罰是也惟漢書武五子傳廣陵

厲王胥賜策曰書云臣不作福臣不作威此先福後威而師古注曰周書洪範云臣無有作威作福似唐初所據古文尚書亦有先威後福者而策文引今文尚書乃檃栝之詞不嫌或異

其字漢人三引皆無此今文尚書也

漢石經尚書殘碑家而凶于而國人用闕頗辟下闕凶上有而字此今文尚書也

僻王嘉傳漢石經皆作辟

忒王嘉傳作慝師古曰慝惡也玉裁按嘉釋書曰言如此則逆尊卑之序亂陰陽之統而害及王者其國極危國人傾仄不正民用僭差不壹此君不由法度上下失

序之敗也僭差不壹正訓忒字此謂假慝爲忒顏注非也但顏注自本馬季長馬云忒惡也此又謂假忒爲慝

七稽疑擇建立卜筮人乃命卜筮曰雨曰濟

孔本作霽裴駰引尚書鄭注云濟者如雨止之雲氣在上者也周禮大卜正義引鄭注云曰濟者兆之光明此有譌字如雨止此鄭本作濟之證爾雅曰濟謂之霽濟者雨止也古凡止皆云濟如齊物論厲風濟則衆竅爲虛向注濟止也時則訓九月失政三月春風不濟高注濟止也此經上言曰雨下言曰濟故鄭知爲雨止周禮釋文濟節細反又才禮反集韵十二薺曰濟在禮切洪範曰雨曰霽或作濟羣經音辨曰濟才禮切書曰雨曰濟鄭

康成讀此皆據周禮釋文而言才禮之音乃陸氏云爾
何以系之鄭康成讀也後人箸書之不求其是類如是
矣所以知孔本作霽非衞包改者正義蒙驛字作霁圛
而霽不作濟且引說文霽雨止也則知作正義時字本
作霽其引鄭元曰霽如雨止者雲在上也此順孔經改
爲霽耳今依鄭作濟
宋世家曰雨曰濟則今文尚書同
曰圛
各本尚書曰驛在曰蒙之下今移曰圛在曰霁之上依
周官大卜注史記集解引尚書鄭注尚書正義引王鄭
注皆先圛後霁也宋世家曰涕在曰霧之上則今文尚

書次第正同

圖衞包改爲驛經典釋文大書圖字開寶中李昉陳鄂周惟簡扈蒙輩改作驛今更正

天寶以前作圛其證有八正義云曰圛兆氣落驛不連屬也又云圛卽驛也證一又云王肅云圛霍驛消滅如雲陰鄭元以圛爲明言色澤光明也證二詩齊風正義曰洪範稽疑論卜兆有五曰圛證三史記集解云尚書作圛又引鄭元曰圛色澤而光明也證四史記索隱云涕尚書作圛震澤王氏本誤爲驛證五詩齊風箋古文尚書弟爲圛證六周禮大卜注曰圛證七說文口部商書曰曰圛證八

說文六篇口部曰圛回行也从口睪聲商書曰曰圛圛者升雲半有半無讀若驛玉裁按商書曰爲句曰圛爲句即今洪範曰驛也圛者爲句升雲半有半無爲句所以釋曰圛也周官經大卜注引洪範曰雨曰濟曰圛正與許氏所引同張參五經文字曰圛者升雲半有半無廣韵引說文商書曰圛圛者升雲半有半無皆不誤俗本玉篇引說文商書曰圛圛升雲者半有半無妄移者字於雲字下而後人刪說文者字以爲逸書有圛圛升雲半有半無二句丁氏度周氏伯琦朱氏彝尊閻氏若璩皆習焉不察矣今說文各本商譌尙少一曰字無者字誤也錢氏曉徵曰王伯厚已知圛升雲以下爲注釋語見困學紀聞卷二

又按說文回行也是圛字本義升雲半有半無是釋尚書圛字之義鄭箋詩云圛明也注書云色澤而光明此爲一說王肅云霍驛消滅如雲陰許云升雲半有半無僞孔云氣落驛不連屬此三家爲一說升雲半有半無卽不連屬霍驛消滅之意謂龜兆如是也郭氏注尒正屬者嶧云言駱驛相連屬僞孔則云落驛不連屬古義之相反而相成者也

唐書藝文志司馬貞史記索隱三十卷注云開元潤州別駕按小司馬時衞包尚書尚未行故注宋世家云涕尚書作圛至大麻間張參五經文字其時衞包書盛行舊本盡廢故口部圛字下云見周禮注不云見尚書序

例所謂唯今文尚書衛包所改也改就今字刪定月令依其時進本與釋文音訓頗有不同也

詩齊風齊子豈弟鄭箋豈讀當爲闓弟古文尚書以弟爲圛圛明也釋文本作豈弟正義本作愷悌正義曰古文尚書郎今鄭注尚書是也無以悌爲圛之字唯洪範稽疑論卜兆有五曰圛注云圛者色澤光明蓋古文作悌今文作圛賈逵以今文挍之定以爲圛故鄭依賈氏所奏從定爲圛於古文則爲悌故云古文尚書以悌爲圛圛明也上言發夕謂初夜郎行此言闓明謂侵明而行今定本云悌古文尚書以爲圛更無悌字義竝得通

玉裁按正義誤也此字今文尚書作涕古文尚書作圛

今文尙書者史記宋世家所載曰涕是也古文尙書者馬鄭王及僞孔傳本皆作曰圛是也鄭箋詩云古文尙書涕爲圛者謂今文尙書之涕古文尙書作圛則尙書涕可讀爲圛以是證之則毛詩弟與涕同聲弟亦可讀爲圛而豈弟可訓闓明也韋昭注漢書楊雄傳拮隔鳴球云古文隔爲擊正謂今文作隔古文作擊注王莽傳舜讓于德不台云古文台爲嗣正謂今文作台古文作嗣鄭注儀禮每云今文某爲某古文某爲某其云今文某爲某者上某系古文其云古文某爲某者上某係今文文法皆與此箋相等詩箋轉寫旣久涕譌作悌字悌爲圛之上妄增以字夫以某爲某此六書假借之法莫

詳於說文如云丂古文以爲亐字又以爲巧字疋古文以爲詩大雅字又以爲足字㚖古文以爲澤字𣪘周書以爲討字屮古文以爲艸字臤古文以爲賢字是也如正義所云賈逵定涕爲圛則鄭箋當云涕讀爲圛如漢儒注經易字之例音近者云某讀爲某音殊者云某當爲某不得云以涕爲圛也凡以某爲某之云在漢人爲假借之法若言以某字代某字也在唐宋人爲指摘繆戾若言將某字誤作某字也讀法各異若用唐宋人例例之則爲將涕字誤作圛字更不倫矣且今文尚書作涕古文尚書作圛皆有證佐不得反易之孔衛賈馬鄭諸君皆貴古文賤今文未有易古文從今文者卽閒有今文拔長用今文詮古文者亦斷不易古文之字如馬注堯典云道德純備謂之思此用

今文塞字之義要不易古文之思字也古文果是涕字賈必不敢改爲圛字且後漢書逵傳云逵數爲帝言古文尚書與經傳爾雅詁訓相應詔令撰歐陽大小夏侯尚書古文尚書同異逵集爲三卷帝善之據此則逵之三卷亦如後儒作攷異云尒未嘗予奪其閒或從古或從今也且集之者以古形今之短非以今正古之失也詩正義肊說貽誤後學總由昧於鄭箋文義耳

又按鄭箋欲改豈弟爲闓圛與發夕相儷而不知圛與濟爾不韵尚書之一作涕一作圛此今古文絕殊非闗聲誤者不當引以說詩

鄭注緇衣云古文周田觀文王之德爲割申勸寧王之

德按周田觀者緇衣所引周書也割申勸者古文尚書也句法與古文涕爲圛正同

賈氏所撰三卷唐初已不存詩正義臆爲之說故舛誤若此

史記曰涕徐廣曰一作曰洟按弟夷相似古多亂說文鶇胡或作鵜

曰雺

玉裁按雺从雨矛聲故徐邈音亾鉤反釋文原本亦大書雺字而兼引徐氏反語若作蒙則但當武工一反而亾鉤無傳箸处此天寶時衞包改雺作蒙旣誤於前開寶中李昉陳鄂改釋文之雺作蒙復誤於後也經文作

曰雺僞孔傳云雺蒙句陰闇也衛包乃以蒙改雺下文經文作曰圛傳云圛氣落驛不連屬也衛包乃以驛改圛此其謬誤何如哉正義曰曰雺兆氣蒙闇也（此釋經文）又曰雺聲近蒙詩云零雨其蒙（从氵誤）則蒙是闇義故以雺爲兆蒙是陰闇也（此釋傳文）此作正義時經文作雺不作蒙甚顯白凡衛包所改竄本字如牧誓之御梓材之斁猶存於正義中者舉視此又引王肅云雺天氣下地不應闇冥也鄭云雺者氣（脫不字）澤鬱鬱冥冥也史記集解引鄭云卜五占用謂雨濟圛霧克也霧者氣不釋鬱鬱冥冥也可證鄭王本皆作雺

袁彦伯三國名臣序贊苟非命世孰掃雰雺李善注曰

孔安國尚書傳曰雺陰氣今本作闇也此唐初本作雺之明證也

周禮大卜注引書作曰蟊劉昌宗莫溝反沈重音謀爾雅音義曰雺亾公亾侯二反凡矛聲孜聲之字亾侯其本音亾公其轉音也雺蟊皆矛聲故亦借蟊周禮引鄭注作气不澤鬱冥也尚書引鄭注作氣澤鬱鬱冥冥也史記集解引鄭注作氣不釋鬱冥也三文各異澤字是釋字非也圛訓色澤雺訓氣不澤反對之詈

又按集韵五十二候蟊莫候切洪範曰蟊曰尅劉昌宗讀然則今本周禮音義云劉莫溝反莫溝乃莫構之誤俞仁仲周禮作莫遘

又按汗簡古文四聲韵皆曰𠃒古文蒙出古尚書此因周禮注引尚書作曰蟊而傅會之非眞見古文尚書如此也其字作𠃒九不可解攷古文四聲韵又出楷書蟲字卽𠃒字也作此古文者謂从蟲而以乚象此蟲形耳史記宋世家作曰霧霿卽霚之俗霚與雺一字霚亦可音蒙詩小雅務與戎韵然則今文尚書與古文尚書同也徐廣注史記曰霧一作被錢氏曉徵曰被當是霚之譌與敹淺原之淺爲滅皆傳寫之誤

又按集韵平聲十九侯雺霿蒙三形一字迷浮切此合未改釋文已改釋文爲詞也雺亦音蒙蒙不亦音矛矛

曰克

克大卜注作尅尅者剋之譌也剋古祇作克

周禮大卜注曰五色者洪範所謂曰雨曰濟曰圛曰蟊

曰尅

曰貞

說文三篇卜部曰貞卜問也从卜貝句絕貝以爲贄一曰鼎省聲京房所說玉裁按一曰鼎省聲謂貝乃鼎省非貝字也七篇鼎从貞省聲古文以貞爲鼎籒文以鼎爲貞小徐本如是大徐本脫此當作古文以貝爲鼎籒文以鼎爲貝以貝爲鼎如京房說貞字鼎聲是也以鼎爲貝如𠟭籒文則字鼏籒文員字鼏籒文賓字今本說文作古文誤𪔂籒文妘字是也郭氏佩觿言古文以貞爲鼎籒文以鼎爲則所

見說文己是譌本貞从貝者古文也貞从鼎作鼑者籀文也

曰悔

說文三篇卜部曰𠧪易卦之上體也从卜每聲商書曰今本脫曰字曰貞曰𠧪玉裁按此壁中本也孔安國以今文字讀之袛作悔字左氏傳蠱之貞風也其悔山也亦袛作悔

凡七卜五占用二衍忒

鄭於用字句絕二字下屬卜五占用謂雨濟圛雺克也今正義妄改爲霽蒙驛此依史記集解二衍忒謂貞悔也宋世家亦云卜五占之用則其句絕與鄭合集解引鄭注亦作占之用則順史記正文增之字也

忒宋世家作貣古多假借貣爲忒說文五篇左部曰差貣也差貣不相值也今本譌脫此經正文作忒無由知鄭本作貣也尚書後案欲據史記集解更定不知集解自依史記正文爲之雺霧忒貣可通之字不爲分別耳

立時人作卜筮三人占則從二人之言

春秋左氏傳成六年或謂欒武子曰商書曰三人占從二人衆故也

漢書郊祀志洪範曰三人占則從二人言言少從多之義也

白虎通蓍龜篇尚書曰三人占則從二人之言

公羊春秋桓二年注尚書曰三人議則從二人之言

汲古閣本士喪禮疏三人占則從二人之吉吉葢誤字耳惠氏據之非也

女則有大疑

白虎通蓍龜篇尚書曰女則有疑謂武王

謀及乃心謀及卿士謀及庶人

周禮鄉大夫注鄭司農云國大詢于衆庶洪範所謂謀及庶民　小司寇注鄭司農云致萬民聚萬民也詢謀也書曰謀及庶人當作民　玉裁按下文四言庶民此作庶人誤也作正義者乃曲爲之說　漢石經尚書殘碑乃心謀及卿闕謀及庶民下闕此今文尚書作民之證也

謀及卜筮

漢書藝文志云書曰女則有大疑謀及卜筮

王逸注招魂云尙書曰決之蓍龜玉裁按此今文尙書句也當在金縢鴻範等篇今不可考矣　又按此用尙書大傳說大誥天下從然後加之蓍龜也古多以傳系諸經者

女則從龜從筮從卿士從庶民從是之謂大同身其康彊子孫其逢吉

李氏惇字成裕高郵人曰子孫其逢句絕與上文從同爲韵馬云逢大也是也

宋世家而身其康彊而子孫其逢多兩而字此今文尙

書也
女則從龜從筮從卿士逆庶民逆吉卿士從龜從筮從女則逆庶民逆吉庶民從龜從筮從女則逆卿士逆吉女則從龜從筮逆卿士逆庶民逆作內吉作外凶龜筮共違于人用靜吉用作凶八庶徵曰雨曰暘
祭義殷人祭其陽注陽讀爲曰雨曰暘之暘此古文尚書作暘之證也尚書大傳宋世家漢紀論衡皆作暘五行志王莽傳作陽假借字耳

曰燠
宋世家五行志王莽傳何休公羊注皆作奧古字也詩唐風安且奧兮堯典厥民奧馬云煖也

曰寒曰風曰時五者來備

後漢書李雲傳雲露布上書曰臣聞皇后天下母德配坤靈得其人則五氏來備不得其人則地動搖宮章懷大子注云史記曰庶徵曰雨曰暘曰燠曰寒曰風五是來備今本後漢書淺人妄改是爲者各以其序庶草蕃廡是與氏古字通耳九經古義曰覲禮曰大史是右注云古文是爲氏曲禮曰五官之長曰伯是職方注云是或爲氏漢書云造父後有非子至元孫氏爲莊公小顏曰氏與是同古通用字

荀爽傳爽對策陳便宜曰嘉瑞降天吉符出地五韙咸備各以其敘章懷注云韙是也史記曰五是來備各以其序也

玉裁按此二條可據㠯證史記今本之誤今本宋世家

庶徵曰雨曰陽曰奧曰寒曰風曰時五者來備此後人所妄改也曰時五者來備凡六字此古文尚書也五是來備凡四字此今文尚書也李雲荀爽皆用今文尚書非用史記也曰時五者來備六字一句時是也是五者今文約結之云五是惠氏定宇說氏者是之假借踶者是之轉注也史記本無曰時二字而裴駰集解妄引孔傳云五者各以時與正文不相應於是或增改五是二字爲曰時五者四字困學紀聞云五者來備當云曰時五者來備史記云五是來備葢南宋本妄增曰時二字而五是倘不改

後漢書律厤志安帝延光中尚書令忠上奏云三階㠯平黃龍㠯至刑犴㠯錯五是㠯備玉裁按監本不誤錢

曉徵後漢書攷異云閩本汲古閣本作五者後人据今本尚書易之也

日本山井氏考文云足利古本者下有是字按此葢或據史漢箋是字於者字之旁而轉寫者因增諸者字之下致不可通

各以其敘

敘宋世家作序

庶草蕃廡

蕃說文六篇引作緐宋世家同緐者蕃之假借字也

說文六篇林部曰橆豐也从林𡘲或說規模字从大卌數之積也林者木之多也卌與庶同意商書曰庶草緐

無玉裁按𢍜或說規模字者小徐曰或說𢍜爲規模之模字也卌數之積也者廣韵廿六緝卌字下曰先立切說文云數名今直以爲四十字玉篇佩觿集韵皆云卌四十也攷說文有廿字卉字而無卌字惟見於此葢卽廣韵所本與漢石經論語殘碑子曰年卌見惡焉其終也已以卌爲四十字卌从二廿其字亦古文省卌爲四十幷猶廿爲二十幷卉爲三十幷也𢍜卌二字不列大書而傳識於說解中葢說文一書未嘗自謂舉天下古今之字而一無漏也卌與庶同意此當云𣡽與庶同意謂庶以炗皃衆盛𣡽以林皃多皆非專謂光謂林也其意一也爾雅釋故曰苞蕪茂豐也郭注苞叢緐蕪皆豐

盛釋文曰蕪古本作橆按許說本爾雅爾雅古本作橆是也隸變橆作無𠳿爲有無字遂改爾雅之無茂从艸作蕪橆字鴻範之蕃無从广作廡廡字皆非本字晉語曰黍不爲黍不能蕃廡韋昭曰蕃滋也廡豐也則假廡爲無不獨尚書也

漢書谷永傳五徵時序庶中蕃滋

一極備凶一極無凶

無宋世家作亾本篇中他無字皆作毋

曰休徵曰肅時雨若曰乂時暘若

五行志乂作艾暘作陽宋世家王本上文作曰陽此作暘不畫一疑本皆作陽也

曰哲時燠若

哲尙書俗本誤哲五行志作悊宋世家作知上文明作智不畫一智亦當是知字也

曰謀時寒若

王莽傳時雨時奧時暘時寒

曰聖時風若曰咎徵曰狂恆雨若

宋世家恆作常故訓字也非獨避諱

曰僭恆暘若曰舒恆燠若

論衡言毒篇五事二曰言言之咎徵僭恆暘若

舒僞孔本作豫鄭王本作舒鄭云舉遲也王云舒惰也見正義合之尙書大傳作荼宋世家五行志漢紀何休公

羊注論衡作舒荼亦舒字也是今文尚書皆作舒舒與急爲反對之訔此經當從鄭王本僞孔作豫訓逸豫義稍隔徐仙民曰豫又音舒

公羊成元年傳注尚書曰舒恆燠若釋文燠本又作奥煖也羣經音辨本之曰奥於六切書舒常奥若何休讀今本作燠玉裁按羣經音辨恆作常者避宋諱也

曰急恆寒若

論衡寒溫篇洪範庶徵曰急恆寒若舒恆燠若若順燠溫恆常也人君急則常寒順之舒則常溫順之又云旦雨氣溫旦暘氣寒夫雨者陰暘者陽也

荀悅前漢高后紀人君急則日晷進而疾舒則日晷退而緩故曰急恆寒若舒恆燠若玉裁按今本漢紀依尚

書作豫此淺人爲之不見其上文明云急舒孝惠紀亦

云厥咎舒厥咎急

曰雺恆風若

此雺字舊亦作蒙今更正攷孔傳云君行蒙暗猶稽疑之以蒙闇釋雺也鄭注蒙見冒亂也王肅注蒙瞽蒙兩注首蒙字恐亦皆衞包以後改之耳尚書大傳注亦以冒釋雺宋世家稽疑作霧此亦作霧五行志引經霿恆風若引傳厥咎霿而尚書大傳今本厥咎雺雺霚霿音義皆同蓋古文尚書作雺與今文尚書不異也宋書隨書作厥咎瞀瞀亦霿字尚書大傳思心之不容厥咎雺王之不極厥咎瞀鄭注瞀與思心之咎同耳是以瞀雺爲一字也服

虔曰霿音入儛瞀儛音構又音寇霿瞀皆莫豆反儛霿班志作區霿荀卿書云傋（今本誤从冫）猶瞀儒霿矛聲本音怐鉤反與蒙雙聲非疊韵也

爾雅釋言曰茅明也舍人曰茅昧之明也昧之明猶云暗中之明茅與霿同以明訓霿義之相反而相成者也左氏傳軍行前茅慮無前茅者在前蒙冒也以戒不虞故曰慮無

晉書五行志引經引傳同漢志而引經思心作思容作睿陽作暘奧作燠舒作豫似皆依孔本尚書改霿作霧則可證唐初孔本尚不作蒙恆風若不則亦改爲蒙矣（今本晉書霧是霿之誤房[元]齡等以漢志作霿孔本尚書作雺不相遠也故仍漢志）

曰王省惟歲

省宋世家作眚

卿士惟月師尹惟日歲月日時無易百穀用成乂用明俊民用章

文選陸韓卿奉荅內兄希叔詩王門所以貫自古多俊民李善注曰尚書畯民用康（康乃章字之誤）畯與俊同玉裁按釋文於大甲上說命下皆曰俊本亦作畯是則古文尚書凡俊字多作畯者

宋世家作畯下同

家用平康日月歲時既易百穀用不成乂用昏不明俊民用微家用不寧庶民惟星

本篇惟字宋世家十一見皆作維此匡謬正俗所謂古
文尚書作惟今文尚書作維也
五行志曰洪範曰庶民惟星
星有好風星有好雨日月之行則有冬有夏
後漢書律麻志洪範日月之行則有冬夏
荀悅前漢高后紀洪範曰日月之行則有冬有夏有寒
有暑詳上下文則有寒有暑四字非荀語葢今文尚書
多此四字也
月之從星則以風雨
論衡說日篇尚書曰月之從星則以風雨　明雩篇書
曰月之從星則以風雨　荀悅漢高后紀云洪範曰星

有好風星有好雨月之從星則以風雨

九五福一曰壽

中論夭壽篇云書曰五福一曰壽

二曰富三曰康寧四曰攸好德五曰考終命

漢書李尋傳制詔丞相御史葢聞尚書五曰考終命

六極一曰凶短折二曰疾三曰憂四曰貧

周禮大宰注五福一曰壽六極四曰貧

五曰惡六曰弱

史記宋微子世家曰武王既克殷訪問箕子武王曰於乎維天陰定下民相和其居我不知其常倫所序箕子對曰在昔鯀陻鴻水汨陳其五行帝乃震怒不從鴻範

九等常倫所斁徐廣曰一作釋鯀則殛死禹乃嗣興天乃錫禹鴻範九等常倫所序初一曰五行二曰五事三曰八政四曰五紀五曰皇極六曰三德七曰稽疑八曰庶徵九曰嚮用五福畏用六極五行一曰水二曰火三曰木四曰金五曰土水曰潤下火曰炎上木曰曲直金曰從革土曰稼穡潤下作鹹炎上作苦曲直作酸從革作辛稼穡作甘五事一曰貌二曰言三曰視四曰聽五曰思貌曰恭言曰從視曰明聽曰聰思曰睿恭作肅從作治明作智聰作謀睿作聖八政一曰食二曰貨三曰祀四曰司空五曰司徒六曰司寇七曰賓八曰師五紀一曰歲二曰月三曰日四曰星辰五曰厤數皇極皇建其有極

斂時五福用傅錫其庶民維時其庶民于女極錫女保
極凡厥庶民毋有淫朋人毋有比德維皇作極凡厥庶
民有猷有爲有守女則念之不協于極不離于咎皇則
受之而安而色曰予所好德女則錫之福時人斯其維
皇之極毋侮鰥寡而畏高明人之有能有爲使羞其行
而國其昌凡厥正人既富方穀女不能使有好于而家
時人斯其辜于其毋好女雖錫之福其作女用咎毋偏
毋頗遵王之義毋有作好遵王之道毋有作惡遵王之
路毋偏毋黨王道蕩蕩毋黨毋偏王道平平毋反毋側
王道正直會其有極歸其有極曰王極之傅言是夷是
訓于帝其順凡厥庶民極之傅言是順是行以近天子

之光曰天子作民父母以爲天下王三德一曰正直二曰剛克三曰柔克平康正直彊不友剛克內友柔克沈漸剛克高明柔克維辟作福維辟作威維辟玉食臣毋有作福作威玉食臣有作福作威玉食其害于而家凶于而國人用側頗辟民用僭忒稽疑擇建立卜筮人乃命卜筮曰雨曰濟曰涕曰霧徐廣曰一作曰淒曰被曰克曰貞曰悔凡七卜五占之用二衍貣立時人爲卜筮三人占則從二人之言女則有大疑謀及女心謀及卿士謀及庶人謀及卜筮女則從龜從筮從卿士從庶民從是之謂大同而身其康彊而子孫其逢吉女則從龜從筮從卿士逆庶民逆吉卿士從龜從筮從女則逆庶民逆吉庶

民從龜從筮從女則逆卿士逆吉女則從龜從筮逆卿士逆庶民逆作內吉作外凶龜筮共違于人用靜吉用作凶庶徵曰雨曰陽王氏本前作陽後作暘曰奥曰寒曰風五是來備各以其序庶草緐廡一極備凶一極亾凶曰休徵曰肅時雨若曰治時暘若曰知時奥若曰謀時寒若曰聖時風若曰咎徵曰狂常雨若曰僭常暘若曰舒常奥若曰急常寒若曰霿常風若王眚維歲卿士維月師尹維日歲月日時毋易百穀用成治用明畯民用章家用平康日月歲時既易百穀用不成治用昏不明畯民用微家用不寧庶民維星星有好風星有好雨日月之行有冬有夏月之從星則以風雨五福一曰壽二曰富三

曰康寧四曰攸好德五曰考終命六極一曰凶短折二曰疾三曰憂四曰貧五曰惡六曰弱於是武王乃封箕子於朝鮮而不臣也

古文尚書撰異卷十四

段玉裁學

金縢第十四　周書

既克商二年王有疾弗豫

弗史記魯周公世家作不論衡死僞篇亦作不司馬彪禮儀志亦云不豫是今文尚書作不也而釋文云書序武王有疾馬本作有疾不豫說文引周書有疾不悆是古文尚書亦作不也葢弗不二字淆亂者多矣　豫釋文云本又作忬忬葢卽悆字也說文十篇心部曰悆忘也嘾也从心余聲周書曰有疾不悆悆喜也此引書而釋之曰喜也與引曰圛而釋之曰圛者升雲半有半無

引堲讒說而釋之曰堲疾惡也正一例皆與其字之本義有别愈盍壁中故書如是孔子國以今文讀之乃易爲豫必云僞孔乃作豫者不可與道古矣

二公曰我其爲王穆卜

舊本盍作睦卜釋元應大唐衆經音義卷十引作睦引孔安國曰睦敬也古睦穆相假借如孟子趙注君臣集穆史記司馬相如傳旼旼睦睦漢書作旼旼穆穆此字盍亦衛包拘於俗用睦訓和穆訓敬所改說文睦目順也一曰敬和也　又按雒誥旁作穆穆孔以敬敬訓之本作睦亦未可定

周公曰未可以戚我先王公乃自以爲功

功周本紀魯世家作質今文家說也質讀周鄭交質之
質史記正義云以贄幣告三王誤矣

爲三壇同墠

周禮夏官大司馬職注曰壇讀爲同墠之墠玉裁按讀
爲今本作讀如非也

祭法注書曰三壇同墠

爲壇於南方北面周公立焉

唐石經作於

植璧秉珪

今文尚書作戴璧秉圭史記魯世家漢書王莽傳大元
挩皆作戴可證易林无妄之繇曰載璧秉珪載戴古通

用也古文尙書作植正義引鄭注植古置字可證玉裁按戴𢦏聲植直聲二聲同在之咍職德部是以所傳各異不知說今文者作何訓耳植爲古置字者古假借植字爲置字二字皆直聲故爾如論語微子篇植其杖而芸隸釋石經論語殘碑作置其杖而芸集注云植立之也非是杖不用何必立之田中但置於地斯已矣又有假置爲植者如商頌置我鼗鼓鄭箋云置讀曰植明堂位殷楹鼓注引植我鼗鼓廣雅引詩亦作植

周禮大宗伯以玉作六器以禮天地四方注曰禮謂始告神時薦於神坐書曰周公植璧秉圭是也玉裁按此引古文尙書植置也置璧於神前秉古以爲柄字如國

子賓執齊秉是也柄圭者爲之格如柄立諸神前也非手執之謂　鄭讀植爲置者璧體平故不立圭體直故柄而立之

乃告大王王季文王

錢氏大昕曰大唐石經作太一點似後來所添唐石經無太字惟尙書屢見之細驗旅獒無逸武成召誥諸篇似俱後人增加玉裁按恐皆衛包所改刻石從之也

史乃冊祝曰惟爾元孫某

某魯世家作王發

遘厲虐疾若爾三王是有丕子之責于天

釋文丕普悲反馬同徐甫眉反鄭音不玉裁按云馬同

者馬亦同孔訓丕子爲大子也云徐甫眉反者音與普悲略異亦謂孔大子之訓然也云鄭音不者正義曰鄭元云丕讀曰不愛子孫曰子元孫遇疾若汝不救是將有不愛子孫之過爲天所責欲使爲之請命也作注之例凡言讀曰卽讀爲也讀爲者易其字也丕不字經典中多互易者

今文尚書作負子史記魯世家及後漢書隗囂移檄皆用今文尚書也古文尚書作丕子鄭注丕讀曰不正義所引不誤索隱引鄭元曰丕讀曰負此轉寫譌字也丕不負三字古音皆在之咍部

隗囂告州牧部監等曰申命百姓各安其所庶無負子

之責葢謂民安其所乃無背弃子民之咎負者背也金縢今文是有負子之責于天謂武王有背弃子民之咎而將死也隗囂用今文家說司馬貞李賢注皆未叶若裴駰引孔氏丕子之注爲史記負子之注如風馬牛不相涉凡其引孔注多有類此者

下曲禮正義引白虎通曰天子病曰不豫言不復豫政也諸侯曰負子子民也言憂民不復子之也御覽七百三十九引此略同而妄施改竄今文尚書負子之責說當如此惟以諸侯之稱通加諸天子耳何休注公羊徐廣注史記作諸侯疾曰負茲徐廣徐彥說復乖異

以旦代某之身予仁若考

予仁若考四字魯世家作旦巧二字

能多材多藝能事鬼神乃元孫不若旦多材多藝不能事鬼神乃命于帝庭敷佑四方

論衡死僞篇周武王有疾不豫周公請命設三壇同一墠植璧秉圭乃告於太王王季文王史乃策祝辭曰予仁若考多才多藝能事鬼神乃元孫某不若旦多才多藝不能事鬼神玉裁按此不與史記所錄今文尚書同如植璧當作戴璧恐是後人改之

佑俗右字

用能定爾子孫于下地四方之民罔不祗畏烏呼無墜天之降寶命

墜俗隊字

鄭注降下也寶猶神也有所依歸爲宗廟之主也玉裁按震澤王氏史記栞本神字譌主字因下文而誤也惠氏定宇集尚書鄭注亦作神近說尚書者轉云神誤矣神祕之義近於寶故云寶猶神也爲宗廟之主五字釋

經有依歸

我先王亦永有依歸今我卽命于元龜爾之許我我其以璧與珪歸俟爾命爾不許我我乃屏璧與珪乃卜三龜一習吉

白虎通蓍龜篇尚書曰卜三龜

文選任彥昇蕭公行狀龜謀襲吉注引乃卜三龜一習

吉而云襲與習通玉裁按正義亦以襲訓習僞大誓襲于休祥與此眞古文用字不一例者僞大誓摭拾昭七年左氏傳周語單襄公語爲之古人習亦訓重訓因周易習坎是也

啓籥見書

周禮大卜注書金縢曰開籥見書

乃并是吉

論衡卜筮篇周武王不豫周公卜三龜公曰乃逢是吉玉裁按作逢者葢今文尚書也魯世家開籥乃見書遇吉遇葢逢之訓詁字幷逢聲之轉

公曰體王其罔害

周禮占人注周公卜武王占之曰體王其無害　玉藻

君定體鄭注云周公曰體王其無害

魯世家無體字

予小子新命于三王惟永終是圖茲攸俟能念予一人

茲攸俟卽上文俟爾命之俟上文馬注云待汝命武王當愈我當死也此云茲攸俟者謂於此用待王之愈已之死也聖人舉事發於至誠非虛言也神旣許之則俟之而已矣能念予一人者謂我尙能念我天子不忘也

魯世家茲道能念予一人玉裁按古訓猷爲道葢今文尙書作茲猷故司馬作茲道也如大誥猷爾多邦翟義傳作大誥道諸侯

公歸乃納冊于金縢之匱中王翌日乃瘳

翌唐石經及各本作翼衛包所改也爾雅釋言曰翌明也郭注引書翌日乃瘳貞觀時元應衆經音義亦引翌日乃瘳漢書五行志顏注引王翌日乃瘳文選陸士衡弔魏武帝文李注引尚書翌日乃瘳孔安國曰翌日明日也然則唐初尚書未誤也凡古書翌日字斷無作翼者（漢書皆作翌）其作翼者皆天寶已後淺人妄改也（如逸周書是也）說文羽部有翊無翌翌卽翊字漢郡有左馮翊三輔決錄注曰馮盛也翊明也（見郡國志注）此翊明也卽爾雅之翌明也明日之明與光明之明古義無別尋日部昱字曰明也（今本說文作明日衆經音義玉篇皆作日明）从日立聲翊从羽亦立聲

然則翌日字乃昱之假借昱翌古音皆羊入切漢書禮樂志郊祀歌神之來泛翊翊甘露降慶雲集翊集爲韵師古曰翊音弋入切又音立此古音也經典假翌爲昱昱自緝韵轉入屋韵翌亦自緝韵轉入屋韵周禮司几筵注翌日乙丑釋文曰翌劉音育集韵一屋翌余六切明也書翌日乙丑劉昌宗讀此尤可證翌爲昱之假借字衞包因翌翼皆從羽誤認爲一字而不知翌从羽立聲古音在第七部翼从羽異聲古音在第一部部分相距甚遠孫愐唐韵翌翼皆與職切非也尚書翌字六見金滕大誥各一見召誥顧命各二見天寶盡改爲翼翼訓輔訓敬翌訓明翌室爲明堂之室明堂即路寢金氏

輔之之說固不易矣

爾雅釋故翼敬也釋言翌明也字形分別畫然

武王既喪管叔及其羣弟乃流言於國曰公將不利於孺子

白虎通崩薨篇尚書曰武王既喪

二於字唐石經及注疏各本皆不作于蓋相承如是攷毛詩于字唐石經亦閒作於如俟我於城隅於我乎夏屋渠渠俟我於宁乎而於女信處是也

周公乃告二公曰我之弗辟我無以告我先王

弗說文作不

說文辟法也从辟从井周書曰我之不辟　釋文曰辟

扶亦反治也說文作𨐨云必亦反法也馬鄭音避謂避居東都案說文𨐨法也釋文所引不誤今本說文作治誤也後案從今本說文謂釋文治法二字互譌夫釋文以治系孔以法系許本無不合孔傳以法法三叔下法字安知非治之誤乎卽孔傳無誤亦別其反語之異不嫌其義同也𨐨从井井者法也故𨐨訓法𡰪从又又者治也故𡰪从又分別畫然𨐨與辟字訓同故以辟建首次𨐨而次𡰪徐楚金注云井者法也此與刑同意井者法也系說文刑字下引易說觀徐注可以知其正文之爲法字玉篇𡰪訓理也𨐨訓治也理卽治之諱文治乃法之譌文不則亦當諱治而云理矣廣韵集韵皆誤作

治

玉裁按我之弗辟孔讀刑辟扶亦反鄭讀避毗義反孔以居東二年罪人斯得爲東征誅管蔡鄭以居東爲出処東國待罪罪人斯得爲成王收捕公之屬黨而大誥東征在周公居東三年成王迎周公反之後其說乖異魯世家雖讀辟爲避而云我之所以弗辟而攝行政者恐天下畔周無以告我先王則非鄭說也故云周公奉成王命興師東伐作大誥遂誅管叔殺武庚放蔡叔收殷餘民以封康叔於衛封微子於宋以奉殷祀寧淮夷東土二年而畢定此述經文之居東二年罪人斯得也推測聖心無有乍聞流言成王狐疑一無顧忌急行誅

討之理則鄭說爲長矣而其字壁中故書乃作𤕫許叔重錄之𤕫之訓法也則與孔說合而終以鄭說爲長者古字多假借不可泥於其本義𤕫乃辟之古文其字惟見於尙書鄭明知故書作𤕫而不欲如字訓法者古經譬僻避字皆用辟而避字尤不須從辵其詳見說文解字讀鄭謂𤕫即辟辟即避也魯世家用今文尙書亦作弗辟叔重箸書不敢云𤕫古文辟也實叔重之誤學者以法也之訓牽合僞古文辟管叔之言乃敢妄云言我不以法法三叔矣

金氏吉父曰古文尙書辟字作𨐨古文凡君辟刑辟之辟皆作㑥唯此作𨐨此必孔壁書本是避字也辟諧聲

從壬從廾皆屛避之義玉裁按金氏說冣誤其所云古文尚書者卽宋次道王仲至晁公武薛士龍本也其作𢍰者乃𢍰之譌文也惟金縢作𢍰者正是用說文爲藍本而轉寫譌井作廾眞壁中古文𢍰字斷不止金縢一見許叔重隨意一引耳孔安國以今文讀之旣悉改爲辟字

汗簡𢍰字兩見一以爲𤰧一以爲壁曾不知其字在辟部非井部而辟聲重惟貤繆小學之難言久矣

尚書後案曰墨子卷十一耕柱篇云周公旦非關叔辭三公東處于商蓋關叔卽管叔商蓋卽商奄也吳君高越紐錄云周公傅相成王管叔蔡叔不知周公而讒之

成王周公乃辭位出巡狩于邊皆與鄭合也

周公居東二年則罪人斯得

按史官書法甚明曰居東知非征東也曰罪人謂管叔及其羣弟也史臣之直筆也曰得知尚未伏誅也流言至周國不知其所由起至此成王始得其主名鄭云周公之屬黨非也周公之屬黨成王謂之罪人史臣不敢枉筆書之曰罪人也曰王亦未敢誚公者成王非無誚公之意而尚未敢行也亦者亦罪人也成王不敢任管蔡亦未嘗不疑周公也爲執書以泣張本也

罪人斯得今文家謂即誅三監武庚非當日事勢鄭君謂盡得周公之屬黨當日史臣直筆不應阿意順旨目

為罪人宋元以來諸儒謂王始知流言之為管蔡者得之明郝氏京山自出新意謂罪人斯得王與二公殺管叔也管叔畔而殺之殺其畔非殺其流言也成王至風雷之變始悟流言起管叔也大誥黜殷命專誅武庚也成王殺管叔而周公不知故無損於聖也說則巧矣夫管叔初為流言時固未畔周公既反乃懼而以武庚畔此當日情形節次大誥之篇曰艱大民不靖亦惟在王宮邦君室曰惟大艱人誕鄰胥伐于厥室一則曰在王室再則曰伐于厥室非謂三監而何大誥之時三監猶在則郝氏之說其是非不辨自明矣

于後公乃為詩以詒王

詒各本作貽今考據鄭本作詒　錢氏曉徵曰唐石經
貽字有磨改痕葢先作詒後改當以先刻爲正
毛詩序曰鴟鴞周公救亂也成王未知周公之志公乃
爲詩以遺王名之曰鴟鴞焉釋文遺本亦作貽此從尚
書本玉裁按謂尚書作貽也
詩豳風正義金縢云公乃爲詩以貽王鄭注云怡悅也
周公恐其屬黨無罪將死恐其刑濫又破其家而不敢
正言故作鴟鴞之詩以怡王今豳風鴟鴞也玉裁按豳
正義言怡悅王心者不一初疑鄭本作怡與僞孔本作
貽異而攷其字惟怡悅也從心作怡下文作鴟鴞之詩
以貽王仍同經文從貝作貽竊謂經文本從言作詒轉

爲從貝作貽俗字如詩風自詒伊阻詒我彤管釋文皆作貽而云本又作詒既詒我肄則釋文正義皆作詒可證說文言部詒相欺詒也一曰遺也毛詩谷風靜女傳金縢僞孔傳皆同說文後一說鄭注金縢詒說也同說文前一說鄭云不敢正言故作鴟鴞之詩以詒王葢不敢正言故佹言以相誘鄭注鴟鴞詩說諸臣父祖勤勞積日累功以固定此官位土地止王毀室皆所謂佹言也正言之則云諸臣本無罪而已郭璞注方言云汝南人呼欺亦曰詒音殆攷史漢多假紿字爲之列子狎侮欺詒正作詒字鄭注說字以今音讀之當舒芮切葢鄭注絕無怡悅王心之語正義誤讀說爲悅因謂鄭讀貽

爲怡而怡悅王心一再言之絕非鄭說鴟鴞之詩苦心
苦口非可怡悅人心也因知古經古義必好學深思心
知其意粗而涉焉自謂善述而叛之遠矣
經文作詒乃兼舍孔訓遺鄭訓說二義若作貽則不可
賅鄭訓矣爾雅釋言詒遺也說文所本今本爾雅作貽
非也
名之曰鴟鴞
名徐仙民亾政反六朝時又別製詺字今此音此字皆
不行
王亦未敢誚公
說文三篇言部誚字下曰古文譙从言肖周書曰王亦

未敢誚公玉裁按古文作誚小篆改作譙史漢譙讓字皆從小篆誚字獨見於壁中金縢孔子國以今文讀之定爲譙字而不改其字及古文尚書盛行學者乃知有誚而不知有譙衞包之奉命改古文乃於眞古文不譏改矣

魯世家王亦未敢訓周公索隱曰尚書作誚此作訓字誤耳錢氏曉徵史記攷異云誚从肖古書或省作从小轉寫譌爲川爾玉裁按玉篇曰信古文作訃集韵曰信古作訫玉篇之訃卽集韵之訫皆本說文訫字玉篇从立心非從大小字也汗簡曰𢗃古文信此亦依從言從立心之字爲之轉寫誤多一畫耳史記之訓乃訃字之

誤蓋今文尚書作未敢信公與古文尚書作誚公不同
注史記者皆習焉不察徐廣云訓一作誚按一作誚者
或以尚書改史記也
秋大孰未穫天大雷電以風禾盡偃大木斯拔
斯魯世家作盡今文家斯訓爲盡也方言作澌亦作賜
唐書作儩　詩王赫斯怒鄭箋斯盡也釋文云鄭音賜
者此依據方言及古咄喈歌棗適今日賜而云然正義
云斯盡釋言文攷釋言無此祇有斯離也離則易盡其
恉未嘗不相通今文家說尚書如此知古有此訓上文
罪人斯得鄭注亦云盡爲成王所得
邦人大恐王與大夫盡弁以啓金縢之書乃得周公所自

以爲功代武王之說

蔡邕獨斷周書曰王與大夫盡弁此今文尙書同也弁

魯世家作朝服盡釋弁爲皮弁今文家說也

說徐音始銳反此舊音也注疏錄釋文始誤爲如

周禮占人注書曰王與大夫盡弁開金縢之書乃得周

公所自以爲功代武王之說

說魯世家一作簡

陳氏壽祺曰周書亳姑序曰周公在豐將歿欲葬成周

公薨成王葬于畢告周公尙書大傳曰周公致政封魯

三年之後老于豐心不敢遠成王而欲事文武之廟周

公疾曰吾死必葬於成周示天下臣於成王周公薨成

王欲葬之於成周天乃雷雨以風禾盡偃木斯拔國人大恐王與大夫開金縢之書執書以泣曰周公勤勞王家予幼人弗及知乃不葬於成周而葬之於畢示天下弗敢臣也論衡感類引書乃得周公死自以爲功代武王之說蓋古文所字今文作死形近致譌故以金縢之事與亳姑序事聯爲一也玉裁謂死字乃轉寫論衡者之誤

二公及王乃問諸史與百執事對曰信噫公命我勿敢言釋文噫於其反馬本作懿猶億也玉裁按大雅瞻卬曰懿厥哲婦爲梟爲鴟鄭箋懿有所痛傷之聲也釋文億字當是從口噫字之誤

信噫魯世家作信有古音噫有同在第一部

王執書以泣曰其勿穆卜昔公勤勞王家惟予沖人弗及知

尚書大傳云周公疾曰吾死必葬於成周示天下臣於成王也周公死天乃雷雨以風禾盡偃大木斯拔國恐王與大夫開金縢之書執書以泣曰周公勤勞王家予幼人弗及知乃不葬之於成周而葬之於畢示天下不敢臣見梅福傳師古注按此今文尚書也其說既殊其字亦異

如邦作國沖作幼皆與魯世家同

今天動威以彰周公之德惟朕小子其新逆我國家禮亦宜之

釋文曰新逆馬本作親迎玉裁按惟馬作親迎鄭固作新逆也鄭注云新逆改先時之心更自新以迎周公今《詩》正義轉寫淆亂東山箋云成王既得金縢之書親迎周公此述經意非錄經文不得據此謂鄭本亦作親迎而讀爲新逆也　又按魯世家逆作迎凡古文尚書多作逆凡今文尚書多作迎如逆河迎河其一證也　又按今坊本蔡氏集傳逆皆誤迎唐石經及注疏監本作逆不誤

白虎通喪服篇尚書曰今天動威以彰周公之德下言禮亦宜之　後漢書周舉傳曰昔周公有請命之應隆太平之功故皇天動威㠯章聖德

王出郊天乃雨反風禾則盡起二公命邦人凡大木所偃盡起而築之歲則大孰

釋文曰築本又作筑玉裁按此好事者因馬鄭王皆云築拾也合於爾雅遂改從爾雅作筑而不知釋文主義未嘗言馬鄭王作筑也筑與掇雙聲故得訓拾筑築皆非正字未見筑是築非也且馬鄭王皆云築拾也安知漢魏時爾雅不作築乎注經者於此等無輕議改大木所偃四字分二項平說起者起大木也筑者筑所偃之禾采也起大木者分別或立之或弃之皆得云起矣

魯周公世家曰周公不就封畱佐武王武王克殷二年

天下未集武王有疾不豫羣臣懼太公召公乃繆卜周公曰未可以戚我先王周公於是乃自以爲質設三壇周公北面立戴璧秉圭告于大王王季文王史策祝曰惟爾元孫王發勤勞阻疾若爾三王是有負子之責於天以旦代王發之身旦巧能多材多藝能事鬼神乃王發不如旦多材多藝不能事鬼神乃命于帝庭敷祐四方用能定汝子孫于下地四方之民罔不敬畏無墜天之降葆命我先王亦永有所依歸今我其卽命於元龜爾之許我我以其璧與圭歸以俟爾命爾不許我我乃屏璧與圭周公已令史策告大王王季文王欲代武王發於是乃卽三王而卜卜人皆曰吉發書視之信吉周

公喜開籥乃見書遇吉周公入賀武王曰王其無害旦新受命三王惟長終是圖茲道能念予一人周公藏其策金縢匱中誡守者勿敢言明日武王有瘳其後武王既崩成王少在强葆之中周公恐天下聞武王崩而畔周公乃踐阼代成王攝行政當國管叔及其羣弟流言於國曰周公將不利於成王周公乃告太公望召公奭曰我之所以弗辟而攝行政者恐天下畔周無以告我先王大王王季文王三王之憂勞天下久矣於今而后成武王蚤終成王少將以成周我所以爲之若此於是卒相成王而使其子伯禽代就封於魯管蔡武庚等果率淮夷而反周公乃奉成王命興師東伐作大誥遂誅

管叔殺武庚放蔡叔收殷餘民以封康叔於衞封微子於宋以奉殷祀寧淮夷東土二年而畢定諸侯咸服宗周天降祉福唐叔得禾異母同穎獻之成王成王命唐叔以餽周公於東土作餽禾周公既受命禾魯天子命作嘉禾

按周本紀曰武王病天下未集羣公懼穆卜周公乃祓齋自爲質欲代武王武王有瘳後而崩太子誦代立是爲成王成王少周初定天下周公恐諸侯畔周公乃攝行政當國管叔蔡叔羣弟疑周公與武庚作亂畔周周公奉成王命伐誅武庚管叔放蔡叔以微子開代殷後國於宋頗收殷餘民以封武王少弟封爲衞康叔晉唐叔得嘉穀獻之成王成王以歸周公于兵所周公受禾東土魯天子之命初管蔡畔周周公討之三年而畢定故初作大誥次作微子之命次歸禾次嘉禾次康誥酒誥梓材其事在周公之篇本紀與世家相合惟二年作三年恐是譌字蓋此與世家皆述金滕居東二年罪人斯得也不應世家作二此作三

東土以集周公歸報成王乃爲詩貽王命之曰鴟鴞王亦

未敢訓周公成王七年二月乙未王朝步自周至豐使太保召公先之雒相土其三月周公往營成周雒邑卜居焉曰吉遂國之成王長能聽政於是周公乃還政於成王成王臨朝周公之代成王治南面倍依以朝諸侯及七年後還政成王北面就臣位匔匔如畏然初成王少時病周公乃自揃其蚤沈之河以祝於神曰王少未有識奸神命者乃旦也亦藏其策於府成王病有瘳及成王用事人或譖周公周公奔楚成王發府見周公禱書乃泣反周公易林无妄之蘇曰載璧秉珪請命於河周公克敏沖人瘳愈蒙恬列傳曰昔周成王初立未離襁緥周公旦負王以朝卒定天下及成王有病甚殆公且自揃其爪以沈于河曰王未有識是旦執事有罪殃旦受其不祥乃書而藏之記府可謂信矣及王能治國有賊臣言周公旦欲爲亂久矣王若不

備必有大事王乃大怒周公旦走而奔於楚成王觀於記府得周公旦沈書乃流涕曰孰謂周公旦欲爲亂乎殺言之者而反周公旦二說與此相合譙周所謂秦既燔書時人欲言金縢之事失其本末乃云成王少時病周公禱河欲代王死藏祝策于府成王用事人讒周公周公奔楚成王發府見策乃迎周公也論衡感類篇曰古文家以武王崩周公居攝管蔡流言王意狐疑周公周公奔楚故天雷雨以悟成王案古文家云奔楚與此相類但爲壇請代之事古文家未必誤以成王冒武王也孟堅云金縢篇有古文說今按大史公自於尚書外兼采他書云自東土歸後歸政而復奔楚則楚非東土也且云亦藏其策於府亦者亦代武王之策也則非用古文說亦明矣

周公歸恐成王壯治有所淫佚乃作多士作毋逸以誡成王成王在豐天下已安周之官政未次序於是周公作周官官別其宜作立政以便百姓百姓說周公在豐病將沒曰必葬我成周以明吾不敢離成王周公既卒成王亦讓葬周公於畢從文王以明予小子不

敢臣周公也周公卒後秋未穫暴風雷雨禾盡偃大木
盡拔周國大恐成王與大夫朝服以開金縢書王乃得
周公所自以爲功代武王之說二公及王乃問史百執
事史百執事曰信有昔周公命我勿敢言成王執書以
泣曰自今後其無繆卜乎昔周公勤勞王家惟予幼人
弗及知今天動威以彰周公之德惟朕小子其迎我國
家禮亦宜之王出郊天乃雨反風禾盡起二公命國人
凡大木所偃盡起而築之歲則大熟於是成王乃命魯
得郊祭文王魯有天子禮樂者以褒周公之德也尚書大傳
見上　尚書洪範五行傳曰周公死成王不圖大禮故天大雷雨禾偃木拔及成王寤金縢之策改周公之葬
尊以王禮申命魯郊而天立復風雨禾稼盡起見後漢書周舉傳注　漢書梅福傳曰昔成王以諸侯禮葬周

公而皇天動威雷風著災　漢書杜鄴傳曰臣聞野雞著怪高宗深動大風暴過成王怛然玉裁按此與五行志劉向以爲高宗謀祖己戒王泣金縢正同皆用今文尚書說師古皆以古文說注之非也　儒林傳谷永上疏曰昔周公薨成王葬以變禮而當天心　後漢書周舉傳曰詔召公卿中二千石尚書詰顯親殿問曰昔周公攝天子事及薨成王欲以公禮葬之天爲動變及更葬曰天子之禮卽有反風之應　後漢書張奐傳曰奐上疏曰昔周公葬不如禮天乃動威　春秋僖卅一年公羊傳曰卜郊何以非禮魯郊非禮也何注曰以魯郊非禮故卜爾昔武王旣沒成王幼少周公居攝行天子事制禮作樂致大平有王功周公薨成王以王禮葬之命魯使郊以彰周公之德非正故卜　白虎通喪服篇曰養從生葬從死周公以王禮葬何以爲周公踐阼理政與天同志展興周道顯天度數萬物咸得休氣充塞原天之意子愛周公與文武無異故以王禮葬死得郊祭尚書曰今天動威以彰周公之德下言禮亦宜之　論衡感類篇金縢曰秋大熟未穫天大雷電以風禾盡偃大木斯拔邦人大恐當此之時周公死儒者說之以爲成王狐疑於周公欲以天子禮葬公公人臣也欲以人臣禮葬公公有王功狐疑於葬周公之間天大雷雨動怒示變以彰聖功又曰開匱得書覺悟泣過決以天

子禮葬公出郊觀變天止雨反風禾盡起已上皆今文家說

案今文之說最爲荒謬史官記事前云既克商二年云武王既喪云居東二年何等分明豈有爲詩詒王之後秋大熟之前閒隔若干年若干大事不書周公薨而突書其薨後之事令人讀罷不知其顛末者

徐幹中論智行篇昔武王崩成王幼周公居攝管蔡啓殷畔亂周公誅之此讀制辟成王不達周公恐之天乃雷電風雨以彰周公之德然後成王寤此用古文尚書說而我之不辟讀刑辟與孔傳同

今文家以大誥包於居東二年罪人斯得而鴟鴞風雷皆大誥後事故伏生大傳大誥廁金縢前今文尚書如

是

金縢

[illegible]異十四

古文尚書撰異卷十五

段玉裁學

大誥第十五　周書

王若曰大誥猷爾多邦

僞孔本猷大誥爾多邦釋文曰馬本作大誥繇爾多邦正義曰鄭王本猷在誥下漢書翟方進傳翟義起兵討賊莽依周書作大誥亦言皇帝若曰大誥道諸侯王三公列侯莽所依者今文尚書也然則古文今文竝作誥猷不作猷誥也惟繇猷古通用爾雅釋故迪繇訓道也郭注義皆見詩書今詩書繇字不見而漢書班固幽通賦曰謨先聖之大繇用巧言秩秩大猷聖人莫之也小

雅釋文曰莫一本作謨師古注引詩直作大繇然則經典之猷訓道者古作繇東晉時不誤故云見詩書也詩哀哉爲猷匪先民是程匪大猷是經鄭箋上猷訓謀下猷訓道豈非其本自分别乎正義凡於鄭箋孔傳猷道也皆不云釋詁文直攷之不深耳抑尚書猷字陸皆無音惟此云音由豈本亦作繇而衞包改之乎疑不能明也

又攷僞孔之移猷於王若曰之下者欲與多方篇畫一之故今攷古引導字多作道道爲繇敎道亦爲繇此云誥道多方云道誥一而已矣莽云大誥道文義正如此作僞孔傳者不知道包二義釋猷大爲大道文理殊不

可通如其傳則當云王曰若大猷誥爾多邦其所作僞周官王曰若昔大猷正自用其說也而其作僞微子之命經云王若曰猷殷王元子愈不可解矣李善注文選幽通賦反謂猷是繇非大誤

此篇經文當依馬本改猷作繇

應劭注翟傳曰言㠯大道告於諸侯㠯下也此應之誤僞孔傳所本

越爾御事

詩思齊鄭箋書又曰越乃御事正義云大誥文　下曲禮長曰能御矣幼曰未能御也注御猶主也書曰越乃御事謂主事者正義曰所引書者大誥文也

弗弔

莽大誥弗作不云不弔天降喪于趙董丁傅蓋如左氏
傳昊天不弔之解非訓至也

天降割于我家

釋文曰割馬本作害

不少延

馬鄭皆不少延爲句莽大誥亦云洪惟我幼沖孺子惟
孔傳截洪字上屬而不知洪惟圖天之命固見於多方
矣

洪惟我幼沖人嗣無疆大歷服弗造哲迪民康矧曰其有
能格知天命

造莽大誥作遭蓋今文尚書作遭非以故訓字代之也下文予造天役亦作予遭天役馬云造遺也見釋文遺字正遭字之誤用今文注古文也

格莽作往

已

莽作熙師古曰歎辭此今文尚書也皆卽今之嘻字

予惟小子若涉淵水予惟往求朕攸濟

漢武帝紀詔曰若涉淵水未知所濟此用大誥文也

敷賁

孔釋賁以大道則是讀爲墳釋詁曰墳大也方言曰墳地大也釋文云扶云反徐音忿按忿音亦謂大訓也莽

大誥予惟往求朕所濟度奔走疑今文尚書無敷字而
以賁同奔蓋今文家說然也

敷前人受命

莽大誥以傅近奉承高皇帝所受命按今文尚書敷多
作傅如傅納傅土皆是此敷字今文尚書必作傅故莽
云傅近今文家說也

茲不忘大功予不敢閉于天降威用

莽曰予豈敢自比於前人乎此即經之茲不忘大功予
不敢閉也又曰天降威明用寧帝室遺我居攝寶龜此
即經之天降威用寧王遺我大寶龜也其字句解說今
文家與古文家皆絕異閉字疑今文尚書作比

又按于字今文尚書既必無之矣而孔傳云閉絶天所
下威用正義云我不敢絶天之所下威用皆不言於則
疑古文尚書亦本無于字淺人增之也

寧王遺我大寶龜紹天明即命曰有大艱于西土西土人
亦不靜越茲蠢

魏三體石經見於洪氏隸續所存洛陽蘇望氏所刻者
大三體竝存儀古文龜隸粵三體竝存茲三體竝存截隸皆尚書大誥文
也古粵越通用魏時尚書蓋皆作粵而截字據說文則
爲古文不知何以魏時隸不作蠢而作截也

說文十三篇蚰部曰蠢蟲動也从蚰萅聲𢦻古文蠢从
𢦏周書曰我有𢦻于西玉裁按此引古文大誥記憶之

誤也如或簸或舀東方昌矣之比不則王莽所用今文尚書曰有大難于西土西土人亦不靖於是動與古文尚書同絕無我有載于西之句載字壁中初出時安國讀爲蠢旣以今字改之矣而許叔重存其故書所作於說文俾學者有稽焉

殷小腆

正義曰王肅云腆主也殷小主謂祿父也玉裁按說文敟主也王謂腆爲敟之假借也敟經書多作典釋文曰馬云至也至字當亦主字之譌

誕敢紀其敘

紀彝作犯

天降威知我國有疵

疵莽作呰災

民不康曰予復反鄙我周邦

莽云是天反復右我漢國也今文尚書絕異

今蠢今翌日

翌唐石經及各本作翼衞包所改也說見上篇翌訓明

下文翼訓佐訓敬天寶已前字形本自分別

民獻有十夫

作獻者古文尚書也今文尚書獻作儀尚書大傳周傳

云書曰民儀有十夫是也如大鼎儀注獻讀爲沙司尊

彝注獻讀爲犧又讀爲儀讀爲摩莎之莎郊特牲注獻

讀爲莎齊語聲之誤也說文解字車部義聲之轙或从金獻聲作钀皆元部與歌部關通音轉若莽大誥民獻儀九萬夫此合今文古文竝存之孟康曰民之表儀謂賢者孟此注釋儀字而已非釋獻也若班書本有獻字則孟注當云民獻儀民之賢者可爲表儀不當先訓儀而云謂賢者班書多用今文每被後人㠯古文改之如王莽傳引書舜讓于德不台韋昭注古文台爲嗣是班作台甚明而今本乃改爲嗣幸韋注語存於文選典引注中可攷耳此大誥多依今文必作民儀九萬夫獻字必系用古文改儀字遂致兩存而小顏不辨

玉裁前說既成之後於戊申冬讀古文苑班固車騎將

單竇北征頌云民儀響慕羣英影附此用今文尚書民儀二字也可知翟義傳獻字乃後增前說非肊決矣

莽大誥前云宗室之儁有四百人民儀九萬夫後又云宗室之儁民之表儀則前之無獻字亦甚明

鄭注論語云獻猶賢也凡訓故之例義隔而通之曰猶獻本不訓賢直以其爲儀字之假借故曰猶賢也若僞孔於萬邦黎獻徑云賢也則未嘗窺見此旨矣

予翼以于敉寧武圖功

翼莽作敬今文家說也

山井鼎所載足利古本敉皆作撫玉裁按撫卽攺字說文攺撫也从攴亾聲讀與撫同

我有大事休朕卜并吉肆予告我友邦君越尹氏庶士御事曰予得吉卜予惟以爾庶邦于伐殷逋播臣爾庶邦君

邦莽大誥作國今文尚書也

越庶士御事罔不反曰艱大民不靜亦惟在王宮邦君室

越予小子考翼不可征

莽大誥曰於小子族父敬不可征然則今文家越予小子考句絕其訓則管叔及羣弟皆王之諸父故云考也

翼訓敬與孔同

王害不違卜

害孔傳如字蔡集傳云害曷也王曷不違卜而勿征乎

今按此篇言曷者五而此獨作害古經不當如是然蔡

氏此注云舉邦君御事不欲征欲王違卜之言也鼏爲得解須知天寶已前尚書本無曷字皆假害爲之此篇中曷字皆作害篇首害字乃假割衛包盡改害爲曷獨此害字以孔傳不訓曷僅存莽大誥曷皆作害此句莽作帝不違卜似今文尚書無害字

肆予沖人永思艱曰烏呼允蠢鰥寡哀哉予造天役遺大投艱于朕身

造莽作遭今文尚書也投莽作解解蓋投之訓歟

越予沖人不卬自恤

魏三體石經友古隷邦三體俱存亏篆囍古文大隷可古篆征三體俱存鰥三體俱存寡古篆哀古篆卬隷自古篆卹古篆皆大誥文也恤尚書

本作卹如說文引無毖于卹之類

義爾邦君越爾多士尹氏御事綏予曰無毖于恤不可不成乃寧考圖功

說文八篇比部曰毖愼也从比必聲周書曰無毖于卹已

莽作熙

予惟小子不敢替上帝命

說文解字讀曰隸續載魏三體石經左傳蘇望所摹刻者錯出尚書遺字如第三行㠯下云大傒龜粤茲載翼㠯亏我友邦君庶邦亏鷏大可征鰥哀卌三行以下寡卬自于卹不敢替克綏此皆大誥之文也替字三體一

曆一替一㬪此皆曰部之㬪字從曰兟聲非從竝囟聲之字隷續版本下體雖不從曰恐轉摹失誤初疑寫石經者誤以㬪爲普及攷漢書翟義傳予不敢僭上帝命師古曰僭不信也言順天命而征討小顏之注多採前人音義彼豈不見尚書作普因說漢書者舊訓如此而仍之於是知今文尚書作㬪讀爲僭故漢書作僭魏三體石經蓋用今文尚書也古文尚書則作普僞孔云廢也汗簡於囟部有曆字注云僭字也出石經於尸部又出曆字注云替字也出朱育集字其乖異如此

又按篇末云天命不僭卜陳惟若茲則此亦當作僭爲長天命不僭謂天命無不信也不敢僭上帝命謂不敢

不信天命也天命見於卜吉篇中曰格知天命曰迪知
上帝命皆能信天命者也
又按魏時古文尚書盛行正始中立三字石經斷不用
夏侯歐陽尚書也大誥厤替字卽與莽書合要未可舉
一以例其全
唐有說文石經字林之學六典云祕書省挍書郎正字
掌挍讎典籍刊正文字字體有五一曰古文廢而不用
二曰大篆惟於石經載之三曰小篆謂印璽旐旛碑碣
所用四曰八分謂石經碑碣所用五曰隸書典籍表奏
及公私文疏所用國子監書學博士掌教文武官八品
已下及庶人子之爲生者以石經說文字林爲專業石

經三體書限三年業成說文二年字林一年按此是唐時三體石經雖拓本不易得而轉摹字蹟用爲楷則張參五經文字序例專舉蔡邕殆非也然參云刊定五經備體刻石似亦以三體誤系之伯喈三體石經正用古文其云古文廢而不用大篆用諸石經似分別未審耳

天休于寧王興我小邦周寧王惟卜用克綏受茲命今天其相民矧亦惟卜用烏呼天明畏弼我丕丕基

釋文曰畏徐音威玉裁按莽大誥正作威

丕丕基莽作大大矣以大大訓丕丕孔傳亦同也以矣訓基蓋今文尚書作丕丕其也其讀如姬語詞故莽以矣字代之立政篇丕丕其見隸釋故知此亦當同也

王曰爾惟舊人爾丕克遠省

莽大誥爾不克遠省王伯厚說漢人所引異字舉此古人丕不多通用上文丕丕作大大此不云大克遠省而云不克知今文尚書作不克也

爾知寧王若勤哉天閟毖我成功所予不敢不極卒寧王圖事

王氏鳳喈曰閟毖傳以爲慎勞而疏云閟慎釋詁文攷釋詁但有毖慎無閟慎說文比部毖亦訓慎古無以毖爲勞者惟說文示部云祕神也鄭閟宮詩箋云閟神也是閟與祕通廣雅云祕勞也然則閟正可訓勞莽作毖勞故孟康解爲慎勞若此經閟毖則當訓勞慎不可云

愼勞也又下文勤毖傳訓勞愼是僞孔亦知毖訓愼不可訓勞矣何于此又自相違邪然則此閟毖與下勤毖皆當作勞愼可知也

玉裁按釋故曰毖神溢愼也攷許君云祕神也鄭君云閟神也然則爾雅之神猶祕也毖祕閟古通用爾雅之溢仍卽前文之溢謐愼貉謐密寧靜也郭注云神未詳者未嘗參五深思亙尙書斷無複用閟毖二字之理玩孔傳上文無毖于卹釋云無勞于憂此処毖字再見則分析之曰毖愼也古人注經有此一例如詩于以采蘩于沼于沚傳云于於箋則云于以猶言往以也以別下于昔育恐育鞫傳云育長箋則云昔育之育稚也以別

下育此亦以上文毖訓勞故分析以相别葢經文固只有毖字傳訓愼矣而又云愼勞者此因毖兼訓勞又襲孟康漢書注爲之莽大誥天毖勞我成功所葢今文尚書眂古文尚書多一勞字故孟注愼勞仍是毖訓愼也下文天亦惟用勤毖我民若有疾莽作天亦惟勞我民若有疾葢今文尚書無毖字勞非釋毖也今經與古文經動多駁異又每遭學者用其所知改所不知致苦難讀爲肊求之如此

廣雅之祕勞也即無毖于卹之訓也尚書在魏時毖作祕未可知僞孔傳毖訓勞又必有所本

尚書之毖或作祕或作閟其字皆必聲也以其或作閟

遂兩存之曰閟毖猶民儀一作民獻遂兩存之曰民獻
儀也循是求之思過半矣
愼者必勞故毖得兼二訓淺者以上文毖訓勞此不當
訓愼則以爲閟之義與愼近增閟字於旁云閟毖以傳
合傳之愼勞盍作正義時尚未舛誤故曰毖愼釋詁文
而改閟愼者在後也釋文曰閟音祕亦後人妄增

肆予大化誘我友邦君

化誘萃作告

天棐忱辭

漢書匡張孔馬傳孔光引書曰天棐諶辭言有誠道天
輔之也古忱諶通用詩天難忱斯說文作諶詩其命匪

諶說文作天命匪忱　班固敘傳幽通賦曰觀天罔之紘覆兮實棐諶而相順顏師古引尚書大誥天棐諶辭此非小顏尚書本作諶也小顏引古多不爲分別之冐如下文引詩秩秩大繇聖人謨之唐初詩無作繇者直改同班文耳凡引古辭同字異者必仍其字而爲之說李善注文選其例冣善如此篇引尚書而申之曰諶與忱古字通也全書皆如是後人所宜師法

共考我民

荐作天其累我㠯民

予書其不于前寧人圖功攸終

害石經及各本皆作曷說詳湯誓後皆同

天亦惟用勤毖我民若有疾予害敢不于前寧人攸受休畢

攸受休畢葬作所受休輔按上文弼作輔棐亦作輔而弼與畢音近今文尚書葢作攸受休弼故與弼我丕丕基同以輔字代之也

王曰若昔朕其逝朕言艱日思若考作室既底法厥子乃弗肎堂矧弗肎構

正義曰定本云矧弗肎構矧弗肎穫皆有弗字檢孔傳所解弗爲衍字玉裁按矧弗肎構矧弗肎穫猶言弗肎構益弗肎穫也矧況也況益也

厥考翼其肎曰予有後弗棄基

正義曰鄭王本於矧肎構下亦有此一經然取喻旣同不應重出葢先儒見下有而上無謂其脫而妄增之玉裁謂此顛倒見也其事旣別理應重出淺者以其重複而妄删之

詩大雅文王有聲鄭箋云書曰厥考翼其肎曰我有後弗棄基

後漢書肅宗紀元和三年告曰不克堂桓注引尚書乃不肎堂矧肎桓玉裁按陳壽三國志用克構字葢今文尚書作克也桓是誤字宋人避諱改者

厥父菑厥子乃弗肎播矧弗肎穫厥考翼其肎曰予有後弗棄基

棄唐石經作弃此以隸體中有世字故避之而用古文唐人爲之唐以後不必襲之也

肆予害敢不越卬敉寧王大命

卬我也故莽作身

若兄考乃有友伐厥子民養其勸弗救

民養莽作民長　玉裁按兄者周公謂武王也考成也厥子謂成王也若武王成寧王大命既肎堂肎構肎播肎穫矣乃有武庚等伐其子爲民之長如予實毋弟及爾邦君尹氏御事其可相勸弗救乎此條語本易明僞孔不以此誥爲周公之言故其解踳駁不可通　王莽效之曰若祖宗迺有效湯武伐厥子民長其勸弗救此

語亦甚明謂若劉氏祖宗在上而忽有義信者效湯武伐其子孫諸侯王三公列侯卿大夫元士御事其相勸弗救乎師古注泥僞孔傳尤爲不可通

又按此若字與上文若考一例謂若民家兄有成業而有同志之友忽伐其子叔父固其長也其可相戒勿救乎以恒情曉之也

又按友莽何以作效湯武葢叐爻二字音與形俱相佀今文尚書叐葢作爻說今文家必云爻者效也效湯武也故莽用其說漢時疇人子弟皆習歐陽夏侯尚書莽多用其訓故語使一時易明曉

王曰烏呼肆哉

肆哉山井鼎說足利古本作肆告我

爾庶邦君越爾御事爽邦由哲

　爽莽作勉助

亦惟十人迪知上帝命越天棐忱爾時罔敢易法

　爾時罔敢易法莽作爾不得易定法古文作㑹與定形

　相佀

矧今天降戾于周邦

　戾莽作定按詩雨無正桑柔傳皆云戾定也此古訓也

惟大艱人誕鄰胥伐于厥室爾亦不知天命不易

　按鄰胥伐于厥室正與上文有友伐厥子相應

予永念曰天惟喪殷若穡夫

穡莽作嗇古通用無逸稼穡漢石經作嗇

予害敢不終朕畝天亦惟休于前寧人予害其極卜敢弗于從

敢弗于從莽作害敢不卜從

率寧人有旨疆土

案今經傳旨作指而正義中三云旨意皆作旨知經傳爲衞包所改正義則其所未改者也莽大誥正作有旨疆土師古訓美蓋今文尚書與古文尚書同也

矧今卜并吉肆朕誕以爾東征天命不僭卜陳惟若茲

白虎通誅罰篇尚書曰肆朕誕以爾東征誅弟也玉裁按此謂管叔爲周公弟張湛注列子亦云小白者子糾

次弟皆説之異者也此篇又云尙書曰誕以爾東征誅
祿甫也
莽大誥具錄於後俾學者參攷
莽於是依周書作大誥曰惟居攝二年十月甲子攝皇
帝若曰大誥道諸侯王三公列侯于汝卿大夫元士御
事不弔天降喪于趙傅丁董洪惟我幼沖孺子當承繼
嗣無疆大厤服事予未遭其明悊能道民於安況其能
往知天命熙我念孺子若涉淵水予惟往求朕所濟度
奔走以傳近奉承高皇帝所受命予豈敢自比於前人
乎天降威明用寧帝室遺我居攝寶龜太皇太后以丹
石之符迺紹天明意詔予即命居攝踐祚如周公故事

反虜故東郡太守翟義擅興師動衆曰有大難於西土
西土人亦不靖於是動嚴鄉侯信誕敢犯祖亂宗之序
天降威遺我寶龜固知我國有呰災使民不安是天反
復右我漢國也粵其間日宗室之儁有四百人民儀九
萬夫予敬以終於此謀繼嗣圖功我有大事休予卜并
吉故我出大將告郡太守諸侯相令長曰予得吉卜予
惟以汝于伐東郡嚴鄉逋播臣尒國君或者無不反曰
難大民亦不靜亦惟在帝宮諸侯宮宗室於小子族父
敬不可征帝不違卜故予爲沖人長思厥難曰烏虖義
信所犯誠動鰥寡哀哉予遭天役遺大解難於予身以
爲孺子不身自卹予義彼國君泉陵侯上書曰成王幼

弱周公踐天子位㠯治天下六年朝諸侯於明堂制禮樂班度量而天下大服太皇太后承順天心成居攝之義皇太子爲孝平皇帝子年在繈緥宜且爲子知爲人子道令皇太后得加慈母恩畜養成就加元服然後復予明辟熙爲我孺子之故予惟趙傅丁董之亂遏絕繼嗣變剝適庶危亂漢朝㠯成三阸隊極厥命烏虖害其可不旅力同心戒之哉予不敢僭上帝命天休於安帝室興我漢國惟卜用克綏受茲命今天其相民況亦惟卜用太皇太后肇有元城沙鹿之右陰精女主聖明之祥配元生成㠯興我天下之符遂獲西王母之應神靈之徵㠯祐我帝室㠯安我大宗㠯紹我後嗣㠯繼我漢

功厥害適統不宗元緒者辟不違親辜不避戚夫豈不
愛亦惟帝室是㠯廣立王矦竝建曾元俾屛我京師綏
撫宇內博徵儒生講道於廷論序乖繆制禮作樂同律
度量混壹風俗正天地之位昭郊宗之禮定五時廟祧
咸秩亡文建靈臺立明堂設辟雍張太學尊中宗高宗
之號昔我高宗崇德建武克綏西域㠯受白虎威勝之
瑞天地判合乾坤序德太皇太后臨政有龜龍麟鳳之
應五德嘉符相因而備河圖雒書遠自昆侖出於重壄
古讖著言肆今亯實此迺皇天上帝所㠯安我帝室俾
我成就洪烈也烏虖天明（宋景祐本作明 今本作用誤）威輔漢始而
大大矣爾有惟舊人泉陵侯之言爾不克遠省爾豈知

太皇太后若此勤哉天毖勞我成功所予不敢不極卒
安皇帝之所圖事肆予告我諸侯王公列侯卿大夫元
士御事天輔誠辭天其累我吕民予害敢不於祖宗安
人圖功所終天亦惟勞我民若有疾予害敢不於祖宗
所受休輔予閒孝子善繼人之意忠臣善成人之事予
思若考作室厥子堂而構之厥父菑厥子播而穫之予
害敢不於身撫祖宗之所受大命若祖宗迺有效湯武
伐厥子民長其勸弗救烏虖肆哉諸侯王公列侯卿大
夫元士御事其勉助國道明亦惟宗室之俊民之表儀
迪知上帝命粵天輔誠爾不得易定況今天降定於漢
國惟大囏人翟義劉信大逆欲相伐於厥室豈亦知命

之不易乎予永念曰天惟喪翟義劉信若嗇夫予害敢不終予晦天亦惟休於祖宗予害其極卜害敢不于（汲古本作卜非）從率寧人有旨疆土況今卜并吉故予大邑爾東征命不僭差卜陳惟若此

古文尚書撰異卷十六

段玉裁學

康誥第十六　周書

惟三月哉生魄

僞武成哉生魄哉徐音載

釋文曰魄字又作鬼

周公初基作新大邑于東國雒

雒舊作洛非說詳禹貢召誥

四方民大和會

尚書大傳周傳曰書曰作新邑于東國洛當是本作雒四方民大和會無大字此今文尚書也

侯甸男邦采衛百工播民和見士于周周公咸勤乃洪大
誥治

釋文曰一本作周公迺洪大誥治　按此本多周公二
字乃作迺者蓋天寶以前尚書本皆作迺天寶時始皆
改爲乃於此可證

鄭注洪代也按釋故云鴻代也古鴻洪通用

王若曰孟侯朕其弟小子封

尚書大傳略說曰天子太子年十八曰孟侯注孟迎也
按以迎訓孟者以下文云孟侯者于四方諸侯來朝迎
于郊也迎于郊（今本脫此四字）者問其所不知也大傳以迎諸
侯釋孟侯故鄭檃栝之曰孟迎也古音孟讀如芒迎讀

如卬此於曡韵求之今八閒孟可訓迎必駴而不信矣
古孟望同音通用如孟諸一曰望諸是也望有迎意
孟蓋望之假借
漢書王莽傳莽上奏太后曰尚書康誥王若曰孟侯朕
其弟小子封此周公居攝稱王之文也
惟乃丕顯考文王克明德慎罰
禮記大學篇康誥曰克明德
春秋成二年左傳申公巫臣語楚莊王曰周書曰明德
慎罰文王所以造周也明德務崇之之謂也慎罰務去
之之謂也按此櫽栝引古之體自惟乃丕顯考文王至
用肇造我區夏皆栝於二語中隱六年莊十四年引商

書惡之易也僖三十三年引康誥父不慈數語昭二十年引康誥父子兄弟罪不相及皆此例也

王制篇注書曰克明德慎罰

荀卿正論篇書曰克明明德玉裁按此引康誥也荀卿所引多一明字凡經傳言明明者皆謂明而又明也楊倞注引書多方成湯至于帝乙罔不明德慎罰誤矣

尚書大傳周傳曰書曰惟乃丕顯考文王克明俊德玉裁按俊字當是本作明此必淺人所改大傳孫卿言明明皆今文尚書也禮記左氏皆同古文尚書者也

不敢侮鰥寡

春秋成八年左傳韓厥言於晉侯曰周書曰不敢侮鰥

寡所以明德也按明德蒙上文釋之
庸庸祗祗威威顯民
春秋宣公十五年左氏傳晉侯賞中行桓子亦賞士伯羊舌職曰周書所謂庸庸祗祗者謂此物也夫士伯庸中行伯君信之亦庸士伯此之謂明德矣文王所以造周不是過也按明德書上文也造周下文用肇造我區夏也
王伯厚藝文志考曰漢八引祗祗㫒㫒顯民　徐幹中論法象篇云文王祗㫒造彼區夏
用肇造我區夏越我一二邦以修我西土惟時怙冒聞于上帝帝休天乃大命文王

趙岐注孟子盡心篇云康誥曰冒聞于上帝冒字下屬爲句王氏鳳喈曰冒有上進意故云冒聞讀如氾勝之云土長冒橛之冒君奭篇亦有此五字

論衡初稟篇康王之誥曰冒聞于上帝帝休天乃大命文王玉裁按王之二字衍或云王當作叔

殪戎殷

春秋宣公六年左氏傳中行桓子曰周書曰殪戎殷玉裁按康誥殪戎殷不必與中庸壹戎衣相牽佩觿說禮壹戎衣鄭云壹當爲殪今鄭注無此語

誕受厥命越厥邦厥民惟時敍乃寡兄勖

詩大雅刑于寡妻毛傳寡妻適妻也鄭箋寡妻寡有之

妻言賢也書曰乃寡兄勖

肆女小子封在茲東土王曰烏呼封女念哉今民將在祗遹乃文考紹聞衣德言往敷求于殷先哲王用保乂民女丕遠惟商耇成人宅心知訓別求聞由古先哲王用康保民宏于天若德裕乃身不廢在王命

荀卿富國篇云康誥曰宏覆乎天若德裕乃身玉裁按荀卿引此證足國裕民之說宋版本乃身之下有不廢在王庭五字元刻近刻皆無之今尚書庭作命

王曰烏呼小子封恫瘝乃身

鄭及僞孔皆訓瘝爲病攷釋故云鰥病也王氏鳳喈云後人以其訓病改鰥爲瘝名誥智藏瘝在同是也玉裁

按後漢書和帝紀永元八年詔曰朕寤寐恫矜此用康誥文也章懷太子注云尚書曰恫矜乃身孔注曰恫痛也矜病也矜音古頑反盖唐初本尚作矜古書鰥字多作矜可證瘝之爲俗字矣

或疑郭注引書已作瘝荅曰郭注瘝字恐是俗改本作鰥也

敬哉天畏棐忱

爾雅釋故郭注引書天威棐忱文選幽通賦李注亦作威按孔傳以可畏釋威經文本作威可見也

風俗通十反篇書曰天威棐諶言天德輔誠也

文選班固幽通賦曰實棐諶而相訓李善注云尚書曰

天威棐忱諶與忱古字通也

民情大可見小人難保往盡乃心無康好逸豫

漢書武五子傳毋桐好逸玉裁按疑即康誥無康好逸豫之異文蓋今文尚書也史記桐作侗褚先生釋以馳騁弋獵淫康

王莽傳毋隱尤毋將虛此必用今文尚書語

乃其乂民我聞曰怨不在大亦不在小

晉語知伯國諫知襄子夏書有之曰一人三失怨豈在明不見是圖周書有之曰怨不在大亦不在小

說苑貴德篇智果諫智襄子周書有之曰怨不在大亦不在小

惠不惠懋不懋

春秋昭八年左氏傳子旗曰周書曰惠不惠茂不茂康叔所以服宏大也古懋茂通用詳咎繇謨已

以大誥例之知今文尚書作熙

汝惟小子乃服惟宏

玉裁按左氏傳周書曰惠不惠茂不茂康叔所以服宏大也此與周書曰明德慎罰文王所以造周也文法正同皆櫽栝之法造周卽經文肇造我區夏也服宏大卽經文乃服惟宏也下文王應保殷民小子助王宅天命作新民兩層鋪敘孔傳讀宏王爲句非是

王應保殷民亦惟助王宅天命作新民

大學篇康誥曰作新民

王曰烏呼

王符潛夫論作於戲此今文尚書也凡古文尚書作烏呼凡今文尚書作於戲見匡謬正俗今本匡謬正俗古今字互譌證以漢石經殘碑於戲字可定

封敬明乃罰人有小罪非眚

緇衣篇康誥曰敬明乃罰

釋文曰眚本亦作省按潛夫論作省古省眚通用如王省惟歲史記宋世家作王眚

乃惟終自作不典式爾有厥罪小乃不可不殺乃有大罪

非終乃惟眚災適爾既道極厥辜時乃不可殺

潛夫論述赦篇云尚書康誥王曰於戲敬明乃罰人有小罪匪省乃惟終自作不典戒爾有厥罪小乃不可不殺言恐當是惡字人有罪雖小然非以過差爲之也乃欲終身行之故雖小不可不殺也何則是本頑凶思惡而爲之者也乃有大罪匪終乃惟省哉適爾既道極厥罪時亦不可殺言殺誤字人雖有大罪非欲以終身爲惡乃過誤爾是不當有可字殺也若此者雖曰赦之可也玉裁按非眚作匪省式作戒眚災作省哉辜作罪乃作亦蓋今文尚書也

王曰烏呼封有敘時乃大明服惟民其勑懋和若有疾

春秋僖二十三年左氏傳卜偃曰周書有之曰乃大明
服
荀卿富國篇書曰乃大明服惟民其力懋和而有疾此
之謂也案元刻及今本皆力作勑而作若而楊倞注云
則民勉力爲和調而疾速以明效上之急也則宋本作
力作而是也與古文尚書異古音力勑同部而若雙聲
江氏叔澐曰觀左氏孫卿所引知時字不下屬
惟民其畢棄咎若保赤子
大學篇康誥曰如保赤子
孟子滕文公篇墨者夷之曰儒者之道古之人若保赤
子此言何謂也

惟民其康乂非女封刑人殺人無或刑人殺人非女封又曰劓刵人無或劓刵人

正義曰劓在五刑爲截鼻而有刵者周官五刑所無呂刑亦云劓刵易噬嗑上九云荷校滅耳鄭元以臣從君坐之刑孔意然否未明玉裁按此條語意未明云臣從君坐之刑疑是蒙上文舉鄭周易注也或系之尚書鄭注云僖二十八年左傳衛侯與元咺訟鍼莊子爲坐衛侯不勝刖鍼莊子此臣從君坐之證鄭尚書注是刖字經文刵當爲刖之誤呂刑刵劓剠說文引作刖劓斀黥亦當改刵爲刖竊謂此說文字誤耳不得據誤改經

尚書大傳曰決關梁踰城郭而略盜者其刑臏鄭注周

禮孝經皆用之刖自有犯條不得以臣從君坐之刑釋
刖也臣從君坐此必鄭氏說周易語今不得其詳矣不
當證以左氏也康誥呂刑皆有刵不得云古無刵刑
王曰外事女陳時臬司師茲殷罰有倫
尚書大傳周傳甫刑篇曰書又曰茲殷罰有倫
又曰要囚服念五六日至于旬時丕蔽要囚王曰外事女
陳時臬事罰蔽殷彝用其義刑義殺勿庸以次女封乃女
盡遜曰時敘惟曰未有遜事
孫卿子致士篇書曰義刑義殺勿庸以即女惟曰未有
順事言先教也宥坐篇不教而責成功虐也書曰義刑
義殺勿庸以即予維曰未有順事言先教也王肅私定

家語始誅篇引書云義刑義殺勿庸以卽汝心惟曰未有愼事注曰庸用也卽就也刑殺皆當以義勿用以就汝心之所安當謹自謂未有順事且陳道德以服之以無刑殺而後爲順據注文則引經愼字亦當同孫卿作順轉寫之誤也順遜義同學記不陵節而施之謂遜說苑作曰順今文尚書五品不訓古文尚書作不愻愻其本字遜其假借字也孫卿王肅作卽尚書作次者古音次同桼在第十二部如次室之女一作漆室之女小篆垐字古文作堲周禮巾車故書㳄字讀爲桼皆其證王肅依傍孫卿孫卿之所據非必壁中本故字異而長短亦不同疑與今文尚書合也

已女惟小子未其有若女封之心朕心朕德惟乃知凡民自得罪

荀卿子君子篇云刑罰綦省而威行如流治世曉然皆知夫爲姦則雖隱竄逃亾之由不足以免也故莫不服罪而請書曰凡人自得罪此之謂也楊倞曰與今康誥義不同或斷章取義

寇攘姦宄殺越人于貨暋不畏死罔弗憝

孟子萬章篇曰康誥曰殺越人于貨閔不畏死凡民罔不譈敃作閔者同部假借憝作譈者亦同部假借多凡民二字弗作不字

說文三篇攴部曰敃冒也從攴昏聲周書曰敃不畏死

集韻脫死字十篇心部曰憝怨也從心敦聲周書曰凡民罔不憝此皆用古文尚書也而有凡民二字與孟子合然則枚本古文尚書脫凡民二字與此經弗憝孟子說文作不憝堯典弗嗣魏志作不嗣皋陶謨弗子禮記注作不子於此見尚書弗不字淆亂正之甚難也詳酒誥

王曰封元惡大憝矧惟不孝不友子弗祗服厥父事大傷厥考心于父不能字厥子乃疾厥子于弟弗念天顯乃弗克恭厥兄兄亦不念鞠子哀大不友于弟惟弔茲不于我政人得罪天惟與我民彝大泯亂曰乃其速由文王作罰刑茲無赦

春秋僖卅三年左氏傳曰季曰康誥曰父不慈子不祗兄不友弟不恭不相及也正義曰非康誥之全文也不慈不祗不友不恭各用文王之法刑之不是罪子又罪父刑弟復刑兄是不相及也

昭廿年左氏傳苑於阮切今本注疏及釋文唐石經皆誤作苑依羣經音辨訂正但集韻二十二元曰苑於袁切人姓則其所見本亦已作苑於元反矣何忌曰在康誥曰父子兄弟罪不相及正義曰此引其意而言之文王作罰刑茲無赦言刑此不孝不慈之人無赦也刑不慈者不可刑其父又刑其子刑不孝者不可刑其子又刑其父是爲父子兄弟罪不相及

後漢書肅宗紀元和元年詔曰書云父不慈子不祗兄

不友弟不恭不相及也按左氏與於章帝時章帝此詔實用左氏也

鄭志曰趙商問族師職曰四閭爲族八閭爲聯使之相保相受刑罰慶賞相及在康誥曰父不慈子不孝兄不友弟不恭不相及也族師之職鄰比相坐康誥之云門內尚寬不知書禮孰錯未達旨趣荅曰族師之職周公新制禮使民相共敕法康誥之時周法未定天下又新誅三監務在尚寬以安天下先後異時各有云爲乃謂是錯也見族師疏大司寇疏

玉裁按此檃栝引古之體猶文王所以造周康叔所以服卯大文法一例而漢詔鄭志皆以不相及之云系之

康誥則在漢時曉然信經義如此竊謂古政正通用政人者正人也正人得罪者正其得罪之人而罪之不自我罪其本人而相及則民彝大泯亂是以行文王之法刑此本人無赦而已所謂凡民自得罪也此古義也兩得罪字正相應

漢書宣帝紀元康二年詔曰書云文王作罰刑茲無赦

風俗通義皇霸篇尙書說文王作罰刑茲無赦　潛夫論述赦篇書曰文王作罰刑茲無赦

又按不相及卽左氏刑不濫之說尙書正義以骨肉之親得相容隱釋之絕非經意

于我如於我乎館於我乎殯之於我政如是正文字之

正正其人之得罪金縢所云罪人斯得也

不率大戛

正義云戛猶楷也此得古訓故之意禹貢納秸卽稭字也而地理志作戛皋陶謨戛擊鳴球明堂位作揩擊皆其比例

矧惟外庶子訓人惟厥正人越小臣諸節乃別播敷造民大譽弗念弗庸瘝厥君時乃引惡惟朕憝已女乃其速由玆義率殺亦惟君惟長不能厥家人越厥小臣外正惟威惟虐大放王命乃非德用乂女亦罔不克敬典乃由裕民惟文王之敬忌乃裕民曰我惟有及則予一人以懌

說苑君道篇云書云書曰惟文王之敬忌

荀卿子君道篇曰明主急得其人急得其人則身佚而國治功大而名美故君人者勞於索之而休於使之書曰惟文王敬忌一人以擇此之謂也玉裁按此葢檃栝引之或所據不與壁中同也懌作擇古擇澤釋懌通用古無懌字多用上三字一人以擇擇即懌也上文所謂身佚而國治也敬忌上文所謂急得其人也

王曰封爽惟民迪吉康我時其惟殷先哲王德用康乂民作求矧今民罔迪不適不迪則罔政在厥邦王曰封予惟不可不監告女德之說于罰之行今惟民不靜未戾厥心迪屢未同爽惟天其罰殛我

玉裁按例以洪範多方此殛亦當本作極

我其不怨惟厥罪無在大亦無在多矧曰其尚顯聞于天

王曰烏呼封敬哉無作怨勿用非謀非彝蔽時忱丕則敏

德

三王世家燕王旦策文曰毋作怨毋俷德疑用今文尚

書康誥毋作怨勿用非謀非彝蔽時忱丕則敏德等語

也

毋俷德徐廣曰俷一作菲玉裁按漢書作棐褚先生曰

已下索隱云俷本亦作肥今攷褚先生曰無俷德者勿

使上背德也則肥俷菲棐皆非正字其字正作非說文

非違也从飛省下翄取其相背故褚先生訓非德爲上

背德漢人訓故之學皆有依據後人釋爲薄釋爲廢釋

爲敗者皆失之古飛字多作蜚易飛遯亦作肥遯皆同

音通用

此丕則蓋與無逸丕則有愆同孔傳訓則爲法非是

用康乃心顧乃德遠乃猷裕乃以民寧不女瑕殄王曰烏

呼肆女小子封惟命不于常

大學篇康誥曰惟命不于常

春秋成公十六年左氏傳范文子曰周書曰惟命不于

常有德之謂

襄公二十三年左氏傳君子謂慶氏不義不可肆也故

書曰惟命不于常

女念哉無我殄享明乃服命高乃聽用康乂民王若曰往

哉封勿替敬典聽朕誥女乃以殷民世享

誥版本作告此依唐石經及足利古本

古文尚書撰異卷十六

古文尚書撰異卷十七

段玉裁學

酒誥第十四　周書

成王若曰

釋文曰馬本作成王若曰注云言成王者未聞也俗儒以爲成王骨節始成故曰成王或曰以成王爲少成二聖之功生號曰成王沒因爲諡衞賈以爲戒成康叔以慎酒成就人之道也故曰成此三者吾無取焉吾以爲後錄書者加之未敢專從故曰未聞也正義曰馬鄭王本以文涉三家而有成字鄭元云成王所言成道之王三家云王年長骨節成立鄭云所言者謂衞賈所說也近人刪所字非玉裁

按馬所云俗儒謂三家也古文尚書馬鄭王本及今文尚書三家本皆有成字僞孔本獨無葢因馬季長說而删之也然則僞孔本之或異於馬鄭王本者多不可信矣

玉裁又按魯世家曰管叔及羣弟流言於國曰周公將不利於成王周公乃告太公召公曰我之所以弗辟而攝行政者恐天下畔周無以告我先王大王王季文王三王之憂勞天下久矣於今而後成武王蚤終成王少將以成周我所以爲之若此於是卒相成王而使其子伯禽代就封於魯周公誡伯禽曰我文王之子武王之弟成王之叔父我於天下亦不賤矣然我一沐三捉髮

一飯三吐哺以待士尚書大傳荀卿子堯問篇韓詩外傳卷三皆曰成王之叔父說苑作今王者恐或改之又曰周公在豐病將沒曰必葬我成周以明吾不敢離成王尚書大傳曰吾死必葬於成周示天下臣於成王詳玩此等皆實生稱成王如湯生稱武王之比非屬史家誤筆三家之說固可信也況顧命云翌日乙丑成王崩尤顯可證乎僞孔刪去成字大非馬君云後錄書者加之亦非也校本正用馬說而刪之以紿世人僞若此本勝於衞賈馬鄭本其亦譎矣

又按馬於顧命注曰安民立政曰成蓋謂成爲死謚非生稱與酒誥注相表裏而不知初崩未有謚春秋之例曰公薨至葬而後曰葬我君某公

葉氏大慶古今質疑曰左傳石碏曰陳桓公方有寵於王史記齊人歌之曰嫗乎采芑歸乎田成子葉俱系左傳誤皆其人見在呼謚爲史家誤筆玉裁按史記舉齊人成語不應有誤上文云田乞卒子常代立是爲田成子下文又云田常卒子襄子盤代立相齊常謚爲成子不應復贅如是疑亦生偁成子死用爲謚也論語書陳成子弑簡公恐亦非書謚

明大命于妹邦

馬曰妹邦卽牧養之地葢以妹同䬴君之牧民猶之牧馬廡叔所封商先王之畿內世所牧也

又按馬說謂妹邦卽牧野也妹牧雙聲如茅蒐之爲韎

卯谷之爲昧谷徐仙民劉昌宗牧野皆音茂

乃穆考文王肇國在西土厥誥毖庶邦庶士越少正御事

朝夕曰祀茲酒

論衡譴告篇紂爲長夜之飲文王朝夕曰祀茲酒

論衡語增篇案酒誥之篇朝夕曰祀茲酒此言文王戒

愼酒也

惟天降命肇我民惟元祀天降威我民用大亂喪德亦罔

非酒惟行越小大邦用喪亦罔非酒惟辜文王誥教小子

有正有事無彝酒

韓非子說林篇云康誥曰毋彝酒彝酒者常酒也原本作毋彝酒者彝酒常酒也常酒者天子失天下匹夫失其身玉裁按此

酒誥而系之康誥者葢周時通以酒誥梓材爲康誥也

周禮萍氏謹酒注使民節用酒也書酒誥曰有政有事無彝酒疏曰有政之大臣有（版本作在）事之小臣彝常也不得常飲玉裁按古政正通用賈疏葢用鄭本鄭注也

越庶國飲惟祀德將無醉

論衡語增篇世閒德將毋醉之言

惟曰我民迪小子

足利古本我民之上有化字此依孔傳增之也此等皆不可據金氏輔之（榜）臧氏在東（鏞堂）皆云山井鼎所舉宋本多善所舉古本多不可信是也

惟土物愛厥心臧聰聽祖考之彝訓越小大德小子惟一

妹土嗣爾股肱純其藝黍稷奔走事厥考厥長肇牽車牛

爾雅釋言肇敏也郭注書曰肇牽車牛

遠服賈用孝養厥父母

白虎通商賈篇曰行曰商止曰賈易曰先王以至日閉關商旅不行后不省方論語曰賈之哉我待賈者也卽如是尚書曰肇牽車牛遠服賈用何言遠行可知也方言欽厥父母欲酉供養之也方疑當作下玉裁按此謂如書言牽車牛遠服賈用佀非止曰賈矣然書下文言欽厥父母欲酉供養之則非遠游不返仍是止曰賈也班葢用字上屬爲句孝養二字作欽字今文尚書然也其引論語證止曰賈與蔡邕石經合今本白虎通依今本論

語改賈爲沽則引證之恉眛矣

厥父母慶自洗腆致用酒庶士有正越庶伯君子其爾典聽朕敎爾大克羞耇惟君爾乃飲食醉飽丕惟曰爾克永觀省作稽中德爾尚克羞饋祀爾乃自介用逸茲乃允惟王正事之臣茲亦惟天若元德永不忘在王家

足利古本不作弗下亦不暇越怨不易民罔不盡傷心不惟自息我其可不大監撫于時竝同玉裁按弗與不古義略同而淺㴱有別如雖有嘉肴弗食不知其旨也雖有至道弗學不知其善也可證弗不之不同矣春秋經僖二十六年公追齊師至巂弗及何邵公曰弗者不之㴱者也二字古音亦徑庭遠甚弗在第十五脂微部

不在第一之咍部而轉入於第三尤幽部絕不相假借也不字之不可入物韵猶弗字之不可入尤幽韵也集韵始誤認爲一字八勿不字下云分物切無也通作弗薛季宣書古文不問不弗字皆以亞爲之夫亞字本卽說文左戾右戾兩字之合𣪠用其形𣪠謂兩弓相背弓非戊己之己也則與弗同音可矣何以不亦作亞也不亦作亞則尙書有弗而無不矣有弗而無不則語言之輕重全不可攷矣曾謂宋次道家之古文尙書可盡信乎古文四聲韵說𠤎古孝經弗字也其謬正同至若古經轉寫旣久不弗互譌不可究正姑皆仍舊發其例於此以俟能者詳之

王曰封我西土棐徂邦君御事小子尙克用文王敎不典

于酒故我至于今克受殷之命王曰封我聞惟曰在昔殷先哲王迪畏天顯小民經德秉哲自成湯咸至于帝乙成王畏相惟御事厥棐有恭不敢自暇自逸矧曰其敢崇飲

越在外服侯甸男衞邦伯

白虎通爵篇尚書曰侯甸任衞作國伯玉裁按男作任邦作國又多作字此今文尚書也其上下文卽今文尚書說也男作任說詳禹貢

越在內服百僚庶尹惟亞惟服宗工越百姓里居罔敢湎于酒

說文十一篇水部曰湎沈於酒也从水面聲周書曰罔敢湎于酒

不惟不敢亦不暇惟助成王德顯越尹人祗辟我聞亦惟曰在今後嗣王酣身厥命罔顯于民祗保越怨不易誕惟厥縱淫泆于非彝

泆唐石經本作佚既又去亻改氵釋文曰泆又作逸亦作佚則皆可從也

用燕喪威儀民罔不衋傷心

說文五篇皿部曰衋傷痛也从皿𦘒䀌聲周書曰民罔不衋傷心尚書古文疏證曰說文罔作妄按閻氏所見譌本耳

惟荒腆于酒不惟自息乃逸厥心疾很不克畏死辜在商邑越殷國滅無罹弗惟德馨香祀登聞于天誕惟民怨庶羣自酒腥聞在上

正義曰自酒定本作自俗本多誤爲嗜

故天降喪于殷罔愛于殷惟逸天非虐惟民自速辜

論衡語增篇周公封康叔告以紂用酒期於悉極欲以

戒之也

王曰封予不惟若兹多誥古人有言曰人無於水監當於

民監

唐石經及版本皆作於

中論貴驗篇周書有言人毋鑒於水鑒於人也

今惟殷墜厥命我其可不大監撫于時予惟曰女劼毖殷

獻臣

墜俗字也當是本作隊衞包改之

說文十三篇力部曰劼愼也从力吉聲或曰非力力也下力字疑本是刀字周書曰劼毖殷獻臣大徐本劼毖上有汝字讀若覃此是轉寫字誤劼不得有覃音

矦甸男衛矧大史友內史友越獻臣百宗工矧惟爾事服休服采矧惟若疇圻父

詩小雅祈父箋書曰若㽙圻父謂司馬也釋文曰㽙此古疇字本或作壽按孔注尙書直留反馬鄭音受玉裁按葢尙書本作㽙馬鄭釋以𦾔孔釋以疇咨詩正義依馬鄭作壽書正義依孔作疇㽙之改爲疇葢不始於衞包也

詩正義曰書曰若壽圻父今本壽作疇誤酒誥文也彼注云順

壽今本作疇誤萬民之圻父圻父謂司馬主封畿之事與此同意也此陸所云馬鄭音受也定本作若疇與鄭義不合誤也玉裁按定本依尚書孔傳爲之陸所云孔直留反也

圻父詩作祈父鄭箋祈畿圻同也按左傳叔孫豹賦圻父字作圻

薄韋農父

白氏六帖薄韋農父字作韋見宋刻白氏六帖卷二十一

羣經音辨曰韋違行也音回書薄韋辳父玉裁按此當是據未改釋文也經文本作韋孔云迫迴萬民以迴釋之迴郎回之俗字也馬以違行釋之違行邪行也左氏

傳昭德塞違郎大雅厥德不回之回其字同也釋文曰徐音回者徐以孔讀韋爲回故音回也馬孔同讀回而馬訓回邪孔訓回繞衞包淺陋謂韋是皮韋而改爲違至開寶乃又改釋文讀者疑馬氏以行訓違矣○集韵十五灰曰回古或作違韋亦本未改釋文也

農羣經音辨作譨說文曰譨亦古文農

若保宏父定辟矧女剛制于酒厥或誥曰羣飲女勿佚

王伯厚漢藝文志攷云漢人引此句作羣飲女無失今未檢出何書君奭過佚前人光王莽傳引書亦作失

盡執拘以歸于周予其殺

說文十二篇手部抲撝也从手可聲周書曰盡執抲獻

抲作拘此如許君所言苛之字止句也或轉寫有誤抲訓爲撝說文撝有二義裂也一曰手指撝也周書之抲自當訓手指撝而獻字不可通恐是齊語義字沙字儀字皆㠯獻爲之獻音在歌戈部抲獻合二字疊韵成文葢齊語如是葢伏生今文尚書如是今文與古文異有古四字今七字者見呂荆有古六字今四字者見洪範

又按大徐說文本無獻字小徐本疑有譌臏

又惟殷之迪諸臣惟工

惟工俗本誤作百工自明迄今官書皆不誤

乃湎于酒勿庸殺之姑惟教之有斯明享乃不用我教辭惟我一人弗恤弗蠲乃事時同于殺王曰封女典聽朕毖

勿辯乃司民湎于酒

傳云辯使也按序王俾榮伯作賄肅慎之命馬本俾作辨雒誥平來來示予平一作辨平俾辨一聲之轉辨讀如徧皆訓使

酒誥

古文尚書撰異卷十八

段玉裁學

梓材第十八　周書

王曰封以厥庶民暨厥臣達大家以厥臣達王惟邦君女若恆越曰我有師師司徒司馬司空尹旅曰予罔厲殺人亦厥君先敬勞肆徂厥敬勞肆往姦宄殺人歷人宥肆亦見厥君事戕敗人宥王啓監厥亂爲民

周禮大宰職注書曰王啓監厥亂爲民鄭引古文尚書也

論衡效力篇梓材曰彊人有王開賢厥率化民此言賢人亦壯彊於禮義故能開賢其率化民化民須禮義禮

義須文章行有餘力則以學文能學文有力之驗也玉裁按今文尚書之乖異如此葢彊戕音同有宥音同啟開音同爲化音同率古讀如律與亂雙聲且古文亂作𤔔與率相似而敗字則古有今無賢與監則形略相似

漢舊儀丞相御史大夫初拜策皆曰往悉乃心和裕開賢此用今文尚書開賢字見永樂大典內漢官舊儀今有刻本

曰無胥戕無胥虐至于敬寡至于屬婦

尚書大傳梓材傳曰老而無妻謂之鰥老而無夫謂之寡幼而無父謂之孤老而無子謂之獨行而無資謂之乏居而無食謂之困此皆天下之至悲哀而無告者故聖人在上君子在位能者任職必先施此使無失職玉

裁按此釋至于矜寡而推廣言之也葢古文尚書作敬今文尚書作矜而矜亦作鰥呂刑古文哀敬折獄尚書大傳作哀矜漢書于定國傳作哀鰥正其比例

說文十二篇女部曰媰婦人妊身（廣韻作娠）也从女芻聲周書曰至媰婦（大徐本作至于媰婦）玉裁按說文葢存壁中故書原文自孔子國等讀媰爲屬如讀玫爲好讀堋爲朋讀狟爲桓之比所謂以今文讀之因以起其家也媰之本義爲婦人妊身許君葢必有所受之屬婦與敬寡儷句則爲存恤聯屬之謚（正義云經言屬婦傳言妾婦者以妾屬於人故名屬婦此不知孔意以屬對敬以存恤對敬養以妾婦對寡弱）若今文尚書與鰥寡儷句則小爾雅所說是也小爾雅云妾婦之賤者謂之屬婦屬逮也逮

婦之名言其微也小爾雅雖非孔鮒之書其說亦必有本葢今文家說也今文尚書作屬故孔讀媰爲屬芻聲蜀聲古音同在尤矦一類故孔得知其假借

崔子玉清河王誄云惠於媰孀崔蓋見古文故書者孀卹寡也

合由以容王其效邦君越御事厥命曷以引養引恬自古王若茲監罔攸辟惟曰若稽田

尚書大傳酒誥傳曰王曰封唯曰若圭璧今酒誥無此語而句法與惟曰若稽田正一例

既勤敷菑惟其陳修爲厥疆畎若作室家既勤垣墉惟其斁墍茨若作梓材既勤樸斲惟其斁丹雘

正義曰二文皆言斁卽古塗字集韵十一模曰斁同都切塗也周書斁丹雘去聲十一莫曰斁徒故切塗也賈昌朝羣經音辨曰斁音徒書惟其斁塈茨又同路切丁賈皆据經典釋文然則古文尚書音義有斁音徒塗也又同路反之文明矣自衞包改斁爲塗而正義猶存斁字此如牧誓弗御克奔改御爲迓而御字猶存於正義也陳鄂刪改古文尚書音義則又取斁音徒塗也又同路反之文盡去之而莫知梓材古字矣近人昧於正義所云二文皆言斁乃據說文雘下引斁丹雘改爲二文皆言斁非也斁得音徒者如彝倫攸斁讀當故反於菟亦作於檡皆睪聲字也

古文四聲韵十一模曰迲斁竝籀韵塗字玉裁按斁者斁之譌也

中論治學篇書曰若作梓材旣勤樸斲惟其塗丹雘中論經宋人挍正必盡改其不與今尚書同者未可據也

文選張華勵志詩李注引尚書亦作塗字恐唐初本已不畫一

說文五篇丹部曰雘善丹也从丹蒦聲周書曰惟其𢾭丹雘讀與靃同此從釋文所引今本說文作讀若隺非玉裁按許君所引不作斁而作𢾭此古文尚書別本也𢾭之訓閉也故鄭君引尚書杜乃擭作𢾭丹雘而言𢾭亦涂之假借字也或疑說文本作斁轉寫者耍爲𢾭不則許君所據尚書

上文亦當爲斁塈

釋文梓音子本亦作杍馬云古作梓字按古作梓字者謂古文以杍爲梓也杍本是古文李字古文尚書則假爲梓匠字馬本作杍葢故書如是作梓者以今字易之也汗簡古文四聲韵皆云古尚書作杍近惠氏定宇栞尚書大傳改梓爲杍則非矣

又按正義云此古杍字今文作梓葢正義本作杍故云杍此古梓字今字作梓也然則陸本作梓孔本作杍固不同矣

今王惟曰先王既勤用明德懷爲夾

釋文夾音協多方篇同玉裁按據匡謬正俗此音皆本

徐仙民也顏籀云訓近則音陿不得讀爲協玉裁謂顏株守法言切韵三十帖之協則訓和三十一洽之陿則訓逼近徐仙民尚略知古音故不若法言之分析過細如訓迎之御音五所反直窺古音非顏所及也

庶邦享作兄弟方來亦既用明德后式典集庶邦丕享皇天既付中國民

釋文曰付如字馬本作附玉裁按王伯厚埶文志考引皇天既附中國民謂此也今文尚書天既付命正厥德史記作天既附命葢古二字通用

越厥疆土于先王肆王惟德用和懌先後迷民

釋文曰懌字又作斁下同玉裁按古字假借也

用懌先王受命已若茲監惟曰欲至于萬年惟王子子孫孫永保民

趙岐注孟子盡心篇云梓材曰欲至于萬年又曰子子孫孫永保民

衛康叔世家曰周公旦懼康叔齒少乃申告康叔曰必求殷之賢人君子長者問其先殷所以興所以亡而務愛民告以紂所以亡者以淫于酒酒之失婦人是用故紂之亂自此始爲梓材示君子可法則故謂之康誥酒誥梓材以命之玉裁按尚書大傳說伯禽康叔見商子觀橋梓而知父子之道周公曰君子哉商子也此所謂示君子可法則也今文尚書家說如此不必盡與書誼

合

古文尚書撰異卷十九

召誥第十九　周書

惟二月既望越六日乙未王朝步自周則至于豐惟大保先周公相宅

大衞包改作太今更正

尚書大傳周傳曰成王在豐欲宅洛邑使召公先相宅六日乙未王朝步自周至于豐惟太保先周公相宅按洛惟太當作雒維大

越若來三月惟丙午朏

釋文朏徐又芳憒反按集韵遺此音

說文五篇月部曰朏月未盛之明从月出周書曰丙午朏按此會意也

漢書律厤志曰後二歲得周公七年復子明辟之歲是歲二月乙亥朔庚寅望後六日得乙未故召誥曰惟二月既望粵六日乙未又其三月甲辰朔三日丙午召誥曰惟三月丙午朏是歲十二月戊辰晦周公以反政故洛此字本作雒後人妄改誥篇曰戊辰王在新邑烝祭歲命作策惟周公誕保文武受命惟七年今本漢書丙午朏下太書古文月采篇曰三日曰朏此十字本漢魏人注語王伯厚引尚書正義謂月采當作月令是也師古時誤爲正文而師古朏爲月采之說殆未可信

馬融注論語曰周書月令有更火之文春取榆柳之火夏取棗杏之火季夏取桑柘之火秋取柞楢之火冬取槐檀之火玉裁按此周書七十一篇中月令也今缺召誥正義引周書月令三日粵朏此亦周書月令文隨唐時尚存矣

王伯厚藝文志攷說漢世諸儒所引異字維丙午蠢未檢出何書此葢惟丙午朏之異文今文尚書也惟作維朏作蠢朏從月出蠢與出雙聲方言蠢作也廣雅蠢出也疑漢書本作丙午蠢孟康注有古文蠢爲朏之語而或刪改之

越三日戊申大保朝至于雒

雒唐石經已下作洛今更正

卜宅厥既得卜

後漢書班固傳注尚書曰厥既得吉卜則經營按此依孔傳增吉字也不可從

則經營越三日庚戌大保乃以庶殷攻位于雒汭

顧氏炎武曰唐石經攻誤公今按石經攻字尚存大半不誤誤爲公者明嘉靖閒王堯惠之補字耳金石文字記中所挍繆戾多有類此者葢其所據乃以堯惠字補缺裝成之本陳氏樹華春秋內傳攷證既詳之矣

越五日甲寅位成

周禮天官序官注召誥曰越三日戊申大保朝至于雒

卜宅厥既得卜則經營越三日庚戌大保乃以庶殷攻位于雒汭越五日甲寅位成釋文曰大音泰

按雒字之說禹貢既詳之矣此周禮注兩引尚書雒字固古文尚書故皆作雒之大驗也或曰安知非後人改洛爲雒耶荅之曰後人以其所知改所不知改雒爲洛者多改洛爲雒則希有凡經傳中雒字皆魏以前之舊也

若翌日乙卯

翌唐石經已下作翼今更正說詳金縢

周公朝至于雒則達觀于新邑營

達觀如今俗語云通看一徧達通也今文尚書達作通

石經顧命史漢禹貢可證也

越三日丁巳

說文五篇亏部曰粤亏也審慎之詞者此當作也从宷从亏周書曰粤三日丁亥玉裁按宷即審字粤上體從宷也凡尚書越字依許君所引則本作粤律厤志亦引作粤此丁亥乃丁巳之誤如引或春誤作或簸引鼓我誤作舞我之類也

用牲于郊牛二

曰虎通說郊祀尚書曰丁巳用牲于郊牛二

漢書郊祀志書曰越三日丁巳用牲于郊牛二

越翌日戊午乃社于新邑牛一羊一豕一

白虎通社稷篇曰尙書曰乃社于新邑牛一羊一豕一

越七日甲子周公乃朝用書命庶殷侯甸男邦伯厥旣命

殷庶庶殷丕作大保乃以庶邦冢君出取幣乃復入錫周

公曰拜手稽首旅王若公

足利古本拜上有敢字此依孔傳增也

誥告庶殷越自乃御事

大雅思齊鄭箋書曰越乃御事無自字

烏呼皇天上帝改厥元子茲大國殷之命惟王受命無疆

惟休亦無疆惟恤烏呼曷其柰何弗敬

柰何字本只借用李柰字俗製奈字而唐石經用之不

可從也集韵十四太曰柰果也一曰那也絕無奈字據

漢隸字原北海相景君碑故民吳仲山碑童子逢盛碑
已皆作奈
姚氏姬傳曰柰何二字兩見於左傳一則河魚腹疾柰
何一則遺啓疆曰不然柰何皆楚人語也周初召誥乃
有此二字恐是如何若何之誤玉裁謂如若柰一聲之
轉語稍有輕重耳不必疑周初無此二字也商書皆言
如台而唐書堯典早言如何矣
天既遐終大邦殷之命茲殷多先哲王在天越厥後王後
民茲服厥命厥終智藏瘝在
玉裁按瘝字冣俗葢本作鰥而俗人因其訓病改作瘝
康誥召誥同也爾雅鰥病也郭注引書曰智藏鰥在邪

疏曰智藏緜在者周書召誥文似邢氏所據注倘未作瘝也今本爾雅注作瘝釋文緜字下云古頑反注瘝同考說文玉篇廣韵唐之五經文字九經字樣皆不錄瘝字恐釋文本只是注同二字

夫知保抱攜持厥婦子以哀籲天徂厥亡出執烏呼天亦哀于四方民其眷命用懋王其疾敬德相古先民有夏天迪從子保面稽天若今時既墜厥命今相有殷天迪格保面稽天若今時既墜厥命

墜俗字也本作隊

今沖子嗣則無遺壽耇

漢書孔光傳太后詔曰書曰無遺耇老此引召誥也而

壽耇作耇老葢今文尙書

曰其稽我古人之德矧曰其有能稽謀自天烏呼有王雖小元子哉其丕能諴于小民

說文三篇言部曰諴和也从言咸聲周書曰丕諴于小民玉裁按小徐本無能字大徐本宋刊李燾本集韵皆作不能集韵刊本作丕能毛抄宋本作不能韵會用小徐本者也而作諴于小民無丕字參錯不定

今休王不敢後用顧畏于民碞

玉裁按說文九篇石部曰碞䂭碞也从石品周書曰畏于民碞讀與巖同攷山部有嵒字山巖也从山品讀若吟此二字雖從石從山有别而音義略同徐仙民碞音

吟正謂咢同嵒也而二篇品部又有嵒字多言也从品相連引春秋傳次于嵒北讀與聶同此字與山部之嵒迥別而王氏困學紀聞藝文志攷二書皆云說文顧畏于民嵒多言也尼輒切全與說文不符不知厚齋何以踳駁至此恐學者據以爲實故辨之

王來紹上帝自服于土中

白虎通京師篇尙書曰王來紹上帝自服于土中

論衡難歲篇經曰王來紹上帝自服于（刻本作於非）土中雒則土之中也

按班固東都賦作卽土之中

旦曰其作大邑其自時配皇天毖祀于上下其自時中乂

王厥有成命治民今休王先服殷御事比介于我有周御
事
日本山井鼎云足利古本介作迩玉裁按孔傳凡介皆
訓大不應此獨訓近疑本作迩而譌介字之誤也迩古
文邇見義雲章汗簡
節性惟日其邁王敬作所不可不敬德我不可不監于有
夏亦不可不監于有殷
後漢書崔駰傳駰獻書誡竇憲曰書曰鑒于有殷
我不敢知曰有夏服天命惟有歷年我不敢知曰不其延
惟不敬厥德乃早墜厥命我不敢知曰有殷受天命惟有
歷年我不敢知曰不其延惟不敬厥德乃早墜厥命今王

嗣受厥命我亦惟兹二國命嗣若功王乃初服烏呼若生子罔不在厥初生

論衡率性篇召公戒成王曰今王初服厥命於戲若生子罔不在厥初生生子謂十五子初生意於善終以善初生意於惡終以惡傳言譬猶練絲染之藍則青染之丹則赤十五之子其猶絲也玉裁按此今文尚書也初服厥命下少十四字葢節引之烏呼作於戲與蔡邕石經合

自貽哲命今天其命哲命吉凶命歷年知今我初服宅新邑肆惟王其疾敬德王其德之用祈天永命其惟王勿以小民淫用非彝亦敢殄戮用乂民若有功其惟王位在德

元小民乃惟荆用于天下越王顯上下勤恤其曰我受天命丕若有夏歷年式勿替有殷歷年欲王以小民受天永命拜手稽首曰予小臣敢以王之讎民

釋文曰讎字或作酬

百君子越友民保受王威命明德王末有成命王亦顯我非敢勤惟恭奉幣用共王能祈天永命

共衞包改作供陳鄂又改釋文詳見甘誓等篇

古文尚書撰異卷二十

段玉裁學

雒誥第二十　周書

周公拜手稽首曰

白虎通姓名篇所以先拜手後稽首何名順其文質也尚書曰周公拜手稽首玉裁按白虎通此條殘闕名當作各當云殷所以先稽首後拜手何周所以先拜手後稽首何各順其文質也蓋殷之禮拜先稽首後拜手其喪拜則拜手而後稽顙周之禮拜先拜手後稽首其喪拜則稽顙而後拜手詳於說文解字讀

朕復子明辟

漢書王莽傳羣臣奏言書曰朕復子明辟周公常稱王
命專行不報故言我復子明君也
後漢書桓帝紀和平元年詔曰遠覽復子明辟之義
王如弗敢及天基命定命
文選沈休文宋書謝靈運傳論注引弗作不拔下文不
敢不敬天之休予不敢宿皆作不似此亦不敢爲長
予乃允保大相東土其基作民明辟予惟乙卯朝至于雒
師我卜河朔黎水我乃卜澗水東瀍水西惟雒食我又卜
瀍水東亦惟雒食伻來以圖及獻卜
羣經音辨卷二曰平使也補耕普耕二切書平來以圖
玉裁按此賈氏據未改尚書釋文採入者也今本尚書

釋文作伻恐是依衞包僞改非陸氏之舊且不載補耕一切與爾雅拼抨音義不符集韵十三耕拼抨伻迸平苹六字同云古作平苹攷堯典平秩東作馬作苹云使也是丁度所本書序王俾榮伯馬本作王辨榮伯古辨與平多通用然則尚書之平卽爾雅之拼抨也伻字後出爲俗

漢書劉向傳書曰伻來以圖孟康曰伻使也使人以圖來示成王明口說不了指圖乃了也玉裁按伻字疑本作平轉寫俗加人旁

釋故俾拼抨使也釋文曰抨字又作伻

王拜手稽首曰公不敢不敬天之休來相宅

白虎通京師篇尚書曰公不敢不敬天之休來相宅

其作周匹休公既定宅伻來來

鄭注伻來來句絶

王伯厚藝文志考說漢世諸儒所引異字辨來來示予

卜休恒吉伻作辨此與勿辨乃司民湎于酒王辨榮伯

同

視予卜休恒吉我二人共貞公其以予萬億年敬天之休

拜手稽首誨言

大雅下武鄭箋云書曰公其以予萬億年亦君臣同福

祿也

周公曰王肇稱殷禮祀于新邑

白虎通禮樂篇王者始起何用正民以爲且用先王之

禮樂天下太平乃更制作焉書曰肇稱殷禮祀新邑此

言太平去殷禮玉裁按少于字

咸秩無文

風俗通義山澤篇尙書咸秩無文王者報功以次秩之

無有文也

予齊百工伻從王于周予惟曰庶有事今王卽命曰記功

宗以功作元祀

釋文曰記上音越一音入實反然則一本作日也

惟命曰女受命篤弼丕視功載乃女其悉自教工

唐石經原刻悉自教工作悉自教百工字形隱然可辨

後摩去重刻刪百字

教尚書大傳作學工作功此今文尚書也尚書大傳周傳曰書曰乃女其悉自學功悉盡也學效也傳曰當其效功也於卜雒邑營成周改正朔立宗廟序祭祀易犧牲制禮作樂一統天下合和四海而致諸侯皆莫不依紳端冕以奉祭祀者其下莫不自悉以奉其上者莫不自悉以奉其祭祀者此之謂也盡其天下諸侯之志而效天下諸侯之功也

孺子其朋孺子其朋其往

後漢書爰延傳延上封事曰臣聞之帝左右者所以咨政德也故周公戒成王曰其朋其朋言慎所與也李注

尚書周公戒成王曰孺子其朋孺子其朋愼其往按今本多愼字足利古本同此疑妄增也楊雄尚書箴曰書稱其朋用雒誥與爰延說同古文苑朋譌作明而章樵不能正

無若火始炎炎厥攸灼敘弗其絕

炎炎讀以贍反左氏傳人之所忌其氣炎以取之杜注引書無若火始炎炎釋文炎音豔正與雒誥釋文音豔同炎音豔者讀爲爓也以廣韵推之陸法言切韵爓音以贍切燄音以冉切燄不音豔也衛包因釋文音豔妄謂炎燄爲古今字而改之陳鄂併改釋文之炎爲燄唐石經左傳不誤今版本亦改作燄蓋不考說文爓燄各

字妟謂欻卽爓字可音豔耳集韵五十豔炎欻爲一字以贍切取宋初未改釋文衞包已改尚書合和爲說也此可爲未改尚書作炎之一證○又按左傳釋文炎以音豔欻欻音豔此欻欻字恐天寶已後或據衞包尚書本改之又增入釋文惠氏定宇曰當是雒誥亦作炎炎故杜氏引以爲證是也

漢書敘傳曰炎炎燎火亦允不陽

漢書梅福傳福上書曰書曰毋若火始庸庸蓋今文尚書也炎與庸雙聲融風古亦作炎風

厥若彝及撫事如予惟以在周工往新邑伻鄉卽有僚

鄉徐許亮反作嚮者衞包改也

明作有功惇大成裕女永有辭公曰已女惟沖子惟終女其敬識百辟享亦識其有不享享多儀儀不及物惟曰不享惟不役志于享

孟子告子篇書曰享多儀儀不及物曰不享惟不役志于享爲其不成享也

漢書郊祀志谷永說上曰經曰享多儀儀不及物惟曰不享

凡民惟曰不享惟事其爽侮乃惟孺子頒

說文三篇攴部曰攽分也从攴分聲周書曰乃惟孺子攽讀與虨同大徐本作亦讀與彬同按許所據壁中故書也

釋文曰頒馬云猶也猶下脫一字當亦是分字也

朕不暇聽朕敎女于棐民彝女乃是不蘉

玉篇苜部蘉字下曰周書云汝乃是弗蘉不作弗蘉按說文無此字錢氏曉徵云釋故云孟勉也爾雅所以訓釋六經必六經有是字而後爾雅有是釋尋六經中孟之訓勉他未有見意孟之古音近芒雒誥蘉字本是孟字故鄭康成王子雝及僞孔傳皆訓勉玉裁謂謂孟古音如芒則實然如孟諸孟津孟卯皆可證謂徐邈蘉讀莫剛反與孟古音同則不然蘉字從侵從瞢省聲與夢字瞢省聲同凡瞢聲之字古音在蒸登部不在陽唐部是以蘉莫崩反見於五經文字廾部集韵十七登皆本釋文釋文古本定當作徐莫崩反又武剛反儻如

今本則莫剛武剛音無分别其爲上剛有誤無疑也玉篇廣韵蘉皆音武剛者此蘉之轉音如甍字古音本在蒸登部今音轉入十三耕今江浙俗讀則如茫也是則蘉之古音與孟之古音迥别謂二字雙聲可謂二字同音非也且說文限於五百四十部蘉從侵雖未得其解說文不立侵部則蘉無所屬從如靳字見爾雅洎古款識从革斤聲說文不立革部則無所屬從不得謂不當有此等字而圖改之也

乃時惟不永哉篤敘乃正父罔不若予不敢廢乃命女往敬哉茲予其明農哉

廣雅釋詁三農勉也疑是尙書茲予其明農哉之訓

彼裕我民無遠用戾王若曰公明保予沖子公稱丕顯德
以予小子揚文武烈奉荅天命和恆四方民
尙書大傳周傳曰周書自大誓就召誥而盛于洛當是雒
誥故其書曰揚文武之德烈奉對天命和恆萬邦四方
民此今文尙書也荅作對多萬邦字
居師惇宗將禮稱秩元祀咸秩無文惟公德明光于上下
勤施于四方
文選豪士賦序曰光于四表德莫富焉王曰叔父親莫
暱焉蒙上文周公言之也潘元茂冊魏公九錫文亦曰
伊尹格于皇天周公光于四海皆用雒誥
方作穆穆

方今作旁溢衛包所改也釋文方步光反今作旁步光

反蓋開寶閒改也凡今文尚書例用旁字凡古文尚書

例用方字如方施象刑惟明白虎通作旁施方告無辜

于上帝論衡作旁告方鳩僝功說文一引方鳩一引旁

逑皆其證也攷說文曰旁溥也廣雅釋詁曰方大也又

曰旁大也方之訓大者出古文尚書旁之訓大者出今

文尚書方實旁之假借字也僞孔不知故訓之理故於

方字多釋爲方方如方鳩僝功則曰方方聚見其功洪

水方割則曰方方爲害方告無辜于上帝則曰方方各

告無罪于天方行天下則曰方四方咎繇方祗厥敘方

施象刑惟明則曰方四方敬行其九德考績之次敘於

四方又施其法刑皆明白方作穆穆則曰四方方來爲敬敬之道兄弟方來則曰方方俗本改爲萬方足利古本及宋本不誤皆來賓服僞太甲方求俊彥則曰方非一方以形方求于天下則曰以四方求之於民間音家或有說方步光反者衞包以淺學不明點竄經籍乃謂方是古字旁是今字於洛誥僞太甲僞說命諸篇改方爲旁僞書可無論致眞古文方旁錯出不一例又或將洛誥傳中四方方來下方字妄改旁字甚矣小學之不傳也今更正依廣雅訓爲大則諸訓皆關通如方正方且四方方竝大意皆不相遠而僞孔傳說偏而不該凡方之言正如此也又甚盛之晉也山海經有一女子方跪進柸食羲和方

曰浴于甘淵有人焉方捕魚于海有黑人持蚍方啗之
有八方扜弓射黃蚍皆甚盛之詈
尙書大傳孔子曰吾于洛誥也見周公之德光明于上
下勤施四方旁作穆穆至于海表莫敢不來服莫敢不
來享玉裁按古文尙書勤施于四方方作穆穆尙書大
傳勤施四旁旁作穆穆今本大傳勤施四方淺人依古
文尙書改也凡攷古之必悉其源流如此
楊雄劇秦美新旁作穆穆此用今文尙書也
僞武成旁死魄此襲漢書而未知古文當作方也
又按此孔傳當云方方來爲敬敬之道以方方二字釋
經文方字此正與堯典梓材呂刑同淺人增一四字改

下方爲旁李善注劇秦已引勤施於四方旁作穆穆似擅改者不始於衞包也然安知善注非系淺人所改邪

御衡不迷

魏志文帝紀裴注曰延康元年詔曰今王纘承前緒至德光昭御衡不迷布德優遠漢魏閒多讀古文尚書詔所引者古文雒誥也

釋文御五嫁反馬鄭王皆音魚據反玉裁按此字本作御僞孔傳訓迎則讀爲訝故陸云五嫁反也馬鄭王皆訓八枋馭羣臣之馭讀如字故陸云魚據反也衞包依孔訓改字作迓而釋文故作御至開寶中又改釋文大書作迓以合衞包本而小字仍之殊不思今音迓可五

嫁而不可魚據今本釋文大書與小字橫決不貫正如
洪範曰霁可云徐亾鉤反今本作曰蒙則不得云徐亾
鉤反也　此反語非出馬鄭王謂以馬鄭王之訓推其
切音當是某某反耳　盤庚御五嫁反牧誓御五嫁反
今皆改迓字　集韵九御曰迓牛據切迎也書迓衡鄭
康成讀此條冣誤鄭注尚書作御不作迓且鄭不訓迎
且鄭不爲反語此依開寶新定尚書音義而踳誤至此
文武勤教予沖子夙夜毖祀王曰公功棐迪篤罔不若時
王曰公予小子其退卽辟于周命公後四方迪亂未定于
宗禮亦未克敉公功
說文三篇攴部曰敉撫也从攴米聲周書曰亦未克敉

公功讀若弼又曰侎或敉字从八

迪將其後監我士師工誕保文武受民亂爲四輔王曰公定予往已公功肅將祗歡公無困哉

漢書元后傳上報鳳曰書不云乎公毋困我　杜欽傳欽說王鳳曰書稱公無困我　劉昭祭祀志注東觀書曰章帝賜東平憲王蒼書曰宓勿隱思有所承公無困我按此皆用今文尚書也周書祭公解王曰公無困我哉兼有我哉二字疑古文尚書無我字語意不完古我𢦏二字相似易譌如說文𣶒字誤爲涐是其證也

我惟無斁其康事公勿替刑四方其世享周公拜手稽首曰王命予來承保乃文祖受命民越乃光烈考武王宏朕

共

莊氏寶琛曰朕當作訓說文八部云俟古文以爲訓字尚書當是本作俟後改作朕字耳作雒本武王之意見逸周書故曰宏訓共也

按孔以奉訓共則其字本不作恭衛包乃改之也詳見他篇

孺子來相宅其大惇典殷獻民亂爲四方新辟作周恭先曰其自時中乂萬邦咸休惟王有成績予旦以多子越御事篤前人成烈荅其師作周孚先考朕昭子刑乃單文祖德

釋文單馬丁但反信也玉裁按此以其訓信而知其讀

丁但反也馬讀單爲亶故訓信詩天保畀爾單厚毛傳曰單信也亦是釋單爲亶之假借故釋文曰毛都但反周頌維天之命鄭箋云書曰考朕昭子刑乃單文祖德

伻來毖殷乃命寧予以秬鬯二卣曰明禋拜手稽首休享予不敢宿則禋于文王武王惠篤敘無有遘自疾萬年猒于乃德

今本作厭唐石經宋岳本皆作猒

殷乃引考王伻殷乃承敘萬年其永觀朕子懷德戊辰王在新邑烝祭歲文王騂牛一武王騂牛一

釋文曰王在新邑馬孔絕句鄭讀王在新邑烝正義曰鄭以烝祭上屬歲文王騂牛一者於是成王元年正月

朔日特告文武封周公也玉裁按疑釋文烝下脫祭字
王命作冊逸祝冊惟告周公其後王賓殺禋咸格王入太
室祼王命周公後作冊逸誥在十有二月惟周公誕保文
武受命惟七年
漢書律厤志云洛當是雒誥篇曰戊辰王在新邑烝祭歲
命作策惟周公誕保文武受命惟七年

古文尚書撰異卷二十一

段玉裁學

多士第二十一　周書

惟三月周公初于新邑雒用告商王士王若曰爾殷遺多士弗弔旻天大降喪于殷我有周佑命將天明威致王罰勑殷命終于帝肆爾多士非我小國敢翼殷命

孔本翼作弋釋文曰弋馬本作翼義同正義曰鄭元王肅本弋作翼王亦云翼取也鄭云翼猶驅也玉裁按弋翼古音同在第一部訓取者讀翼爲弋也孔本作弋者因馬王之說而改經字也

惟天不畀允罔固亂弼我我其敢求位惟帝不畀惟我下

民秉爲惟天明畏我聞曰上帝引逸

論衡語增篇經曰上帝引逸謂虞舜也舜承安繼治任賢使能恭己無爲而天下治

論衡自然篇周公曰上帝引佚上帝謂舜禹也舜禹承安繼治任賢使能恭己無爲而天下治玉裁按此今文尚書說也

有夏不適逸則惟帝降格鄉于時夏

釋文鄉許亮反按鄉衞包改嚮

弗克庸帝大淫泆有辭

釋文泆又作佾馬本作屑云過也按失聲佾聲古音同在第十二眞臻部

惟時天罔念聞厥惟廢元命降致罰乃命爾先祖成湯革
夏俊民甸四方自成湯至于帝乙罔不明德恤祀亦惟天
丕建保乂有殷殷王亦罔敢失帝罔不配天其澤在今後
嗣王誕罔顯于天矧曰其有聽念于先王勤家誕淫厥泆
罔顧于天顯民祗惟時上帝不保降若茲大喪惟天不畀
不明厥德凡四方小大邦喪罔非有辭于罰

史記魯周公世家曰多士稱曰自湯至于帝乙無不率
祀明德帝無不配天者在今後嗣王紂誕淫厥佚不顧
天及民之從也徐廣曰一作敬之也其民皆可誅周多士玉裁按
其民皆可誅卽凡四方小大邦喪罔非有辭于罰也周
多士三字譌謄史記此節當移乃作多士作毋逸之下

王若曰爾殷多士今惟我周王丕靈承帝事有命曰割殷告敕于帝惟我事不貳適惟爾王家我適予其曰惟爾洪無度我不爾動自乃邑予亦念天卽于殷大戾肆不正王曰猷告爾多士

猷道也道導也猷告者導告也孔傳釋爲以道告汝衆士非語意僞周官云若昔大猷正與僞傳出一手

予惟時其遷居西爾非我一人奉德不康寧時惟天命無違朕不敢有後無我怨

隸釋漢石經殘碑惟天命元朕不敢有下闕王裁按此今文尚書然也王氏鳳喈云无字誤爲元脫違字其說非也漢石經無不作无

唐石經初刻有後誅無四字後摩去重刻爲有後無三
字初刻字形尚隱然可見葢依孔傳增誅字
惟爾知惟殷先人有冊有典殷革夏命今爾又曰
顧亭林曰又曰石經監本同今本作其曰
夏迪簡在王庭有服在百僚予一人惟聽用德肆予敢求
爾于天邑商予惟率肆矜爾
論衡雷虛篇人君罪惡初聞之時怒以非之及其誅之
哀以憐之故論語曰如得其情則哀憐而勿喜紂至惡
也武王將誅哀而憐之故尚書曰予惟率夷憐爾玉裁
按此今文尚書也夷肆古音同第十五部憐矜古音同
第十二部矜從令聲讀如鄰自誤從今聲而古音亾矣

非予罪時惟天命王曰多士

石經尚書殘碑罪時維天命王曰告爾多下闕此今文

尚書也惟作維多告爾字

昔朕來自奄予大降爾四國民命我乃明致天罰移爾遐

逖

逖當是本作逷衞包改之釋文他歷反今本作他力誤

也

比事臣我宗多遜

遜壁中故書當是作愻

王曰告爾殷多士今予惟不爾殺予惟時命有申今朕作

大邑于茲雒予惟四方罔攸賓

傳云無所賓外與馬云卻也同義徐音殯是也陸云如字非孔意

亦惟爾多士攸服奔走臣我多遜

石經尚書殘碑茲維予維四方罔攸賓此字今鈔本刻本皆作責顧廣圻據漢隸字源作賓卽賓字也亦維爾下闕按漢人不以避諱改經字一字石經雖亡而多士篇維字兩見可以知伏生經文作維非以火行忌水之故擅改經文也曹丕一詔本屬無稽學者勿爲所惑

爾乃尚有爾土爾乃尚寧榦止

榦唐石經已下作幹今更正榦从木倝聲若从干則兩聲無形矣

爾克敬天惟畀矜爾爾不克敬爾不啻不有爾土

釋文曰啻徐本作翅

予亦致天之罰于爾躬今爾惟時宅爾邑繼爾居爾厥有榦有年于茲雒爾小子乃興從爾遷王曰

石經尚書殘碑有年于茲雒爾小子乃興從爾遷王下闕

又曰時予乃或言爾攸居

唐石經或言二字初刻是三字摩去重刻致每行十字者成九字矣初刻隱然可辨或言之閒多一字諦視則是誨字與傳教誨之言合雒誥亦有誨言二字也

清金壇段氏本古文尚書撰異

第四册

清 段玉裁撰

中國國家圖書館藏清嘉慶間金壇段氏七葉衍祥堂刻本

山東人民出版社·濟南

古文尚書撰異卷二十二

段玉裁學

無逸第二十二　周書

師古於翼奉傳鄭崇傳杜欽傳谷永傳引尚書無逸篇皆云尚書亾逸之篇也然則師古所據尚書本作亾逸也

無今文尚書作毋逸今文尚書作劮亦作佚漢石經殘碑本篇毋劮于遊田毋兄曰可證史記周本紀作無佚魯世家作毋逸其字參錯不一以世家作毋爲不誤王伯厚困學紀聞云無逸尚書大傳作毋佚毋者禁止之辭其義尤切玉裁按王所據大傳作毋今雅雨堂刻大

傳作無誤也今大傳本作佚困學紀聞云大傳作逸誤也失佚逸三字多通用是呂史記魯世家漢書谷永傳皆作毋逸皆今文尚書也漢人多失讀爲佚如酒誥女無失之類蔡中郎斟酌古今而爲劮字　又按史記魯世家周公歸恐成王壯治有所淫佚乃作多士作毋逸棠上文淫佚而言則逸字之本作佚可知　又按廣雅釋詁三曰媱愓嬉劮遊敖契戲也釋言曰劮⿰豸爲也此正今文尚書舊說⿰豸爲疑當作⿰忄爲集韵引作婸婸與⿰忄爲同也

周公曰烏呼君子所其無逸先知稼穡之艱難乃逸則知小人之依

論衡儒增篇尚書毋佚曰君子所其毋佚先知稼穡之

艱難乃佚者人之筋骨非木非石不能不解故張而不弛文王不爲弛而不張文王不行一弛一張文王以爲當

相小人厥父母勤勞稼穡厥子乃不知稼穡之艱難乃逸乃喭既誕否則侮厥父母曰昔之人無聞知

按今本作諺非也僞孔傳曰叛諺不恭正義曰論語由也諺諺則叛諺玉裁按論語由也喭字本從口五旦反集解引鄭元曰子路之行失於㕭喭也皇侃義疏本不誤釋文㕭普半反本今作畔今本釋文改大書㕭字爲叛而邢昺則依陸所見別本作畔喭此經文改喭爲諺傳及正義改㕭喭爲叛諺葢始於衛包誤認喭諺爲古

今字也王弼論語注云喭剛猛也剛猛與不恭義略同後儒釋論語者謂喭同諺謂諺訓俗語因訓喭爲粗俗仲氏子可謂之粗不可謂之俗豈有見義必爲縕袍不恥車裘不私如仲氏子而或以爲俗者古書所引諺皆老成典刑之言說文曰諺傳言也絕無俚俗之解而从口之字義復絕殊尚書字誤蔡氏乃釋爲習里巷鄙語皆由不解吸喭爲何語耳吸喭二字在漢人當是常語在今人則不能通此所以貴講說也僞孔傳吸喭不恭葢襲古說作喭者古文尚書也作憲者今文尚書見洪氏所錄石經尚書殘碑若汗簡所載諺之古文云見古文尚書者不必從也　論語釋文吸普半反喭五旦反

玉篇由也㖂魚旰切史記仲尼弟子列傳正義㖂音岸然則尚書亦宜音岸宋刊經典釋文影鈔本在蘇州朱文斿所盧弓父借之挍刊新本云諺五旦反韵書諺無五旦之音葢唐初經文作㖂故音五旦反天寶改㖂爲諺至開寶又改釋文之㖂爲諺而五旦之音未改也刊注疏者改爲魚戰通志堂刊釋文改作魚變而此字之本作㖂無可考矣此原委井然可言者近盧氏本獨此條不依宋刻改正

漢石經殘字畫之艱難乃劮乃憲既延丕則侮厥下闕此今文尚書也按穚喬古通用廣雅釋言曰劮𢩲也曹憲音逸與石經合㖂作憲誕作延則其義未聞

周公曰烏呼我聞曰昔在殷王中宗

昔在中論作在昔

嚴恭寅畏天命自度治民祗懼不敢荒寧

嚴釋文曰馬作儼按嚴儼古通用

漢石經中宗嚴恭寅畏天命自亮以民祗懼下闕史記魯世家治亦作以祗作震此今文尚書也度與亮音不相涉亮與量音同自量猶自度也治㠯同在古音第一部祗震異部而音轉冣近如咎繇謨祗敬夏本紀作振般庚震動漢石經作祗柴誓祗復之魯世家作振皆是也

肆中宗之享國七十有五年

史記肆作故以詁訓字代之也享作饗與石經同

其在高宗時舊勞於外

其在高宗句絕時中論作寔釋詁時寔同訓是

爰暨小人作其即位

暨商頌謚作洎

乃或亮陰三年不言

論語憲問篇子張曰書云高宗諒陰三年不言何謂也禮記喪服四制篇書曰高宗諒闇三年不言善之也又曰書云高宗諒闇三年不言此之謂也史記魯世家乃有亮闇三年不言尚書大傳殷傳曰書曰高宗梁闇三年不言何謂梁闇也傳曰高宗居凶廬三年不言白虎通爵篇尚書曰高宗諒闇三年又四時篇尚書又曰諒

陰三年論衡儒增篇高宗諒陰三年不言公羊文九年注子張曰書云高宗諒闇漢書五行志高宗承敝而起盡涼陰之哀玉裁按諒涼亮梁古四字同音不分平仄也闇陰古二字同音在侵韵不分侵覃也大傳釋梁闇爲居廬鄭注闇讀如鶉鵪之鵪謂廬也其注禮記尚書皆用大傳說上字讀爲梁讀爲者易其字也下字讀如鵪讀如者釋其音也大雅涼彼武王韓詩作亮白虎通釋禪於梁甫之義云梁信也然則古同音通用之法可見矣

又按史記或作有此今文尚書然也下文亦罔或克壽論衡作亦罔有可證論衡引今文不改字

其惟不言言乃雍

史記魯世家雍作讙檀弓子張問曰書云高宗三年不言言乃讙鄭注讙喜說也言乃喜說則民臣望其言久坊記子曰高宗云三年其惟不言言乃讙鄭注高宗殷王武丁也名篇在尚書讙當爲歡聲之誤也其旣言天下皆歡喜樂其政教也玉裁按史記作讙今文尚書也記與今文尚書合然則今文不盡非古文不皆是於此可見王肅私定家語亦作讙注云尚書作雍葢以古文尚書正今文尚書也禮記多出於漢初同今文尚書者多矣

又按喪服四制書曰高宗諒闇三年不言善之也王者

莫不行此禮何以獨善之也曰高宗者武丁武丁者殷之賢王也繼世卽位而慈良於喪當此之時殷衰而復興禮廢而復起故載之書中而高之故謂之高宗三年之喪君不言書曰高宗諒闇三年不言此之謂也玉裁按據此似高宗諒闇三年不言乃尚書成語非翦截毋佚篇文也坊記以三年其惟不言乃讙係之高宗云鄭注名篇在尚書然則亦非毋佚語高宗篇當是殷時佚尚書

又按晉書卄杜預於泰始十年議皇太子喪服引書傳云亮信也陰默也爲聽於冢宰信默而不言玉裁按此所引卽孔安國論語注而云書傳者大略之詞猶云於

傳有之耳僞作尚書孔傳者用此信默爲無逸傳其實論語孔注亦是僞作非子國所爲何晏無識得以售其欺也

不敢荒寧嘉靖殷邦至於小大無時或怨

魯世家嘉作密玉裁按太平御覽九十一東觀漢紀序曰書云孝乎惟孝友于兄弟聖之至要也乾乾夕惕寅畏皇天帝王之上行也明德慎罰湯文所務也密靜天下容於小大高宗之極至也肅宗兼茲四德以𢇍當作繼祖考臣下百僚力誦聖德紀述明詔不能辯章豈敢空言增廣以累日月之光密靜天下容於小大檃栝無逸篇文也與史記密靖殷國正合是可證今文尚書作密

古文尚書作嘉司馬子長劉珍等皆用今文尚書原文非以密訓嘉也其辯章字亦今文尚書之一證　密之訓安也詩公劉止旅乃密毛傳密安也說文宓訓安以密爲宓假借之瀍也　魯世家邦作國無時或二字

肆高宗之享國五十有九年

五十有九年漢石經作百年漢書五行志說高宗攘木鳥之妖致百年之壽楚元王傳劉向說高宗有百年之福杜周傳杜欽說高宗享百年之壽論衡氣壽篇高宗享國百年周穆王享國百年幷未享國之時皆出百三十四十歲矣又無形篇高宗有桑穀之異悔過反政享福百年又異虛篇高宗改政修行享百年之福此皆用

今文尚書也

按魯世家作五十五年既不同今文復與古文不合

鄭君詩譜曰湯受命伐桀定天下後世有中宗者嚴恭寅畏天命自度治民祗懼不敢荒寧後有高宗者舊勞於外爰洎小人作其卽位乃或諒闇三年不言言乃雍不敢荒寧嘉靖殷邦至於大小無時或怨此三王有受命中興之功時有作詩頌之者玉裁按所引皆古文尙書也

其在祖甲不義惟王舊爲小人作其卽位爰知小人之依能保惠于庶民不敢侮鰥寡肆祖甲之享國三十有三年

自時厥後立王

唐石經三十作卅
漢石經或怨肆高宗之饗國百年自時厥後下闕此今文尚書也
魯世家其在祖甲不義惟王久爲小人于外知小人之依能保施小民不侮鰥寡故祖甲饗國三十三年其文在高宗饗國五十五年之下與古文尚書同而漢石經高宗之饗國百年自時厥後隸釋所載殘碑緊接不隔一字洪氏云此碑獨闕祖甲計其字當在中宗之上以傳序爲次也云計其字者謂以每行若干字計之洪於殘石得辜較每行字數也是今文尚書與古文尚書大異考殷本紀太甲稱太宗太戊稱中宗武丁廟爲高宗漢書王舜劉歆曰於殷大甲曰太

宗大戊曰中宗武丁曰高宗周公爲毋逸之戒舉殷三
宗以勸戒成王儻非尚書有太宗二字司馬王劉不能
肊造賈誼曰顧成之廟稱爲太宗景帝元年申屠嘉等
議曰高皇帝廟宜爲大祖之廟孝文皇帝廟宜爲大宗
之廟實本尚書據此則今文尚書祖甲二字作太宗二
字其文之次當云昔在殷王太宗其在中宗其在高宗
不則今文家末由倒易其次第也今本史記同古文尚
書者葢或淺人用古文尚書改之殷本紀曰帝甲淫亂
殷復衰與國語帝甲亂之七世而隕相合太史公旣依
無逸篇云太甲稱太宗則其所謂淫亂殷復衰者必非
古文尚書之祖甲可知也王肅注古文尚書而云祖甲

湯孫大甲也先中宗後祖甲先盛德後有過此用今文家說注古文而不知從今文之次則太宗爲湯孫太甲從古文之次則祖甲爲祖庚之弟帝甲各不相謀也從王肅及僞孔叢子之曲說則後文自殷王中宗及高宗及祖甲及我周文王豈先盛德後有過之云乎故知自殷王中宗及高宗及祖甲今文尚書必云自殷王太宗及中宗及高宗此無可疑者此條今文實勝古文古文祖甲在高宗之後則必以帝甲當之帝甲非賢主雖鄭君之注亦不得不失之誣矣

漢書宣帝紀贊侔德殷宗周宣師古曰殷之高宗玉裁按師古誤也殷宗兼太宗中宗高宗言之漢人今文尚

書說也

生則逸生則逸不知稼穡之艱難不聞小人之勞惟耽樂之從自時厥後亦罔或克壽

漢書鄭崇傳諫哀帝曰周公箸戒曰惟王不知艱難唯耽樂是從時亦罔有克壽論衡語增篇云經曰惟湛樂是從時亦罔有克壽後漢書荀爽對策陳便宜引周公之戒曰不知稼穡之艱難不聞小人之勞惟耽樂之從時亦罔或克壽　自時厥後四字作時一字或作有三家相合此今文尚書也古文尚書自時厥後四字複舉上文古或有二字音義皆同如不或亂政史記作不有治政乃或亮陰史記作乃有亮闇皆古文作或今文作

有之證後漢書作罔或恐有改之者
或十年或七八年或五六年或四三年
漢書杜欽傳欽說大將軍鳳曰書云或四三年
中論天壽篇書曰在昔殷王中宗嚴恭寅畏天命自度
治民祇懼不敢荒寧肆中宗之享國七十有五年其在
高宗寔舊勞於外爰暨小人作其卽位乃或亮陰三年
不言惟言乃雍不敢荒寧嘉靖殷國至於小大無時或
怨肆高宗之享國五十有九年其在祖甲不義惟王舊
爲小人作其卽位爰知小人之依能保惠庶民不侮鰥
寡肆祖甲之享國三十有三年自時厥後立王生則逸
不知稼穡之艱難不知小人之勞苦惟耽樂是從自時

厥後亦罔或克壽或十年或七八年或五六年或三四年徐氏所引書大段與今本合高宗不曰百年祖甲次武丁後徐氏所習者古文尚書也

周公曰烏呼厥亦惟我周

尚書大傳云書曰厥兆天子爵系之無當作毋佚白虎通爵篇云書無逸篇曰厥兆天子爵攷之於經漢人已亾爲無蓋古文尚書厥亦惟我周五字今文尚書駁異如此如心腹腎腸爲優賢揚割申勸爲厥亂勸思曰睿爲思心曰容王啟監厥亂爲民爲王開賢厥率化民也近盧氏召弓挍白虎通釋爲尚書亾篇逸篇謂尚書大傳有此文葢後人誤據竄入玉裁按盧說近是如尚書曰

大社惟松東社惟柏南社惟梓西社惟栗北社惟槐亦見白虎通北史劉芳傳藝文類聚太平御覽皆引云尚書逸篇而初學記及郊特牲正義竝作尚書無逸篇正是此類但尚書大傳言書曰者皆確然可信兆天子爵者卽兆基王迹之謂也謂白虎通無逸字爲後人竄入則可謂大傳爲據白虎通竄入則非

大王王季克自抑畏文王卑服卽康功田功徽柔懿共漢石經功田功徽柔懿共按隸釋載石經嚴恭寅畏作恭維正之共作共分別如是而徽柔懿共亦作共則漢時不作懿美恭敬解也攷僞孔傳釋徽柔云以美道和民釋懿恭云以美政恭民此必經文作共故云共民共

民猶給民也卽下文所謂供待也正義曰以此柔恭懷安小民似正義始誤解因之衞包擅改開寶中擅刪釋文之共音恭矣今更正作共　尚書供給字通作共而恭敬字作恭畫然迥別石經存字甚少亦較然可證也左氏則供恭字皆通作共一書自有一書之例

懷保小民惠鮮鰥寡

漢書谷永傳對災異事云經曰懷保小人惠于鰥寡與漢石經合隸釋云石經懷保小人惠于矜下闕谷用今文尚書也

惠鮮恐是惠于之誤于字與羊字略相似又因下文鰥字魚旁誤增之也

旨朝至于日中吳不皇暇食用咸和萬民

釋文曰吳本亦作仄　皇今本作遑俗字疑衞包所改也下文則皇自敬德鄭注皇謂暇謂寬暇自敬可以證此之不从辵矣皇暇疊文同義爾雅釋言偟暇也凡詩書遑字皆後人所改如不遑啓處不遑假寐之類不皇假寐與不皇暇食句法正同古假暇通用如假日卽暇日非趙盾假寐之云也　楚語左史倚相云周書曰文王至於日中昃不皇暇食惠于小民唯政之恭按惠于小民卽上文懷保小民惠鮮鰥寡也唯政之恭卽下文以庶邦惟正之供也左史摘舉不以次爾　董仲舒傳周文王至于日昃不暇食師古曰昃亦吳字

文王不敢盤于遊田

晏子諫下篇曰昔文王不敢盤遊于田故國昜而民安

于游字互易

西京賦盤于游畋李注尚書曰不敢盤于游畋

以庶邦惟正之供

正國語作政漢書谷永傳引下文惟正之共亦作正按古政正通用此作正爲長供國語作恭當是本作共後人改之今本國語至於作於惠于作于十字之閒字體乖異故未可信也

倚相說毋勃子張說說命觀射父說呂刑惟楚有材可謂盛矣

文王受命惟中身厥享國五十年

魯周公世家曰周公歸恐成王壯治有所淫佚乃作多士作毋逸毋逸稱爲人父母爲業至長久子孫驕奢忘之以亡其家爲人子可不愼乎（此檃栝相小人云云大意）故昔在殷王中宗嚴恭敬畏天命自度治民震懼不敢荒寧故中宗饗國七十五年其在高宗久勞于外爲與小人作其卽位乃有亮闇三年不言言乃讙不敢荒寧密靖殷國至于小大無怨故高宗饗國五十五年其在祖甲不義惟王久爲小人于外知小人之依能保施小民不侮鰥寡故祖甲饗國三十三年（此下多士稱云云當別爲一節乃轉寫舛錯）文王日中昃不暇食饗國五十年作此以誡成王

周公曰烏呼繼自今嗣王則其無淫于觀于逸于遊于田以萬民惟正之供

隸釋載漢石經尚書殘碑酒毋劮于遊田維闕二字共與古文大異攷漢書谷永傳對災異引經曰繼自今嗣王其毋淫于酒毋逸于遊田惟正之共正與石經合石經維下共上所闕必正之二字漢時民閒所習章奏所用皆今文尚書其毋淫于酒毋逸于遊田維正之共此今文尚書也則其毋淫于觀于逸于遊于田以萬民惟正之共此古文尚書也古文今文之乖異如心腹腎腸歷爲優賢揚歷刵劓劅剠爲臏宮劓割頭庶黥往往而是或疑無逸此文爲僞孔竄改非也僞孔於今文所有多

襲馬鄭之舊不得因其僞作今文所無乃并其眞者而不信也供葢今文古文尚書皆作共字谷永傳引書而釋之曰未有身治正而臣下邪者也度其意亦訓共爲供如顏師古釋以正身恭己而讀曰恭則經文惟之字不可通古文尚書葢本作共字僞孔釋以供待天寶閒遂改爲供也　古文苑漢酈炎遺令書汝無逸于巨無湎于酒語意襲今文尚書

王伯厚漢藝文志攷說漢世諸儒所引尚書異字以萬民惟正之共此引古文尚書也今未檢得出何書

無皇曰今日耽樂乃非民攸訓非天攸若時人丕則有愆

漢石經殘碑共毋兄曰今日下闕今文尚書作毋兄古

文尚書作無皇也下文則皇自敬德石經殘碑作則兄曰敬德鄭注皇暇也言寬暇自敬王肅本皇作況注曰況滋益用敬德王蓋據今文以改古文也此皇字鄭亦當訓暇王亦當作況訓滋益詩小雅常棣況也永嘆況或作兄兄是古字況是今字大雅桑柔倉兄填兮召旻職兄斯引三毛傳皆云兄滋也韋昭國語注云況益也毋兄曰者毋益曰云云也秦誓我皇多有之公羊傳作而況乎我多有之尋秦誓詞義則兄亦訓皇暇矣尚書大傳曰君子之於人也有其語也無不聽者皇于聽獄乎鄭注皇猶況也然則皇蓋齊言

無若殷王受之迷亂酗于酒德哉

漢書楚元王傳劉向上奏曰臣聞周公戒成王毋若殷王紂

翼奉傳奉上疏曰書則曰王毋若殷王紂

後漢書梁冀傳袁箸詣闕上書曰周公戒成王無如殷王紂

論衡譴告篇云周公勑成王曰毋若殷王紂毋者禁之也按無作毋受作紂者今文尚書然也凡古文尚書受字今文皆作紂古文不言紂今文不言受　又按師古翼奉傳注云周書亾逸之篇曰周公曰烏虖毋若殷王紂之迷亂酗于酒德哉與今本尚書不合

酗唐石經作酗

周公曰烏呼我聞曰古之人猶胥訓告胥保惠胥教誨民無或胥譸張爲幻

說文解字第三篇言部譸字下第四篇予部幻字下皆引無或譸張爲幻無胥字

爾雅釋訓侜張誑也郭注書曰無或侜張爲幻亦無胥字而作侜爲異玉裁按此句無胥字爲是上文三胥字皆君臣相與之詈此胥字不倫下文人乃或譸張爲幻亦無胥字葢因僞孔傳有相字而增之也譸釋文曰馬本作輈攷楊雄國三老箴作侏張詩陳風傳箋作侜張後漢書皇后紀作輈張皆同音隨用

此厥不聽人乃訓之乃變亂先王之正刑至于小大民否

則厥心違怨否則厥口詛祝

漢石經厥不聖人乃訓變亂正刑至于下闕聽作聖無之乃二字無先王之三字此今文尚書也聽聖字古音同部而古文尚書作聽當是襲衛賈馬鄭之本汗簡耶字下注聽字亦聖字一字兩讀葢非也

又按秦泰山碑皇帝躬聽史記作躬聖見廣川書跋躬聽謂事無小大皆決於上至以衡石量書也

兩否則字恐皆丕則之誤上文丕則有愆康誥篇丕則敏德此處文理蒙上直下恐不似今人俗語云否則也古然否字則祇作然不

周公曰烏呼自殷王中宗及高宗及祖甲及我周文王茲

四八迪哲

今文尚書此文次第當不如是見前

厥或告之曰小人怨女詈女則皇自敬德厥愆曰朕之愆

允若時不啻不敢含怒

漢石經則兄曰敬德厥衍臼朕之衍允下闕

黃伯思東觀餘論引石經則兄自云今兄作皇隸釋引

石經則兄曰云孔作皇自黃與洪所見皆宋初所出石

搨非有二也東觀餘論自當作曰一時失檢耳

啻徐仙民本作翅見上篇音義

此厥不聽人乃或譸張爲幻曰小人怨女詈女則信之則

若時不永念厥辟不寬綽厥心亂罰無罪殺無辜怨有同

是叢于厥身

聽今文尙書當亦作聖

周公曰烏呼嗣王其監于兹

漢石經公㠯於戲嗣王臨于兹無其字此今文尙書也

此篇言烏呼者七今文尙書皆當作於戲㠯石經殘碑篇末於戲嗣王監于兹知之匡謬正俗所謂古文尙書皆作烏呼今文尙書皆作於戲也

廣川書跋曰洛陽昔得石經尙書殘破不屬天命自度碑作亮惠鮮鰥寡作惠于矜寡乃逸乃諺既誕作乃劮乃憲既延治民祗懼作以民肆高宗享國五十九年作百年按廣川所錄與黃氏洪氏皆合而有脫字

古文尚書撰異卷二十三

段玉裁學

君奭第二十三　周書

周公若曰君奭弗弔天降喪于殷殷既墜厥命

墜當是本作隊衛包所改

我有周既受我不敢知曰厥基永孚于休若天棐忱我亦不敢知曰其終出于不祥烏呼君已曰時我

釋文曰終馬本作崇云充也

隸釋石經尚書殘碑道出于不詳於戲君闕㠯時我此今文尚書也終作道祥作詳烏呼作於戲

我亦不敢寧于上帝命弗永遠念天威越我民罔尤違惟

人在我後嗣子孫大弗克共上下

傳以奉訓共衛包改作恭非也

遏佚前人光在家不知天命不易天難諶乃其墜命

漢書王莽傳羣臣奏言書曰我嗣事子孫大不克共上下遏失前人光在家不知命不易天應棐諶乃亾隊命此今文尚書也

弗克經歷嗣前人共明德

共訓奉衛包改作恭非也

在今子小子旦非克有正迪惟前人光施于我沖子又曰天不可信我道惟寧王德延

釋文曰我道馬本作我迪

天不庸釋于文王受命公曰君奭我聞在昔成湯既受命
時則有若伊尹格于皇天

論衡感類篇周公曰伊尹格于皇天

在大甲時則有若保衡在大戊時則有若伊陟臣扈格于
上帝巫咸乂王家在祖乙時則有若巫賢在武丁時則有
若甘盤率惟兹有陳保乂有殷

燕召公世家曰君奭不說周公周公乃稱湯時有伊尹
假于皇天在大戊時則有若伊陟臣扈假于上帝巫咸
治王家在祖乙時則有若巫賢在武丁時則有若甘般
率惟兹有陳保乂有殷王裁按震澤王氏本率作卒誤

故殷禮陟配天多歷年所天惟純佑命則商實百姓王人

罔不秉德明恤小臣屏侯甸矧咸奔走

釋文於下文孔傳音義曰奔又作本走又作奏音同玉裁按詩大雅予曰有本奏其音當本讀平聲奏讀上聲爲協　羣經音辨引矧咸奔走奔布忖反

惟茲惟德稱用乂厥辟故一人有事于四方若卜筮罔不是孚

文選王襃四子講德論曰書云迪一人使四方若卜筮此蓋今文尚書之文與古文尚書異也事使二字篆體相似而李善注引尚書曰迪一人有事四方若卜筮無不是孚孔安國曰迪道也孚信也今孔本經文迪作故事下有于無作罔傳文無迪道也孚信也六字佀今本

與李善所據不同

公曰君奭天壽平格保乂有殷有殷嗣天滅威今女永念則有固命厥亂明我新造邦公曰君奭在昔上帝割申勸寧王之德其集大命于厥躬

禮記緇衣篇君奭曰昔在（今本在昔宋本昔在疏云往昔之時在上天則字从昔在）上帝周田觀文王之德其集大命于厥躳鄭注古文周田觀文王之德爲割申勸寧王之德今博士讀爲厥亂勸寧王之德（傳是樓所藏宋本禮記岳珂所謂舊監本也作厥亂勸寧王德無之字）三者皆異古文似近之割之言蓋也言文王有誠信之德天蓋申勸之集大命于其身玉裁按此謂記所引周田觀文王古文尚書作割申勸寧王其句法與漢書注古文

隔爲擊古文台爲嗣正同今博士讀者謂夏侯歐陽尚書也讀猶習也謂博士所習也此於讀字逗與他注言讀爲者不同不云今文尚書而云今博士讀者漢時謂伏生本爲尚書謂孔壁本爲古文尚書無今文尚書名目也

集韵十四太刏居太切制斷也書刏申勸寧王之德鄭康成讀玉裁按鄭注緇衣云割之言蓋也言文王有誠信之德天蓋申勸之然則蓋是詞助集韵謂割有居太切鄭康成讀則可易割爲刏訓斷制入太韵而云鄭康成讀則不可鄭尚書何嘗有刏字宋次道家古文尚書及汗簡乃有之　集韵入聲十二曷割古作刏按刏乃

㑌之譌㑌卽太韵之㓹字从人亡人亡者匄字也太韵作㓹形亦誤
古字割害通用如堯典方割割害也大誥降割馬本作害害與周篆體略相似此古文作害記緇衣作周之理也若作𠜕則與周絕遠此宋次道家古文尚書之不可信也
王伯厚藝文志攷說漢世諸儒所引異字有㓹申勸寧王之德按此句見集韵非漢儒所引也
惟文王尙克修和我有夏亦惟有若虢叔有若閎夭有若散宜生有若泰顚
疑亦本是大字衞包改泰

有若南宮括
　釋文曰南宮馬本作南君
又曰無能往來
　漢書朱雲傳容身保位亾能往來師古引君奭篇亾能
　往來
茲迪彝敎文王蔑德降于國人亦惟純佑
　古文苑漢樊毅修西嶽廟記天惟醇佑萬國以康
秉德迪知天威乃惟時昭文王迪見冒聞于上帝
　釋文曰冒馬本作勖勉也玉裁按勖今音許玉切古音
　勖與冒皆音懋而懋通作勖是以顧命冒貢馬鄭王作
　勖讀盤庚懋建今文尙書作勖建也

崔瑗侍中箴曰昔在周文創德西鄰勖聞上帝賴茲四
臣此引君奭作勖聞與馬本同且冒勖字異而皆下屬
爲句

惟時受有殷命哉武王惟茲四人尚迪有祿後暨武王誕
將天威咸劉厥敵

說文十四篇金部曰鎦殺也徐鍇曰說文無劉字偏旁
有之此字又史傳所不見疑此即劉字也从金从丣刀
字屈曲傳寫誤作田爾玉裁按楚金說是也

惟茲四人昭武王惟冒丕單稱德

說文四篇目部曰睸低目視也从目冒聲周書曰武王
惟睸玉裁按許所據者壁中故書也蓋孔安國以今文

讀爲冒字若然則壁中瞐字不必訓低目視矣

今在予小子旦若游大川予往曁女奭其濟小子同未在位誕無我責收罔勖不及耇造德不降我則鳴鳥不聞矧曰其有能格

釋文云鳴鳥本或作鳴鳳者非

公曰烏呼君肆其監于茲我受命無疆惟休亦大惟艱告君乃猷裕我不以後人迷公曰前人敷乃心乃悉命女作女民極曰女明勖偶王在亶乘茲大命惟文王德丕承無疆之恤公曰君告女朕允保奭其女克敬以予監于殷喪大否

釋文否方九反當是本作不方九反薛氏季宣作丕卽

其不字也

肆念我天威予不允惟若茲誥予惟曰襄我二人女有合哉言曰在時二人天休茲至

按監本汲古本皆作茲攷說文艸部茲字下云艸木多益水部滋字下云益也常棣召旻毛傳云況茲也韋昭注國語云況益也然則茲滋古通用

惟時二人弗戡其女克敬德明我俊民

俊足利古本作畯說見洪範

在讓後人于丕時烏呼

盧氏文弨據正義云周公言而歎曰補公曰二字於烏呼上顧氏廣圻云非也玩言而歎曰之云則知與烏呼

君己同不當有公曰也
篤棐時二人我式克至于今日休我咸成文王功于不怠
丕冒海隅出日罔不率俾公曰君予不惠若茲多誥予惟
用閔于天越民公曰烏呼君惟乃知民德亦罔不能厥初
惟其終祗若茲往敬用治

古文尙書撰異卷二十四

段玉裁學

多方第二十四　周書

惟五月丁亥王來自奄至于宗周周公曰王若曰猷告爾四國多方惟爾殷侯尹民我惟大降爾命爾罔不知洪惟圖天之命弗永寅念于祀惟帝降割于夏有夏誕厥逸不肯慼言于民

慼衞包改作慼俗字也

乃大淫昏不克終日勸于帝之迪乃爾攸聞厥圖帝之命不克開于民之麗乃大降罰崇亂有夏因甲于內亂

正義曰鄭王皆以甲爲狎王云狎習災異於內外爲禍

亂鄭云習爲鳥獸之行於內爲淫亂玉裁按鄭王讀甲爲狎孔傳云甲於二亂之內則是讀甲爲夾左傳介居二大國之閒字作介也凡爾雅之訓故有言轉注者有言假借者釋詁云狎習也此轉注也釋言云甲狎也此假借也借甲爲狎則甲音狎是以毛詩芄蘭能不我甲毛公云甲狎也徐仙民甲音胡甲反不誤匡謬正俗譏之誤矣韓詩作狎本字也毛詩作甲假借也

不克靈承于旅罔丕惟進之恭洪舒于民

困學紀聞曰洪舒于民古文作洪荼薛氏季宣曰大爲民荼毒也玉裁按此宋次道家古文也見古籍舒荼字通用如史記荆荼是徵玉藻諸矦荼之類而改字立異

亦無大害薛氏乃以荼毒訓之恐失之鑿矣

亦惟有夏之民叨𦤶

說文十二篇至部曰𦤶忿戾也从至至而復孫孫遁也大徐本作遜小徐本作孫說文辵部云遜遁也孫者遜之省春秋經夫人孫于齊周書曰有夏氏之民叨𦤶𦤶讀與摯同玉裁按說文所據多氏字

今尚書𦤶作懫天寶閒改也釋文𦤶作懫開寶閒改也釋文曰懫勑二反說文之二反玉裁按懫字惟見於大學鄭注尚書本作𦤶與說文所引同衞包妄謂𦤶爲古字懫爲今字改𦤶作懫開寶中又改釋文大字作懫而小字則仍其舊是以云說文之二反而不知說文無懫字也不云說文作𦤶則可知大字本作𦤶矣集韵去聲

六至兩云[illegible]或作懫此正合未改釋文新定釋文爲此
語　之二反者卽許君所云讀若摯唐以前說文音隱
四卷有此反語也今本丑利反用唐韻也
曰欽劓割夏邑天惟時求民主乃大降顯休命于成湯刑
殄有夏惟天不畀純乃惟以爾多方之義民不克永于多
享惟夏之恭多士大不克明保享于民乃胥惟虐于民至
于百爲大不克開乃惟成湯克以爾多方簡代夏作民主
蔡邕注典引曰尚書曰成湯簡代夏作民主
愼厥麗乃勸厥民刑用勸以至于帝乙罔不明德愼罰
玉裁按傳云言自湯至于帝乙皆能成其王道畏愼輔
相無不明有德愼去刑罰據此則經文罔不之上原有

成王畏相四字與酒誥篇同但釋文云輔相息亮反不釋經而釋傳何也而正義云自湯至於帝乙皆能成其王道無不顯用有德畏愼刑罰又疑經文有成王二字無畏相二字俟明者考定之

亦克用勸要囚殄戮多罪亦克用勸開釋無辜亦克用勸今至于爾辟弗克以爾多方享天之命烏呼王若曰誥告爾多方非天庸釋有夏非天庸釋有殷乃惟爾辟以爾多方大淫圖天之命屑有辭

馬本多士大淫屑有辭同此

乃惟有夏圖厥政不集于享天降時喪有邦閒之乃惟爾商後王逸厥逸圖厥政不蠲烝天惟降時喪惟聖罔念作

狂惟狂克念作聖

中論法象篇書曰惟聖罔念作狂惟狂克念作聖

天惟五年須夏之子孫

大雅皇矣上帝耆之鄭箋天須假此二國養之至老正義曰多方云天惟五年須夏之子孫注云夏之言假天覬紂能改故待假其終至五年欲使傳子孫五年者文王八年至十三年也周頌武箋云言不汲汲於誅紂須假五年正義引書注同玉裁按經文本作夏鄭注用鄉飲酒義釋爲假其箋詩則徑用須假字大雅周頌同也詩釋文曰假戸嫁反本又作暇按作暇者淺人所改耳楚辭聊假日以媮樂假一作暇僞孔本尙書作須暇之

子孫此正用鄭注易夏爲假而又作暇如用鄭注易卯谷爲昧谷之比今更正作夏　周頌武正義引多方天惟五年須暇湯之子孫暇從孔本又賸湯字　思文正義云鄭注大誓引禮說曰天意若曰須假紂五年乃可誅之　古義假訓大故假包閒暇之義須假或改爲須暇假日或改爲暇日總由泥於假訓假借暇訓閒暇不知其義相兼無煩改字匡謬正俗似未識此意而引登樓賦作假日可證今本文選之誤李善注假音古雅反引孫卿子多假日其出入不遠也又引賈逵國語注假閒也又云假或爲暇引楚辭聊暇日以消時今刻文選舛譌正之於此

誕作民主罔可念聽天惟求爾多方大動以威開厥顧天惟爾多方罔堪顧之惟我周王靈承于旅克堪用德惟典神天天惟式教我用休簡畀殷命尹爾多方今我害敢多誥我惟大降爾四國民命爾害不忱裕之于爾多方爾害不夾介乂我周王享天之命

匡謬正俗曰多方篇爾害弗夾介乂我周王享天之命玉裁按今本害作曷此衛包改也此篇曷字凡四見皆當由舊作害今皆更正王莽依大誥多作害是今文尚書亦皆作害也　又不夾介匡謬正俗作弗　顏師古曰孔安國云夾近也徐仙音夾爲協按夾旣訓近音陿不得讀爲協也玉裁按顏說失之拘泥

今爾尚宅爾宅畋爾田

說文三篇攴部曰畋平田也从攴田周書曰畋尒田玉裁按詩齊風無田甫田正義引書宅爾宅田爾田則畋字一本作田古義也

說文爾作尒引文矦之命賚尒考工記挈尒論語鏗尒皆同尚書正義卽此畋亦田之義亦字當爲尒之誤豈經文本作尒而衛包改爾歟

爾害不惠王熙天之命爾乃迪屢不靜爾心未愛爾乃不大宅天命爾乃屑播天命爾乃自作不典圖忱于正我惟時其敎告之我惟時其戰要囚之至于再至于三乃有不用我降爾命

漢書文三王傳廷尉賞大鴻臚由移書梁王傅相中尉曰書曰至于再三有不用我降爾命師古曰此周書多方篇之辭也言我教汝至于再三汝不能用則我下罰黜汝命也玉裁按此少至于字乃字葢今文尚書本然

我乃其大罰極之

各本作殛之釋文殛紀力反本又作極玉裁按作極者是也足利古本亦作極

詩魯頌閟宮致天之屆于牧之野鄭箋云屆極也此用爾雅釋言文裴松之注魏志武帝紀引詩及箋可證下文罰極紂于商郊牧野此正承上文極也之云用多方罰極二字經典釋文屆極紀力反下同雖誤讀極爲殛

而字不誤今本注疏乃遭淺人妄改極爲殛矣今據鄭箋以正多方　閟宮正義云屆極釋言文釋言又云極誅也然則此極又轉爲誅紂爲無道天欲誅之武王奉行天意故云致天之屆牧誓云時甲子昧爽武王朝至于商郊牧野乃誓是致天所罰誅紂於牧野定本集注皆云殛紂於牧野殛是殺非也玉裁按此條辨極是殛非詩意甚明今本遭淺人盡將極字改爲殛字誅紂於牧野之誅字改爲殺字則不可讀矣而釋言極誅也郭注書曰鯀則極死正與裴松之注魏志所引詩書合爾雅音義極紀力反正與詩閟宮音義同淺人盡改經注釋文幸又可據毛詩正義更正　唐石經作殛誅也不

可從　屆極也極窮也鄭意謂罰窮紂於牧野作正義者未能憭然是以必兼引極誅也以足成之　昭七年左氏傳昔堯殛鯀於羽山釋文云殛本又作極　小雅菀柳後予極焉毛傳極至也鄭箋極誅也王信讒不察功考績後反誅放我是言王刑罰不中不可朝事也正義曰極至釋詁文極誅釋言文此又釋言作極不作殛之明證也詩釋文曰極毛如字鄭音棘陸氏未憭於訓誅古亦讀如字無庸分別極非殛之假借字也凡攷一字必博觀互證而後明類如此　此詩鄭引誅訓釋爲刑罰若閟宮則言屆極也包至誅兩義在其中矣　集韵曰殛訖力反或作極此從洪範多方音義採取者也

非我有周秉德不康寧乃惟爾自速辜王曰烏呼猷告爾有方多士暨殷多士今爾奔走臣我監五祀越惟有胥伯小大多正

尙書大傳周傳曰古者十稅一多于十稅一謂之大桀小桀少于十稅一謂之大貊小貊王者十一而稅而頌聲作矣故書曰越維有胥賦小大多政玉裁按惟作維伯作賦正作政此今文尙書也古音賦伯同在第五魚鐸部

爾罔不克臬

釋文曰臬馬本作劓

自作不和爾惟和哉爾室不睦爾惟和哉爾邑克明爾惟

克勤乃事爾尚不忌于凶德

說文三篇言部曰諅忌也从言其聲周書曰上不諅于凶德玉裁按玉篇廣韵集韵引說文皆同小徐本及汲古所刻大徐本作爾尚不諅于凶德誤也宋麻沙本及李燾分韵本皆不誤尚上古通用僞孔尚書本作尚忌恐是皆以訓詁同音字改其本字如夏改暇之比

亦則以穆穆在乃位克閱于乃邑謀介爾乃自時雒邑尚永力畋爾田天惟畀矜爾我有周惟其大介賚爾迪簡在王庭尚爾事有服在大僚王曰烏呼多士爾不克勸忱我命爾亦則惟不克享凡民惟曰不享爾乃惟逸惟頗大遠王命則惟爾多方探天之威我則致天之罰

隸釋石經尚書殘碑我則致天之上下皆闕

離逖爾土

逖當是本作逷衞包所改離逷卽離勢謂分析也

王曰我不惟多誥我惟祗告爾命又曰時惟爾初不克敬

于和則無我怨

古文尚書撰異卷二十五

段玉裁學

立政第二十五　周書

周公若曰拜手稽首告嗣天子王矣用咸戒于王曰王左右常伯

說文三篇攴部曰䜴迮也从攴白聲周書曰常䜴常任王氏鳴盛曰據楊雄侍中箴應劭漢官儀胡廣侍中箴常伯常任如漢侍中之職說文作䜴爲迫近之義玉裁按漢人亦多作常伯不作䜴此葢許據壁中故書孔安國以今文讀之則作伯

常任準人

隸釋漢石經尙書殘碑常伯常任辟下闕按此今文尙書也準作辟

綴衣

楊雄雍州牧箴班固西都賦隺瑗北軍中候箴皆作贅衣鄭注周禮引顧命贅路贅綴古通用

虎賁周公曰烏呼休茲知恤鮮哉古之入迪惟有夏乃有室大競籲俊尊上帝迪知忱恂于九德之行乃敢告敎厥后曰拜手稽首后矣曰宅乃事宅乃牧宅乃準茲惟后矣謀面用丕訓德

石經尙書殘碑亂謀面用下闕此今文尙書也謀上有亂

則乃宅人茲乃三宅無義民桀德惟乃弗作往任是惟暴德罔後亦越成湯陟丕釐上帝之耿命乃用三有宅克即宅曰三有俊克即俊嚴惟丕式克用三宅三俊其在商邑

白虎通京師篇尚書曰在商邑

用協于厥邑其在四方用丕式見德

石經尚書殘碑于厥邑其在下闕

烏呼其在受德敯

正義曰釋詁云敯强也敯即昏也故訓爲强玉裁按此當云敯强也昏即敯也故訓爲强乃合疑正義所据經文本同般庚作昏與陸氏德明本作敯不同今本自依陸氏耳爾雅昏敯俱訓强而正義迂回如是者爾雅昏

字乃敃字之假借故同訓强此正善發明爾雅如鄭注
般庚亦讀昏爲敃
說文十篇心部曰忞彊也从心文聲周書曰在受德忞
讀若旻小徐本無此十字玉裁按此壁中故書也忞或爲敃猶
敯亦作汶古音文聲昏聲敃聲同在第十三部也
惟羞刑暴德之人同于厥邦乃惟庶習逸德之人同于厥
政帝欽罰之乃伻我有夏式商受命奄甸萬姓亦越文王
武王克知三有宅心灼見三有俊心
說文十篇火部曰焯明也从火卓聲周書曰焯見三有
俊心玉裁按作灼見則爲同部假借字矣
以敬事上帝

石經尚書殘碑有會心以敬事下闕按俊作會此今文尚書也

立民長伯立政任人準夫牧作三事虎賁綴衣趣馬小尹

孟子盡心篇趙注書云虎賁贅衣趣馬小尹

左右攜僕百司庶府大都小伯藝人表臣百司大史尹伯庶常吉士司徒司馬司空亞旅夷微盧烝三亳阪尹文王惟克厥宅心

石經尚書殘碑王維厥度心乃下闕按此今文尚書也

無克字宅作度凡今文尚書宅作度

漢書敘傳西土宅心劉德曰書曰惟衆宅心今按尚書無此句必今文尚書維厥度心之駁文也

乃克立兹常事司牧人以克俊有德文王罔攸兼于庶言庶獄庶慎惟有司之牧夫是訓用違庶獄庶慎文王罔敢知于兹亦越武王率惟敉功不敢替厥義德率惟謀從容德以竝受此丕丕基

石經尚書殘碑受兹丕丕其於戲下闕　玉裁按此今文尚書也此作兹基作其烏呼作於戲大誥亦有丕丕基而漢書翟方進傳王莽作大大矣以矣訓基者葢今文尚書大誥亦作丕丕其與立政同其者語詞讀如姬故莽以語詞訓之今文尚書說也周頌夙夜其命其始也葢古文尚書本作其與今文同後訓爲始乃加土耳

烏呼孺子王矣繼自今我其立政立事準人牧夫我其克

灼知厥若丕乃俾亂相我受民

立政相我受民勱相我國家呂刑今天相民孔傳相俱訓治釋文云相如字正義云相助也助君所以治民事故相爲治玉裁按如正義說則釋文不當云如字矣攷介正釋故艾歷覛胥相也乂亂靖神弗淈治也二條葢古本有合爲一條者僞孔傳之所因也

和我庶獄庶愼時則勿有閒之自一話一言我則末惟成德之彥以乂我受民

論衡明雩篇周公爲成王陳立政之言曰時則物有閒之自一話一言我則末維成德之彥以乂我受民周公立政可謂得矣知非常之物不賑不至故敇成王自一

話一言政事無非毋敢變易然則非常之變無妄之氣閒而至也水氣閒堯旱氣閒湯周宣以賢遭遇久旱政無細非旱猶有氣閒之聖主知之不改政行轉穀賑贍損酆濟耗斯見之審明所以救赴之者得宐也玉裁按此今文尚書也詳仲任意於末字句絕末無也謂無非也不賑不至當作不賑不去謂去非常之災異也論衡作物此今文尚書也訓爲災物此今文尚書說也作勿者古文尚書也

烏呼予旦已受人之徽言

石經尚書殘碑旦以前人之徽言下闕　按已受作以前徽作微此今文尚書也東觀餘論同

咸告孺子王矣繼自今文子文孫其勿誤于庶獄庶慎惟正是乂之自古商人亦越我周文王立政立事牧夫準人則克宅之克由繹之

王伯厚藝文志攷說漢儒所引異字有則克度之克猶繹之未檢得所出宅作度由作猶今文尚書也

茲乃俾乂國則罔有立政用憸人不訓于德是罔顯在厥世

石經尚書殘碑訓德是罔顯哉厥世下闕 按無于字在作哉此今文尚書也東觀餘論亦引是罔顯哉厥世

繼自今立政其勿以憸人

釋文曰憸本又作[illegible]按說文心部引相時憸民正作[illegible]

字

說文三篇言部曰譣問也从言僉聲周書曰勿以譣人

按譣者今之驗字周書憸人字如此作則於六書爲假借如敃𢓊之比此亦壁中故書然也

其惟吉士用勱相我國家

說文十篇力部曰勱勉力也从力萬聲周書曰用勱相我邦家讀若萬玉裁按小徐本作讀與厲同一切經音義勱音靡辡切凡古文尚書多作邦凡今文尚書多作國玉篇亦引書勱相我邦家

今文子文孫孺子王矣其勿誤于庶獄惟有司之牧夫其克詰爾戎兵以陟禹之迹方行天下

齊語以方行于天下韋注方當作横明道二年本如是

近本作方猶横也玉裁按横讀古曠切充也

至于海表罔有不服以覲文王之耿光以揚武王之大烈

石經尙書殘碑王之鮮光叺揚武王下闕按耿作鮮此

今文尙書也東觀餘論引文王之鮮光

尙書大傳周傳雒誥篇曰以勤文王之鮮光以揚武王

之大訓覲作勤耿作鮮此今文尙書之一證也

烏呼繼自今後王立政其惟克用常人周公若曰大史司

寇蘇公式敬爾由獄以長我王國茲式有慎以列用中罰

古文尚書撰異卷二十六

段玉裁學

顧命第二十六　周書

惟四月哉生魄王不懌

釋文馬本作不釋云不釋疾不解也玉裁按釋懌同字如毛詩悅懌女美鄭箋讀爲說釋孔傳不悅懌猶今人云不爽快不自在也其疾淺馬云疾不解則深矣

漢書律厤志顧命曰惟四月哉生霸王有疾不豫此葢今文尚書也

甲子王乃洮頮水

吳志注虞翻別傳翻奏鄭元解尚書違失事四成王疾

困憑几洮頮爲濯以爲澣衣成事此字虛更作濯以從其非案此爲濯之上當有脫文當云洮讀爲濯易其字故下文云此字虛更作濯鄭葢以洮字不可解馬季長雖以洮髮訓之非由故訓故更爲濯字解爲浣衣雖於事或乖而於字義必求是翻乃云天子頮面謂之澣衣甚違不知葢闕之義夫洮頮自是二事浣衣自釋濯耳非統頮在內也尚書後案駁虞乃摘出洮頮爲濯四字系之鄭注似文理未安且云鄭無浣衣之語鄭未嘗作昧谷鄭未嘗作分北三苗云云仲翔親讀鄭書注而非之非造爲蜚語以誣之者後案欲翼鄭而又不能折虞且以誣虞玉裁說文解字讀中於瑁字八字冃字洮字

皆辨及之　洮讀爲濯者周禮守祧注古文祧爲濯爾雅郭本珧衆家本皆作濯是其例也兆聲翟聲同在第二部　說文小篆作沬古文作䫋䫋从水廾頁會意兩手匊水洒面也今說文作湏乃是誤字尙書音義文選報任少卿書注所引皆不誤

相被冕服馮玉几

馮今本作憑此必衞包改也經典凡馮河馮依字皆作馮皮冰反未有作憑者衞改尙書之馮爲憑而開寶中又改釋文之馮爲憑今更正　周禮司几筵注鄭司農云書顧命曰成王將崩命大保芮伯畢公等被冕服馮玉几　說文十四篇几部凭依几也从任几周書曰凭

玉几讀若馮玉裁按凭是正字凡作馮者皆同音假借
字也

乃同召大保奭芮伯彤伯畢公衛侯毛公師氏虎臣百尹
御事

漢石經几乃闕召大保下闕　漢書古今人表第三等
芮伯師伯毛公師氏龍臣師古曰師伯尚書作彤伯龍
臣尚書作武臣玉裁按唐人諱虎爲武師伯龍臣此今
文尚書也而班氏以師氏龍臣爲人名孔傳則以師氏
虎臣爲官其說亦異師古用孔傳以虎注龍誤矣

王曰烏呼疾大漸惟幾病日臻既彌留恐不獲誓言嗣茲
子審訓命女昔君文王武王宣重光

文選陸士衡皇太子宴元圃詩李善注尙書曰昔先君文王武王宣重光鍾士季檄蜀文李善注尙書曰昔我君文王武王宣重光

奠麗陳敎則肄肄不違用克達殷集大命

漢石經通殷就大命在下闕見隸釋及東觀餘論玉裁按此今文尙書也古文達字今文皆作通禹貢達于河達于泲達于淮泗史記皆作通是也集就古通用韓詩是用不就毛詩作不集是也皆雙聲字古音達讀如撻

在後之侗

釋文曰侗馬本作詷云共也　說文言部曰詷共也引周書在后之詷玉裁按侗作詷與馬本合後作后者古

字通用徐鼎臣李仁甫本皆作在夏后之詞誤衍夏字不可通徐楚金本無夏字　玉海藝文志攷引在夏后之詞此用徐鼎臣誤本也黃公紹韵會引在后之詞用小徐本無夏字

敬御天威

玉裁按今本御作迓天寶以前必作御釋文因傳訓迓必有御五嫁反之文自衞包改之開寶中又依以刪釋文矣此字作御則兼包他義御天威者謂用天威治民也如雒誥之御衡不可改迓況卽訓迎亦當作御乎般庚牧誓雒誥諸篇既詳之矣今更正

嗣守文武大訓無敢昏逾

說文二篇辵部逾越進也从辵俞聲周書曰無敢昏逾今天降疾殆弗興弗悟爾尚明時朕言用敬保元子釗玉裁按康王名釗見說文解字刀部釗字下史記周本紀漢書古今人表韓愈諱辨皆云然而唐人巨光庭因康王之子謚昭肌爲異說謂康王名釗非釗也最爲野言釗丩聲一作釚弩機也廣韵集韵皆於三蕭四宵韵内釗字下注云亦弩機此正曹憲注廣雅所謂世人以釚釗爲一字者巨氏知其爲二而欲以釗改康王名豈馬班許韓皆誤乎攷小顏漢書注釗音之遙反又工遼反張守節史記正義釗音昭又古堯反玉篇云之姚切又古堯切廣韵集韵皆四宵音昭三蕭音梟安知古堯

一反非周時古音而狃於今之人專讀如昭遂取爲不諱嫌名之證乎至若白虎通引顧命迎子劉劉字自是版本之誤而元人乃不以爲誤雖曰闕疑抑無眞見矣又按方言郭注釗居遼反尙書釋文釗姜遼反又音招徐之肴反郭不言音昭陸列昭音於次說然則自唐以前皆讀如貂可無嫌名之疑也

宏濟于艱難柔遠能邇安勸小大庶邦思夫人自亂于威儀爾無以釗冒貢于非幾

冒釋文云馬鄭王作勖　釋文云貢如字此謂孔義也又云馬鄭王作贛音勑用反此謂鄭王本字作贛而讀爲戇也說文心部曰戇愚也漢書高帝紀曰王陵少戇

汲黯傳曰甚矣汲黯之戇也集韵去聲三用曰戇亦省作贑丑用切此本尚書音義也聲類韵集丑巷切與丑用雙聲釋文又云馬云陷也此謂馬本字亦作贑而其說又與鄭王不同也贑从貝竷省聲竷苦感切說文引詩竷竷舞我卽小雅之坎坎鼓我舞系字誤師古注漢書曰戇古音下紺反是與陷音同馬讀爲坎訓爲陷本說卦傳公羊莊二十四年傳贑諫贑讀如坎卽白虎通之陷諫贑陷也此與顧命馬注相發明白虎通陷字初學記引不誤今本譌作伯或云當作柏柏者迫也說非

茲既受命還出綴衣于庭越翌日乙丑

漢石經非幾茲卽 下闕 按既作卽此今文尚書也　翌

今本作翼衞包之誤也集韵一屋翌音余六切明也書翌日乙丑劉昌宗讀玉裁按此本周禮司几筵音義據劉此讀可證翌爲昱之假借不容妄改爲翼也今更正

成王崩

釋文曰王崩馬本作成王崩注云安民立政曰成　周禮司几筵鄭仲師注云書顧命曰翌日乙丑成王崩漢書律厤志云顧命曰惟四月哉生霸王有疾不豫甲子王乃洮沬水作顧命翌日乙丑成王崩　白虎通崩薨篇云書曰成王崩天子稱崩何別尊卑異生死也玉裁按班所引今文尚書鄭馬古文尚書同有成字僞孔刪之非也說詳酒誥周禮天府注引書無成字或後

人刪之王鳳喈孫詒穀皆云天府注有成字或其所見者善本俟攷

大保命仲桓南宮毛

漢書古今人表第三等中桓南宮髦玉裁按中仲毛髦古皆通用

俾爰齊侯呂伋以二千戈虎賁百人逆子釗于南門之外

白虎通爵篇云尚書曰王麻冕黼裳上言迎子釗不言迎王玉裁按凡古文尚書作逆凡今文尚書作迎如古文尚書逆河馬班作迎河之比周禮巾車注書曰以虎賁百人逆子釗此引古文尚書也

延入翌室恤宅宗

翌今本作翼傳訓翌爲明疏引釋言翌明也則其字必本作翌明室卽明堂也明堂卽路寢也衞包妄改爲翼今更正 後漢書班固傳典引曰正位度宗章懷太子注云尙書曰延入翼室恤度宗度居也宗尊也玉裁按此本蔡邕典引注蓋蔡氏引尙書延入翌室卹度宗而申之曰度居也宗尊也云云今本文選注脫去引尙書語章懷自襲蔡注耳凡古文尙書宅字今文尙書皆作度

丁卯命作册度越七日癸酉伯相命士須材狄設黼扆綴衣

隸釋載漢石經殘碑黼衣下闕此今文尙書也詩公劉

既登乃依鄭箋云依或展字見釋文然則古字多通用

但未知今文家作何說

按明人有爲九經考異五經考異者其所援石經多不可信如云契石經作鄭召誥則至于豐作郇至于豐雒誥頒作攽多方胥伯作胥賦立政其勿以憸人作毋以論人在後之侗作在夏后之詷黼裳作黼衣皆或取諸說文解字或取諸尚書大傳而詭云石經以欺世顧命漢石經黼衣誤謂黼裳之駁文凡漢石經在隸釋之外者多不可信如楊用修引石經[illegible][illegible]彼有屋本諸玉篇非見石經也

牖間南鄉敷重蔑席黼純華玉仍几

鄉古經傳鄉背字多如此如禮記明堂位鄉飲酒義燕義等篇可證不作向亦不作嚮向義殊別集韵分列是也嚮字俗製上下皆諧聲也衞包以嚮字改經開寶閒又將釋文鄉許亮反改爲嚮字矣今更正

唐石經及版本作篾从竹乃是俗字耳今更正　說文四篇首部曰莧火不明也从首火首亦聲周書曰布重莧席莧席纖蒻席也讀與蔑同玉裁按許據壁中古文也敷布古通用莧蔑古通用尚書莧席其訓纖蒻則其字當作蔑而作莧者假借也許君造說文曰火不明也此其正義引書而又釋之曰纖蒻席也此其假借之義正如圛字正義回行也商書之曰圛則訓升雲半有半

無垔字正義曰土增道上也虞書之垔讒說則訓疾惡三処文瀍皆同又如朋淫之借堋作好之借珳桓桓之借狟皆是此例許君親見古文本錄其字多異後來尙書但作蔑朋好桓者講說家以易通之正字易之也

四席諸家說各不同讀者皆不得其意義馬云蔑纖蒻王肅云蔑席纖蒻苹席許氏說文云莧席纖蒻席也三家說同此合下文厎席爲言厎席爲蒻苹蔑席則蒻苹之纖細者蔑訓細方言木細枝謂之杪江淮陳楚之內謂之蔑郭注蔑小皃也鴟鵬謂之蔑雀於此可知經文本作蔑故諸家以纖說蔑衞包因孔傳訓爲桃枝竹遂改蔑爲從竹之篾形聲會意絕不可知而開寶中陳鄂

又依以改釋文矣鄭云蔑析竹之次青者此則合下文筍席爲言禮器正義引鄭注尙書曰筍析竹青皮也是析其最外之青皮爲席謂之筍席析其次青者爲席謂之蔑席鄭意蔑同禮注之篾字也底席鄭云底致也蔑纖致席也此蒙上文蔑席爲言蔑席之纖致者則謂之底席致者今之緻字底致也比傳字義以立說鄭又云豐席刮凍竹席也凍當是湅之字誤湅治也刮湅亦合下筍爲言筍席用竹外青皮而不刮治豐席用竹外青皮而刮治使浮筠色澤姘容可觀故曰豐席鄭君四席皆主竹而言豐筍以外青刮治與不刮治爲別底蔑以次青緻與不緻爲別不牽合周官一字也　又按說文

纖蒻各本譌作織蒻字之誤也蒲不可云織雖左氏有織蒲之語然恐非許意

西序東鄉敷重厎席綴純文貝仍几

玉篇曰茋之履切書云敷重茋席孔安國曰茋蒻苹也本作厎玉裁按俗加艸作茋也正義云禮注謂蒲席爲蒻苹不言何篇禮注今攷閒傳鄭注曰芐今之蒲苹也釋名蒲苹以蒲作之其體平也苹本當作平俗加艸耳今本釋名苹誤草不可讀集韵五旨茋字下尤譌舛說文曰蒻蒲子可以爲平席也世謂蒲平今本說文無世謂蒲平四字太平御覽所引有之馬王云厎席青蒲席也說同鄭君云厎致也蔑纖致席也蒙上文蔑席而言

致緻古今字據鄭說可知經文厎不當從艸矣　又按說文蒲子猶云子蒲謂蒲之稺脃或改爲蒲本非也

東序西鄉敷重豐席畫純雕玉仍几西夾南鄉敷重筍席元紛純漆仍几

孔云筍蒻竹玉裁按此蒻字从艸誤當作弱竹謂稺竹也有謂竹胎爲筍者周官之筍菹是也有謂稺竹爲筍者此是也正義誤馬云筍箬箬也此謂取筍籜箬編爲席與孔說異鄭注則又不同其說曰筍析竹青皮也禮器曰如竹箭之有筍攷今本禮器作筠鄭本作筍聘義孚尹旁達鄭注孚讀爲浮尹讀爲竹箭有筍之筍浮筍謂玉采色也釋文尹依注音筍又作筠于貧反古字句

匀多通用如易坤爲均亦作旬內則旬而見注旬當爲均說文古文鈞从旬作𨥫竹胎評筍竹青皮亦呼筍後人分析別作筠康成時筍筠不分筍卽筠字讀于貧反

尚書釋文徐云竹子竹爲席于貧反此當云筍子竹也子竹爲席轉寫脫字子竹卽孔傳弱竹也于貧反謂孔說筍字讀于貧反也仙民古文尚書音一卷爲孔傳作其旁及馬鄭義者必云馬音某鄭音某此不舉鄭說知仙民謂孔訓子竹讀于貧反也集韵十八諄曰筍于倫切弱竹可以爲席也此正用徐音于倫卽于貧也又可以證作蒻之誤尚書後案改徐語云竹子皮爲席闌入鄭義非孔說

高帝紀以竹皮爲冠韋昭曰竹皮竹筠也今南夷取竹幼時績以爲帳此與鄭注析竹靑皮合

周禮司几筵注鄭司農云書顧命曰翌日乙丑成王崩癸酉牖閒南鄉西序東鄉東序西鄉皆仍几釋文鄉許亮反俗本注疏皆改作嚮正義引顧命鄉皆作嚮則天寶以後俗人所改也

西夾徐音頰此卽多方夾音協之理也

越玉五重陳寶

說文宀部曰宲藏也从宀禾聲禾古文保周書曰陳宲赤刀玉裁按史記一書寶字皆作葆亦其理也許君葢據壁中眞本後人易以同音之寶字

赤刀大訓宏璧琬琰在西序大玉夷玉天球河圖在東序
說文一篇玉部曰醫無閭之珣玗琪周書所謂夷玉也
班固典引曰御東序之祕寶以流其占蔡邕注曰東序
牆也尚書曰顓頊河圖雒書在東序流演也疑脫河雒圖二字
書皆存亾之事尚覽之以演禍福之驗也玉裁按此所
引尚書絕異葢今文尚書也王儉褚淵碑文餐東野之
祕寶李善注云雒書天准聽曰顧命云天球河圖在東
杼天球寶器也河圖本紀圖帝王終始存亾之期典引
曰御東序之祕寶然野當爲杼古序字也玉裁謂尚書
大傳天子賁庸諸侯疏杼鄭注杼亦牆也是杼爲序之
假借今文尚書葢如此大傳屬今文漢時緯書亦皆用

今文　又按顓頊二字蓋卽古文尚書大玉夷玉天球
等之駁文如般庚篇之優賢揚歷也蔡氏據今文尚書
刻石經其不可信者多矣

允之舞衣大貝鼖鼓在西房兌之戈和之弓垂之竹矢在
東房

周禮天府注鄭司農云書顧命曰翌日乙丑王崩丁卯
命作冊度越七日癸酉陳寶赤刀大訓宏璧琬琰在西
序大玉夷玉天球河圖在東序允之舞衣大貝鼖鼓在
西房兌之戈和之弓垂之竹矢在東房釋文曰垂劉音
瑞

大路在賓階面綴路在阼階面先路在左塾之前次路在

右塾之前

路今本作輅必衛包所改也古經傳無作輅者周禮巾車禮記明堂位禮器郊特牲皆作路儀禮注云君所乘車曰路此取路大也之義釋名云路亦車也謂之路者言行於道路也今本釋名俗改作輅今更正論語乘殷之輅亦是俗字當改

周禮典路注鄭司農說以書顧命曰成王㒳康王旣陳先王寶器又曰大路在賓階面贅路在阼階面先路在左塾之前次路在右塾之前正義引尚書亦作贅

錢氏曉徵曰塾說文無此字當用墪字塾或作埻見後漢書注墪孰聲相近後漢書劉縯傳莽使長安中官署

及天下鄉亭皆畫伯升象於塾旦起射之章懷注曰蕭該音義亦作塾引字林塾門側堂也東觀記續漢書並作埻埻音之允反玉裁按西山經騩山錞于西海北山經錞于毋逢之山又敦題之山錞于北海中山經蒼玉錞于[元]石東山經竹山錞于江郭注錞猶隄埻也音章閏反按集韵埻朱閏切壘土也壘當作垒錞之言屬也屬音之欲切敦髮祝髮同謂斷髮也音理亦同山海經凡言錞者皆謂岡𠂤衇絡相聯屬玉篇埻之允之閏二切引山海經隗山是埻于西海郭璞曰埻猶隄也然則今本山海經从金作錞誤也說文無塾字而垛字下云堂塾也攷衆經音義云通俗文積土爲垛纂文吳人謂

積土爲垛許君以塾訓垛然則塾者正今江蘇人所謂垛頭門牆之伸出者謂之門垛頭所謂門塾者即因此疑其字古當作埻或作墪久乃譌爲塾而讀如孰也俟更詳之　門側之堂皆不與門齊故其訓爲垛

二人雀弁執惠立于畢門之內四人綦弁執戈上刃夾兩階戺

詩曹風正義顧命曰四人騏弁執戈注云青黑曰騏玉裁按此蓋鄭本鄭注與尚書釋文所引馬本馬注合顧命正義引鄭注青黑曰綦鄭風正義引顧命經注皆作綦皆依附經文作綦耳曹風正義且云書注不破騏字爲玉綦又魯頌正義曰顧命曰四人騏弁注云青黑曰

騏引詩我馬維騏是則鄭本之作騏無疑矣騏綦古通用說文綥帛蒼艾色也綥綦古今字騏馬青驪文如綦也然則綦與騏其色正同今本說文作馬青驪文如博棊也非是當依李善釋元應所引正之

一人冕執劉立于東堂一人冕執戣立于西堂

今本作鈒攷釋文小字云音戣說文云大斧也按說文戣大斧也鈒車鑾聲也二字絕殊儻經文作鈒則元朗當云說文作戣大斧也以其無作戣二字則知大字本是戣字自衞包妄謂戣古字鈒今字改經文之戣作鈒開寶閒陳鄂又改釋文大字戣作鈒而小字則仍其舊文理舛逆橫決不可通矣此與多方之鑾同

一人冕執戣立于東垂一人冕執瞿立于西垂一人冕執
銳立于側階
說文十二篇戈部戣字下曰周書侍臣執戣立于東垂
兵也从戈癸聲
說文金部曰鈗侍臣所執兵从金允聲周書曰冕執鈗
讀若允臣佖曰許愼說文鈗字注云侍臣所執兵从金
允聲周書一人冕執鈗讀若允與鋋字相次又按今文
尚書一人冕執銳孔安國傳云銳矛屬也疑孔安國之
時舊是鈗字後傳寫作銳耳說文銳芒也亦與矛不類
玉裁按治尚書者自蔡氏仲默以來皆謂銳字當依說
文作鈗矣而未得其詳以玉裁攷之玉篇無鈗字有銳

字與鈒鋋鉈鏦錟以類相從注云徒會切矛也又弋稅切案又弋稅切四字必孫强輩所增而徒會切矛也五字乃顧氏野王原文是野王所據尚書作一入冕執鋭也考廣韵十七準無鈗字十四泰鋭杜外切矛也又弋稅切集韵十四太鋭徒外切矛屬毛氏禮部韵略黃氏韵會九泰鋭徒外切矛屬皆與玉篇合然則作鋭而讀如兑自六朝已然野王法言皆無鈗字則說文古本鈗字有無未可定也陸氏釋文鋭以稅反不言說文作鈗讀若允亦疑德明時說文未必有鈗字張佖校漢書始引說文鈗侍臣所執兵云云同徐楚金本而其字廁於鋋小矛也之下鉈短矛也鏦矛也錟長矛也之上似讀說文者援周書別本補此字而又比

傳鄭孔矛屬之訓廁之諸矛閙侍臣所執兵語甚糊塗廣雅釋器說矛有錟鏦鍦（卽鉈）而無鈗似魏時說文亦無鈗字又在玉篇之前矣集韵十三祭鈗俞芮切侍臣所執兵或作鏸十四太銳徒外切矛屬或作鈗此合鈗銳二字爲一字不免牽合陸德明時尚書自作銳非德明改鈗爲銳也而或疑衛包改之尤誤矣當依尚書作銳音徒外切

說文列字自有次第金部自鏡鉹以至鏝鑽鑪凡若干字皆器名也錐銳也以音近爲訓其下不當云銳芒也橫梗於中使鏝鑽鑪等字不貫葢銳字應與錭鈍鈰爲伍若云因上文錐銳也而釋銳則錐之前有鑱銳也何

不釋於鑱後乎竊以爲銳字本是鋭字讀若允本作讀若兌故玉篇廣韻集韵鋭皆徒會切實本說文而玉篇廣韵皆無銳字大徐自言用唐韵而廣韵無銳余準切之文則非唐韵也讀若兌旣譌作讀若允則依允字爲音耳毛居正六經正誤曰鋭矛屬許氏說文音兌廣韵徒外切今音以稅反是鋭利之鋭非兵器也當從說文廣韵音毛氏語甚分明必見說文善本作鋭侍臣所執兵也从金兌聲周書曰一人冕執鋭讀若兌也而讀若兌之下或當有一曰芒也四字後人以徒會以稅分别其音又鋭譌爲銳遂移徒分置

岳氏珂刊正九經三傳沿革例曰顧命一人冕執脫脫實鋭字也按說文以爲兵器注中釋爲矛屬而陸德明

又音以稅反且諸本皆作鋭獨越中注疏於正文作脫
注疏中又皆作鋭今只從衆作鋭玉裁按越中本作脫
譌字也玩岳氏語其所据說文亦作鋭無銳字宋時說
文尚有善本存焉

王麻冕黼裳由賓階隮

白虎通爵篇尚書曰王麻冕黼裳　白虎通紼冕篇尚
書曰王麻冕

卿士邦君麻冕蟻裳入卽位大保大史大宗皆麻冕彤裳

大保承介圭

說文一篇玉部曰玠大圭也从玉介聲周書曰稱奉介
圭

上宗奉同瑁由阼階隮

白虎通爵篇緣民臣之心不可一日無君也故先君不可得見則後君繼體矣尚書曰再拜興對乃受銅瑁明爲繼體君也緣始終之義一年不可有二君也故尚書曰王釋冕喪服吉冕服受銅稱王以接諸侯明已繼體爲君也釋冕藏銅反喪明未稱王以統事也玉裁按作銅者今文尚書也虞仲翔所謂今經益金就作銅字也今經者今文尚書也云益金就作銅字詁訓言天子副璽者謂伏生尚書本亦作同說今文家易爲銅字訓爲副璽也班孟堅因今文家作銅故云受銅藏銅正謂天子副璽通典引白虎通乃用古文尚書改銅作同非班

氏之意近校白虎通者不知此而一依通典誤矣

裴松之三國志注虞翻別傳曰翻奏鄭元解尚書違失事四以顧命康王執瑁古曰[今本作月]字似同從誤作同既不覺定復訓爲杯玉人職天子執瑁以朝諸侯謂之酒杯誤莫大焉又馬融訓注亦以爲同者大同天下今經益金就作銅字詁訓言天子副璽雖皆不得猶愈於元虞意同字是曰字之譌曰瑁者謂曰天下之瑁也詆訾鄭君欲命學官改同作曰曰瑁爲一物鄭君訓同爲杯則上宗奉同王受同三宿三祭三咤大保受同及巳下同字皆如貫珠儻如仲翔改作上宗奉曰瑁乃受曰瑁則三宿三祭三咤者果何物乎且巳下同字可皆更爲

冃乎如其說則瑁字已足冃爲贅也大保受冃降以異
冃秉璋以酢果何解乎天子之瑁乃有異者爲貳乎其
性謬甚矣季長云同者大同天下亦以同瑁爲一物鄭
覺其非乃更之而漢時今文尚書盖金作銅詁訓副璽
夫銅爲副璽與經文宿祭詫酢者何涉而乃云其說猶
愈於鄭乎仲翔駁鄭四事無一是者旣於說文解字讀
各辨之矣

錢氏曉徵三國志攷異云今本尚書同瑁連文同瑁各
是一物仲翔以古冃字似同鄭氏從誤作同又訓爲酒
杯以此譏鄭之失則古本只有瑁字古文作冃而鄭作
同也今本尚書出於梅賾或亦習聞仲翔說兼取二文

以和合鄭虞之義乎玉裁戊戌年說文解字讀初稿亦同錢說後覈正義引乃受同瑁鄭注云王既對神則一手受同一手受瑁知古文尚書實有二字馬云同者大同天下儻無瑁字則大同天下爲何物而奉之受之乎白虎通亦引乃受銅瑁則今文尚書無異也乃改正如今說

大史秉書由賓階隮御王册命曰皇后馮玉几道揚末命命女嗣訓臨君周邦率循大弁燮和天下用荅揚文武之光訓

馮衛包改作憑開寶中又并釋文改之

文選責躬詩李善注引作君臨周邦

弁各本作卞按卞卽弁隸體之變見於孔宙孔龢韓勑三碑釋文云卞皮彥反徐扶變反與上文雀弁音正同據此似作釋文時雀弁大卞已分爲二不始於開成石經也九經字樣云弁今經典相承或作卞詩小弁漢書亦作小卞

王再拜興荅曰眇眇予末小子其能而亂四方以敬忌天威

荅白虎通引作對此今文尚書也凡古文尚書荅字今文皆作對如雒誥奉荅天命尚書大傳作奉對

乃受同瑁王三宿三祭三宅

正義引鄭注云徐行前曰肅蓋鄭讀宿爲肅

宅今本作咤釋文曰咤陟嫁反亦作宅又音妬徐又音託又豬夜反說文作⿱宀託丁故反馬本作詫與說文音義同玉裁按說文七篇宀部曰⿱宀託奠爵酒也从宀託聲周書曰王三宿三祭三⿱宀託許所據蓋壁中古文原本馬本作詫者字之誤也孔本作咤者又詫之字誤也其作宅者別本也旣釋爲奠爵則有居義故其字無妨作宅葢說書家有讀⿱宀託爲宅者鄭訓爲卻行亦於古音同部求之

玉篇宀部曰⿱宀託丁故丁嫁二切周書曰王三今本脫宿三字三祭三⿱宀託孔安國曰王三進爵三祭酒三奠爵本或作吒玉裁按然則孔本亦作⿱宀託而咤乃吒之譌也

上宗曰饗大保受同降盥以異同秉璋以酢授宗人同拜王荅拜大保受同祭嚌宅

釋文宅如字馬同徐殆故反玉裁按徐音則宅同度古宅度二字通用皆訓居也宅古音如鐸亦音徒故切集韵十一暮曰度或作厇宅二十陌曰宅或作度是也說文二篇口部曰嚌嘗也从口齊聲周書曰大保受同祭嚌

授宗人同拜王荅拜大保降收諸侯出廟門俟王出在應門之內大保率西方諸侯入應門左畢公率東方諸侯入應門右皆布乘黄朱

詩干旄疏引鄭駮異義云尚書顧命諸侯入應門皆布

乘黃朱言獻四黃馬朱鬣也

白虎通紼冕篇書曰黼黻衣黃朱紼亦謂諸侯也玉裁按此今文尚書也古文尚書布乘黃朱之異文也漢書韋孟諷諫詩黼衣朱黻此正用今文尚書黼衣謂畫黼於衣也黻同巿亦作韍蔽膝也假借作紼芾茀黻朱黻與詩斯干易困卦訓同李善注文選不誤師古注漢書云畫爲亞文故謂之黻誤矣漢書正文本作黻注本云朱黻爲朱裳畫爲亞文也亞古弗字故因謂之黻又作紱其音同今本紼誤

白虎通曰天子朱紼諸侯赤紼詩云朱紼斯皇室家君王謂天子也又云赤紼金舄會同有繹又云赤紼在股

皆謂諸矦也書曰黼黻衣黃朱紱亦謂諸矦也別於天子謂之黃朱黃朱亦赤矣玉裁按今本譌舛不可讀爲正之如此毛傳於采芑曰朱芾黃朱芾也於斯干曰芾者天子純朱諸矦黃朱說與今文尚書合

賓稱奉圭兼幣

玉裁按說文所引稱奉介圭葢引大保承介圭又誤涉此句而合之也

曰一二臣衞敢執壤奠皆再拜稽首

白虎通姓名篇尚書曰再拜稽首

王義嗣德荅拜大保暨芮伯咸進相揖皆再拜稽首曰敢敬告天子皇天改大邦殷之命惟周文武誕受羑若克恤

西土惟新陟王畢協賞罰戡定厥功

說苑政理篇曰誅賞者所以别賢不肖也故誅賞不可以繆誅賞繆則美惡亂矣書曰畢協賞罰玉裁按子政所引今文尚書與古文尚書同若史記周本紀云畢力賞罰以定其功尚書大傳云書曰畢力賞罰以定厥功白虎通諫諍篇云尚書曰必力賞罰以定厥功此則漢民閒所得大誓之文與此文相似而不可溷爲一王伯厚倂爲漢儒所引異字誤也　又按史記畢力汲古閣刻不誤王氏刻力作立恐誤

用敷遺後人休今王敬之哉張皇六師無壞我高祖寡命

說文三篇攴部曰敷㪧也从攴尃聲周書曰用敷遺後

人敂敷也从攴也聲讀與施同按經傳敂皆作施敷皆作敷漢碑多从寸作敷五經文字曰敷說文也敷經典相承隸省也此非隸省乃隸變耳變寸爲万筆勢相同非从方也今俗从方則誤矣又與寸古通用是以下體从又之字隸或从万

寡命與大雅寡妻康誥寡兄同訓

古文尚書撰異卷二十七

段玉裁學

康王之誥第二十七　周書

王若曰庶邦矦甸男衛

僞孔安國尚書序曰伏生康王之誥合於顧命玉裁按此今文尚書也　釋文曰馬本從此巳下爲康王之誥又云與顧命差異敘歐陽大小夏矦同爲顧命　正義曰馬鄭王本自高祖寡命以上内於顧命之篇王若曰巳下始爲康王之誥玉裁按僞孔自王出在應門巳下爲康王之誥今不從

惟予一人釗報誥昔君文武丕平富不務咎厎至齊信用

昭明于天下

釋文曰馬讀底至齊絕句

則亦有熊羆之士不二心之臣保乂王家用端命于上帝

顧氏炎武金石文字記曰唐石經于誤子玉裁按此王

堯惠補字之誤也

皇天用訓厥道付畀四方乃命建侯樹屏在我後之人今

予一二伯父尚胥暨顧綏爾先公之臣服于先王雖爾身

在外乃心罔不在王室用奉恤厥若無遺鞠子羞

漢書谷永傳永對上曰經曰雖爾身在外迺心無不在

王室　後漢書張酺傳肅宗詔報曰經云身雖在外乃

心不離王室　荀彧傳彧勸操曰雖禦難於外乃心無

不在王室注引尚書亦作無

羣公既皆聽命相揖趨出王釋冕反喪服

白虎通爵篇尚書曰王釋冕喪服無反字葢今文尚書

也

古文尚書撰異卷二十八

段玉裁學

粊誓第二十八　周書

說文七篇米部曰粊惡米也从米比聲周書有粊誓玉裁按各本作棐北聲玉篇廣韵引說文作棐皆誤也北聲在之咍職德部比聲在脂微皆灰部粊在至韵形誤作棐古無从米从北之字經典釋文五經文字皆不誤今訂正春秋定公十年左氏傳曰若其不具用秕稗也陸德明曰又作粃必履反玉裁謂粃卽粊之或體也周書有粊誓者卽衞包本之費誓也周官經雍氏禮記曾子問今本禮記誤改作費釋文可證鄭注皆作粊誓尚書大傳作鮮誓

史記作肸誓集解曰徐廣云肸一作鮮一作獮駰案尚書作柴索隱曰尚書作柴誓今尚書大傳作鮮誓鮮卽肸字異也玉裁按鮮音一讀如斯獮古音如徙故與肸音近葢許鄭從古文尚書作柴史記用今文尚書也據裴駰司馬貞則唐初尚書本作柴衞包用貞柴卽魯卿季氏費邑之云改爲費字宋初陳鄂乃又改釋文之柴爲費王氏鳳喈曰柴爲魯東郊地則應在今曲阜而已無攷唐人改爲費攷春秋之初費自爲國隱元年左傳云費伯率師城郎後幷於魯爲季氏邑僖元年左傳公賜季友汶陽之田及費是也漢爲縣屬東海故城在今兖州府費縣西北二十里去曲阜且三百里後人疑作

誓之地即在此皆非也儀禮士喪禮記有柲鄭注古文柲爲枈此假枈爲柲也今刻儀禮枈譌作柴釋文枈音祕今說文兵媚切

又按肸鮮獮三字雙聲尚書大傳作鮮史記作肸今文也史記多從今文許君說文鄭君周禮禮記注作枈此古文也据史記集解云駰案尚書作枈孔安國曰魯東郊之地名也然則駰所謂尚書者即孔本之尚書孔本經文及傳文皆作枈與許鄭本同明甚天寶三載衛包乃改爲費耳司馬貞索隱亦云尚書作枈誓枈地名即魯卿季氏之費邑地也今索隱單行本枈改爲費而震澤王氏所錄不誤又如宋世家曰涕索隱云尚書作圛

今震澤王氏所錄改爲尙書作驛而單行本不誤凡古書之當參伍㠯求其是如此陸氏尙書音義當有粊字音訓又經開寶中刪改矣粊果在東郊則非季氏之費邑王氏鳳喈辨甚確孔傳與正義皆無　說衞包葢依小司馬陋說改之　五經文字米部曰粊周書篇名今文作費此大厤中謂天寶所改爲今文也　廣韵五至粊魯東郊地名此用孔傳葢陸法言元文也可證孔傳不作費　玉篇米部棐鄙冀切惡米也此粊字之誤也後人不知更正而於部末補棐粊二字宋人所爲也又按玉篇棐字或是顧野王所据說文如此後來乃誤爲棐也集韵之䊧卽棐字

公曰嗟人無譁聽命徂茲淮夷徐戎竝興

周禮雍氏注伯禽以出師征徐戎釋文曰劉昌宗本作䣄音徐玉裁按說文邑部䣄邾下邑也魯東有䣄城史記魯世家頃公十九年楚伐我取徐州徐廣曰徐州在魯東今薛縣索隱曰說文䣄邾之下邑在魯東又郡國志曰魯國薛縣六國時曰徐州又紀年云梁惠王三十一年下邳遷於薛故名曰徐州則徐與䣄竝音舒玉裁謂經言徐戎謂戎之在䣄者在魯東切近擊欜相聞故曰東郊不闢邾魯之閒得有戎者如衞亦有戎州也齊世家田常執簡公於徐州徐廣云其字從人陳氏邑索隱亦說以說文之䣄則非也　又按前說非也劉氏明

言郤音徐然則徐之或體作郤耳徐州之戎說固不易

善敹乃甲胄

說文三篇攴部曰敹擇也从攴宷聲周書曰敹乃甲胄

玉裁按說文网部罙从网米聲或从内作宷然則敹字

古音不讀如了彫切當讀如彌綸之彌鄭注謂穿徹之

音義略相協

敿乃干

說文三篇攴部曰敿繫連也从攴喬聲周書曰敿乃干

無敢不弔

玉裁按弔䢼也䢼至也至緻也

備乃弓矢鍛乃戈矛礪乃鋒刃無敢不善

礪者厲之俗字也唐初本當亦作砅於[元]應引砅砥砮

丹知之

今惟淫舍牿牛馬

說文二篇牛部曰牿牛馬牢也从牛告聲周書曰今惟牿牛馬玉裁按大徐本無淫舍二字李燾因之小徐本今惟淫牿牛馬無舍字韵會引小徐併無淫字此非轉寫奪去即叔重當年筆誤也攷鄭注云施梏於牛馬之腳施訓經文之舍也孔傳云大放舍牿牢之牛馬大放舍訓經文淫舍也以今音讀之孔讀舍上聲鄭讀舍去聲舍置也此葢賈杜衞馬鄭本同然者或乃據脫去淫舍二字之說文以改周書此爲顛倒見

牿許叔重訓爲牛馬牢鄭君則讀爲桎梏之梏正義云鄭元以牿爲桎梏之梏謂鄭讀牿爲梏而易其字也牿字漢時葢惟古文尚書有此字故說古文者或訓爲牛馬牢或讀爲桎梏大畜六四童牛之牿鄭本作梏九家及說文作告未嘗作牿也鄭志泠剛問大畜注云巽爲木互體震震爲牛之足足在艮體之中艮爲手持木以就足是施梏又蒙初六注云木在足曰桎在手曰梏今大畜六四施梏於足不審桎梏手足定有別否荅曰牛無手以前足當之故以足言之鄭意旣梏之復敜擭斂穽庶可無傷牛馬

杜乃擭斂乃穽

釋文曰杜本又作敿　周禮雍氏注書粊誓曰敿乃擭
敜乃阱時秋也伯禽以出師征徐戎玉裁按正義云杜
擭則賈氏公彥尚書亦作杜也　說文三篇攴部曰敜
塞也从攴念聲周書曰敜乃穽　敜釋文徐乃協反又
乃結反玉裁按念聲之字不當切乃結儀禮涅多訓塞
故敜與涅同二字雙聲也

釋文云擭戶化反徐戶覈反按戶覈反音獲獲胡麥切
在二十一麥宋時釋文覈譌作覆集韵乃於一屋曰擭
胡谷切書杜乃擭徐邈讀其因誤不察如此

無敢傷牿牿之傷女則有常刑馬牛其風臣妾逋逃勿敢
越逐祗復之

按經文言無敢者六惟越逐作勿敢唐石經及注疏本皆然今坊閒集傳作無敢越逐者誤也

史記魯世家敬復之徐廣曰敬一作振玉裁按作振者葢今文尚書也般庚篇震動萬民以遷石經作祗動咎繇謩日嚴祗敬六德夏本紀作振敬無逸篇治民祗懼魯世家作震懼內則記祗見孺子鄭注云祗或作振下曲禮臨諸侯畛於鬼神注云畛或作祗祗振語之轉

我商賚女乃越逐不復女則有常刑

釋文云商徐音章按此舊音也仙民謂孔傳商度之訓讀如章耳漢律厤志云商之爲言章也物成孰可章度也白虎通亦言商之爲言章也章其遠近度其有亾通

四方之物故謂之商也今本白虎通章皆誤商後案因徐音釋商爲表明殊未憭　匡謬正俗曰或問曰今市井之人謂算料量度爲章估有何義荅曰周書粊誓云我商賚女孔安國注云我則商度汝功賜與汝也徐仙商音章然則商字舊有章音所云章估者卽商估也謂度其貴賤當其大小所堪爾今本匡謬正俗作費誓天寶已後所改也　玉裁又按史漢貨殖傳皆云千章之楸木千章如淳曰舊將作大匠主材吏名章曹掾攷百官公卿表將作大匠屬官有東園主章太初元年更名東園主章爲木工此皆謂能度材爲章也章度乃周漢古語商度卽章度不讀尸羊切也集韵商諸良切度也尚書我商賚汝徐邈讀

無敢寇攘

惠氏定宇集尚書鄭注十一卷嫁名於宋之王應麟今人多傳抄者其書不無小疵如此篇寇劫取也出詩蕩正義因其亾失曰攘博士讀曰襄出爾雅疏今按爾雅釋詁儴仍因也邢疏費誓曰無敢寇攘鄭注云因其亾失曰攘儴攘音義同施博士讀曰襄邢所引因其亾失曰攘此出詩蕩正義及史記魯世家集解其下則邢語也而施博士讀曰襄卽尒疋釋文之施息羊反也施乾者陳博士爲爾雅音邢氏不欲徑用釋文而小變之又昧於漢人注書言讀爲讀曰者皆是易其字言讀如讀若者皆是擬其音此當言讀如襄不得言讀曰襄也後

案襲惠之誤且曰博士讀者漢今文家博士也一似今文家作無敢寇褱者不可不辨

踰垣牆竊馬牛誘臣妾女則有常刑甲戌我惟征徐戎

白虎通誅伐篇尙書又曰甲戌我惟征徐戎

峙乃糗糧

玉裁按峙从止寺聲轉寫者易止爲山耳爾雅釋故峙具也亦同其義卽說文之偫字也孔云儲峙卽儲偫也說文食部餱乾食也从食侯聲周書曰峙乃餱粻按所引與今本古文尙書不同而音義皆略同說文米部無粻字而詩大雅以峙其粻王制五十異粻爾雅釋言鄭箋注皆曰粻糧也大雅又云乃褱餱糧

無敢不逮女則有大荆魯人三郊三遂峙乃楨榦甲戌我惟築無敢不共女則有無餘荆非殺

共今各本作供衞包所改也釋文共音恭開寶中又改大字作供此與召誥用共王能祈天永命無逸惟正之共同

魯人三郊三遂峙乃芻茭無敢不多女則有大荆

魯周公世家曰伯禽即位之後有管蔡等反也淮夷徐戎亦並興反於是伯禽率師伐之於肹作肹誓徐廣曰一作鮮一作獮曰陳爾甲冑無敢不善無敢傷牿馬牛其風臣妾逋逃勿敢越逐敬徐廣曰一作振復之無敢寇攘踰牆垣魯人三郊三隧峙爾芻茭糗糧楨榦無敢不逮我甲戌築而

征徐戎無敢不及有大刑作此肹誓遂平徐戎定魯玉
裁按此篇蓋大史公隱栝錄之

古文尚書撰異卷二十九

段玉裁學

呂刑第二十九　周書

惟呂命王享國百年

論衡氣壽篇曰傳稱老子二百餘歲邵公百八十高宗享國百年周穆王享國百年并未享國之時皆出百三十四十歲矣玉裁按此用今文尚書毋佚甫刑也以連老子邵公言之故曰傳稱後儒說穆王享國百年謂其壽數與仲任說異矣

耄荒

釋文曰耄本亦作薹玉裁按薹乃說文薹字之譌也

鄭注大司寇職曰書曰王旄荒度作詳刑以詰四方按周禮釋文作旄宋本岳珂本同汲古閣刻注疏作耄而羣經音辨曰秏老也音老書王秏荒正據此周禮注也賈氏所據周禮音義作秏與今本異

說文目部眊字下曰虞書耄字从此玉裁按此語極可疑虞書無耄字一疑也耄字不能從眊二疑也葢从此當作如此虞書當作周書呂刑耄荒或許所據本作眊歟漢書刑法志正作眊荒又引周禮一曰幼弱二曰老眊又武帝紀哀夫老眊平帝紀眊悼之人彭宣傳年齒老眊然則眊之可以爲耄明矣此與虞書以絿爲丹朱字一例若商書微子篇亦有耄字鄭孔皆訓耄亂則其

字可作眊眊與耄古通用也

樂記注書曰王耄荒凡兩見知旄耄皆可從

度作刑以詰四方

周禮大宰職注書曰度作詳刑以詰四方疏曰呂矦訓夏贖刑以詳審詰禁四方　周禮大司寇注書曰王耄荒度作詳刑以詰四方正義曰謂周穆王年老耄亂荒忽猶能用賢量度詳審之刑以詰謹四方

漢書刑法志曰周道既衰穆王眊荒命甫矦度時作刑呂詰四方墨罰之屬千劓罰之屬千髕罰之屬五百宮罰之屬三百大辟之罰其屬二百五刑之屬三千　惠氏集尚書大傳書云鮮度作刑以詰四方丁小雅杰曰

困學紀聞云費誓說文作粊誓史記作肹大傳作鮮句
度作刜以詰四方周禮注云度作詳刜以詰四方惠氏
誤聯鮮度爲句
王曰若古有訓蚩尤惟始作亂延及于平民
後漢書孝和帝紀曰貪苛慘毒延及平民李注引書延
于平人無及字民作人
罔不寇賊鴟義姦宄
王符潛夫論述赦篇古者唯始受命之君承大亂之極
被前王之惡其民乃並爲敵讎罔不寇賊消義姦宄奪
攘以革命受祚爲之父母故得一赦疑所引用今文甫
刜而鴟作消

周禮司刑賈疏引呂刑寇賊姦軌奪攘撟虔併引鄭注按宄作軌葢鄭本然也春秋傳史記宄多作軌其無鴟義二字恐誤

奪攘

說文攴部曰敓强取也周書曰敓攘矯虔尚書大傳周傳曰降畔寇賊刦略敓攘矯虔者其刑死漢書武帝紀孟康注引尚書敓攘撟虔玉裁按大傳及孟康今文尚書也許氏說文古文尚書也然則古文今文本皆作敓敓奪古通用廣韵十三末敓字下曰古周書曰敓攘矯虔云古周書者謂天寶已前之周書也此葢景德祥符閒重修廣韵之語　又按凡失去物謂之奪凡强取謂

之敓經傳中假奪爲敓而奪字本義惟見於說文今俗謂有遺失曰奪去此古語也鄭君注禮曰編簡爛脫釋文音奪此假脫爲奪也凡今人曰脫去者皆當言奪去陸贄論裴延齡姦蠹書曰或遭寇賊敓斅此可證唐初尚書不作奪也

矯虔

周禮司刑鄭注作撟虔賈疏引呂刑寇賊姦軌奪攘撟虔玉裁按漢書武帝元狩六年詔曰撟虔吏因槩勢以侵蒸庶孟康注曰虔固也撟稱上命以貨賄用爲固尚書曰敓攘撟虔韋昭曰凡稱詐爲撟强取爲虔唐初釋元應衆經音義卷十三曰撟擅也假詐也亦舉手也尚

書撟誣上帝孔安國曰託天以行罪國語其形撟誣賈逵曰非先王之法曰撟加誅無罪曰誣字從手今皆作矯也卷廿五又曰說文撟擅也擅稱上命曰撟字體從手今皆作矯玉裁謂俗作撟詔字皆从矢作矯而不知說文明云撟舉手也一曰擅也擅訓則專指僞稱上命者言之故孟康韋昭元應說皆與說文合自淺人以从矢爲撟詔正字師古用其說釋武帝紀云撟與矯同其字從手矯託也小顔與元應同時六書之學乃遜於緇流若此觀元應所引僞仲虺之誥字作撟誣而今本作矯呂刑同是可知也況漢詔鄭注孟康賈公彦引呂刑字皆從手確有明證乎今本大傳及說文攴部作矯恐

皆淺人所改也　又按僞孔傳亦曰撟稱上命而鄭注
尙書乃云撟虔謂撓擾左傳虔劉我邊垂謂劫奪人物
以相撓擾也
苗民弗用靈制以刑惟作五虐之刑曰法殺戮無辜
緇衣甫刑曰苗民匪用命制以刑惟作五虐之刑曰法
是以民有惡德而遂絶其世也玉裁按據禮記鄭注民
有惡德卽泯泯棼棼以覆詛盟之云也遂絶其世卽罔
有馨香之云也
墨子尙同中篇昔者聖王制爲五刑以治天下逮至有
苗之制五刑以亂天下則此豈刑不善哉用刑則不善
也是以先王之書呂刑道之曰苗民否用練折則刑唯

作五殺之刑曰法則此言善用刑者以治民不善用刑者以爲五殺玉裁按墨子云吕刑則古文尚書也緇衣云甫刑則今文尚書也靈作練者雙聲也依墨子上下文觀之練亦訓善與孔正同緇衣作命者古靈令通用皆訓善令之爲命字之岐誤也折製古通用虐爲殺則未聞

爰始淫爲刵劓

孔傳曰截人耳鼻正義曰刵截人耳劓截人鼻劅椓人陰黥割人面又曰於是大爲截人耳鼻椓陰黥面又曰鄭[元]云刵斷耳劓截鼻椓謂椓破陰黥謂羈黥人面皆先刵後劓說文引周書刖劓劅黥刖當是刵之字誤則

古文尚書作刵劓甚明今本作劓刵恐是衛包改同康誥而釋文先劓後刵則恐是開寶中改從衛本也今更正

又按正義卷二引鄭本劓刵劅剠亦先劓後刵葢非始於衛包也

劅黥

今本劅作椓此唐天寶三載衛包所改也孔訓劅爲椓陰衛妄謂劅古字椓今字以椓改劅而宋開寶五年又改釋文大書劅字爲椓矣正義亦遭天寶後改從衛包而時有改之未盡者如正義卷二引鄭本尚書劓刵劅剠此篇云刵截人耳劓截人鼻劅椓人陰黥割人面字

皆作劅是其證也其下文又引鄭注椓謂椓破陰則亦改劅爲椓矣集韵云斀或作椓古作劅此合說文解字及尚書新定釋文未改釋文爲此語　玉篇云劅貞角切刵也此本諸尚書也　黥或作剠正義卷二引呂刑如此作

說文三篇攴部曰斀去陰之刑也从攴蜀聲周書曰刖劓斀黥玉裁按刖當爲刵字之誤也許所據與鄭本同惟斀从攴不从刀爲異

又按正義卷二曰庸生賈馬之等惟傳孔學經文三十三篇故鄭與三家同以爲古文而鄭承其後所注皆同賈逵馬融之學題曰古文尚書篇與夏矦等同而經字

多異夏侯等書句絕宅嵎夷爲宅禺今作嵎誤鐵昧谷曰柳谷

心腹腎腸曰優賢揚今作憂腎陽誤劓刵劅剠云臏宮劓割頭

庶剠是鄭注不同也玉裁按刵劓劅剠四字古文尚書

也臏宮劓割頭庶剠七字此今文尚書也自閻氏百詩

以來皆昧於正義句法不審其脫去與字轉以臏宮劓

割頭庶剠爲鄭本古文尚書大誤

越茲麗刑幷制罔差有辭

小雅正月箋云書曰越茲麗刑幷制玉裁按明馬應龍

本刑作行

民興胥漸泯泯棼棼罔中于信以覆詛盟

論衡寒溫篇曰前世用刑者蚩尤亡秦甚矣蚩尤之民

湎湎紛紛亾秦之路赤衣比肩玉裁按此今文尙書也
漢書敘傳湎湎紛紛亦用今文甫刑語古文尙書作泯
泯棼棼泯徐仙民音民按韓詩載芟民民其麃常武民
民翼翼云民民衆皃徐音有自來矣棼棼者亂皃也春
秋傳治絲而棼之逸周書祭公解曰汝無泯泯芬芬按
芬與此棼同也
虐威庶戮方告無辜于上上帝監民罔有馨香德刑發聞
惟腥
論衡變動篇甫刑曰庶僇旁告無辜于天帝此言蚩尤
之民被冤旁告無罪於上天也玉裁按此今文尙書也
凡古文尙書方字今文尙書多作旁

皇帝

困學紀聞曰皇帝始見於呂刑趙岐注孟子引甫刑帝清問下民無皇字玉裁按伯厚未曉今文尚書名甫刑者無皇字古文尚書名呂刑者則有皇也此皇帝哀矜當亦同閻百詩氏曰盧六以引孔傳君帝帝堯也以證非皇字玉裁按盧氏說誤君帝即經文之皇帝以君釋皇也縷言之則當曰皇君也君帝帝堯也孔傳之體於訓故多省言之又盧氏之前經典釋文曰皇帝皇宜作君字意欲改經從傳亦屬誤會正義引釋詁皇君也得傳意矣今通志堂釋文刻本曰君帝君宜作皇字尤爲舛誤注疏本所載不誤

哀矜庶戮之不辜報虐以威遏絕苗民無世在下

論衡譴告篇周繆王任刑甫刑篇曰報虐用威威虐皆惡也用惡報惡亂莫甚焉玉裁按此今文尚書說也謂蚩尤報虐用威而皇帝哀矜之也庶僇之不辜報虐用威蒙上文虐威庶僇旁告無辜于天帝言之

乃命重黎絕地天通罔有降格

楚語曰昭王問於觀射父曰周書所謂重黎實使天地不通者何也若無然民將能登天乎對曰非此之謂也少皞之衰也九黎亂德民神雜糅不可方物夫人作享家爲巫史無有要質民匱于祀而不知其福烝享無度民神同位民瀆齊盟無有嚴威神狎民則不蠲其爲嘉

生不降無物以享禍災荐臻莫盡其氣顓頊受之乃命南正重司天以屬神命火正黎司地以屬民使復舊常無相侵瀆是謂絕地天通其後三苗復九黎之德堯復育重黎之後不忘舊者使復典之以至于夏商故重黎氏世敘天地而別其分主者也

羣后之逮在下明明棐常鰥寡無蓋

玉裁按此三句墨子引在有辭有苗之下德威維威之上近江氏叔澐尙書集注據之移易經文又據正義云鄭元以皇帝哀矜庶戮之不辜至罔有降格皆說顓頊之事皇帝清問以下乃說堯事不言皇帝哀矜至鰥寡無蓋則鄭本必同墨子玉裁謂果爾則釋文正義不應

無一字道及正義檃栝鄭注之語不應拘泥且墨子捃摭不同又不應據子改經也

皇帝清問下民鰥寡有辭于苗

趙岐注孟子云甫刑曰帝清問下民謂帝爲天云天不能問民玉裁按此今文尚書甫刑也無皇字其有皇字者古文尚書吕刑也今本孟子注疏俗增皇字王伯厚困學紀聞引趙注及曲阜孔氏所刻孟子善本皆無墨子尚賢中篇云先王之書吕刑道之曰皇帝清問下民此可證古文吕刑有皇字三國志鍾繇傳繇上肉刑疏引書皇帝親問下民鰥寡有辭于苗

德威惟畏德明惟明

表記甫刑曰德威惟威德明惟明非虞帝其孰能如此乎玉裁按二字皆作威墨子引亦如是此等皆唐以前不廻訓詁者所爲與咎繇謨明畏明威正同表記釋文曰惟威讀者亦依尚書音畏則可知不始於衞包也

乃命三后恤功于民伯夷降典折民惟刑

釋文云馬鄭王皆音悊馬云智也此謂馬鄭王本字作折而讀爲悊又單舉馬說以箸其義也僞孔傳云斷以法則如字　尚書大傳曰書曰伯夷降典禮折民以刑謂有禮然後有刑也　漢刑法志曰書云伯夷降典悊民惟刑言制禮以止刑猶隄之防溢水也師古曰悊知也言伯夷下禮法以道民民習知禮然後用刑也玉裁

按悊當作折班意以制止訓折正同大傳說淺人用馬鄭本改折作悊小顔又取馬鄭說注之殊失班意　潛夫論氏姓篇伯夷爲堯典禮折民惟刑　四八目曰伯夷降典制民惟刑禹平水土主名山川稷降播種農殖嘉穀三后成功惟殷于民陶引書作制此正如論語魯讀折爲制也　玉裁按古文今文葢皆作折惟墨子作哲爲異

禹平水土主名山川稷降播種農殖嘉穀三后成功惟殷于民

風俗通義皇霸篇經曰禹平水土　後漢書楊賜傳賜引三后成功惟殷于民

墨子尙賢中篇云先王之書呂刑道之曰皇帝淸問下民有辭有苗曰羣后之肆在下明明不常鰥寡不蓋德威維威德明維明乃名三后恤功於民伯夷降典哲民維刑禹平水土主名山川稷隆播種農殖嘉穀三后成功維殷於民殷一本作假王伯厚漢藝文志攷引墨子作假

士制百姓于刑之中

後漢書梁統傳帝令尙書問狀統對曰經曰爰制百姓于刑之衷孔子曰刑罰不衷則人無所厝手足衷之爲言不輕不重之謂也王氏鳳喈曰僞孔本爰作士釋爲臯陶後漢書楊震傳震孫賜拜尙書令數日出爲廷尉賜自以世非法家言曰三后成功惟殷于民臯陶不與

焉蓋吝之也遂囙辭然則此經無皋陶下文命諸侯監伯夷播刑亦專舉伯夷不及皋陶僞孔以此篇言刑事而皋陶不見疑其不備遂妄改以就其說非也玉裁謂作爰作衷者今文尚書也作士作中者古文尚書也未必僞孔擅改孔傳未必不本馬鄭王皋陶不在三后之數賜之所以恥也

以敎祗德

白虎通三敎篇尚書曰以敎祗德

穆穆在上明明在下灼于四方罔不惟德之勤故乃明于刑之中率乂于民棐彝典獄非訖于威惟訖于富敬忌罔有擇言在身

表記甫刑曰敬忌而罔有擇言在躬

惟克天德自作元命配享在下王曰嗟四方司政典獄非爾惟作天牧今爾何監非時伯夷播刑之迪

緇衣甫刑曰播刑之不迪注不衍字

其今爾何懲惟時苗民匪察于獄之麗罔擇吉人觀于五刑之中惟時庶威奪貨斷制五刑以亂無辜上帝不蠲降咎于苗苗民無辭于罰乃絕厥世王曰烏呼念之哉伯父伯兄仲叔季弟幼子童孫皆聽朕言庶有格命今爾罔不由慰曰勤爾罔或戒不勤天齊于民俾我一日

後漢書楊賜上封事曰夫善不妄來災不空發王者心有所惟意有所想雖未形顏色而五星已之推移陰陽

爲其變度㠯此而觀天之與人豈不符哉尚書曰天齊乎人假我一日是其明徵也玉裁按于民作乎人俾作假此今文尚書也賜通尚書桓君章句即歐陽尚書也矣才老書禆傳攷異引假我一日玉海藝文志攷引天齊乎人假今本誤俾我一日古文尚書假作俾而釋文云俾馬本作矜矜哀也僞孔傳俾我句絕楊賜假我一日爲句乖異不同如此

曰勤釋文作日月字云人實反一音曰當作越正義作子曰字云言曰我當勤之王鳳喈云孔傳今汝無不用安自居曰當勤之按曰當勤之下文所謂徒念戒而不勤也孔本本作曰字今定作曰唐石經作日非

非終惟終在人爾尚敬逆天命以奉我一人雖畏勿畏雖

休勿休惟敬五刑以成三德

漢書宣帝紀五鳳三年詔曰書不云乎雖休勿休祗事不怠師古曰周書吕刑之辭玉裁按惟敬五刑以成三德八字作祗事不怠四字祗敬同義德怠聲同部也葢今文尚書之駁異如此僞古文祗勤于德夙夜不怠就祗事不怠演之

又按外戚傳上採劉向谷永之言報許皇后曰書又曰雖休勿休惟敬五刑以成三德則知祗事不怠櫽栝之言耳

一人有慶兆民賴之其寧惟永

緇衣甫刑曰一人有慶兆民賴之

大戴禮保傅篇書曰一人有慶兆民賴之
孝經天子章甫刑云一人有慶兆民賴之
襄十三年左氏傳書曰一人有慶兆民賴之其寧惟永
王曰吁來
釋文馬作于于於也玉裁按於音烏歎詞于訓於有兩義而音分焉詞助則衣魚切歎詞則哀都切今音如此分別古音不尒也　墨子尚賢下篇作於
有邦有土告爾詳刑
周禮大宰注大司寇注皆引度作詳刑以詰四方兩正義皆云詳審　漢書敘傳威實輔德刑亦助教季世不詳背本爭末師古曰不詳謂不盡用刑之理周書呂刑

曰告爾詳刑　後漢書劉愷曰非先王詳刑之意也章懷注云尚書曰有邦有土告汝詳刑鄭元注云詳審察之也　後漢書孝明帝紀永平三年詔曰詳刑愼罰明察單辭十三年制曰詳刑理寃存恤孤寡　王仲宣從軍詩司典告詳刑李善注引尚書王曰有邦有土告爾詳刑　玉裁按合數條觀之知古文今文鄭本孔本皆作從言之詳顏籀李善之注可證也古詳祥多通用葢僞孔本亦作詳而讀爲祥後徑改作祥如鳥讀爲烏後徑改作烏非也今更正　又按史記周本紀作祥者淺人所改也　尚書釋文當有分別孔鄭之語而開寶中刪之

邦史記作國凡今文尚書多作國凡古文尚書多作邦也

在今爾安百姓何擇非人何敬非刑何度非及

墨子尚賢下篇於先王之書呂刑之書然王曰於來有國有土告女訟刑在今而安百姓女何擇言人何敬不刑何度不及能擇人而敬爲刑堯舜禹湯文武之道可及也是何也則以尚賢及之玉裁按訟刑公刑也古訟公通用言人當是吉人之譌謂何擇非吉人乎冡上苗民罔擇吉人言之墨子說何度非及似近是王孔之注乃皮傅史記何居非其宜爲說何居非其宜此恐今文尚書之駁異非以宜訓及也

潛夫論本政篇書曰爾安百姓何擇非人後漢書馮衍傳注引周書小開篇汝何敬非時何擇非德此逸周書文也明汪文盛刊本不誤而俗本妄改爲呂刑篇致有摭爲呂刑佚句者

兩造具備師聽五辭

史記兩造具備徐廣曰造一作遭玉裁按作遭者今文尚書也以大誥造天役王莽作遭證之史記本作遭淺人用古文尚書改爲造而徐中散不憭漢書王尊傳曰美陽女子告假子不孝曰兒常以我爲妻尊曰律無妻母之法聖人所不忍書此經所謂造獄者也晉灼曰歐陽尚書有此造獄事也按造獄事未知

見何篇姑記於此

五辭簡孚正于五刑五刑不簡正于五罰五罰不服正于五過

孚周本紀作信以故訓字代之也

五過之疵惟官惟反惟內惟貨惟來

釋文曰來馬本作求云有求請賕也玉裁按官者畏其高明也反者不畏而矯枉過正也此二者疵之最甚者也內者女謁行也貨者苞苴行也來者謂雖非女謁苞苴而請託於其閑也來求字異訓同

其罪惟均其審克之

漢書刑法志元帝初立乃下詔曰書不云乎惟刑之恤

哉其審核之兼采堯典呂刑二篇也克核古音同在第
一部蓋古文尚書作克今文尚書作核也克當爲核之
假借僞孔訓能非

五刑之疑有赦五罰之疑有赦其審克之簡孚有衆惟貌
有稽

說文十三篇糸部云緢旄絲也从糸苗聲周書曰惟緢
有稽玉裁按緢之本訓爲旄絲旄牛尾絲也尚書本作
緢孔安國以今文字讀之審爲貌之假借乃更爲貌字
如周官經故書作某何人讀作某自鄭注時已改從讀
作之字而非故書之字矣說文所載尚書奇文異晝正
同此說文多存壁中之舊文而尚書則多從安國已下

諸儒所讀孔傳雖僞亦多舊說釋文正義不言馬鄭說惟貌有異解也近來株守說文者大略皆如說堋湼于家爲私姦服舍之比矣

周本紀惟訊有稽此今文尚書也集解引孔安國惟察其貌之云如風馬牛不相及或謂說古文家何不讀爲訊而讀爲貌也曰訊與緢音絕不類今文與古文或彼此絕異史記云孔氏有古文尚書安國以今文讀之因以起其家非謂以伏生尚書讀之也謂以今字通其假借之法故訓之理漢書作以今文字讀之學者可以無惑矣

無簡不聽具嚴天威

周本紀聽作疑此今文尚書之異具作共則故訓也具訓俱俱訓共

墨辟疑赦其罰百鍰閱實其罪

說文十四篇金部曰鋝十一各本無一今補銖二十五分銖各本無銖今補之十三也从金寽聲周禮曰重三鋝北方俗本此下有以字小徐及六書故無二十兩為三各本無三依東原先生補鋝又曰鍰亦各本無亦今補鋝也周書曰罰百鍰周小徐本誤虞

玉裁按今文尚書作率或作選或作饌古文尚書作鍰史記周本紀百率五百率千率此依今文尚書也徐廣曰率音刷索隱曰舊本率亦作選攷漢書蕭望之傳曰甫刑之罰小過赦薄罪贖有金選之品尚書大傳曰一

饌六兩率與選饌皆雙聲今刻尚書大傳作鐉者誤也
周禮職金正義云夏矦歐陽說墨罰疑赦其罰百率古
以六兩爲率古尚書說百鍰鍰者率也一率十一銖廿
五分銖之十三也百鍰爲三斤鄭[元]以爲古之率多作
鍰玉裁按此葢出五經異義今文尚書作率古文尚書
作鍰今文尚書說率重六兩古文尚書說鍰重十一銖
二十五分銖之十三其字其說皆異也古文家說鍰即
率者比合伏生尚書言之耳馬季長云賈逵說俗儒以
鋝重六兩俗儒者謂歐陽夏矦即大傳之一饌六兩也
鄭孔王及小爾雅以六兩訓鍰此用今文尚書說說古
文尚書也馬季長許叔重則用古尚書說謂鍰即考工

記之鋝字馬注考工記曰鋝量名當與呂刑鍰同見尚書正義史記周本紀索隱此許謂鍰卽鋝之所本也

釋文引說文鍰六鋝也向疑六字牘耳六書故引蜀本李昜氷廣說文曰鍰六鋝也又知古本有如此者葢六乃亦字之誤謂尚書之鍰亦卽考工記之鋝也

又說文北方二十兩爲三鋝北方上當有一曰二字此別一義也

鄭君尚書注云鍰六兩也此見釋文而集鄭注者皆不採其故以釋文下文有云賈逵說俗儒以鋝重六兩俗儒謂歐陽夏矦也謂鄭必不用俗儒說而不知馬鄭王注書之用歐陽夏矦說者多矣鄭注尚書大傳云死罪

出鐵三百七十五斤卽六兩之說

釋文云爾雅說鍰六兩者謂小爾雅也小爾雅云二十四銖曰兩兩有半曰捷倍捷曰舉倍舉曰鋝鋝謂之鍰按以考工記之鋝古文尙書之鍰聯合爲一此出於馬季長於此可證小爾雅之僞

釋文引馬云賈逵說俗儒以鋝重六兩（此鋝當是鍰之誤賈逵說古文尙書語也）周官劒重九鋝俗儒近是按馬云鍰卽鋝故引周官以明歐陽夏侯六兩說是也鄭司農注治氏云鋝讀如刷（如字俗本作爲字誤）應劭注蕭望之傳選音刷按鋝率選饌四字雙聲則鍰讀書還切而爲一字但季長始爲是說前此未嘗爾也

小顏注蕭望之傳云選字本作鋝鋝卽鍰也其重十一銖廿五分銖之十三一曰重六兩按張敞自用今文家六兩說不當兼用古文家十一銖有零說爲之注且選字本作鋝鋝卽鍰也此乃依馬融說牽合非漢書本作鋝也

馬注蓋兼用古今二說故釋文兼引之

戴先生說鋝當爲六兩鍰當爲十一銖二十五分銖之十三呂刑字當作鋝說詳考工記圖

剕辟疑赦其罰惟倍閱實其罪

惟倍周本紀作倍灑此今文尚書之異也灑當讀如釃酒之釃卽倍蓰也徐廣曰灑一作蓰五倍曰蓰玉裁按

五倍曰蓰此本孟子趙注其實書之倍壐孟子之倍蓰史記之倍灑三字同在支歌古音相近謂倍之而又不止於倍也差是正字趙注直以下文云十百千萬故少於十而曰五倍凡說也史記劓臏二項葢本皆作倍灑與古文異後人於臏改從古文作壐而劓則仍其舊

剕辟疑赦其罰倍差閱實其罪

凡古文尙書剕字今文尙書作臏史記周本紀臏辟疑赦臏罰之屬五百尙書大傳虞夏傳唐虞象剕墨者劓者臏者犯大辟者周傳甫剕其剕臏其剕宮其剕劓其剕墨其剕死漢書刑法志髕罰之屬五百白虎通臏辟之屬五百公羊疏引元命包臏辟之屬五百孜周禮司

剕注及尚書大傳注皆云周改臏作刖而駮異義云臯陶改臏爲剕呂刑有剕周改剕爲刖亦見公羊疏鄭云臯陶改臏爲剕呂刑有剕者此據古文尚書言之云周改剕爲刖者此據周禮司刑言之臏者白虎通云脫其臏也剕說文作䠊云跀也刖說文作跀許鄭皆云斷足也然則臏與剕異剕與刖制同而異字耳鄭云臯陶改臏爲剕謂改其制云周改剕爲刖謂改其名但臯陶旣改臏爲剕夏刑用之不識今文尚書何以作臏字蓋賓聲非聲相關通如玭蠙同字之比伏生敎於齊魯之閒誤作臏字失其實也

宮辟疑赦其罰六百鍰閱實其罪

六百周本紀作五百張守節正義從之此今文尚書之
別本也
大辟疑赦其罰千鍰閱實其罪墨罰之屬千劓罰之屬千
剕罰之屬五百宮罰之屬三百大辟之罰其屬二百五刑
之屬三千
周本紀剕作臏　漢書刑法志穆王命甫侯度時作刑
以詰四方墨罰之屬千劓罰之屬千髕罰之屬五百宮
罰之屬三百大辟之罰其屬二百五刑之屬三千　白
虎通五刑篇曰五刑之屬三千大辟之屬二百宮辟之
屬三百臏辟之屬五百劓墨辟之屬各千玉裁按班用
今文尚書作臏與史記漢書同俗本作剕辟者淺人以

古文尚書改之也觀上文皆作臏可證下文臏者脫其臏也俗本亦改爲腓者朱文游吳槎客所藏小字本皆不誤　公羊春秋襄廿九年疏元命包云墨劓辟之屬各千臏辟之屬五百宮辟之屬三百大辟之屬二百列爲五刑罪次三千玉裁按此與今文尚書合　周禮司刑注云周改臏作刖夏刑大辟二百臏辟三百宮辟五百劓墨各千周則變焉所謂刑罰世輕世重也正義曰夏刑以下據呂刑而言呂刑腓辟五百宮辟三百今此云臏辟三百宮辟五百此乃轉寫者誤當以呂刑爲正玉裁按鄭君此注獨從今文尚書作臏鄭意謂夏刑實用臏至周乃改刖今文得其實古文乃用周制說夏政

耳與駁異義不符

史記周本紀曰甫矦言於王作修刑辟王曰吁來有國有土告爾汝祥刑在今爾安百姓何擇非其人何敬非其刑何居非其宜與兩造具備師聽五辭五辭簡信正於五刑五刑不簡正於五罰五罰不服正於五過五過之疵官獄內獄閱實其罪惟鈞其過五刑之疑有赦五罰之疑有赦其審克之簡信有衆惟訊有稽無簡不疑共嚴天威黥辟疑赦其罰百率閱實其罪劓辟疑赦其罰倍灑閱實其罪臏辟疑赦其罰倍差閱實其罪宮辟疑赦其罰五百徐廣曰一作六率閱實其罪大辟疑赦其罰千率閱實其罪墨罰之屬千劓罰之屬千臏罰之屬五百

宮罰之屬三百大辟之罰其屬二百五刑之屬三千命
曰甫刑
上下比罪無僭亂辭勿用不行惟察惟法其審克之上刑
適輕下服下刑適重上服
後漢書劉般傳劉愷曰尚書曰上刑挾輕下刑挾重章
懷注今尚書呂刑篇曰上刑適輕下服下刑適重上服
謂二罪俱發原其本情須有虧減故言適輕適重此言
挾輕挾重意亦不殊與今尚書不同耳玉裁按愷所用
今文尚書也以策字隸多爲筴例之適之爲挾恐亦類
此
輕重諸罰有權刑罰世輕世重

荀卿正論篇刑稱罪則治不稱罪則亂故治則刑重亂則刑輕犯治之罪固重犯亂之罪固輕也書曰刑罰世輕世重此之謂也　後漢書應劭傳駁陳忠浯尹次史玉議曰夫時化則刑重時亂則刑輕書曰刑罰時輕時重此之謂也

惟齊非齊有倫有要

荀卿王制篇曰先王惡其亂也故制禮義以分之使有貧富貴賤之等足以相兼臨者是養天下之本也書曰維齊非齊此之謂也

罰懲非死人極于病非佞折獄惟良折獄

王伯厚藝文志攷說漢世諸儒所引尚書異字曰罰懲

非死佞極于病佞與人古同部同音如國語佞之見佞

果喪其田佞田爲韵大戴禮公冠篇祝雍辭曰使王近

於民遠於佞民佞爲韵左氏春秋佞夫公羊作年夫此

葢漢人所引今文尚書也今未檢得出何書

罔非在中察辭于差非從惟從哀敬折獄

徐幹中論賞罰篇賞罰不可以疎亦不可以數不可以

重亦不可以輕先王思中以平之而不失其節書曰罔

非在中察辭於差

尚書大傳子曰聽訟雖得其情必哀矜之死者不可復

生斷者不可復續也書曰哀矜哲獄　漢書于定國傳

贊曰于定國父子哀鰥哲獄　玉裁按矜鰥古同音互

借借矜爲鰥亦借鰥爲矜班書字作鰥而訓哀矜顏注非也應劭曰哲智也　文選庾元規讓中書令表李注引尚書哀矜折獄明啓刑書孔叢子雖僞書而作哀矜折獄疑僞孔本固作矜傳釋矜爲敬而衞包因依傳改經耳

明啓刑書胥占咸庶中正其刑其罰其審克之獄成而孚輸而孚其刑上備有并兩刑王曰烏呼敬之哉官伯族姓朕言多懼朕敬于刑有德惟刑今天相民作配在下明清于單辭民之亂罔不中聽獄之兩辭無或私家于獄之兩辭獄貨非寶惟府辜功

辜功之功孔訓爲事則其字葢當作公詩天保蠱臺傳

采蘇七月箋皆云公事也七月上入執宮公定本誤作宮功此功字葢亦公之遺改者

報以庶尤

說文三篇言部曰訧罪也从言尤聲周書曰報以庶訧王伯厚藝文志攷說漢世諸儒所引尚書異字報以庶訧今未檢得出何書

永畏惟罰非天不中惟人在命天罰不極庶民罔有令政在于天下王曰烏呼嗣孫今往何監非德于民之中尙明聽之哉哲人惟刑無疆之辭屬于五極咸中有慶受王嘉師監于茲詳刑

詳刑見前

魏三體石經遺字見於洛陽蘇望氏所刻洪景伯隸續所載者名曰左傳實有尚書五刑惟灋罰非死其差人兩井實在命天皆呂刑之文也刑作㓝者古文叚借亂作𤔔兩作㒳死作𣦵皆見說文實作儫差作𢀩則未詳

古文尚書撰異卷三十

段玉裁學

文矦之命第三十　周書

王若曰父義和

釋文曰義本亦作誼　日本山井鼎七經考文云足利古本經文義作誼　玉裁按尚書別本義皆作誼如洪範遵王之誼呂刑鴟誼大甲不誼習與性成皆是也鄭司農注周禮云古者書儀但爲義今時所謂義爲誼好古者用此說改尚書義字耳

正義曰鄭君讀義爲儀儀仇皆訓匹也故名仇字儀

丕顯文武克慎明德昭升于上

洪景伯隸續載皇祐癸巳洛陽蘇望氏所刻魏三體石經左傳遺字玉裁按中有大誥呂刑文矦之命遺字謂皆左氏者誤也其十九行廿行廿一行廿二行多文矦之命字邵昭連文以邵爲昭之古文也汗簡卩部曰邵昭字也見石經然則作汗簡者曾見三體石經而三體石經以邵爲昭於古假借必有據

史記晉世家作昭登於上班固典引曰昭登之績蔡邕注云尚書曰昭登于上此今文尚書也如升鼎耳而雊史記漢書皆作登鼎耳凡古文作升凡今文作登也鄭注喪服篇云布八十縷爲升升字當爲登今之禮皆以登爲升此句當作以升爲登謂用升字代登字俗誤已行久矣然則二字

古通用

敷聞在下

班固典引昭登之績匪堯不興鋪聞遺策在下之訓匪漢不宏玉裁按今文尚書作登鋪古文尚書作升敷鋪聞卽敷聞也書以文武爲上平王爲下班以堯爲上漢爲下此今文尚書說也興宏爲韵厥道下屬李善絕句誤也

惟時上帝集厥命于文王亦惟先正克左右昭事厥辟越小大謀猷罔不率從肆先祖懷在位

谷永傳永待詔公車對曰經曰亦惟先正克左右未有左右正而百官枉者也師古曰周書君牙之辭也玉裁

按僞古文君牙永所不見永正引文矦之命耳僞君牙亦惟先王之臣克左右俗本王作正小顏記憶之誤使學者疑不可不正

越魏三體石經篆作粵

烏呼閔予小子

釋文曰予如字又音與按音與乃古音也

嗣造天丕愆

造字王孔皆訓遭此必今文尚書作遭故用以注古文也於大誥呂刑知之

殄資澤于下民侵戎我國家純卽我御事罔或耆壽俊在厥服

卽各本誤作旣今訂正攷開成石經作卽王氏鳳喈云傳及疏亦皆言卽曰本山井鼎七經攷文據彼土古本亦爲卽　漢書成帝紀鴻嘉元年詔曰書不云乎卽我御事罔克耆壽咎在厥躬文穎曰此尙書文侯之命篇中辭也言我周家用事者無能有耆老賢者使國之危亾罪咎在其用事者也玉裁按此今文尙書也或作克俊在厥服作咎在厥躬爲異按文穎注云耆老賢者疑漢書耆壽下咎在上本有俊字

予則罔克曰惟祖惟父其伊恤朕躬烏呼有績予一人永綏在位

晉世家曰周作晉文侯命王若曰父義和丕顯文武能

慎明德昭登於上布聞在下維時上帝集厥命于文武
恤朕身繼予一人永其在位
父義和女克昭乃顯祖女肇刑文武
肇各本作肈俗字也唐石經不誤女魏三體石經篆隸皆作女知今本作汝之誤
用會紹乃辟追孝于前文人女多修扞我于艱若女予嘉
說文三篇攴部曰㪋止也从攴旱聲周書曰㪋我于艱玉裁按㪋扞古今字衆經音義引說文捍止也又引說文扞止也葢謂捍扞皆卽㪋之別體今說文手部扞忮也莊子釋文引說文扞抵也
王曰父義和其歸視爾師寧爾邦用賚爾秬鬯一卣

說文六篇貝部曰賚賜也从貝來聲周書曰賚尒秬鬯
玉裁按尒爾古今字手部引攷工記摯尒亦是也五篇
鬯部曰䰜或从禾作秬疑壁中古文當是作䰜說文經
轉寫易爲秬耳

彤弓一彤矢百玈弓一玈矢百馬四匹

尙書正義作玈玈字凡六見且曰彤字从丹玈字从玄
故彤亦玈黑也據此則可知尙書經文傳文皆本作玈
今經傳皆作盧者未知孔氏正義本與陸氏釋文本所
據有異抑陸氏本亦作玈天寶三載改作盧音義中玈
字爲宋開寶中所刪也凡訓黑之字作黸見於說文解
字經傳多假盧爲之如定四年公羊傳何休注作盧弓

王莽傳作盧弓矢是也楊子法言五百篇彤弓𥁊矢此用字與說文合者也𥁊之異體作玈僖二十八年文四年左氏傳皆云玈弓矢千其字從元旅省聲而非古字也古音旅盧無烏模斂侈之別如盧卽盧聲可證古字假旅爲𥁊魏三體石經遺字之存於洪氏者文侯之命篇有文侯王若在下事厥辟粵小女克昭前文歸視乃一旅荒寧廿餘字而誤系之春秋傳其玈旅二文一篆一隸卽盧弓盧矢之盧字也魏時邯鄲淳衛敬侯諸家去漢未遠根據尙精甚左氏最多古文音義云玈本或作旅此正古本之善轉以爲非小雅彤弓音義亦云玈本或作旅字者非此皆陸之疏爾玈之字魏人石經隸

體不用則起於魏以後昧於假旅之恉而改从元旁爲
傳合也說文無玈字正義云說文彤从丹玈从元似說
文有玈字者誤也
周禮司弓矢疏云文侯之命賜之彤弓玈弓
張揖廣雅釋器訓黑之字凡廿有九而有黸無玈則魏
時無玈字信也無玈字者以黸包之
向作六書音均表言音轉音變古平仄不同今韵三條
音轉不具論如旅之代黸猶史記魯世家魯之代旅知
古模音皆同魚音也旅不必上聲黸不必平聲故可相
代故云古平上爲一類去入爲一類也
魏石經三字佚其一要其古文必𣥂字也

父往哉柔遠能邇惠康小民無荒寧簡恤爾都用成爾顯
德

古文尚書撰異卷三十一

段玉裁學

秦誓第三十一　周書

公曰嗟我士聽無譁

白虎通號篇尚書曰公曰嗟公謂秦伯也

予誓告女羣言之首古人有言曰民訖自若是多盤責人斯無難惟受責俾如流是惟艱哉我心之憂日月逾邁若弗員來

山井鼎考文足利古本無作亾下無他技同

正義曰逾益邁行也員即云也言日月益爲疾行竝皆過去如似不復云來據正義知經文本作員來傳以云

釋員作云來故正義曰員卽云也衛包依之改員爲云猶洪範改圛爲驛唐孝明詔改古文爲今文本屬庸妄衛包不能諫証曲意從之槩以同音訓釋之字改經字何尙書之多厄也困學紀聞曰周益公云唐賦多用員來讀秦誓正義知今之云字乃員之省文益公猶未悟云系衛改作正義時經文作員唐人自依經用員來字若經文本作云則正義不可通矣尙書音義當有員音云之語又經開寶中刪去益公時釋文原本蓋已不可得矣下文雖則云然本亦作員師古韋賢傳注引正作員說之曰員與云同師古時未經衛改也　詩鄭風聊樂我員釋文員本亦作云小雅昏姻孔云釋文云本又

作員商頌景員維河箋曰員古文云此謂古文以員字爲云字也淺人改之曰古文作云似有一本古文毛詩作景云維河者失之萬里

惟古之謀人則曰未就予忌

說文十篇心部曰惎毒也从心其聲周書曰來就惎惎玉裁按小徐本同來字當是未字之誤惎惎之上當脫予字而下惎字之下當有脫文如圛升雲半有半無堲疾惡也莫席纖蒻席也皆引書而釋之與其字之本義不必合攷惎字在左氏傳有訓毒者如惎閒王室惎澆能戒之是也有訓教者如惎之脫扃西京賦天啓其心人惎之謀是也敎之訓則惎與諆同毒之訓則惎與忌

略同說文蓋當作周書曰未就予惎惎教也而脫誤歟惎忌同部同音壁中作惎說古文者讀爲諅忌蓋諅之省歟未必如孔訓也

惟今之謀人姑將以爲親雖則員然尚猷詢茲黃髮則罔所愆

漢書韋賢傳師古注云秦誓曰雖則員然尚猶詢茲黃髮則罔所愆　漢書李尋傳師古注引秦誓雖則員然尚猶詢茲黃髮則罔所㥶　玉裁按今本員皆作云衞包改也李尋傳注愆作㥶唐初本從籒文也　劉向新序襍事五書曰黃髮之言則無所愆王伯厚漢藝文志攷引之

秦本紀乃誓於軍曰嗟士卒聽無譁余誓告汝古之人

謀黃髮番番則無所過

番番良士旅力既愆我尚有之仡仡勇夫射御不違我尚

不欲

釋文仡仡馬本作訖訖云無所省録之皃

說文八篇人部曰仡仡勇壯也周書曰仡仡勇夫是也

惟截截善諞言俾君子易辭我皇多有之

說文三篇言部曰諞便巧言也从言扁聲周書曰截截

善諞言論語曰友諞佞　釋文諞馬本作偏云少也辭

約指明大辨佞之人按指今本譌損

說文十二篇戔賊也从二戈周書曰戔戔巧言玉裁按

内部殘賊也是戔殘同也周易束帛戔戔子夏傳作殘殘引周書者秦誓今文也秦誓戩戩善諞言說文言部引之馬季長本及枚氏本同此古文尚書也今文尚書作戔戔靖言春秋文公十二年公羊傳曰惟諓諓善竫言俾君子易怠而況乎我多有之惟一介斷斷焉無他技其心休休能有容何注諓諓淺薄之貌竫猶撰也劉向九歎曰讒人諓諓孰可愬兮王逸注諓諓讒言貌引尚書諓諓竫言漢書李尋傳曰昔秦穆公說諓諓之言任仡仡之勇說文無諓字葢治經者加言旁於戔耳先儒多言公羊子夏弟子受經於子夏而其所偁尚書則與伏生今文合漢人多習今文故引諓諓竫言戔與諓

靖與竫古同音通用

史記三王世家齊王策云俾君子怠用秦誓語與公羊合然則作辭者古文作怠者今文也石經今文尚書無皇曰今日耽樂作毋兄曰則皇自敬德作則兄曰兄卽今況字與我皇多有之作況乎我多有之合然則作皇者古文作況者今文也徐彥疏引戴宏序云子夏傳公羊高高傳子平平傳子地地傳子敢敢傳子壽至漢景帝時壽乃共弟子齊人胡母子都箸於竹帛然則此傳成於伏生書已出之後戴宏之言可信非公羊高成之也周書曰戔戔句絕下當云戔戔巧言也如引商書曰圛下文云圛者升雲半有半無後人轉寫脫去複出之

戔戔字倂也字非巧言爲諍言之駁文也賈逵外傳注曰諓諓巧言也（公羊音義）許用侍中說釋書也戔戔何氏淺薄之訓近是廣雅釋訓曰諓諓善也馬季長曰截截辭語截削省要也僞孔傳訓截截爲察察佀皆緣詈生訓戔與截平入雙聲脂元同入公羊釋文曰諓徐邈在淺反又子淺反又音牋戔大徐昨千切

圛訓回行周書之圛訓升雲半有半無堲爲古文垐垐訓以土增大道虞書之堲訓疾惡（去聲）戔訓賊也周書之戔戔則訓巧言文灋正等古經之字不盡同本義蓋叚借在其中矣

又按越語范蠡曰又安知是諓諓者乎韋注諓諓巧辯

之言此注與賈許合陸氏所引外傳賈注當亦謂越語
說文序曰其偁易孟氏書孔氏詩毛氏此蓋舉其多者
而言未可泥也如言部引戩戩善諞言是用孔氏古文
戈部引戔戔則伏生書也又如人部引方殺僝功是孔
氏古文辵部引旁逑孱功則伏生書也凡古文作方今
文多作旁又如永部引江之永矣此毛詩也又引江之
羕矣此韓詩也韓詩江之漾矣見文選注從氵誤也又
如旣引江有汜復引江有洍此亦必一毛一韓
尚書大傳皇於聽獄乎此假皇爲矧況字也公羊傳而
況乎我多有之此假況爲皇暇字也皇與況互相假借
也而況乎我多有之猶言而何暇我多有之也孔傳皇

訓大非

公羊文十二年傳俾君子易怠注易怠猶輕惰玉裁按易怠疊字也易讀如素問解㑊之㑊疏云易爲怠惰非是史記三王世家齊王策曰義之不圖俾君子怠亦用今文

息夫躬傳曰昔秦繆公不從百里奚蹇叔之言已敗其師悔過自責疾詿誤之臣思黃髮之言按詿誤二字無理諓諓二字之誤也息夫用今文尚書

昧昧我思之如有一介臣

釋文介馬本作介此不可通當是馬本作砎周易豫六二介于石釋文介古文作砎古文謂費氏古文易也砎

即說文之硈字石堅也爾雅硈固也馬云一砎耿介一心端慤者一心端慤正謂堅磬集韵十六怪砎硬也孟子曰柳下惠不以三公易其介是尙書一砎之證

斷斷猗

說文十四篇斤部曰斷截也从斤㡭㡭古文絶又曰[illegible]古文斷从皀皀古文叀字周書曰韶韶猗無它小徐作佗大徐作他技又曰[illegible]亦古文

猗大學引秦誓作兮禮記正義曰兮是語辭古文尙書兮爲猗言有一介之臣其心斷斷猗猗然專一與此本異玉裁按此據孔傳也孔傳斷斷猗猗然專一俗本脫一猗字便不可讀而作尙書正義者不達其意云猗者

足句之辭引大學及詩河水清且漣猗於理則然而非孔說也孔說猗猗美盛皃與猗狔旖旎義同故釋文曰猗於綺反又於宜反不云胡雞反是陸氏以前未誤也

無他技

釋文他本亦作它　大學釋文作它

其心休休焉其如有容

公羊傳曰惟一介斷斷焉無他技其心休休能有容

人之有技若己有之人之彥聖

彥禮記大學注曰彥或作盤玉裁按盤與般同大也庾元威說三倉貫升郎記彥均爲下卷彥盤音集韵二十六桓彥蒲官切大也常也

其心好之不啻如自其口出是能容之

是大學作寔古是寔通用同部同音也

以保我子孫黎民亦職有利哉

論衡刺孟篇尚書曰黎民亦尚有利哉玉裁按此今文尚書也子孫上屬黎民下屬斷句依此爲長正義非也

人之有技冒疾以惡之

冒大學作媢是也古文從省假借

人之彥聖而違之俾不達

達大學作通凡古文尚書達字今文尚書作通如禹貢顧命等篇皆可證大學同於今文尚書也

是不能容以不能保我子孫黎民亦曰殆哉

禮記大學篇秦誓曰若有一个（釋文作个　正義作介）臣斷斷兮無它技（釋文作它　俗本作他）其心休休焉其如有容焉人之有技若己有之人之彥聖（鄭注彥或作盤）其心好之不啻若自其口出寔能容之以能保我子孫黎民尚亦有利哉人之有技媢疾以惡之人之彥聖而違之俾不通寔不能容以不能保我子孫黎民亦曰殆哉

邦之杌隉曰由一人邦之榮懷亦尚一人之慶

說文十四篇𠂤部曰隉危也从𠂤从毀省徐巡以爲隉凶也賈侍中說隉灋度也班固說隉不安也周書曰邦之阢隉讀若虹蜺之蜺玉裁按後漢書杜林傳云沛南徐巡始師事衛宏後更受林學林於西州得桼書古文

尙書一卷以傳衛宏徐巡於是古文遂行陧凶也此巡之說秦誓也巡之說尙書凡兩見於許書賈侍中說陧灋度也葢亦說秦誓也侍中受古文尙書於塗惲撰歐陽大小夏侯尙書古文尙書同異集爲三卷陧與臬雙聲音近逵吕爲於六書屬假借故訓爲法度如其說則杌字連陧爲文當是法度建立兀然之意班固字孟堅右扶風安陵人范史偁其學不爲章句舉大義而已而固嘗爲白虎通及離騷章句皆訓詁詳明今白虎通雖殘缺而尙存離騷章句已亾然如不變曰醇不襍曰粹田三十畞曰畹見於劉逵張載所引者猶可攷證陧訓不安許君及僞孔傳皆本之也尙書杌从木說文無此

字惟手部有扤字訓動也與詩正月毛傳合方言亦云僞謂之扤謂船動也然則尙書杌字从木當爲从手之誤若左氏傳檮杌許書作檮柮者與危訓無涉也許君引周書又从𠂤作阢許書經轉寫歲久此或因下隉字从𠂤而上字依寫古籍如是者多矣其原書或作兀作扤未可知也讀若虹蜺之蜺攷許書雨部霓訓屈虹虫部蜺訓寒蜩此或許書本然或後人轉寫所改蓋因虹字从虫輒作霓字亦依寫也梁書王筠傳沈約作郊居賦示筠筠讀至雌霓五的翻連蜷沈撫掌欣抃曰僕嘗恐人呼爲霓五兮翻據許讀隉如霓是霓之讀入聲漢時已然但五的五兮史有此注今之錫韵齊韵也霓从雨兒

聲兒聲字在支韵由支而析入齊入聲陌麥昔錫陸法言吕爲庚耕清靑之入實支齊佳之入也霓字平音五兮入音五的是爲舊音集韵錫韵内有此字者爲是廣韵錫韵不收僅見於屑韵非也許讀如霓當依錫韵讀之大徐依唐韵五結切非是

白虎通號篇尙書曰邦之榮懷亦尙一人之慶

古文尚書撰異卷三十二

段玉裁學

書序第三十二

釋文云馬鄭之徒百篇之序總爲一卷正義云作敘者不敢厠於正經故謙而聚於下玉裁今依馬鄭之舊

昔在帝堯聰明文思光宅天下將孫于位讓于虞舜作堯典

自曰若稽古帝堯至陟方乃死是也古文尚書與今文同

公羊春秋莊元年夫人孫于齊傳曰孫猶孫也疏云凡言孫者孫遁自去之辭今此言孫與尚書序云將孫於

位讓於虞舜義同故言孫猶孫也左氏疏取其說亦云帝堯孫位按此知序本作孫淺人改爲遜又或刪釋文孫字音義耳作公羊疏者所據不誤也

虞舜側微堯聞之聰明將使嗣位歷試諸難作舜典

玉篇人部㣲字下書云虞舜側㣲㣲賤也

集韵八微曰㣲賤也或引虞書舜側㣲玉裁按此謂玉篇也今集韵板本譌从亻

趙岐注孟子曰孟子時尙書凡百二十篇逸書有舜典之敘亾失其文孟子諸所言舜事皆舜典及逸書所載

按舜典今本孟子注疏誤爲堯典萬章篇
中所言舜事趙疑皆在舜典及他逸篇中

玉裁按舜典之敘卽虞舜側微云云也亾失其文謂敘存而文則放

佚也趙注孟子所引皆今文尚書古文卅四篇未曾得見則廿四篇之不得見更可知也

閻氏百詩曰古文舜典別自有一篇與今書析堯典而爲二者不同余嘗妄意舜往于田祗載見瞽瞍與不及貢以政接于有庳等語安知非舜典之文乎又父母使舜完廩一段文辭古崛不類孟子本文史記舜本紀亦載其事其爲舜典之文無疑然要可爲心知其意者道耳玉裁按趙氏注孟子早扨斯論惟百詩不知堯字乃舜字之誤故云爾

尚書正義曰鄭元於伏生二十九篇之內分出盤庚二篇康王之誥又泰誓三篇爲三十四篇更增益二十四

篇爲五十八二十四篇者鄭注書序舜典一汨作二九共九篇十一大禹謨十二益稷十三五子之歌十四允征十五湯誥十六咸有一德十七典寶十八伊訓十九肆命二十原命二十一武成二十二旅獒二十三冏命二十四此二十四爲十六卷以九共九篇共卷除八篇故爲十六故藝文志劉向別錄云五十八篇藝文志又云孔安國者孔子後也悉得其書以古文又多十六篇篇卽卷也鄭注書序舜典云入麓伐木注五子之歌云避亂於洛汭注允征云允征臣名注禹貢引允征云厥篚元黃昭我周王注咸有一德云伊陟臣扈曰注典寶引伊訓云載孚在亳又曰征是三朡注旅獒云獒讀曰

豪謂是酋豪之長又古文有仲虺之誥大甲說命等見在而云亾其汨作典寶一十三篇見亾而云已逸是不見古文也玉裁按所謂二十四篇者卽劉歆班固所謂十六篇也云汨作典寶等一十三篇者謂汨作九共典寶肆命原命也鄭於二十四篇皆云已逸而正義獨言此十三者謂舜典大禹謨棄稷五子之歌胤征湯誥咸有一德伊訓武成旅獒冏命十一篇舜典入堯典中與其餘十篇皆見存但不置博士鄭謂之逸猶未爲誤也正義未知十一篇者別有眞鼎而非枚書十三篇者皆存祕府而非亾物鄭謂二十四篇爲逸篇顯然可信孔沖遠信枚疑鄭此大繆也

鄭以有目無書者謂之亾有書而不立學官者謂之逸
分別甚明

帝釐下土方設居方別生分類作汩作九共九篇稾飫

按孔傳言舜理四方諸矦則釋文云讀至方字絕句是
也孔釋尚書多以四方釋方字詳雒誥廣雅云方大也
則方字當下屬釋爲大設居方

汩治也音曰

鄭云汩作逸九共九篇逸

釋文曰衆家經文並盡此惟王注本下更有汩作九共
故逸故亦作古玉裁按此謂王本經文多六字非王注
也不言舜典者正謂舜典未逸也此葢僞孔書已行之

後或識王本如此而誤羼入於經
尙書大傳虞夏傳曰書曰予辯下土使民平平使民無
敖系之九共殷傳曰書曰施章乃服明上下系之帝告
書曰高宗梁闇三年不言系之說命按九共在古文爲
逸書帝告說命在古文爲亾書伏生誦習百篇述其所
記憶如此
據僞孔傳槀勞也正義云左傳言犒師者以師枯槁用
酒食勞之則唐石經作槀爲是槀卽枯槁字也今注疏
釋文版本作稾从禾非是
鄭云槀飫亾
皋陶矢厥謨禹成厥功帝舜申之作大禹皋陶謨棄稷

釋文曰矢本又作夭謨字又作謩
玉裁按大禹之下當是脫一謨字鄭云大禹謨逸
皐陶謨篇自曰若稽古皐陶至俞往欽哉皆是也與今
文尚書同
鄭云棄稷逸尚書益稷正義曰馬鄭王所據書序此篇
名爲棄稷又合此篇於皐陶謨皆由不見古文妄爲說
耳玉裁按作僞者割分皐陶謨帝曰來禹之下爲益稷
因暨益暨稷之文易棄爲益閻氏百詩曰法言云或問
忠言嘉謨曰言合稷契之謂忠謨合皐陶之謂嘉若稷
契無一遺言子雲何以遽立此論於此知棄稷眞篇子
雲得見之矣

禹別九州隨山濬川任土作貢

釋文曰貢字或作贛玉裁按任土作貢之下疑當有作

禹貢三字

啓與有扈戰于甘之野作甘誓

史記夏本紀有扈氏不服（史記正義曰地理志云鄠縣古扈國有戶亭訓纂云戶扈鄠三字一也古今字不同耳玉裁按訓纂者姚察漢書訓纂也）啓伐之大戰于甘將戰

作甘誓

太康失邦昆弟五人須于雒汭作五子之歌

釋文曰汭本又作內

鄭云五子之歌逸

王逸注離騷曰書序曰太康失國昆弟五人須于雒汭

此逸篇也玉裁按趙岐王逸輩皆知有逸篇矣

夏本紀曰帝太康失國昆弟五人須于雒汭作五子之歌

楚語士亹曰堯有丹朱舜有商均啓有五觀韋注曰五觀啓子大康昆弟也觀雒汭之地書曰大康失國昆弟五人須于雒汭傳曰夏有觀扈玉裁按五子之歌惠氏定宇古文尚書考據左氏傳外傳離騷周書嘗麥解王符潛夫論韋昭國語注證枚頤書之僞矣竊謂墨子作武觀楚語作五觀武卽五也以左傳斟灌夏本紀作斟戈氏今本斟氏戈氏衍一氏字若干或言若柯桓表讀如和表例之歌卽觀也五子之歌卽五觀也之歌蓋謂往觀地觀地

卽雒汭韋語最爲明確約之曰五觀詳之曰五子之歌謂五子爲五觀或省五言觀皆以國名之也五子必非五人汲郡古文云放王季子武觀于西河云季子則一人也序言五人猶經言五子也古文又云武觀以西河畔然則觀地不在西河猶微子封宋康叔封衛微康不在宋衛漢東郡觀縣非雒汭觀地也觀之爲歌猶甫之爲呂粊之爲肸作僞者泥於歌字敷演五章尙書不當以詩歌名篇固不待辨而自明者

墨子非樂篇云於武觀曰啓乃惠氏定宇曰乃當作子淫溢康樂野于飲食將將銘莧未詳江氏叔澐曰當作莧磬以力湛濁于酒渝食于野萬舞翼翼章聞于大惠曰當作天天用弗式按此五

子之歌眞篇之辭也武觀者尙書逸篇之名武卽五觀卽歌也
或問子言五子非有五人其如潛夫論云兄弟五人皆有昏德何應之曰王氏未見紀年但據舊籍認是五人耳如三老五更非有三人五人也且水經注巨洋水篇云國語曰啓有五觀謂之姦子五觀葢其名也所處之邑其名曰觀善長謂五爲人名觀爲邑名亦可證余說之非妄矣五觀葢其名也此觀字衍文
韋昭但云五觀啓子太康昆弟也史記魏世家正義曰太康第五弟之所封也夏衰滅之矣元和郡縣志觀城下同

羲和湎淫廢時亂日允往征之作允征

鄭云允征逸

正義卷二曰允征臣名此篇征字史記夏本紀集解可證也

夏本紀曰帝仲康時羲和湎淫廢時亂日允往征之作允征

正義曰鄭注禹貢書序引允征云厥篚元黃昭我周王郭注爾雅引逸書釗我周王

自契至于成湯八遷湯始居亳從先王居作帝告釐沃

鄭云帝告亾釐沃亾

史記殷本紀曰成湯自契至湯八遷湯始居亳從先王

居作帝誥索隱曰一作俈上言從先王居故作帝俈玉裁按俈卽嚳字也孔傳謂契父帝嚳都亳湯自商丘遷亳故曰從先王居

尙書大傳殷傳帝告書曰施章乃服明上下按此帝告之佚文也

湯征諸矦葛伯不祀湯始征之作湯征

鄭云湯征亾

孟子滕文公篇書曰葛伯仇餉書曰徯我后后來其無罰趙注皆云尙書逸篇文玉裁按此湯征篇之文決可知者作僞者誤系之仲虺之誥矣趙氏不云亾書而云逸書者趙不見中古文於亾與逸不能如鄭之區分也

殷本紀曰湯征諸侯葛伯不祀湯始伐之湯曰予有言視水見形視民知治不伊尹曰明哉乃進君國子民為善者皆在王官勉哉勉哉湯曰女不能敬命予大罰殛之無有攸赦作湯征

伊尹去亳適夏既醜有夏復歸于亳入自北門乃遇女鳩女方作女鳩女方、

鄭云女鳩亾女方亾

殷本紀曰伊尹去湯適夏既醜有夏復歸于亳入自北門遇女鳩女房作女鳩女房

釋文云帝告釐沃湯征女鳩女方此五亾篇舊解是夏書馬鄭之徒以為商書　按此釋文當在女鳩女方之後今單行釋文本系之釐沃之下

注疏本系之經文湯征女鳩女方之前殊不可解用此知刪改釋文者全不求其文義　正義曰鄭序以爲虞夏書二十篇商書四十篇周書四十篇帝告釐沃湯征汝鳩汝方於鄭元爲商書

湯既勝夏欲遷其社不可作夏社

鄭云夏社亾

殷本紀湯既勝夏欲遷其社不可作夏社玉裁按本紀次湯誓典寶之後與書序不同

疑至臣扈

鄭云疑至亾臣扈亾

伊尹相湯伐桀升自陑遂與桀戰于鳴條之野作湯誓

正義曰孔以湯誓在夏社前於百篇爲第二十六鄭以

爲扗臣扈後第二十九

周語內史過曰扗湯誓曰余一人有罪無以萬夫萬夫有罪扗予一人韋注今湯誓無此言則散亾矣

墨子尙賢篇湯誓曰聿求元聖與之勠力同心以治天下

夏師敗績湯遂從之遂伐三朡俘厥寶玉誼伯仲伯作典寶

鄭云典寶逸

釋文曰誼本或作義按古今人表義伯中伯

殷本紀曰湯伐桀作湯誓桀犇於鳴條夏師敗績湯遂伐三㚇俘厥寶玉義伯仲伯作典寶

按正義舉鄭注書序湯誥十六咸有一德十七典寶十八伊訓十九據此則典寶在咸有一德之後伊訓之前而正義說百篇次第孔鄭不同但舉湯誓咸有一德蔡仲之命周官柴誓五篇不舉典寶用此知正義所舉次第不同者尙未備也但據二十四篇次第知典寶在咸有一德後伊訓前而百篇次第伊訓之前尙有明居未知鄭本典寶在明居後抑在明居前也姑從孔本

湯歸自夏至于大坰仲虺作誥

鄭云仲虺之誥亾

殷本紀曰湯歸至于泰卷索隱曰鄒誕生卷作訶又作洞則卷當爲坰與尙書同其下有陶字者是衍解尙書者以大坰今定陶是也舊本或旁記其地名後人轉寫遂衍斯字玉裁按卷坰雙聲

不必改字正義云陶古銘反則誤謂卷爲衍字也中𠺕作誥索隱曰仲虺二音𠺕一作壘音如字尙書又作虺也

春秋襄十四年左傳中行獻子曰仲虺有言曰亂者取之亾者侮之下言推亾固存國之道也乃承上文而釋之襄三十年鄭子皮曰仲虺之志云亂者取之亾者侮之下言推亾固存國之利也亦承上文而釋之宣十二年隨武子曰仲虺有言曰取亂侮亾此檃栝八字爲四字下文兼弱也三字武子釋書也墨子非命上於仲虺之告曰我聞于夏人矯天命布命于下帝伐之惡龔喪厥師非命中於先王之書仲虺之告曰我聞有夏人矯天命布命于下帝式是惡用闕師　非命下仲虺之告曰我聞有夏人矯天命于下帝式是增用爽厥師　孫卿子

堯問篇吳起諫魏文侯述楚莊王之言曰其在中蘬之言也曰諸侯自爲得師者王得友者霸得疑者存自爲謀而莫己若者亾　玉裁按此皆作僞仲虺之誥者所本也

湯既黜夏命復歸于亳作湯誥

鄭云湯誥逸

殷本紀曰既絀夏命還亳作湯誥維三月王自至於東郊告諸侯羣后毋不有功於民勤力迺事予乃大罰殛女毋予怨曰古禹臯陶久勞于外其有功乎民民乃有安東爲江北爲濟西爲河南爲淮四瀆己修萬民乃有居后稷降播農殖百穀三公咸有功于民故后有立徐廣

曰一作土昔蚩尤與其大夫作亂百姓帝乃弗予有狀先王言不可不勉曰不道毋之在國徐廣曰之一作攻女毋我怨以令諸侯玉裁按此或從孔安國問而得之或從他采錄皆未可知如九共帝告佚句甄綜於伏生也

伊尹作咸有一德

鄭云咸有一德逸

正義曰孔以咸有一德次太甲後第四十鄭以爲在湯誥後第三十二玉裁按殷本紀伊尹作咸有一德亦在成湯時次湯誥後孔系之太甲時誤也

禮記緇衣篇尹吉曰惟尹躬及湯咸有一德尹吉曰惟尹躬天見于西邑夏自周有終相亦惟終鄭注曰吉當

爲告告古文誥句絕字之誤也尹告伊尹之誥也書序以爲咸有一德句絕今亾玉裁按以爲咸有一德者記曰尹誥書序則謂之咸有一德也以四字適相合知之也是篇本逸而云今亾者蓋逸篇十六故有此篇至康成時亾之如武成逸篇建武之際亾然則馬鄭亦未嘗全見十六篇也作僞者以緇衣前二語系之本篇以後三語系之太甲

咎單作明居

鄭云明居亾

殷本紀曰咎單作明居

成湯既沒大甲元年伊尹作伊訓肆命徂后

鄭云伊訓逸肆命逸徂后亾

殷本紀云帝太甲元年伊尹作伊訓作肆命作徂后

孟子萬章篇伊訓曰天誅造攻自牧宮朕載自亳　漢書律歷志曰商十二月乙丑朔旦冬至故書序曰成湯既沒太甲元年使伊尹作伊訓伊訓篇曰惟太甲元年十有二月乙丑朔伊尹祀于先王誕資有牧方明　尚書正義曰鄭注典寶序引伊訓云載孚在亳下文又曰征是三朡未知亦伊訓語抑爲鄭語也　玉裁按孟子劉歆所引作僞者之所本也

大甲既立不明伊尹放諸桐三年復歸于亳思庸伊尹作大甲三篇

鄭云大甲三篇亾

殷本紀曰帝太甲既立三年不明暴虐不遵湯法亂德於是伊尹放之於桐宫三年伊尹攝行政當國以朝諸矦帝太甲居桐宫三年悔過自責反善於是伊尹迺迎帝太甲而授之政帝太甲修德諸矦咸歸殷百姓以寧伊尹嘉之迺作太甲訓三篇褒帝太甲稱大宗

禮記表記篇大甲曰民非后無能胥以寧后非民無以辟四方　緇衣篇大甲曰毋越厥命以自覆也若虞機張往省括于厥度則釋　大甲曰天作孽可違也自作孽不可以逭　孟子公孫丑篇大甲曰天作孽猶可違自作孽不可活按逭活音同字異　禮記大學篇大甲

曰顧諟天之明命

沃丁既葬伊尹于亳咎單遂訓伊尹事作沃丁

鄭云沃丁亾

殷本紀曰帝沃丁之時伊尹卒既葬伊尹於亳咎單遂訓伊尹事作沃丁

伊陟相大戊亳有祥桑穀共生于朝伊陟贊于巫咸作咸乂四篇

玉裁按經無太字皆本作大而音太衞包乃改爲太字開寶中又盡刪釋文之大音太以泯其與衞包鉏鋙之迹然書序大甲皆作太甲而伊陟相大戊釋文曰大音太獨幸而未刪禹貢大原大行大華皆作太而楊州大

湖音太湖獨幸而未刪以其未刪者僅存則可藉以證全經之字也

共生二木合生也或以一暮大拱釋之誤矣

鄭云咸艾四篇亾

五行志引書序曰伊陟相大戊亳有祥桑榖共生殷本紀曰帝太戊立伊陟爲相亳有祥桑榖共生於朝一暮大拱帝太戊懼問伊陟伊陟曰臣聞妖不勝德帝之政其有闕與帝其修德太戊從之而祥桑枯死而去

伊陟贊言于巫咸巫咸治王家有成作咸艾作太戊

大戊贊于伊陟作伊陟原命

鄭云伊陟亾原命逸

江氏叔澐曰殷本紀作咸艾之下有作太戊三字太戊篇名也因下大戊贊于伊陟疊太戊字而脫但如此則百篇之數多一篇殷本紀云太戊贊伊陟于廟言弗臣伊陟讓作原命依史記則書序作伊陟原命原者再也因其讓而再命之也伊陟原命四字爲一篇適得百篇之數也玉裁按馬云原臣名命原以禹湯之道我所修也原命爲二十四逸篇之一馬實親見而云然原命者命原非命伊陟也史記云作咸艾作太戊太戊贊伊陟于廟言弗臣伊陟讓作原命是史記脫作伊陟三字臏作太戊三字字數適相當實轉寫之譌不得緣誤立說凡書序有佚其序僅存其目者如作伊陟句絕原命別

爲一句其所以作原命者未著也作夏社句絶疑至臣扈不上屬所以作疑至臣扈亦未著也

正義卷二云鄭注書序舜典一汨作二九共九篇十一大禹謨十二益稷十三五子之歌十四允征十五湯誥十六咸有一德十七典寳十八伊訓十九肆命二十原命二十一武成二十二旅獒二十三冏命二十四玉裁按肆命二十山井鼎考文曰宋板作伊陟二十古文逸篇僅存其目而目之互異復如此

仲丁遷于囂作仲丁

鄭云仲丁亾

殷本紀仲丁遷于隞

河亶甲居相作河亶甲

鄭云河亶甲亾

殷本紀河亶甲居相

祖乙圮于耿作祖乙

鄭云祖乙亾

殷本紀祖乙遷於邢按說文六篇邑部曰邢鄭地有邢亭也从邑井聲祖乙所遷當正是此地此字今史記作邢今說文邢音賢經反皆非也集韵三十九耿曰邢地名通作耿本史記

盤庚五遷將治亳殷民咨胥怨作盤庚三篇

正義曰汲冢古文云盤庚自奄遷于殷殷在鄴南三十

里束晳云尚書序盤庚五遷將治亳殷舊說以爲居亳
亳殷在河南孔子壁中尚書云將始宅殷是與古文同
也漢書項羽傳洹水南殷墟上今安陽西有殷玉裁按
此晉書所謂晳在箸作得觀竹書隨疑分釋皆有義證
也唐初尚存今則亾矣與古文同謂與汲冢古文同也
今本注疏誤衍作不同今本紀年作自奄遷於蒙北曰
殷
正義曰此將治亳殷不可作將始宅殷亳字摩滅容或
爲宅壁內之書安國先得始皆作亂其字與治不類無
緣誤作始字知束晳不見壁內之書妄爲說耳玉裁按
此數語爲淺人妄改不可讀依宋槧本云治皆作乿其

字與始不類無緣誤作始字乃合乿字見汗簡集韵古文四聲韵羣經音辨用此知作正義時原有將古篆寫成之古文尚書卽流傳至郭忠恕定其釋文晁公武得本鐫諸石薛季宣作書訓者然其原流未可信陸氏所訶爲穿鑿之徒務欲立異者耳東廣微當晉初未經永嘉之亂或孔壁原文尚存祕府所說殆不虛鄭注尚書或依今文讀始宅爲治亳如徵庸三十易爲二十未可知也廣微所見壁中本作始而他本作治正與咎繇謨篇始滑治曶相類又可以見壁中古文始治相似斷非作乿或云古文尚書始作乱則與乿相似然始作乱者亦汗簡云尒無以知壁中本必然也

殷本紀帝盤庚之時殷已都河北盤庚渡河南復居成湯之故居迺五遷無定處殷民咨胥皆怨不欲徙盤庚乃告諭諸侯大臣曰昔高后成湯與爾之先祖俱定天下法則可修舍而弗勉何以成德乃遂涉河南治亳行湯之政然後百姓由寧殷道復興諸侯來朝以其遵成湯之德也帝盤庚崩弟小辛立是爲帝小辛帝小辛立殷復衰百姓思盤庚迺作盤庚三篇

按大史公曰盤庚三篇漢石經三篇交接處皆空一字葢今文尚書於合一之中未嘗不分别也

周禮大祝注曰誥謂康誥盤庚之誥之屬也玉裁按左氏傳云盤庚之誥

高宗夢得說使百工營求諸野得諸傅巖作說命三篇

一切經音義卷一曰衛宏詔定古文官書㝵得二字同體說文㝵取也尙書高宗夢㝵說是也玉裁按衛宏詔定古文官書卽孔沖遠尙書正義顏師古漢書注引用其序及韓退之所得諸李服之者其字體僅見於元應所引三條曰㝵得同體曰枹桴同體曰圖啚同體元應引書序高宗夢㝵說今尙書作得說葢天寶中衛包所改也陸氏釋文未嘗有㝵說之文者葢宋開寶中太子中舍陳鄂所重定非陸之舊也元應引說文見部㝵取也而不引彳部重文㝵古文得字也竊疑許君不應一字再置一以爲小篆一以爲古文且得下云行有所㝵

也以㝵訓得則異字矣其下何又云㝵與得同字蓋後人據衛宏官書而增之歟

說文四篇夏部曰夐營求也从夏人在穴中商書高宗夢得說使百工營求得之傅巖句絕巖穴也按營求者規畫而求之也从夏人在穴中大徐作从夏从人在穴上謂舉目使人搜索至於穴中也會意字也引商書者書序文也百工營求之營大徐作夐非也小徐注尚書作營四字恐有誤或後人妄增之許引書而釋巖爲穴以證夏人在穴中此證字形非證字義與引百穀艸木麗于地以釋麗从艸麗引豐其屋以釋寷从宀豐一例淺者不知此改營爲夐未能讀許者也山部曰巖岸也此云巖穴也者岸有穴可

居非有二訓也厂字下曰山石之厓巖人可居广字下曰因厂爲屋也是也

凡說文引經傳有用以說字形者引易爲尤多如引易曰井者灋也說㓝所以从井也引易明出地上晉說晉之从日也引易曰地可觀者莫可觀於木說相所以从目木也引易曰豐其屋說寷之从宀豐也引易曰百穀艸木麗于地說蘿之从艸麗也引易曰利者義之和也說利之从和省也引易曰古之葬者厚衣之以薪說葬之从茻也引易曰先庚三日說庸之从庚也引易曰突如其來如不孝子突出不容於內也說𠫓之从到子也引詩曰六轡如絲說轡之从絲也引春秋日有食之說

有之从月也引孟子罔市利說買之从网貝也其他引祕書日月爲易引淮南王說元田爲畜引韓非倉頡作字自營爲厶背厶爲公皆講字形會意之恉非訓字義也淺者謂爲訓字義於是改豐其屋爲寷其屋麗于地爲䕻于地而全卦内豐字麗字何以稱焉

巖史記作險說禮記作兌

楚語韋注書序曰高宗夢得說使百工營求諸野得之傅巖作說命

鄭云說命三篇亾

文王世子篇兌命曰念終始典于學注兌當爲說說命書篇名殷高宗之臣傅說之所作　學記篇兌命曰念

終始典于學注兑當爲說字之誤也高宗夢傅說求而得之作說命三篇在尚書今亾　學記篇兑命曰學學半　學記篇兑命曰敬孫務時敏厥修乃來　緇衣篇兑命曰惟口起羞惟甲胄起兵惟衣裳在笥惟干戈省厥躬注兑當爲說謂殷高宗之臣傅說也作書以命高宗尚書篇名也　緇衣篇兑命曰爵無及惡德民立而正（句絕）事純而祭祀是謂不敬事煩則亂事神則難注純或爲煩　按此皆說命佚文也鄭注一則言傅說之所作一則言作書以命高宗是三篇皆爲傅說語與僞書異也禮記六引皆作兑說亦兑聲不必謂字之誤　尚書大傳殷傳說命書曰高宗梁闇三年不言按此亦說

命之佚文也

高宗祭成湯有飛雉升鼎耳而雊祖己訓諸王作高宗肜日高宗之訓

殷本紀曰武丁祭成湯有飛雉登鼎耳而呴五行志曰書序曰高宗祭成湯有蜚雉登鼎耳而雊此今文尚書升作登也

鄭云高宗之訓亾

坊記篇高宗云三年其惟不言言乃讙注云名篇在尚書江氏叔澐謂當是此高宗之訓也

殷本紀曰帝祖庚立祖已嘉武丁之以祥雉爲德立其廟爲高宗遂作高宗肜日及訓

尚書大傳說高宗之訓以桑穀共生事系武丁與殷本紀乖異

殷始咎周周人乘黎祖伊恐奔告于受作西伯戡黎

按馬鄭本百篇之序別爲一篇則受字始見於大誓孔氏散百篇之序冠其篇首則受字始見於此序故孔於此爲之傳而正義所引鄭注云帝乙號曰受德時人傳聲轉作紂也史掌書知其本故曰受此自是大誓之注正義牽入此處耳凡古文尚書而外今文尚書及他經傳皆作紂此鄭所以爲之說也

殷既錯天命微子作誥父師少師

錯馬云廢也則讀倉故反錯與措古通用說文手部云

措置也置與廢義同如廢六關卽置六關是也旣錯天命謂盡廢天命盡廢天命者天命盡去也

惟十有一年武王伐殷一月戊午師渡盟津作大誓三篇

今本盟作孟攷正義曰孟者河北地名春秋所謂向盟是也於孟地置津謂之孟津此葢尚書作盟與左傳合故引左氏爲證不爾則當發明盟與孟古音同用之恉此義疏之體例也衞包因盟字音孟乃改經文爲孟以後又改正義至開寶閒又改釋文大字作孟删去小字音孟以滅其迹

大各本作泰今作大以還舊攷僞孔傳云大會以誓衆王注云以大道誓衆則其字本作大可知正義曰武

誓非一故史推義作名泰誓見大會也顧氏以爲泰者大之極也猶如天子諸侯之子曰太子天子之卿曰太宰此會中之大故稱泰誓也據此正義似顧彪當隨時經已作泰而以俗說解之大讀爲太而訓爲大之極太與泰同用此俗說也卽如大子大宰卽冢子冢宰冢大也見釋詁俗讀大誓爲太誓因而復改作泰誓困學紀聞曰泰誓古文作大誓晁氏曰開元閒衞包定今文始作泰新經以交泰爲說眞燕書哉大誓與大誥同音泰者非玉裁謂據正義引顧彪說則作泰尙在彪以前非衞包始改王氏所謂古文者乃宋次道家之本晁氏所謂今文者卽衞包改本也自天寶巳後謂衞包改本爲

今文尚書

漢書律厤志云書序曰惟十有一年武王伐紂大誓八百諸矦會律厤志又云序曰一月戊午師度于孟津按志以伐殷觀兵爲十一年事一月戊午師度于孟津爲十三年事似書序一月之上當有十三年三字志引書序大誓八百諸矦會扗十有一年武王伐紂之下而不扗一月戊午師度于孟津之下疑今書序有脫誤非劉歆班固所據之書序也然周本紀九年觀兵盟津十一年十二月戊午師畢渡盟津作大誓告于衆庶商之十二月卽周之一月一月卽系十一年書序本無脫誤似不必過信劉歆鄭康成說

周頌思文箋曰武王渡孟津白魚躍入于舟出涘以燎後五日火流爲烏五至以穀俱來正義曰此皆尚書文大誓云惟四月太子發上祭于畢下至于孟津之上注云孟津地名又云太子發升舟中流白魚入於王舟王跪取出涘以燎之注云白魚入舟天之瑞也魚無手足象紂無助白者殷正也天意若曰以殷予武王當待無助今尚仁人在位未可伐也得白魚之瑞即變稱王應天命定號也涘涯也王出於岸上燔魚以祭變禮也又云至于五日有火自上復于下至于王屋流之爲鵰其色赤其聲㲋五至以穀俱來注云五日燎後日數王屋所在之舍上流猶變也鵰當爲鴉鴉烏也燎後五日而

有火爲烏天報武王以此瑞書說曰烏有孝名武王卒父業故烏瑞臻赤周之正穀記后稷之德又禮說曰武王赤烏穀芒應周尚赤用兵王命曰爲牟天意若曰須假紂五年乃可誅之武王即位此時已三年矣穀菽牟麥也詩云貽我來牟

詩大雅文王序正義曰大誓說武王升冊疑舟誤稱大子得魚即云王俯取

詩魯頌閟宮正義曰大誓說十一年觀兵盟津之時八百諸侯皆曰受可伐王曰爾未知天意未可伐

詩大雅大明正義曰大誓曰師乃鼓譟前歌後舞格于上天下地咸曰孜孜無怠

鄭君詩譜序曰遂爲天下父母使民有政有居正義曰大俗本作泰誤誓說武王伐紂衆咸曰孜孜無怠天將有立父母民之有政有居

詩小雅鴻鴈箋曰書曰天將有立父母民之有政有居正義曰今大俗本作泰誤誓文言將有立聖德者爲天下父母民之得有善政有安居按此必引鄭注也武王將欲伐紂民喜其將有安居

小雅正月正義曰尚書曰天將有立民父母

詩大明正義曰大誓司馬在前王肅曰司馬大公也

禮記檀弓上正義曰大作泰誤誓言武王伐紂而白魚入于王舟

說文三篇攴部孜字下曰孜孜汲汲也从攴子聲周書曰孜孜無怠

說文十二篇手部曰搯搯捾也（依小徐）从手舀聲周書曰師乃搯搯者抽刃以習擊刺也（依詩釋文引）詩曰左旋右搯

玉裁按此引周書而釋之明周書搯不訓捾如圉者升雲半有半無堲者疾惡也同一文法古音搯抽同在第三部明此搯爲抽之假借又引詩以證之也詩淸人之搯亦訓抽今本經作抽字則以訓故字改其本字也此所引周書卽尚書大傳大誓之師乃慆鄭注大傳曰慆喜也大傳字从心與从手異者大傳本不與孔壁本同許所偁者孔壁本也如雕烏之異

說文十一篇水部曰涘水厓也从水矣聲周書曰王出

涘

周禮大祝疏曰大誓云周公曰都懋哉予聞古先哲王之格言以下大子發拜手稽首

大祝注曰書曰王動色變疏曰按今文大誓得火烏之瑞使上附以周公書報誥於王王動色變

伊耆氏疏曰今文大作泰誤誓師尚父左杖黃鉞右把白

旄

尚書正義曰馬融書序曰大誓云八百諸侯不召自來不期同時不謀同辭火復于上至於王屋流爲鵰五至以穀俱來玉裁按尚書大傳鄭所引禮說周本紀董仲

舒傳皆作烏此後得本也馬鄭所注皆作鵰此孔壁中本也馬曰鵰鷙烏也明武王能伐紂此不改字也鄭曰雕當爲雅雅烏也此以後得之大誓正孔壁之大誓也不云當爲烏者雕與雅形略相似故云當爲雅而訓烏也賈逵奏尚書疏云流爲烏尚書正義卷二此葢分析烏雕異字之語逵所撰歐陽夏侯尚書古文尚書同異三卷唐初已不存而奏上之疏尚存孔沖遠得引之

右馬鄭王所注所引許叔重及孔穎達賈公彥所引皆古文尚書之大誓也唐人以僞孔之大誓爲古文大誓則不得不呼馬鄭王所注眞古文大誓爲今文大誓如以僞孔之二十五篇爲眞古文則不得不呼

馬鄭二十四逸篇爲張霸僞書

尚書大傳周傳大誓書曰唯四月太子發上祭于畢下至于盟津之上鄭注四月者周四月也發周武王也卒父業故稱太子也乃告司徒司馬司空諸節亢才予無知以先祖先父之有德之臣左右小子予受先公必力賞罰以定厥功于先祖之遺太子發升于舟中流白魚入于舟中跪取出涘以燎羣公咸曰休哉有火流于王屋化爲赤烏三足武王喜諸大夫皆喜周公曰茂哉茂哉天之見此以勸之也恐恃之

尚書大傳又曰惟丙午王還師前師乃鼓鼚音符躁後漢書劉陶傳武旅有鼚藻之士錢氏曉徵曰鼚藻卽鼚譟文異義同也杜詩傳將帥和睦士卒鼚藻魏志文帝紀注臣

妥遠近莫不覓藻亦用斯語師乃慆前歌後舞鄭注慆喜也衆大喜前歌後舞也按此不言書曰而亦大誓文也大誓旣後得於民閒則伏生所無而大傳有其文者葢如鄭君之言生終後張歐陽數子各論所聞以巳意彌縫其闕也大誓不俟武帝末始出此其一證

周本紀曰九年武王上祭于畢馬融曰畢文王墓地名也東觀兵至于盟津爲文王木主載以車中軍武王自稱大子發言奉文王以伐不敢自專乃告司馬司徒司空諸節馬融曰諸受符節有司也齊栗信哉予無知以先祖有德臣小子受先功徐廣曰一云予小子受先公功畢力賞罰以定其功遂興師師尚父號曰鄭元曰號令之軍法重者總爾衆庶與爾舟楫後至者斬武王渡

河中流白魚躍入王舟中馬融曰魚者介鱗之物兵象也白者殷家之正色言殷之兵衆與周之象也　索隱曰此已下至火復王屋爲烏皆見周書及今文泰誓武王俯取以祭既渡有火自上復于下至于王屋流爲烏其色赤其聲魄云馬融曰王屋王所居屋流行也魄然安定意也鄭玄曰書說云烏有孝名武王卒父大業故烏瑞臻赤者周之正色也　索隱曰按今文泰誓流爲鵰鵰摯鳥也馬融云明武王能伐紂鄭玄云烏是孝鳥言武王能終父業亦各隨文而解也是時諸侯不期而會盟津者八百諸侯諸侯皆曰紂可伐矣武王曰女未知天命未可也乃還師歸居二年聞紂昏亂暴虐滋甚殺王子比干囚箕子太師疵少師彊抱其樂器而犇周於是武王徧告諸侯曰殷有重罪不可以不畢伐徐廣曰一作滅乃遵文王遂率戎車三百乘虎賁三千人甲士四萬五千人以東伐紂十

一年十二月戊午師畢渡盟津諸侯咸會曰孳孳無怠武王乃作大誓告于衆庶今殷王紂乃用其婦人之言自絕于天毀壞其三正馬融曰動逆天地人也離逷其王父母弟鄭元曰王父母弟祖父母之族必言毋弟舉親者言之也乃斷棄其先祖之樂乃爲淫聲用變亂正聲怡說婦人徐廣曰怡一作辭故今予發維共行天罰勉哉夫子鄭元曰夫子丈夫之稱不可再不可三玉裁按此不必皆大誓語以不能分別姑全錄之

史記齊世家曰九年欲修文王業東伐以觀諸侯集否師行師尚父左杖黃鉞右把白旄以誓曰蒼兕蒼兕索隱曰本或作蒼雉按馬融曰蒼兕主舟楫官名又王充云蒼兕水獸九頭今誓衆令急濟故言蒼兕以懼之然此文上下竝今文泰誓總爾衆庶與爾舟楫後至者斬遂至盟津諸

侯不期而會者八百諸侯諸侯皆曰紂可伐也武王曰未可還師與大公作此大誓

漢書董仲舒傳仲舒對策曰書曰白魚入于王舟有火復于王屋流爲烏師古曰今文尚書泰誓之辭也謂伐紂之時有此瑞也此蓋受命之符也周公曰復哉復哉師古曰周公視火烏之瑞乃曰復哉復哉復報也言周盛德故天報以此瑞也亦見今文泰誓玉裁按此卽尚書大傳之周公曰茂哉茂哉也復茂同在古音第三部伏生董子同一今文尚書而字異又按武帝紀元光元年五月詔賢良於是董仲舒公孫宏等出焉是年武帝卽位財七年耳而董子已引大誓然則劉向歆謂出武帝末者誤也

漢書終軍傳白麟奇木對曰昔武王中流未濟白魚入

于王舟俯取以燎羣公咸曰休哉對奏上由是改元爲元狩按是年武帝卽位之十八年軍引大誓則不得云武帝末乃出也

漢書敘傳班伯對上曰書云迺用婦人之言師古曰今文尚書泰誓之辭

漢書谷永傳書曰迺用婦人之言自絕于天四方之逋逃多罪是宗是長是信是使玉裁按永此引書共廿五字上十字師古曰此今文泰誓之辭下十五字師古云亦泰誓之辭也此正分別謂此十五字非牧誓之辭小顏時大誓見存或譏其指牧誓爲大誓非也

漢書五行志曰成帝永始二年二月癸未夜星隕如雨

谷永對曰書云乃用其婦人之言四方之逋逃多罪是信是使師古曰周書泰誓也

漢書郊祀志丞相衡御史大夫譚奏議曰大誓曰正稽古立功立事可以永年丕天之大律師古曰今文泰誓周書也

漢書平當傳當上書曰書云正稽古立功立事可以永年傳於亾窮師古曰今文泰誓之辭

白虎通諫諍篇尙書曰必力賞罰以定厥功

劉向說苑卷二大誓曰附下而罔上者死附上而罔下者刑與聞國政而無益於民者退在上位而不能進賢者逐玉裁按武帝紀元朔元年即位之十二年有司奏議曰夫

附下罔上者死附上罔下者刑與聞國政而無益於民
者斥在上位而不能進賢者退按武帝卽位之十二年
巳俌大誓則非出於武帝末年又一證也
趙岐注孟子離婁篇曰書曰大子發上祭于畢下至于
盟津
右史記漢書白虎通說苑孟子注所引皆後得之大
誓也劉向別錄曰武帝末民有得大誓書於壁內者
獻之與博士使讀說之數月皆起傳以教人尚書正義卷一
劉歆七略語與別錄同惟讀作讚文選四十三注移書讓太
常博士曰大誓後得博士習而讀之馬融書序亦曰
大誓後得鄭康成書論曰民閒得大誓按後得之大

誓與伏生二十八篇統爲歐陽夏矦尚書若顏師古
司馬貞所見者則馬鄭本之古文大誓而謂之今文
大誓者謂僞孔大誓爲古文則不得不謂眞者爲今
文也

玉裁按此大誓三篇唐已後旣亾而散見於舊籍者也
大誓伏壁無之武帝時得諸民閒與博士讀說傳以敎
人合二十八篇總之曰二十九篇藝文志云孔安國得
古文尚書以考二十九篇是也於伏壁二十八篇之外
增爲二十九此以知得諸民閒之大誓統爲一篇如般
庚不分爲三顧命不分爲二也大小夏矦章句各二十
九卷大小夏矦解故二十九篇皆是也

古文尚書出孔子壁中亦有大誓而分爲三篇合諸伏書二十八篇析爲三十一逸十六篇析爲二十四共計五十八篇是以劉向別錄桓譚新論皆云五十八篇班氏作藝文志以武成逸篇建武之際亾故云古文經五十七篇或疑孔壁無大誓三篇果爾則五十八篇五十七篇之數何以符合馬鄭王何以爲之注馬疑之而仍注之者夫固以壁中所有合於博士所習也馬融書序曰尚書正義卷十一大誓後得按其文似若淺露又云八百諸侯不召自來不期同時不謀同辭及火復於上至於王屋流爲鵰五至以穀俱來舉火神怪得無在子所不語中乎又春秋引大誓曰民之所欲天必從之國語引大

誓曰朕夢協朕卜襲于休祥戎商必克孟子引大誓曰我武惟揚侵于之疆取彼凶殘（春秋襄卅一年正義作則取于凶殘近是此依僞古文改耳）我伐用張于湯有光孫卿引大誓曰獨夫受禮記引大誓曰予克受非予武惟朕文考無罪受克予非朕文考有罪惟予小子無良（按此所引三受字皆本作紂淺人改之春秋襄三十一年正義所引則未改也）今之大誓（俗本正義譌爲今文泰誓漢人不目此三篇爲今文明矣）皆無此語吾見書傳多矣所引大誓而不在大誓者甚多弗復悉記略舉五事以明之亦可知矣王肅亦云大誓近得非其本經馬王此論本屬疑所不當疑而僞孔氏竊取其說乃別造大誓三篇以實彼之僞凡傳記諸子所引大誓語盡組綴其中以銜此之眞枚頤上之孔穎

達疏之於是馬鄭王所注眞古文大誓遂廢以至於亾孔壁書五十八篇僅存三十一伏書二十九篇仍存二十八良由作正義者用孔廢鄭之故也三篇伏孔正同若孔作鵰伏作烏鄭注讀鵰爲烏用今釋古此見其字亦有異處若三篇內無傳記諸子所引之文則周書大誓不止此三篇之故

春秋襄三十一年左氏傳穆叔曰民之所欲天必從之杜注今尚書亦無此文故諸儒疑之　昭元年左氏傳子羽曰大誓曰民之所欲天必從之杜注逸書　昭二十四年左氏傳萇宏曰大誓曰紂有億兆夷人亦有離德余有亂十八同心同德杜注今大誓無此語　成二

年左氏傳君子曰大誓所謂商兆民離周十人同者衆
也　周語單襄公曰吾聞之大誓故曰朕夢協于明道二年
本無于朕卜襲于休祥戎商必克韋注大誓伐紂之誓也
故故事也　周語單襄公曰在大誓曰民之所欲天必
從之韋注今周書大誓無此言其散亾乎　鄭語史伯
對鄭桓公曰大誓曰民之所欲天必從之　禮記坊記
篇大誓曰予克紂非予武惟朕文考無罪紂克予非朕
文考有罪惟予小子無良鄭注大誓尚書篇名也今大
誓無此章則其篇散亾　管子法禁篇大誓曰紂有臣
億萬人亦有億萬之心武王有臣三千而一心　孟子
滕文公篇大誓曰我武惟揚侵于之疆則取于殘殺伐

用張于湯有光趙注曰大誓古尚書百二十篇之時大誓也今之尚書大誓篇後得以充學故不與古大誓同諸傳記引大誓皆古大誓也玉裁按趙氏但守今文尚書而不見古文尚書故云爾　萬章篇大誓曰天視自我民視天聽自我民聽　孫卿議兵篇大誓曰獨夫紂　墨子兼愛下大（今本作泰）誓曰文王若日若月乍照光于四方于西土　墨子尚同下於先王之書也大誓之言然曰小人見姦巧乃聞不言也發罪鈞　墨子非命上於大誓曰紂夷處不肯事上帝鬼神禍厥先神禔不祀乃曰吾民有命無廖排扁天亦縱之棄而弗葆　非命中篇先王之書大誓之言然曰紂夷之居而不肯事上

帝棄闕其先神而不祀也曰我民有命毋僇其務天不
亦棄縱而不葆　非命下大誓之言也於去發曰惡乎
君子天有顯德其行甚章爲鑑不遠在彼殷王謂人有
命謂敬不可行謂祭無益謂暴無傷上帝不常九有以
亾上帝不順祝降其喪惟我有周受之大帝　天志中
篇大誓今本作明之道之曰紂越厥夷居不肯事上帝棄厥
先神祇不祀乃曰吾有命無僇僔務天下天亦縱棄紂
而不葆　玉裁按此皆漢時大誓所無也
武王戎車三百兩虎賁三百人與受戰于牧野作牧誓
釋文曰韋昭辨釋名云車古皆尺遮反從漢始有音居
玉裁按近人多疑此語不知韋時遮字章魚切車字尺

遮反卽丑居切也庥韵之音成於晉以後晉以前無庥韵也向以語畢氏秋帆秋帆載其說於釋名疏證

周禮戎僕注書序曰武王戎車三百兩　車僕注書曰武王戎車三百兩

孟子盡心篇武王之伐殷也革車三百兩虎賁三千人史記周本紀遂率戎車三百乘虎賁三千人甲士四萬五千人以東伐紂呂氏春秋簡選貴因二篇皆云武王簡車三百虎賁三千以要甲子之事而紂爲禽韓非子戰國策皆云武王將素甲三千領戰一日破紂之國江氏叔澐曰三百人當爲三千人司馬法曰革車一乘士十人徒二十人樂記曰虎賁之士說劒然則虎賁士也

一乘十八三百兩則三千八矣玉裁謂江說近是此時周禮未備不必泥於周禮虎士八百人之數虎賁言其勇也蓋周以此勇士滅殷後因之設虎賁氏風俗通義皇霸篇尙書武王戎車三百兩虎賁八百人擒紂於牧之野與今本異孔晁注逸周書所言士卒虎賁之數亦未審

釋文曰牧徐一音茂玉裁按說文作坶字林坶音母徐云牧一音茂者茂字舊讀上聲同母也

說文十三篇土部曰坶朝歌南七十里地也从土母聲周書曰武王與紂戰于坶野按作紂者從今文尚書說文引說命牧誓序卽謂之商書周書

武王伐殷往伐歸嘼識其政事作武成

臣謬正俗曰武成序云武王伐殷往伐歸嘼徐仙音嘼爲始授反按武成當篇云歸馬於華山之陽放牛於桃林之野此與序意相承說文解字云嘼犍也字林嘼音火又反獸字从嘼从犬斯則六畜字本作嘼於後始借養畜字爲耳且嘼獸類屬不同嘼者人之所養獸者是山澤所育故爾雅論馬牛羊豕則在釋畜論麋鹿虎豹卽在釋獸較然可知武王所歸放者旣是馬牛當依嘼字本音讀之不得以作獸字一邊便謂古文省簡卽呼爲獸

玉裁按據顏監說則知尙書武成序本作嘼自徐仙民

讀始售反而衛包改作獸釋文原本當曰嘼許救反徐
始售反本或作獸開寶中妄改之
魏都賦武人歸獸而去戰張載注云尚書曰往伐歸獸
左張在晉初其本固作獸古渾言則嘼獸不分析言則
別
周本紀乃罷兵西歸行狩記政事作武成按行狩卽歸
獸也古獸狩通用淮南覽冥訓云狡蟲死高誘曰蟲狩
也漢石門頌云蕙虫䔍狩卽惡蟲獘獸也
鄭云武成逸又云武成逸書建武之際亾
律厤志曰周書武成篇惟一月壬辰旁死霸武王乃朝
步自周于征伐紂又曰武成篇曰粤若來三月既死霸

粵五日甲子咸劉商王紂又曰武成篇曰惟四月既旁
生霸粵六日庚戌武王燎于周廟翌日辛亥祀于天位
粵五日乙卯乃以庶國祀馘于周廟玉裁按班云向子
歆作三統厤及譜以說春秋推法密要故述焉本志自
此以下皆述歆說也歆時武成未亾故歆偁之若班時
則武成已亾矣又云畢命豐刑曰惟十有二年六月庚
午朏王命作策豐刑亦是歆所偁

武王勝殷殺受立武庚以箕子歸作洪範

三統厤曰惟十有一年武王伐紂大誓八百諸矦會還
歸二年乃遂伐紂克殷以箕子歸故書序曰武王克殷
以箕子歸作洪範洪範篇曰惟十有三祀王訪于箕子

自文王受命而至此十三年殷本紀曰武王已克殷後二年問箕子殷所以亾箕子不忍言殷惡以存亾國宜告武王亦醜故問以天道按史記謂九年觀兵十一年滅紂作大誓牧誓武成分器又二年爲十三年問箕子以天道劉歆三統厤則滅紂作洪範皆是受命十三年一年內事

左傳三引洪範說文五引洪範皆曰商書漢書儒林傳云堯典禹貢洪範微子金縢諸篇且以洪範先於微子按商書周書各四十篇今若移之則皆非四十矣疑洪範系商書者乃今文尙書系周書者古文尙書也左氏所據同於今文

武王既勝殷邦諸侯班宗彝作分器
釋文曰班本又作般
鄭云分器亾
殷本紀曰封諸侯班賜宗彝作分殷之器物
西旅獻獒大保作旅獒
鄭云旅獒逸
釋文曰獒馬云作豪酋豪也正義曰鄭云獒讀曰豪西戎無君名强大有政者爲酋豪國人遣其酋豪獻見於周玉裁按此篇當馬鄭時尚存於祕藏馬鄭得見其文故知其訓爲獻見酋豪也獒當是故書本作獒馬鄭讀爲酋豪僞孔讀爲獒犬如鳥夷改島夷東至于醴改澧

之比

巢伯來朝芮伯作旅巢命

鄭云旅巢命亾

集韵五爻巢力交切按即徐仙民之吕交反也

武王有疾周公作金縢

釋文曰有疾馬本作有疾不豫

尚書大傳大誥在金縢前

武王崩三監及淮夷叛周公相成王將黜殷命作大誥

版本無命字唐石經初刻有後磨改正義云黜退殷君

武庚之命又云獨言黜殷命者又云故特言黜殷命也

然則正義本有命字明矣此云將黜殷命下文云旣黜

殷命正相銜接

釋文誥本亦作隽玉裁按汗簡集韵皆有隽字據汗簡

古文四聲韵其字下从六非从廾也

成王既黜殷命殺武庚命微子啓代殷後作微子之命

鄭云微子之命亾

周本紀曰管叔蔡叔羣弟疑周公與武庚作亂畔周周

公奉成王命伐誅武庚管叔放蔡叔以微子開代殷後

國於宋

唐叔得禾異畝同穎獻諸天子王命唐叔歸周公于東作

歸禾

鄭云歸禾亾

周本紀晉唐叔得嘉穀獻之成王成王以歸周公于兵所徐廣曰歸一作餽

魯周公世家唐叔得禾異母同穎獻之成王成王命唐叔以餽周公於東土作餽禾玉裁按歸餽古二字通用如古論語作饋魯讀饋爲歸

周公既得命禾旅天子之命作嘉禾

鄭云嘉禾亾

周本紀周公受禾東土魯天子之命魯周公世家周公既受命禾嘉天子命作嘉禾徐廣曰上嘉字一作魯今書序作旅玉裁按說文旅古文作㫃古文以爲魯衞之魯然則魯天子之命卽旅天子之命也旅者陳也與臚

同謂陳述天子之命也六書假借以旅爲魯亦以魯爲旅二字古文通用

漢書王莽傳羣臣奏言書逸嘉禾篇曰周公奉[redacted]立于阼階延登贊曰假王莅政勤和天下按嘉禾篇不在多得十六篇之內然則是亾篇非逸篇也而云逸嘉禾篇者蓋取諸張霸百二篇之內漢書言霸采書序等爲百二篇則其篇目皆依書序又多二篇耳云以中書挍之非是者中書謂安國所獻之五十八篇也

成王既伐管叔蔡叔以殷餘民邦康叔作康誥

孔傳云國康叔本篇正義引序云邦康叔則知今本邦字作封蓋亦衞包改之序又云邦諸矦僞蔡仲之命篇

乃命諸王邦之蔡栁宗元封建論曰設五等邦羣后邶

詩譜云以殷餘民封康叔於衛此鄭易字便文也

周本紀曰頗收殷餘民以封武王少弟封爲衛康叔

酒誥梓材

楊子法言問神篇曰昔之說書者序以百而酒誥之篇俄空焉今亾夫謂書序有百而酒誥則無序非謂尚書闕酒誥也凡後人所謂數篇同一序皆有有目無序者廁其閒如咎繇矢厥謨禹成厥功帝舜申之作大禹咎繇謨棄稷按其實則棄稷不統於此序所以作棄稷者不傳也湯既勝夏欲遷其社不可作夏社疑至臣扈按其實則疑至臣扈不統於此序所以作疑至臣扈者不

傳也大戊贊于伊陟作伊陟原命按其實則原命不統於此序所以作原命者不傳也高宗祭成湯有飛雉升鼎耳而雊祖已訓諸王作高宗肜日高宗之訓按其實則高宗之訓不統於此序所以作高宗之訓者不傳也尚書大傳以桑穀共生事系高宗之訓五行志引劉向說亦以桑穀系高宗不系大戊故師古曰其說與尚書大傳同或者伏生差謬也今本漢書注譌作與尚書大傳不同酒誥梓材亦正此類以殷餘民邦康叔故作康誥一篇其酒誥梓材不統於此序故失其傳俄空云者偶不存之謂非竟亾也然至於久而闕則竟亾矣故曰今亾夫子雲獨舉酒誥者舉一以例其餘也

成王在豐欲宅雒邑使召公先相宅作召誥

召公既相宅周公往營成周使來告卜作雒誥

周本紀曰成王在豐使召公復營雒邑如武王之意周公復卜申視卒營築居九鼎焉曰此天下之中四方入貢道里均作召誥雒誥

成周既成遷殷頑民周公以王命告作多士

周公作無逸

周本紀曰成王既遷殷遺民周公以王命告作多士無佚魯世家曰周公歸恐成王壯治有所淫泆乃作多士作毋逸按本紀言作多士而兼舉無逸世家言作無逸而兼舉多士

召公爲保周公爲師相成王爲左右召公不說周公作君

奭

周禮地官敘官注書敘曰周公爲師召公爲保

燕召公世家曰成王旣幼周公攝政當國踐祚召公疑

之作君奭

成王東伐淮夷遂踐奄作成王政

鄭云成王政亾

賈逵注左氏周有徐奄云書序曰成王伐淮夷遂踐奄

徐卽淮夷見春秋昭元年正義

釋文云政馬本作征云正也

尚書大傳周傳曰成王政遂踐奄踐之者藉之也藉之

謂殺其身執其家豬其宮玉裁按此必篇中有此語伏

生記憶釋之非釋書序也

成王既踐奄將遷其君于蒲姑周公告召公作將蒲姑

鄭云將蒲姑亾

釋文蒲如字徐又扶各反馬本作薄

周本紀曰召公爲保周公爲師東伐淮夷殘疑踐誤奄遷其君薄姑

成王歸自奄在宗周誥庶邦作多方

周本紀曰成王自奄歸在宗周作多方

成王既黜殷命滅淮夷還歸在豐作周官

鄭云周官亾

周本紀曰成王既絀殷命襲淮夷歸在豐作周官

正義卷二曰孔以周官在立政後第八十八鄭以爲在立政前第八十六玉裁按史記亦多方周官相接周禮小宰職注曰前此者成王作周官其志有述天授位之義故周公設官分職以法之是則鄭君親見古文周官之證也又鄭志趙商問曰成王周官立大師大傅大保茲惟三公是周官古文有立大師云云十一字作僞者襲之

周公作立政

玉裁按凡言咎單作明居伊尹作咸有一德周公作無逸周公作立政皆讀尚書而義自見者也

成王既伐東夷肅愼來賀王俾榮伯作賄肅愼之命

鄭云賄肅慎之命亾

釋文云肅愼馬本作息愼北夷也按周本紀五帝本紀作息愼春秋左氏傳外傳皆作肅愼王氏鳳喈曰王會篇稷愼卽息愼肅息爲雙聲息稷爲疊韵也

釋文又曰俾馬本作辨古俾平苹辨皆訓使故堯典平秩馬本作苹而訓使今文則作辯秩雒誥平來來示予亦作辨來此皆雙聲也史記俾作賜則又爲疊韵字江氏叔澐曰王辨榮伯辨古班字班亦賜也王以息愼所貢分賜榮伯也玉裁按王俾榮伯四字句絕謂使榮伯賜予肅愼史官乃作賄肅愼之命也史記語未完序文當作王俾榮伯賄肅愼作賄肅愼之命共十三字古書

往往因字複疊而有脫文儀禮賵用束紡鄭注賵予人財之言也

又按薛氏季宣書古文訓卑畀字形不别或謂當作畀榮伯非也古音卑在十六部畀在十五部音理殊隔羣經音辨引禮注棄妻畀所齎作卑所齎亦字之誤也

周本紀曰成王既伐東夷息慎來賀王賜榮伯作賄息慎之命

周公在豐將沒欲葬成周公薨成王葬于畢告周公作亳姑

鄭云亳姑亾

傳言周公徙奄君於僕姑因告柩以葬畢之義斥及奄

君已定亳姑言所遷之功成按上文作蒲或作薄不作亳也

周公既沒命君陳分正東郊成周作君陳

鄭云君陳亾

禮記坊記篇君陳曰爾有嘉謀嘉猷入告爾君于內女乃順之于外曰此謀此猷惟我君之德於乎是惟良顯哉注云君陳蓋周公之子伯禽弟也名篇在尚書今亾

緇衣篇君陳曰未見聖若已弗克見既見聖亦不克由聖

緇衣篇君陳曰出入自爾師虞庶言同 鄭注言出內政教當由女衆之所謀度衆言同乃行之

成王將崩命召公畢公率諸侯相康王作顧命

周本紀曰成王將崩懼大子釗之不任乃命召公畢公率諸侯以相大子而立之成王既崩二公率諸侯以大子釗見於先王廟申告以文王武王之所以爲王業之不易務在節儉毋多欲以篤信臨之作顧命

康王既尸天子遂誥諸侯作康王之誥

釋文曰康王既尸天子馬本此句上更有成王崩三字

周本紀曰大子釗遂立是爲康王康王卽位徧告諸侯宣告以文武之業以申之作康誥按康誥當云康王之誥大史公於般庚曰三篇於顧命康王之誥別爲二篇皆依孔子序尙書語若依伏生書則皆不分矣

康王命作冊畢分居里成周郊作畢命

鄭云畢命亾按亾疑當作逸

周本紀曰康王命作策畢公分居里成周郊作畢命玉裁按史記畢下有公字困學紀聞云尚書脫一公字律麻志曰康王十二年六月戊辰朔三日庚午故畢命豐刑曰惟十有二年六月庚午朏王命作策豐刑尚書正義引策下有書字孟康曰逸書篇名惠氏定宇古文尚書考曰逸書二十四篇有冏命愚謂冏當爲畢字之誤也劉歆三統麻引畢命豐刑十六字康成注書序云今其逸篇有冊命霍矦之事不同與此序相應蓋亦據孔氏逸書爲說玉裁按惠說蓋是也鄭云不同與此序相應七字一句謂序無冊命霍矦之事而篇中有之不相同也其下

又有非也二字亦是鄭語謂祕書所謂畢命篇者葢非畢命也古文疑信參半絕無師說此諸大儒所以不敢爲之注也但鄭親見此篇舊稱畢命則二十四篇有畢命無冏命可知矣

穆王命君牙爲周大司徒作君牙

鄭云君牙亾

禮記緇衣篇君雅曰夏日暑雨小民惟曰怨資冬祁寒小民亦惟曰怨注云雅書序作牙假借字也君雅周穆王司徒作尚書篇名也玉裁按作尚書篇名也當云名篇在尚書今亾與君陳一例資當爲至齊魯之閒語聲之誤也祁之言是也齊西偏之言也夏日暑雨小民怨天至冬是寒小民又怨天言

民恆多怨爲其君難

穆王命伯冏爲周大僕正作冏命

鄭云冏命逸按逸疑當作亾

說文十篇夰部曰臩驚走也一曰往來皃从夰臦聲本無聲字今補周書曰伯臩古文臦古文冏字玉裁按此七字不可解當作古文言伯冏五字如粤㭊古文言由㭊之比葢作冏者古文尚書作臩者今文尚書是以周本紀古今人表皆作臩今本漢書作㬰者譌字也尚書釋文冏九永反亦作㬰㬰亦臩之譌字也臩俱往切亦俱永切冏今音在庚清部古音在陽唐部

又按集韵三十八梗臦人名周有伯臦通作冏此葢因

說文古文臦之云故也又唐人文字亦用伯景

周本紀曰穆王閔文武之道缺乃命伯臩申誡徐廣曰一作部

大僕國之政作臩命

蔡叔既沒王命蔡仲踐諸侯位作蔡仲之命

鄭云蔡仲之命亾

正義卷二曰孔以蔡仲之命次君奭後第八十三鄭以爲在粊誓前第九十六

春秋定四年左氏傳祝鮀曰管蔡啓商惎閒王室王於是乎殺管叔而蔡蔡叔以車七乘徒七十人其子蔡仲改行率德周公舉之以爲已卿士見諸王而命之以蔡其命書云王曰胡無若爾考之違王命也玉裁按左氏

傳緇衣篇引尚書有也字者皆用其時語助加之

魯矦伯禽宅曲阜徐夷竝興東郊不閈作粊誓

玉裁按閈古文闢字說文十二篇門部曰闢開也从門辟聲虞書闢四門从門从𠬞粊誓序釋文云閈今本釋文改作開舊讀皆作開馬本作闢不云舊本而云舊讀謂其音也非謂其字也其字正作閈顏氏匡謬正俗云粊誓序東郊不閈案說文及古今字詁閈古闢字闢訓開故孔氏釋云東郊不開不得徑讀閈作闢譌為開陸顏二君皆正俗讀之非然則書序本作閈唐石經初刻從馬君作闢尚為不誤後依衛包改為開字此衛包以前誤讀閈如開而字形不誤衛包以後竟作開字形與音俱非也古文閈與闢古文開所爭些子

是以舊或讀開耳困學紀聞閞作闢誤

魯周公世家曰伯禽即位之後有管蔡等反也淮夷徐戎亦並興反於是伯禽帥師伐之於肹作肹誓徐廣曰肹一作鮮一作獮

正義卷二曰孔以粊誓在文侯之命後第九十九鄭以爲在呂刑前第九十七

呂命穆王訓夏贖刑作呂刑

大雅崧高鄭箋云甫侯相穆王訓夏贖刑按呂命穆王訓夏贖刑八字一句謂呂矦命穆王也鄭注緇衣云傳說作書以命高宗

周本紀曰甫矦言於王作修刑辟命曰甫刑

平王錫晉文侯秬鬯圭瓚作文侯之命
釋文曰馬本無平字錫馬本作賜
史記晉世家說晉文公曰天子使王子虎命晉侯爲伯賜大路彤弓矢百玈弓矢千秬鬯一卣珪瓚虎賁三百人晉侯三辭然後稽首受之作晉文侯命玉裁按此及自序曰嘉文公錫珪鬯作晉世家第九劉向新序善謀篇亦稱晉文公之命皆用今文尚書說也如金縢篇多用周公以天子禮葬魯得郊祭之說
秦穆公伐鄭晉襄公帥師敗諸崤還歸作秦誓
秦本紀曰三十六年繆公復益厚孟明等使將兵伐晉渡河焚船大敗晉人取王官及鄗以報殽之役晉人皆

城守不敢出於是繆公乃自茅津渡河封殽中尸爲發喪哭之三日乃誓於軍曰嗟士卒聽無譁余誓告汝古之人謀黃髮番番則無所過以申思不用蹇叔百里傒之謀故作此誓令後世以記余過

按書序亦有古文今文之殊漢志曰尚書古文經四十六卷此葢今文二十八篇爲二十八卷又逸篇十六卷併書序得此數也伏生敎於齊魯之閒未知即用書序與否而大史公臚舉十取其八九則漢時書序盛行非俟孔安國也假令孔壁有之民閒絕無則亦猶逸篇十六卷絕無師說耳馬班安能采錄馬鄭安能作注以及吳人張霸安能竊以成百兩哉孔叢子與連叢子皆僞

書也臧與安國書曰聞尚書二十八篇取象二十八宿何圖古文乃有百篇耶學者因此語疑百篇序至安國乃出然則其所云弟素以爲堯典雜有舜典今果如所論者豈亦可信乎其亦惑矣惟內外皆有之是以史記字時有同異如女房女方登鼎耳升鼎耳飢𨛭紂受牧坶行狩歸嘼異母異畝餽禾歸禾魯天子命旅天子命毋逸無逸息慎肅慎伯臩伯冏肸誓獮誓粊誓甫刑呂刑之類皆今文尚書古文尚書之異也